觀
OBSERVE
乎

晚清民国大学历史教学论稿

朱慈恩 著

甘肃人民出版社
甘肃·兰州

图书在版编目（CIP）数据

晚清民国大学历史教学论稿 / 朱慈恩著. -- 兰州：甘肃人民出版社，2023.12
ISBN 978-7-226-05993-7

Ⅰ.①晚… Ⅱ.①朱… Ⅲ.①历史教学－教学研究－高等学校－中国－民国 Ⅳ.①K-42

中国国家版本馆CIP数据核字（2023）第175594号

责任编辑：马元晖
装帧设计：孔庆明珠

晚清民国大学历史教学论稿
WANQING MINGUO DAXUE LISHI JIAOXUE LUNGAO

朱慈恩 著

甘肃人民出版社出版发行

（730030 兰州市读者大道568号）

甘肃发展印刷公司印刷

开本710毫米×1020毫米 1/16 印张25.75 插页3 字数395千
2023年12月第1版 2023年12月第1次印刷
ISBN 978-7-226-05993-7 定价：88.00元

目 录

第一章 晚清民国大学历史教学与历史学科体制的建立 ··········1
  第一节 晚清民国大学历史系的设置 ··········2
  第二节 大学历史系的教师构成 ··········22
  第三节 大学历史系的教学条件 ··········36
  第四节 历史学科体制的建立 ··········48

第二章 教师教学 ··········57
  第一节 师资来源 ··········57
  第二节 课堂讲授和习作训练 ··········72
  第三节 教学评价 ··········84
  第四节 教学与科研 ··········91
  第五节 教师日常生活 ··········103

第三章 大学历史课程设置与教材 ··········116
  第一节 大学历史系课程设置概述 ··········116
  第二节 中国通史和断代史课程课程 ··········132
  第三节 外国史课程 ··········147
  第四节 专门史课程 ··········163

第五节 历史研究工具类课程 …………………………………………… 178
  第六节 "史学"类课程 …………………………………………………… 188
  第七节 高等师范学校历史课程 ………………………………………… 202
  第八节 授课讲义、教材以及教学参考书 ……………………………… 214

第四章 学生就学 ……………………………………………………………… 230
  第一节 报考入学 ………………………………………………………… 230
  第二节 课业学习 ………………………………………………………… 242
  第三节 师生关系 ………………………………………………………… 250
  第四节 学术组织与活动 ………………………………………………… 258
  第五节 学业考试与毕业论文 …………………………………………… 273
  第六节 学生就业 ………………………………………………………… 288

第五章 研究生培养 …………………………………………………………… 297
  第一节 民国大学的文科研究所史学部和史学研究所 ………………… 297
  第二节 研究生招生与培养 ……………………………………………… 309

第六章 民国大学历史教学的时代意义 ……………………………………… 320
  第一节 史学史视野中的大学历史教学 ………………………………… 320
  第二节 大学唯物史观及相关课程设置与马克思主义的传播 ………… 333
  第三节 大学历史教学与民族精神的阐扬 ……………………………… 344

附录:民国大学历史系毕业生名录 …………………………………………… 354

参考文献 ………………………………………………………………………… 407

第一章 晚清民国大学历史教学与历史学科体制的建立

现代意义上的"学科"指从西方引进的诸多科学分支。1878年郭嵩焘《伦敦与巴黎日记》"略记其学科:曰普通学,曰法学科,曰化学科,曰公学科,曰物理学,曰制作学,曰史学、理学,曰数学,曰动物学、植物学,曰金石学,曰地质学科,曰采矿学科,曰画学科,曰冶金学,曰机械公学,曰土木工学"。《辞海》中对学科的解释为:"学术的分类。指一定科学领域或一门科学的分支"。学科是学术分类的结果,是科学知识体系,由一系列概念、原理以及证明它们的科学事实所构成。学科具有独特的研究对象和研究方法,从而将其与其他学科区别开来。[1]

历史学作为一门学科而与其他学科相区别的基本表征是在大学教育体制下历史系的创建。历史教育和历史教学两个概念的内涵并不完全相同,按白寿彝的区分,"历史教学,可以说,只是历史教育的一部分。历史教育,在历史教学以外,还可以有各种方式。但无论历史教学或其他的教育方式,都是为历史教育总的目的和任务服务的"。[2]大学历史系的教学目标是培养具有全面扎实的历史

---

[1] 斯日古楞:《中国近代国立大学学科建制与发展研究(1895—1937)》,中国社会科学出版社,2016年版,第5—7页。
[2] 白寿彝:《在历史教学研究会成立大会上的书面发言》,《白寿彝文集:历史教育·序跋·评论》,河南大学出版社,2008年版,第61页。

学专业知识和专业技能的高级人才。大学历史系的专业化、制度化推动了历史学科体制的建立。

第一节 晚清民国大学历史系的设置

《礼记·大学》："大学之道,在明明德,在新民,在止于至善。"《礼记·学记》:"九年知类通达,强立而不反,谓之大成。夫然后足以化民易俗,近者说服而远者怀之,此大学之道也。"显然与现代大学绝不相同。

中国的高等教育事业萌芽于晚清,溯其源流,自然是源于西方的大学教育体制。1898年,在戊戌变法中创办了京师大学堂。1902年,清政府颁布了《钦定学堂章程》,推行壬寅学制。《钦定学堂章程》包括了《钦定蒙学堂章程》、《钦定小学堂章程》、《钦定中学堂章程》、《钦定高等学堂章程》、《钦定京师大学堂章程》、《考选入学章程》,是中国近代第一个学制系统的文件。《钦定学堂章程》很快被废止,壬寅学制未曾推行。1903年,清政府又制订了《奏定学堂章程》,1904年初正式公布,推行癸卯学制。《奏定学堂章程》是中国近代第一个以教育法令公布并在全国实行的学制,对中国近代教育产生了深远的影响。按《奏定学堂章程》,大学分经学科大学、政法科大学、文学科大学、医科大学、格致科大学、农科大学、工科大学、商科大学[①]。其中,文学科大学分为中国史学门、万国史学门、中外地理学门、中国文学门、英国文学门、法国文学门、德国文学门,俄国文学门,日本文学门。

辛亥革命后,北洋政府教育部于1912年及1913年先后公布《大学令》和《大学规程》。《大学令》明确"大学以教授高深学术养成硕学闳材应国家需要为宗旨"。大学分文科、理科、法科、商科、农科、工科、医科共七科。高等教育机关有大学院、大学、专门学校及高等师范学校。上述学校各分预科、本科,预科学制三

[①] 璩鑫圭、唐良炎编:《中国近代教育史资料汇编·学制演变》,上海教育出版社,1991年版,第391-392页。书中引征频率较高的文献,在第一次引征时标注文献作者、版本等信息,以下不再标注。下同。

年,本科学制三年或四年。大学通常分国立、省立、私立,其中国立大学"代表全国最高教育,为一国观瞻所在,故学科不可不完也,实验场不可不备也,校中教师宜罗致海内名宿充之,所编各学讲义,宜供全国大学之教本。大学之数,不必多也,而必完备精全"。①

1928年国民政府成立后公布了《大学组织法》,教育部公布了《大学规程》。根据《大学组织法》,大学被定义为"研究高深学术养成专门人才"。大学分国立、省立、市立、私立四种,"国立大学由教育部审查全国各地情形设立之","有省政府设立者,为省立大学;由市政府设立者,为市立大学;有私人或私法人设立者,为私立大学"。按照文科、理科、法科、商科、农科、工科、医科七科中具备三者的为大学。文科、理科、法科、商科、农科、工科、医科得组建学院,学院下又得设若干学系。大学设校长一人(不得设副校长),全面综理校务。大学又须设校务会,"以全体教授副教授所选出之代表若干人及校长各学院院长各学系主任组织之,校长为主席"。校务会下得设各种委员会。②

按照七科的学术体系,文科下设历史学。1928年国民政府成立后统一于大学文学院下设历史系,但在当时名称并不统一,以历史系、史学系、历史学系为名者均有。两门学科合为一系的有史地学系、历史经济学系、历史社会学系、历史政治学系、文史学系、哲史学系等名称多种。根据1936年的调查,国内高校中中山大学、中央大学、四川大学、北平大学、北平大学女子文理学院、武汉大学、河北省立女子师范学院、河南大学、金陵大学、复旦大学、圣约翰大学、辅仁大学称史学系,北平师范大学、光华大学、东吴大学、华西协和大学称历史系,清华大学、金陵女子文理学院、燕京大学称历史学系。华南女子文理学院为史地学系,暨南大学为历史地理学系,大夏大学为史学社会学系,厦门大学为社会历史学系,沪江

---

① 胡适:《非留学篇》,《胡适文集》第9卷,北京大学出版社,1998年版,第681页。
② 田正平主编:《中国近代教育文献丛刊·教育法规卷》第3卷,浙江教育出版社,2020年版,第5—7页。

大学为政治及历史系,协和大学为历史社会系,齐鲁大学为历史政治系。①以两门学科组成合系的均有其学科关联,如华西协和大学历史社会学系"分为两组:一为历史政治组,其目的在以历史的眼光及方法,研究现代国际的及国家的问题,以为治事的基础,并培养中等学校历史及公民教师。一为社会经济组,其目的在训练学生从事社会调查、合作事业、社会服务及公民训练等事业"。②1941年中法大学在昆明设文学院,下设文史学系和法国文学系,"文史学系以文字为工具,以历史为目的,并注重欧美各国研究中国学术资料之整理"。③1939年,教育部在制订大学各学院课程的同时将各学系及隶属学院加以规范,文学院下设中国文学、外国语文、哲学、历史及其他各系,"两学门以上并合组成之学系,由各校院就合组情形拟订定称,呈部核定"。④1945年抗战胜利复员后,统一改为历史学系。

总的来看,民国时的大学历史系的存在情况非常复杂,有的自创建后一直存在,有的停办后恢复,有的由于大学的旋生旋灭而昙花一现,也有的因为大学的合并、改组、搬迁等原因而不断变化。北京大学尚小明先生统计了1909-1949年间各高校设置历史系的情况⑤:

年度	新设史学系科大学
1909-1910	京师大学堂(1912年改北京大学)
1910-1911	金陵大学

①《国内各大学史地学系调查》,《浙江中华史地学会成立纪念刊》,1936年。为行文方便计,除具体的大学系科名称之外都简称"历史系",合系的如历史社会学系、历史政治学系等亦简称"历史系"。如果按照"历史"和"历史学"的概念区分,则应以"史学系"或"历史学系"更为合理。书中论及的大学多用简称。容易引发歧义的简称如中大(中国大学)、民大(民国大学)、山大(山西大学)、南大(岭南大学)等则用全称。
②《私立华西协和大学一览》(1936),第135页。
③《中法大学一览》(1942),第20页。
④《第三次中华民国教育年鉴》(1957),第441页。
⑤尚小明:《近代大学史学科系设置考察》,《史学月刊》2011年第8期。本书对尚小明先生相关的研究多有参考引用。

年度	新设史学系科大学
1917-1918	北京大学(复办),圣约翰大学
1918-1919	华西协和大学
1919-1920	燕京大学
1921-1922	中央大学
1923-1924	北平师范大学,南开大学,武昌中山大学,厦门大学
1924-1925	北京女子师范大学,大夏大学,中山大学,金陵女子文理学院
1925-1926	清华大学,复旦大学,河南大学,持志学院
1926-1927	中国大学,齐鲁大学,成都大学,华南女子文理学院
1927-1928	成都师范大学,东吴大学,辅仁大学
1928-1929	浙江大学,暨南大学,东北大学,光华大学,中国公学
1929-1930	北平大学女子文理学院,沪江大学,福建协和大学
1930-1931	河北省立女子师范学院,山西省立教育学院,武汉大学,之江文理学院
1931-1932	四川大学,华西协和大学(复办),岭南大学
1933-1934	广东省立文理学院
1934-1935	重庆大学,东北大学(复办),武昌华中大学,甘肃学院
1935-1936	大同学院
1936-1937	浙江大学(复办),之江文理学院(复办)
1937-1938	西南联合大学,西北大学,云南大学
1938-1939	国立师范学院,西南联大(师范学院),中央大学(师范学院),浙江大学(师范学院),西北师范学院,中山大学(师范学院)
1939-1940	山西大学
1941-1942	中正大学,中法大学,南宁师范学院
1943-1944	安徽学院
1944-1945	江苏学院,贵阳师范学院,湖北师范学院,中华文化大学
1946-1947	北平临时大学,北平师范学院(复办),湖南大学,津沽大学,光华大学(复办)
1947-1948	江南大学,武昌华中大学(复办),珠海大学,四川省立教育学院

尚小明先生以各校档案为基础,统计相当详尽。此外,王应宪老师所编《现代大学史学系概览(1912-1949)》所录各大学历史系之介绍甚详。本节将1909-1949年间的大学历史系以1937年为界分为两个阶段:

第一阶段从1909年北京大学史学门设置到1937年七七事变爆发,又以

1911年辛亥革命和1928年南京国民政府成立为两个重要的节点。

1898年戊戌变法中创办的京师大学堂设有史学讲堂。1904年《奏定学堂章程》规定文科大学分中国史学门、万国史学门等九门。1910年京师大学堂中国史学门正式设立,北大史学本科教育由此开始。1913年中国史学门23人毕业。此后中国史学门停办,直至1917年中国史学门重建。1919年北大改革学科制度,改门为系,中国史学门改为史学系。①

辛亥革命前,除了北大史学门之外,1910年,汇文书院和宏育书院合并为金陵大学,合并后即成立历史政治学系,系主任萨特曼尔(C.S.Settlemyer)。②

辛亥革命后至1922年壬戌学制前,国内大学有北京大学、北洋大学、山西大学、武昌中华大学、西北大学、鄂州大学预科、平民大学、北京中华大学、朝阳大学、中国大学、明德学校大学部、民国大学、南开大学、中法大学、厦门大学、交通大学、上海交通大学、复旦大学。③上述大学中除了北京大学外,其他大学设历史系的不多,或尚未设历史系。1915年北京民国大学创立,大学部分文、法、商三科,文科下设史学门。④南开大学成立于1919年,最初设文、理、商三科,文科哲学及社会科学组有历史学门。厦门大学1921年建校之初即设历史社会学科。1925年复旦大学设史学系。⑤

---

① 尚小明:《北大史学系早期发展史研究(1899-1937)》,北京大学出版社,2010年版,第5、19-20页。
② 《私立金陵大学六十周年校庆纪念册》,1948年,第18页。1924年历史与政治分为两系,1928年改为史学系。
③ 朱有瓛主编:《中国近代学制史料》第三辑下册,华东师范大学出版社,1990年版,第181-182页。
④ 《北京民国大学十周年纪念册》(1925),第16页。1930年民国大学改为民国学院,外交史家刘彦曾历任民国学院教务长、校长。
⑤ 1923年南开大学历史学门改为历史系,七七事变后内迁组建西南联大。1923年厦门大学历史社会学科改称历史社会学系,1930年历史社会学系分为历史系和社会学系,1934年再度合并为历史社会学系,1938年改为史学系,1943年改为历史学系。1937年复旦大学迁重庆北碚后史学系改为史地学系。

这一时期的大学历史系主要集中在高等师范和教会大学。北洋政府教育部将全国高等师范划分成六大区域,每区设高等教育师范一所。1912-1922年共设六所高师:北京高等师范学校、南京高等师范学校、武昌高等师范学校、广东高等师范学校、成都高等师范学校、沈阳高等师范学院。1912年北京高等师范学校下设史地部。1912年广东高等师范学校下设文史部。1913年武昌高师下设史地部,1922年改历史社会系。1914年,两江师范师范学堂改为南京高等师范学校,下设史地部,1920年南高师改为东南大学。1916年,成都高等师范成立,1922年设文史部。1918年沈阳高等师范成立,下设史地部。

教会大学大多也设历史系。1910年,华西协和大学文科下设哲学、教育、英文、西洋史学、综合文科,1918年设史学门。1914年上海浸会大学改为沪江大学,1915年设政治与历史学系。1917年圣约翰大学设立史学部。1919年燕京大学成立,于920年设置历史学系。①

一般认为,1922年的壬戌学制以美国为蓝本,与此前的学习日本学制截然不同。1928年国民政府建立后也沿用了壬戌学制。

1922年壬戌学制实行至1928年国民政府成立新设历史系不多。1924年,厦门大学学潮中部分师生脱离厦大,在上海组建大夏大学,设历史学系。1925年,河南大学设史学系。1926年,清华大学历史学系成立,初由陆懋德任系主任,1930年蒋廷黻任系主任后得到了快速发展。1926年,齐鲁大学设历史经济系。②1927年辅仁社改为辅仁大学,文学院下设国文、史学、哲学、社会科学、西洋语言学五系。

女子大学中亦有设置历史系。1908年设立京师女子师范学堂,1921年成立

---

①1926年华西协和大学改史学门为历史学系,1936年改为历史社会学系,1940年改为哲史学系。
②1928年大夏大学历史学系改为史地学系,1930年改为史学系,1933年改为历史社会学系,1935年改为史地学系,1938年改为历史学系。1935年河南大学改史学系为文史学系。1935年齐鲁大学历史经济系改为历史政治系,1929年改为史地学系,1930年改为历史政治系,1934年改为历史学系,1935年改为历史社会学系。

史地部,1924年改为史地学系。1928年,改为国立北平大学第二师范学院,1931年并入北平师范大学。1913年,金陵女子大学创建。1924年,金陵女大开始分科设系,文科下设英语、史学、社会、体育四个系。1930年改为金陵女子文理学院。1924年,华南女子文理学院下设史地学系。①1925年在女师大旧址设女子大学,1928年国立北京法政大学、国立北京农业大学、国立北京工业大学、国立北京医科大学、国立北京女子大学等合并为北平大学。1931年定名为国立北平大学女子文理学院,设史地系,1933年改为文史系,分国文、英文、史地三组,由范文澜任院长。

  1927年国民党教育行政委员会推行大学区制,以大学院作为全国最高教育机关。1928年二次北伐收复北平后,通过了《北平大学区组织大纲》,作为大学区的试验。按照大学区的规划,1927年,东南大学、河海工科大学、上海商科大学、江苏法政大学、江苏医科大学等先组建"国立第四中山大学",后改为江苏大学。1928年,江苏大学改为国立中央大学。1924年,广东高等师范学校与广东公立法科大学、广东公立农业专门学校三校合并为广东大学,1925年孙中山在北京逝世,为纪念孙中山先生,1926年将广东大学改名为国立中山大学。1924年,国立武昌师范大学改名为国立武昌大学,1826年,武昌大学与国立武昌商科大学、湖北省立医科大学、湖北省立法科大学、湖北省立文科大学、私立武昌中华大学等合并为国立武昌中山大学,北伐军攻占武汉而改称国立第二中山大学,1928年,在国立武昌中山大学基础上创办国立武汉大学。1931年,国立成都大学、国立成都师范大学、公立四川大学合并为国立四川大学。1932年沈阳高师改为东北大学,后先后并入冯庸大学,东北交通大学,1937年更名为国立东北大学。原六大高师中有五所进行了变更,六大高师仅存北师大。原六大高师历史

---

①1930年,金陵女子文理学院改史学系为历史系,1932年又改为史学系。1940年,华南女子文理学院改史地学系为文史学系。

系也经历了相应的变迁。①

省立师范有河北省立女子师范学院,1929年组建,1930年设史地学系,1930年,国民党第四次代表大会决议将原广东省立工业专科学校和广州市立师范学校等合并为广东勷勤大学,1933年师范学院下设文史学系,吴三立为系主任。②

这一时期的教会大学也开始逐步地"中国化"。国民政府颁布了一系列针对教会学校的法令,教会大学也颇受国立大学的影响,"岭南大学、金陵大学、齐鲁大学、辅仁大学、福州协和大学,都渐渐注重中国文史的教学。所以今日我们已不能概括地讥笑教会大学不注重中国文字了。所以在今日教会大学已渐渐失去了他们的特殊色彩"。③

国民政府的大学区制很快被废止,1928年恢复教育部,又相继公布了《大学规程》和《大学组织法》,大学分国立、省立、市立、私立四种,大学之设立、变更、停办均须经教育部核准。

1928年以后各国立、省立、私立大学也陆续新设历史系。1928年,第三中山大学改组为浙江大学,文理学院下设历史政治学系。1929年,暨南大学文学院下设中国语文学系、外国语文学系、政治经济学系、历史社会学系。1929年,中国公学改为三院六系,文理学院下设文史学系,史学教授杨鸿烈。1929年,光华大学文学院国文系下设国史组。1929年,萧一山在北平创办文史政治学院,文

---

①北平师范大学1928年改史地部为史学系,1933年改为历史学系。1935年中山大学改史学系为历史学系。武昌中山大学1923年设历史社会学系,1924年改为史地学系,1926年改为史学系,1928年第二中山大学被勒令解散。重新组建武汉大学后于1930年设史学系。在并入四川大学之前,1926年成都大学设史学系,1931年三大学组建四川大学后设历史学系。1928年东北大学设历史社会学系,1930年改史学系,1934年改史地学系。
②1938年广东勷勤大学改为广东省立教育学院,1939年改为广东省立文理学院。广东省立文理学院文史学系接续了勷勤大学,1941年文史分系,增设地理课程,改为历史地理系。1946年历史地理分系。1951年改组为华南师范大学。
③胡适:《从私立学校谈到燕京大学》,《胡适文集》第11卷,第464页。

史政治学院"为特种大学,不分科系"。①1931年,福建协和大学设历史社会系。1931年,兰州中山大学改为甘肃省立甘肃学院。邓春膏任院长,文史学系主任张曦。1934年,华中大学设历史社会学系。1934年,新疆学院成立文史系。②1934年,四川省立重庆大学于文学院下设史学系,祝屺怀为系主任。岭南大学初时于文理学院社会科学系下分史学、社会学、政治学三组,1935年,改为历史政治系,仍包括历史、政治、社会三科。③1935年大同大学设史地政治系。

从总体上来看,这一阶段大学历史系的发展较为平稳,正如1948年北大介绍其各院系,历史系"在战前的二十年中,本系一直在安定的学术环境里发展着"。④北京是当时的学术文化中心,北大、清华、北师大、燕京、辅仁合为北京的五大名校,五校的历史系在全国范围内也是首屈一指的。

但也有少数大学历史系因种种原因,存在时间极为短暂,又或是几无存在感。1930年,山西省立教育学院下设文科、教育二系,分文学、史学、教育三班,李泰棻为历史系主任。各班各年级招生严重不足。1934年仅四年级文学、三年级史学、二年级教育、一年级文学四班,史学仅招一班,教育部令归并入山西大学。⑤1930年,之江文理学院呈请教育部立案通过,设历史系,罗天利任政治系

---

① 《北平文史政治学院要览》,第8页。北平文史政治学院教师有江瀚、柯绍忞、傅岳棻、白眉初、陆懋德、黎锦熙、李泰棻、余协中、张伯英、贾毅、张荫梧、陈浴新、李万杰、王捷三。1934年学院停办。
② 释维摩:《新疆学院沿革史略》,《瀚海潮》第1卷第2、3期,1947年。
③ 1930年浙江大学历史政治学系停办,1936年设史地学系。1930年暨南大学历史社会学系分为历史学系和社会学系。1932年,历史和社会两系又合并为历史社会学系,旋改为历史地理学系。1936年福建协和大学历史社会系与中国文学系合为中国文史学系,1939年历史学单独设系。华中大学历史社会学系迁云南喜洲后停办,1947年复办。
④ 《北大院系介绍》(1948),第26页。
⑤ 山西省立教育学院1934年史学班学生赵宏谟、平子英、李绪宗、申英杰、任迁、杨宝森、薛鲁贤、马腾淮、薛冠芳、邰赵珠、曹一仪、韩泉熙、杨永颐、赵宝忠、成制科、高体乾、丁墀、王凤仪、薛耀章、冀来中、张世奇、慈端来、连上福、郑才、李培成、高福泉、梁建栋、卫焕魁、杨震乾、张淑英、姚作樑、侯光成、薛先梅、刘泽洪、王书良、杨佩瑛、连树桐、孟肇祥、李树馨、顾维国、孟克智、乔春浓、曹文宝、姚瑞云、杨万钟、郭重、刘世英、刘缵绪、赵尚武、贾万钟、阎树藩、冀孔皆。参见《山西省立教育学院一览》(1934)。山西大学于1902年开办,辛亥革命后改为山西大学校,1931年改为山西大学。七七事变后迁至三原,于文学院下设历史学系。

历史系两系主任。按其学程，以历史为主系必修课程为中国文化史、中国近代史、近世欧洲与最近世界之文化、帝国主义发展史、西洋古代史、英国史、近代之日本、历史专题研究。以历史为辅系必修课程为中国近代史、近世欧洲与最近世界之文化。但至抗战爆发前，其毕业生无人以历史为主系，以历史为辅系者亦不多。1931年停办。①

第二阶段从1937年至1949年。七七事变后北京、上海各大学纷纷内迁，在颠沛流离之中坚持办学。抗战中大学内迁，"其意义怎么估计也不过分——保存学术实力，赓续文化命脉，培养急需人才，开拓内陆空间。更重要的是，表达了一种民族精神以及抗战必胜的坚强信念"。②具体到各校而言，中央大学是"最幸运的一所"，"一则是中大迁得最早，其次是搬得最彻底，图书仪器依然完整"。③但其他大学则在图书仪器方面损失很大。宋晞列七七事变后各大学历史系具体情况如下④：

学校	地址	系名	备考
中央大学	重庆	历史	战时自南京径迁，师范学院另设史地系。
西南联合大学	昆明	历史社会	初迁湖南长沙，1938年春迁往云南昆明。北大称"史学系"，清华与南开均称"历史学系"。
中山大学	坪石	历史	战时初迁罗定，继至龙州，终抵云南澂江。两年后迁回坪石。越四年，至1944年底，疏散至梅县。

---

① 《私立之江文理学院一览》(1930)，第42—43页。之江文理学院以历史为辅系的毕业生有1932年王述曾、徐赞谟，1934年胡铭仁、任铭善，1935年曾毓嵩，1936年符恺元、张钧才、陈维荣、傅顺时、许绍荣、李如璋。蒋相泽先就读之江文理学院外语系，后转至金陵大学史学系。1936年之江文理学院复设历史政治学系，1939年改历史系，同年又停办。
② 陈平原：《抗战烽火中的中国大学》，北京大学出版社，2015年版，第67页。
③ 罗玲、李禹阶：《民国时期国立中央大学的历史教学与历史研究刍议》，《历史教学》2010年第14期。
④ 宋晞：《抗战时期的大学历史教学与史学研究》，《民国以来的中国史学论集》，国史馆，1999年版，第107—111页。

学校	地址	系名	备考
西北大学	西安	历史	国立北平师范大学、北平大学与北洋工学院西迁西安,合组为国立西北联合大学。继迁城固。1939年9月,改组为国立西北大学,1940年4月部令指定西安为永久校址。
暨南大学	建阳	历史	1937年迁入上海租界,三年后迁至福建建阳。
复旦大学	北碚	史地	战时自上海经庐山到贵阳,而后迁往重庆。
浙江大学	遵义湄潭	史地	浙大自杭州初迁浙江建德,再迁江西泰和,三迁广西宜山,最后迁贵州足以与湄潭,师范学院亦设史地系。
安徽大学	立煌	史学	初迁六安、霍邱,再迁立煌,不久停办。1946年复办。
中正大学	泰和宁都	文史	1941年创设文史系。
武汉大学	嘉定	史学	战时自武昌迁往,先在乐山,后迁嘉定。
四川大学	成都	历史	
河南大学	嵩县	文史	战时自开封初迁镇平,以在嵩县潭头镇时间较长。1944年迁至荆紫关,1945年远迁陕西宝鸡。
山西大学	秋林	历史	太原沦陷,奉令停办。1939年在秋林复校。
兰州大学	兰州	历史	
厦门大学	长汀	历史	战时自厦门迁长汀,1925—1938年称"历史社会学系",1938年改称"历史学系"
贵州大学	贵筑花溪	历史社会	1941年建校,1942年在文理学院下设"历史社会学系"
云南大学	昆明	文史	
东北大学	三台	史地	
金陵大学	成都	历史	自南京迁往,假华西大学复校。
燕京大学	北京	历史	
辅仁大学	北京	史学	
中法大学	昆明	文史	
岭南大学	曲江	历史	战时自广州迁香港,后迁曲江、梅县。
光华大学	成都	历史	自上海迁往成都设立分校。
大夏大学	贵阳	历史	战时自上海迁往,1944年自贵阳迁至黔北之赤水。
大同大学	上海	史地政治	

学校	地址	系名	备考
圣约翰大学	上海	历史	
武昌华中大学	大理	历史社会	自武昌初迁桂林，再迁至云南大理。
华西协和大学	成都	哲学史学	
齐鲁大学	成都	历史社会	战时自济南迁往。
福建协和大学	邵武	历史	1938年自福州迁往，1940年文史系分为中国文学系和历史系。
国立师范学院	蓝田	史地	
国立桂林师范学院	桂林	史地	
国立贵阳师范学院	贵阳	史地	
国立西北师范学院	兰州	史地	
国立女子师范学院	江津白沙	史地	
江苏省立江苏学院	三元	文史	1940年成立苏皖联合临时政治学院，1941年改为苏皖联合技艺专科学校，1943年与江苏省立教育学院合并，改称江苏省立江苏学院
安徽省立安徽学院	立煌	史地	1943年由师专改成。
广东省立文理学院	曲江	历史	
私立金陵女子文理学院	成都	历史	战时自南京迁往。
私立中国学院	北平	史学	1944年设史学系
私立华南女子文理学院	南平	文史	战时自闽侯迁往。

学校	地址	系名	备考
私立南华学院	梅县	文史	1938年创设于香港九龙,1938年迁梅县,1941年设文史系。
私立中华文法学院	坪石	史地	1942年成立专校,1944年改为学院,1945年迁至梅县。

从上表所列,设有历史系或与历史相关的系科,计有国立大学十八所,私立大学十三所,国立师范学院六所,省立学院三所,私立学院五所,合计四十五所。①1937年以后新设历史系的有云南大学、西北大学、山西大学、香港南华学院、中正大学、中法大学、贵州大学、安徽学院、江苏学院、湖南大学等。据教育部1939年统计,大学设史学系16所,设文史地系1所,文史系5所,史地系4所,师范学院史地系6所。②

七七事变后大学内迁,最著名的当为西南联大和西北联大。1937年北大、清华、南开在长沙组建长沙临时大学,1938年迁往昆明,改称西南联合大学,在长沙临时大学组建历史社会学系,1940年分历史学和社会学两系。1938年,北平大学、北平师范大学、北洋工学院等校组建了西北联大,但西北联大存在时间不长,1938年西北联大改组为西北大学、西北工学院、西北师范学院、西北农学院、西北医学院。1937年以后其他各大学历史系的设置、合并、变迁情况也都较为清晰。

抗战时期国立大学师范学院史地学系和高等师范学校史地学系这两者需要稍加详述。师范学院与文科、理科、法科、商科、农科、工科、医科七科是并列的。根据1929年的《大学组织法》,大学除了文、理、法、农、工、商、医七科之外还有教育。1938年的《师范学院规程》规定教育一科可单独设立高等师范学校,或在国立大学中附设之。原国立大学中的教育学院均改为师范学院。1938年全国临

---

① 北京大学内迁后,1939年在北平的伪北京大学开办,钱稻孙任校长兼文学院院长。沦陷区中北京大学、北京师范大学、中央大学等校概况,《民国时期高等教育史料汇编》等亦有个别的收录。虽然沦陷区的大学亦是中国近代高等教育史的重要组成部分,但本书不作论述。
② 《全国高等教育概况》(1939),第13页。

时代表大会通过战时各级教育方案纲要,筹设各大学师范学院。1938年通过了《国立中央大学等校设立师范学院办法》,规定国立中央大学、国立西南联合大学、国立西北联合大学、国立中山大学、国立浙江大学五校自1938年起各设置师范学院。1942年的《修正师范学院规程》规定师范学院单独设立,或于大学中设立,并设置女子师范学院。独立的或大学师范学院由教育部审查全国情形分区设立。①七七事变后至新中国成立期间,国立大学师范学院有西南联大师范学院、中央大学师范学院、中山大学师范学院、浙江大学师范学院、四川大学师范学院,计五所。国立高等师范学院有国立师范学院、国立西北师范学院、国立北平师范学院、国立昆明师范学院、国立女子师范学院、国立贵阳师范学院、国立南宁师范学院、国立湖北师范学院、国立长白师范学院,省立师范则有河北省立女子师范学院等。②高等师范教育除了师范学校本科各系外,还包括了师范专修科或师范专科。师范学院附设各种部班以及教育研究所,其中师范学院本科各系分国文、外国语、史地、公民、训育、算学、理化、博物,教育各系以及体育、音乐、图画、劳作、家政、社会教育各专修科。

中央大学师范学院渊源于南高师,东南大学设教育科。中央大学成立后改组为教育学院,下设教育心理、教育行政、教育社会、师资科、体育科五系。1938年,中央大学教育学院改为师范学院,下设教育、公民训育、国文、英语、史地、数学、理化、博物、体育、艺术等学习以及体育、童子军、史地三专修科。史地系主任缪凤林,其宗旨有二:一为造就高深专门学术人才,其次便是训练中等学校史地师资。史地系历史课程分必修和选修,历史课程必修的有史学通论、中国通史、西洋通史、中国各时代断代史、西洋各时代断代史、历史地理学等,其他与文史相关课程皆可选修。③

中山大学师范学院可溯自广州高师,主要为培养华南地区师资,原设有国

①《中国近代教育文献丛刊·教育法规卷》第9卷,第180页。
②《第二次中华民国教育年鉴》(1948),第915页。
③《国立中央大学概况》(1940),第59页。

文、英文、数学、理化、博物等系。1938年,中山大学师范学院接收文学院教育系,并加设公民训育、国文、史地、英语、数学、理化、博物七系。史地学系主任鄢远猷,教授黄现璠,副教授许逸超、蔡文显,讲师丁锡祉、胡德煌,兼任讲师陈永汉、谢诗良,助教林淑卿。①

四川大学师范学院亦可溯自成都高师。1941年四川大学成立师范学院,黄建中任院长,下设教育、国文、英语、史地、理化、数学七个系。史地系主任李思纯,教授郑励俨。1945年,国文、英语、史地、理化、数学六系并入相应的文理学院各系,仅余教育一系。②

1936年,浙江大学师范学院设立史地学系,同时又设立师范学院。师范学院文科组下设国文、英语、史地三系。1939年设史地教育研究室。1940年设立师范学院史地系第二部,供中学历史教师进修。

1938年,西南联大增设师范学院,黄钰生为院长。云南教育厅提出与西南联大合办师范学院,主要是给云南地区培养教师,云南大学教育系也并入了西南联大师范学院。先是培训云南中学的教师,后来师范学院就直接招生。曾在西南联大师范学院任职的教授有20人,副教授9人,讲师12人,教员14人,助教36人。文史地组主任为张清常,课程有古代汉语,文言习作,语体文选,语体文写作,中国历史,世界史,中国地理,外国地理。1939年,孙毓棠曾受聘为师范学院史地系教员,并主持史地教材研究事宜。1944年师范学院又成立了专修科班,下设文史地组和数理化组。文史地主任张清常。在文史地组任课的教师。历史教师有吴乾就、汪篯、杨志玖、方龄贵,都是师范学院史地系的教师。③

抗战胜利后,教育部为通令国立大学师范学院设教育、体系两系,其余各系

---

① 《国立中山大学大学现状》(1943),第129页。
② 《国立四川大学十六周年校庆纪念特刊》(1947),第7页。
③ 张清常:《灿烂的火花——忆联大师院专修科文史地组》,《联大岁月与边疆人文》,南开大学出版社,2004年版,第323-324页。

则并入相应的学院。①

1938年组建西北联大,按《师范学院规程》,西北联大教育学院改为西北联大师范学院。1939年,西北联大师范学院独立设置,定名为国立西北师范学院,设国文、英语、史地、数学、理化、教育、体育、家政、博物、公民训育等十系及劳作专修科,并设师范科研究所,谵亚达为史地系主任。1940年,西北师范学院迁至兰州,原甘肃省立甘肃学院之文史、教育两系并入。1938年国立师范学院创办于湖南蓝田,设有国文、英语、教育、史地、数学、理化及公民训育七个系。②抗战时期,国立师院曾迁往溆浦和南岳,皮名举任史地系主任,教师有谢澄平、王庸、陶绍渊、姚公书、吴景贤等。1940年国立女子师范学院创建,设教育、国文、理工、英语、史地、音乐、家政系及体育专修科。③担任史地系主任的有谢澄平、沈思玙、张维华,教师有姜亮夫、韩亦琦、罗志甫、叶粟如、夏德仪、郭树幹。1941年创建国立贵阳师范学院,下设史地专修科,1944年改为史地学系。1941年成立广西省立师范专科学校,1942年改为广西省立桂林师范学院。1946年迁往南宁,更名为国立南宁师范学院。下设教育、国文、史地、英语、数学、理化、博物等系。1944年,成立国立湖北师范学院,设教育、国文、英文、史地、数学、理化、音乐、体育各系。抗战胜利后接收了伪满洲国师道大学,1946年组建国立长白师范学院,下设教育、国文、英语、史地、数学、理化、博物、体育、家政、音乐各系。④1946年西南联大复员后,西南联大师范学院改组独立设置国立昆明师范学院,下设国文学系、英语学系、史地学系、数学系、理化学系、教育学系、博物学系、体育学系及附属中学。西南联大师范学院所有校舍、校具、图书仪器及其他校产以及原有教职员、学生均由昆明师范学院全数接收。⑤各师范学院的陆续设置,改

---

① 《国立中山大学二十二周年校庆特刊》(1946),第17页。
② 《国立师范学院概况》(1941),第9页。
③ 《国立女子师范学院五周年纪念特刊》(1945),第5页。
④ 《最近全国公私立专科以上学校概况一览》(1948),第93页。
⑤ 清华大学校史研究室:《清华大学史料选编》第3卷下册,清华大学出版社,1991年版,第18页。

变了三十年代六大高师仅剩北京师范大学的状况。①

抗战胜利复员后，又有一些大学新设历史系。1946年组建国立兰州大学，文理学院下设历史系。1946年，东北光复后组建东北中正大学，接收伪满洲国15校组建了长春大学，东北中正大学和长春大学均设历史系。1946年华北文法学院重新立案，下设历史系。1947年，广州珠海大学创建，文学院下设文史系，江应樑为系主任。②1947年，在无锡创办了江南大学，钱穆任文学院院长，下设史地系。抗战胜利台湾光复后，台北帝国大学改为台湾大学。史学系设有中国史研究室、西洋史研究室、南洋史研究室、社会学民族学研究室。台湾总督府高等学校改为台湾省立师范学院，龚书铎1947年考上台湾师范学院史地系，就读两年半。③1947年，浙江金华英士大学新设文学院，金宝祥应聘史学系副教授。④此外，抗战胜利后新设历史系的还有天津工商大学、相辉文法学院、华北文法学院、四川省立教育学院等。

根据1948年的统计，当时全国大学历史系情况如下表⑤：

序号	大学	性质	学系
1	中央大学	国立	史学
2	北京大学	国立	史学
3	清华大学	国立	历史
4	中山大学	国立	史学

---

①1949年，国立师范学院并入湖南大学。1953年院系调整，以国立师范学院为基础组建了湖南师范学院。1950年，国立女子师范学院与四川省立教育学院（师范相关系科）合并组建为西南师范学院。1950年，国立贵阳师范学院改名为贵阳师范学院（今贵州师范大学）。1950年国立南宁师范学院并入广西大学，成立了广西大学师范学院。1953年广西大学撤销，原师范学院改为广西师范学院。湖北师范学院经多次改组，1984年组建为湖北大学。1949年，长白师范学院并入东北大学，后改为东北师范大学。昆明师范学院经多次改组，1984更名为云南师范大学。
②曾庆英：《珠海大学概况》，《文史春秋》第1期，1947年。
③龚书铎：《我与中国文化史》，《学林春秋》第二编下册，朝华出版社，1999年版，第559页。
④《金宝祥自述》，《世纪学人自述》第5卷，北京十月文艺出版社，2000年版，第99页。
⑤参见《全国公私专科以上学院概况一览》(1948)，专科学校从略。

序号	大学	性质	学系
5	西北大学	国立	历史
6	暨南大学	国立	历史
7	复旦大学	国立	史地
8	浙江大学	国立	史地
9	英士大学	国立	历史（文理学院）
10	安徽大学	国立	历史
11	中正大学	国立	历史
12	湖南大学	国立	史学
13	武汉大学	国立	史学
14	四川大学	国立	历史
15	南开大学	国立	历史
16	河南大学	国立	历史
17	山西大学	国立	历史
18	兰州大学	国立	历史
19	厦门大学	国立	历史
20	贵州大学	国立	历史（文理学院）
21	云南大学	国立	文史（文法学院）
22	东北大学	国立	历史
23	长春大学	国立	历史
24	台湾大学	国立	史学
25	金陵大学	私立	历史
26	燕京大学	私立	历史
27	辅仁大学	私立	史学
28	中法大学	私立	文史
29	岭南大学	私立	历史政治
30	光华大学	私立	历史
31	大夏大学	私立	历史
32	大同大学	私立	史地政治
33	圣约翰大学	私立	历史
34	华中大学	私立	历史社会

序号	大学	性质	学系
35	华西协和大学	私立	哲学史学
36	齐鲁大学	私立	历史社会
37	福建协和大学	私立	历史
38	东北中正大学	私立	历史
39	江南大学	私立	史地
40	珠海大学	私立	文史
41	北平师范学院	国立独立学院	历史
42	国立师范学院	国立独立学院	史地
43	国立湖北师范学院	国立独立学院	史地
44	国立南宁师范学院	国立独立学院	史地
45	国立贵州师范学院	国立独立学院	史地
46	国立昆明师范学院	国立独立学院	史地
47	国立西北师范学院	国立独立学院	史地
48	国立长白师范学院	国立独立学院	史地
49	国立女子师范学院	国立独立学院	史地
50	江苏学院	省立独立学院	历史
51	安徽学院	省立独立学院	史地
52	四川省立教育学院	省立独立学院	史地
53	广东省立文理学院	省立独立学院	历史
54	台湾省立师范学院	省立独立学院	史地
55	金陵女子文理学院	私立独立学院	历史
56	中国学院	私立独立学院	史学
57	华北文法学院	私立独立学院	历史
58	华南女子文理学院	私立独立学院	文史
59	天津工商学院(津沽大学)	私立独立学院	史地
60	南华学院	私立独立学院	史学
61	相辉文法学院	私立独立学院	文史

根据上表,设有历史系的国立大学24所,私立大学16所,国立独立学院9所,省立独立学院5所,私立独立学院7所。国立大学共31所,政治大学、交通大

学、同济大学、重庆大学、北洋大学、山东大学、广西大学7所未设历史系。私立大学25所,设历史系的16所。国立大学和私立大学设历史系的分别达到了77%和64%。独立学院共73所,设历史系的21所,仅为29%。因为独立学院为文、理、工、商、法、农、医、师范八科中之一科或二科组建,故国立师范学院都有史地系,其他省立、私立独立学院中设历史系的就很少了。

在国立大学、私立大学以及独立学院中,有少数曾设历史系,但由于种种原因停办。重庆大学1934年设史学系后不久即停办。①东吴大学1927年设历史系,1936年停办。沪江大学1929年设历史社会学系,1931年改为历史系,1932年停办。北平大学女子文理学院和河北省立女子师范学院先后并入西北联合大学,抗战胜利后前者未曾复员,后者复员后未设历史系。

此外,大学中还有一些系科与历史系较为接近。如国学系、边政系等。国学的概念比较宽泛,通常将其理解为经、史、子、集四部。1912年国民大学创建,1914年与吴淞中国公学合并,1917年改为中国大学,1931年改为中国学院。中国大学于1922年成立国文系,1926年改为国学系,1944年改为文学系,胡春霖、吴承仕、孙人和、陆宗达先后担任系主任。七七事变后奉命仍留在北方办学,1944年于文学院下新设史学系,并设文科研究院史学部,研究生王学弼。持志学院国学系教授有胡朴安、胡怀琛、姚明晖、姚宝贤等。边政学这一概念由吴文藻提出。教育部于1944年秋在中央大学和西北大学专门创设边政学系。西北大学边政系隶属于文学院,系主任为王文萱,后由黄文弼担任。边政系的教师有马宏道、杨兆钧、谢再善、宫碧澄、杨福龄、阎锐、朱懿绳等人。西北大学边政系十分注意边疆实地调查工作,搜集有关西北边疆问题之各项图籍文物,奖励边地及蒙藏优秀青年投考,培养通晓蒙、维、藏各族文字的专门人才。②中央大学边政系隶属于法学院,由凌纯声任首任系主任,后由韩儒林出任,教授有卫惠林、韩儒

---

①1934年重庆大学招收本科生刘献镲、侯宗汉、文世烜、何运陶、黄纯雍、赵湘帆、赵文杰、吴应良、田其敏、王兴礼、周述贤、刘熙箎、唐治鄂、李敏文、毕盛荣。
②《国立西北大学概况》(1947),第26页。

林、凌纯声、芮逸夫、董同龢、马学良等。课程主要是从边疆特殊的政治制度、社会、民政、宗教、历史、地理、语言等方面着眼。抗战胜利中央大学迁回南京,此时的边政系已经初具备规模。教授有卫惠林、韩儒林、凌纯声、芮逸夫、董同龢、马学良等知名学者。① 边政学系的重点在边疆历史地理研究和边疆少数民族研究,边政学系教师中亦有不少历史学家。

第二节 大学历史系的教师构成

对于1949年以前高校中的史学教授,北京大学尚小明教授已经进行了非常细致的研究,从75所大学或独立学院中担任过史学教授的计有626人,其中本国585人,外籍41人,教授526人,副教授59人。②

尚小明先生对近代的史学教授作了总体性的勾画,多取材于各地档案,相当之全面系统。但具体到各高校历史系,和当前的高校历史系相比有两个特点:一是教师人数不多,二是人员流动频繁。本节以各大学概览以及大学史料为基础,将各大学之历史教师排比如下③:

学校院系	年度	教师	出处
北京大学	1922	教授朱希祖、陈汉章、叶瀚、李大钊、陈衡哲,讲师杨栋林、何炳松、马衡、陈映璜、章嵚、张孝年、冯承钧、李芳、黎世蘅	《国立北京大学职员录》(1922)
	1930	系主任朱希祖,教授马衡、陈衡哲、叶瀚,副教授毛准,讲师王桐龄、吴燕绍、李飞生、张星烺、陆懋德、傅斯年、刘崇鋐、蒋廷黻、邓之诚、罗家伦	《北京大学史料》

---

① 石兴邦:《回忆鸿庵老师》,《朔漠情思》,南京大学出版社,2000年版,第35-36页。在中央大学和西北大学设边政系之前,大学中尚有东北大学边政学系,系主任刘馥,讲师有王之相、陈作福、吴希庸、曲凌、王西征、夏仲毅等人。朝阳大学于九一八事变后亦设有边政系,系主任汪公亮,以研究西北地理历史为主。
② 尚小明:《近代中国大学史学教授群像》,《近代史研究》2011年第1期。
③ 有的大学校史、校志以及院系史都将不同时期的教员名录按系科分别排列,本节即仿此例。

学校院系	年度	教师	出处
	1933	系主任陈受颐,名誉教授朱希祖、傅斯年、孟森、马衡,教授毛准、姚从吾,副教授蒙文通、钱穆、陈同燮,名誉讲师顾颉刚,讲师王谟、赵万里、李季谷、吴正华、张荫麟、徐中舒、张星烺,助教余逊	《国立北京大学一览》(1933)
	1935	系主任陈受颐,教授姚从吾、孟森、钱穆、毛准,名誉教授陈垣、马衡、朱希祖、钢和泰,副教授皮名举,讲师聂西生、冯家昇、王谟、刘崇鋐、张星烺、顾颉刚、赵万里、齐思和、罗念生、柯昌泗、王辑五、劳幹,助教梁茂修、贺次君	《国立北京大学一览》(1935)
	1936	系主任陈受颐,教授姚从吾、孟森、钱穆、毛准,名誉教授陈垣、马衡、朱希祖、钢和泰,副教授皮名举,讲师聂西生、冯家昇、王谟、刘崇鋐、张星烺、赵万里、齐思和、罗念生、王辑五、劳幹,助教梁茂修,助理贺次君	《北京大学史料》
北京高等师范学校	1918	凌善安、黄人望、沈士远、何炳松、陶履恭、俞肇康(史地部)	《北京高等师范学校十周年纪念录》(1918)
北平大学女子文理学院	1936	系主任李季谷,教授严既澄、戴君仁、吴祥麒、陈君哲,副教授沈启无,讲师萧璋、孟世杰、曹联亚、罗庸、孙席珍、章廷谦、罗根泽、陆宗达、傅振伦、林庚、邱文采	《国立北平大学一览》(1936)
北平师范大学	1933	系主任李飞生,教授王桐龄、陆懋德、陈垣,讲师饶用泽、卢郁文、熊梦飞、张景汉、张星烺、吴正华、王亚权、萧杰五、陶希圣、许兴凯、王辑五、罗集谊,助教何竹淇、向凤鸣	《国立北平师范大学一览》(1934)
重庆大学	1935	系主任祝同曾,讲师张圣	《四川省立重庆大学一览》(1935)
大夏大学	1926	何炳松、曾琦、唐庆增	《大夏大学一览》(1926)
	1930	系主任杨鸿烈,金兆梓、邹翰芳、孟寿椿、黄中堇	《私立大夏大学一览》(1930)

学校院系	年度	教师	出处
	1934	系主任吴泽霖、王国秀	《私立大夏大学一览》(1934)
	1935	系主任王绳祖、吴泽霖、王国秀、梁园东	《私立大夏大学一览》(1935)
	1941	系主任张少微,教授朱澂、姚薇元、黄奎元,兼任①根据1929年的《大学组织法》,规定大学聘任兼任教员人数不得超过教员总数的三分之一。中央大学曾规定专任教授或专任讲师每周讲授9—12小时,教授或讲师不及此时数者为兼任教授或兼任讲师。以专任教授或专任讲师受聘而在校外有专任职务者,亦照兼任教授或兼任讲师发放薪俸。参见《国立中央大学教员待遇章程》(《国立中央大学章则一览》,第14页)。北京大学则规定只有专任教师得称教授,兼任教师一律称讲师。讲师陈国钧,助教吴庆鹏	《大夏大学概况》(1941)
东北大学	1926	缪凤林、景昌极、刘朴	《东北大学一览》(1926)
	1928	系主任吴贯因,教授孙佩苍	《东北大学概览》(1928)
	1931	系主任吴贯因,讲师周传儒、田世英、吕醒寰、蒋绵恩	《东北大学文法学院一览》(1931)
	1934	系主任吴贯因,教授王华隆、卢杰,讲师孟世杰、陈同燮、韩佩章、宋梅村	《东北大学教职员录》(1934)
	1939	系主任周传儒,教授郑资约、蓝文徵、杨曾威、卞宗孟,助教袁寿椿、汤晓非	《东北大学一览》(1939)
东吴大学	1933	葛海伦(Helen Clark)、章赋浏、赵震、吴芷芳	《私立东吴大学文理学院一览》(1933)
	1935	德丽霞(L.J.Tuttle)、章赋浏、张梦白	《私立东吴大学文理学院一览》(1935)

学校院系	年度	教师	出处
复旦大学	1938	教授王成组、李建芳、吴泽霖,讲师谢德风、郑宏述、钱忆刚、翁达藻	《抗战时期复旦大学校史史料选编》
	1947	系主任周谷城,专任教授朱澈、周予同、陶绍渊、温飞雄、胡厚宣、陈述,兼任教授Hoskins.Lewis M.,丁山、崔万秋,专任副教授叶粟如,助教周涛桂、王蕙、林同奇、闵煜铭	《国立复旦大学一览》(1947)
福建协和大学	1928	教授林天兰、高智,讲师郭熙	《私立福建协和大学一览》(1928-29)
	1930	系主任傅尚霖,教授陈元龙、郭熙、王治心	《私立福建协和大学文学院课程一览》(1930)
	1940	林希谦、朱维幹、郭宣霖	《协大新生指导》(1940)
辅仁大学	1937	系主任张星烺,教授陈垣、胡鲁士、司徒资、萨达利、余嘉锡,副教授容肇祖,讲师张鸿翔、陆懋德、王光玮、苏益信、姚从吾	《私立北平辅仁大学一览》(1937)
	1938	系主任张星烺,教授陈垣、叶德礼、胡鲁士、司徒资、余嘉锡、史禄国,讲师张鸿翔、韩儒林、刘厚滋、王静如、王光玮	《私立北平辅仁大学一览》(1938)
	1939	系主任张星烺,教授陈垣、叶德礼、胡鲁士、卢德思、司徒资、福克司,讲师柴德赓、张鸿翔、牟传楷、王静如、王光玮、余逊	《私立北平辅仁大学一览》(1939)
	1941	系主任张星烺,客座教授包敏,教授安祺乐、陈垣、胡鲁士、卢德思,讲师柴德赓、张鸿翔、牟传楷、余逊、王光玮、赵光贤、叶德禄	《私立北平辅仁大学一览》(1941)
	1947	系主任张星烺,名誉教授安祺乐,教授柴德赓、张鸿翔、陈垣、方豪、胡鲁士、施格莱,副教授赵光贤、蔡思客,讲师胡鹤岭、黄玉蓉、时眉鸣、叶德禄、余逊,专任助教刘乃和,兼任助教荣天琳、尹敬坊	《私立北平辅仁大学一览》(1947)

学校院系	年度	教师	出处
广东省立文理学院	1943	系主任黄文博,副教授黄福銮、王名元、蒋震华、吴壮达,讲师黄灼耀,助教李士琏	《史地系概况》,《文理院刊》第6期,1947
光华大学	1926	朱经农、吕思勉、李石岑、张星烺、楼桐荪	《光华大学章程》(1926)
光华大学	1936	系主任吕思勉,教师张杏婉(德)、谢海若、陈楚善、钱钟汉、耿淡如	《光华大学教职员一览》(1936)
光华大学	1947	系主任吕思勉,教师胡嘉、杨宽	《私立光华大学成都十年记》(1947)
贵州大学	1945	系主任姚琴友,教授许逸超、邝炯燊,副教授王德昭、刁鸿翔、蔡次风,兼任教授史尚达,兼任副教授王炳庭,助教余启德	《国立贵州大学概况》(1945)
贵州大学	1948	系主任姚琴友,教授张廷休、邝炯燊、刁鸿翔、马腾淮、封开基、范介萍,副教授傅成镛、刘锡麟、张宗和、朱炳先,讲师黄曦光,助教余启休、曾昭毅	《国立贵州大学概况》(1948)
国立女子师范学院	1945	系主任张维华,教授姜亮夫、韩亦琦、罗志甫,副教授叶粟如、夏德仪,助教郭树幹	《国立女子师范学院五周年纪念特刊》(1945)
河北省立女子师范学院	1934	教授班书阁、张金书,讲师殷祖英、苏从武、孙毓棠、侯宪	《河北省立女子师范学院一览》(1934)
河南大学	1930	教授张森祯、萧鸣籁、郭廷以	《河南大学一览》(1930)
河南大学	1932	系主任张仲琳,教授赵曾俦、蒙文通、张森祯,兼任教授陆钦墀、吕瑞庭	《河南大学一览》(1932)
河南大学	1934	教师嵇文甫、葛定华、杨筠如、张森祯	《河南省立河南大学教职员录》(1934)
沪江大学	1931	教授韩森、魏馥兰、韦爱伦、余日宣,教师魏馥兰夫人、潘树藩	《私立沪江大学一览》(1931)
湖南大学	1947	系主任陶元珍,教授潘硌基、施畸、陈昭炳、李剑农,副教授何竹淇、张骏武	《国立湖南大学职员录》(1947)

学校院系	年度	教师	出处
华北文法学院	1948	系主任王桐龄,教授李延增、殷祖英、韩道之、罗福颐、单士元,副教授戚佑烈,讲师屈履泰、刘汝霖	《私立华北文法学院年刊》(1948)
华南女子文理学院	1936	康慎德(Marion Cole)、黄淑娟	《私立华南女子文理学院一览》(1936)
华西协和大学	1930	司马烈、司马烈夫人、祝屺怀、张幼荃、杨兴健、刘藜仙	《私立华西协和大学一览》(1930)
华西协和大学	1936	系主任罗成锦,教员沈嗣庄、张凌高、朱少滨、沈克莹、司马烈、司马烈夫人、葛维汉、刘藜仙、姜蕴刚、杨佑之、司马烈、罗玉东、质溥明、吴先忧、王俊贤	《私立华西协和大学一览》(1936)
华西协和大学	1943	系主任罗忠恕,教授蒙文通、何鲁之、钱穆、郑德坤,副教授蒙思明、牟宗三、陈国桦,特约教授刘藜仙、郭本道,兼任教员严耕望,助教张保华	《私立华西协和大学教职员名录》(1943)
华中大学	1935	系主任陈淑元,讲师甘施礼	《华中大学一览》(1935)
华中大学	1947	系主任甘施礼,教师王玉哲、徐衍梁、石声河、Dr. Ward	《复员来本校各院系》,《华中通讯》第1卷第1期,1947年
暨南大学	1928	系主任黄凌霜,教授张凤、程仰之,讲师张北海、尉子嘉、陈廷藩	《国立暨南大学全体教职员录》(1928)
暨南大学	1936	系主任周予同,教授周谷城、张凤、陈高傭、王勤堉、吴泽霖,讲师张资平、钱亦石、楚曾、葛受元,助教苏乾英、俞寿松	《国立暨南大学一览》(1936)
江苏学院	1945	系主任钟钟山,教授詹剑锋、陈遵统、施蛰存、徐公美,副教授王咏祥、李香谷、贾廷珑,助教陈铁允	《江苏省立江苏学院教职员一览》(1945)
金陵大学	1933	贝德士、王绳祖、马文焕、陈恭禄	《私立金陵大学一览》(1933)
金陵女子文理学院	1930	雷海宗、刘唐绿蓁、孙王国秀(金陵女子大学)	《私立金陵女子大学章程》(1930)

学校院系	年度	教师	出处
	1936	朱澂、缪凤林(兼)、陈钟浩(兼)	《私立金陵女子文理学院概况》(1936)
	1945	师以法、沈鉴	《私立金陵女子文理学院要览》(1945)
岭南大学	1933	系主任包令留(H.C.Brownell),教师陈序经、陈宝祥、陈胜伟、伍锐麟、黄仲琴、施云孙(D.D.Stevenson)、陈安仁(社会科学系史学组)	《私立岭南大学一览》(1933)
岭南大学	1949	系主任包令留,教授陈寅恪、张纯明、李荣锦	《现专任教授一览》,《岭南校友》(1949)
南华大学	1939	教授蔡兆麟、陈安仁	《香港私立南华学院要览》(1939)
南华大学	1947	系主任饶宗颐,教授黄勋吾,副教授龚宏煦、池振宜	《本院现任教职员一览表》,《南华学院院报》(第1期,1947)
南开大学	1947	系主任冯文潜,教授张致远,专任讲师杨志玖、戴蕃豫、滕维藻、何启拔,兼任讲师魏重庆,助教陈昭健、刘国光	《国立南开大学概况》(1947)
齐鲁大学	1926	系主任奚尔恩,讲师奚魏恩照,助教张立志	《济南大学文理科简章》(1926)
齐鲁大学	1931	系主任奚尔恩,教员胡约瑟、张立志、张维华	《山东济南私立齐鲁大学文理两学院一览》(1931)
齐鲁大学	1943	系主任张维华,教授周信铭、周谦冲、常燕生,副教授沈鉴、张雪岩	《私立齐鲁大学一览》(1943)
清华大学	1929	系主任罗家伦,教授朱希祖、孔繁霱、刘崇鋐,兼任教授陈寅恪,讲师张星烺、王桐龄,助教郭斌佳	《国立清华大学学程大纲附学科说明》(1929)

学校院系	年度	教师	出处
	1930	系主任蒋廷黻,教授罗家伦、孔繁霱、刘崇鋐、朱希祖、陈寅恪,讲师张星烺、王桐龄、原田淑人、杜捷尔,教员郭廷以,助教朱延丰	《国立清华大学一览》(1930)
	1932	系主任蒋廷黻,教授陈寅恪、孔繁霱、刘崇鋐、钱稻孙、噶邦福、雷海宗,讲师张星烺、钱穆、黎东方、陶希圣,助教杨凤岐	《国立清华大学一览》(1932)
	1935	系主任蒋廷黻,教授刘崇鋐、陈寅恪、孔繁霱、雷海宗、噶邦福、钱稻孙,讲师张荫麟、张星烺、钱穆,教员吴晗,助教杨凤岐、谷霁光、何基,助理谷光曙	《国立清华大学一览》(1935)
	1937	系主任蒋廷黻,教授刘崇鋐、陈寅恪、孔繁霱、噶邦福、雷海宗、张荫麟,讲师王信忠、邵循正、齐思和、谭其骧,教员吴晗,助教何基、鲁光恒,助理谷光曙	《国立清华大学一览》(1937)
山西大学	1947	系主任阎宗临,代理系主任陈超,教授张秉仁、李相显、俞静安、班书阁,副教授王葵经,讲师杜洽、梁祥厚、徐庆符,助教张华	《国立山西大学一览》(1947)
山西省立教育学院	1934	系主任李振郑,教授乔鹤仙、常乃德、李振邦、张淑琳、郭象升	《山西省立教育学院一览》(1934)
圣约翰大学	1937	教授罗道纳,讲师罗道纳夫人、谢莆伦、潘学思	《圣约翰大学一览》(1937)
四川大学	1930	系主任祝屺怀,教师张仲铭、蔡绍康、徐朴生、刘东塘、谭励陶(成都师范大学)	《国立成都师范大学概览》(1930)
	1935	系主任何鲁之,教授洪承中、周谦冲、束世澂、张景汉,副教授叶德生	《国立四川大学一览》(1935)
	1936	教授丁山、何鲁之、周谦冲、祝同曾、张云波、范祖淹、杨筠如、徐光,讲师郭秀敏、谭其骧	《国立四川大学一览》(1936)
武汉大学	1918	姚明辉、王海铸、王文蔚(武昌高等师范学校)	《中国近代教育史资料汇编·高等教育》

学校院系	年度	教师	出处
	1934	系主任方壮猷,教授李剑农、吴其昌、韦润珊、陈祖源、郭斌佳、鄢远猷,讲师汪诒荪,助教陆维亚	《国立武汉大学一览》(1937-1938)
西北大学	1943	系主任黄文弼,教授陆懋德、涂序瑄、张云波、辜勉,副教授杨兆均、林冠一,助教冉昭德、姚玉栋	《国立西北联合大学档案史料选编》
	1947	系主任马师儒,教授周传儒、许重远、冯永轩、关益斋,讲师冉昭德,兼任讲师刘垂萱,助教孙锡本	《国立西北大学概况》(1947)
西北师范学院	1940	系主任谵亚达,教授陆懋德、蓝文徵、邓豹君、殷祖英,副教授郁士元	《国立西北联合大学档案史料选编》
	1945	系主任邹豹君,教授张云波、吴澄华、王心正、慈连炤,副教授阎文儒、万九河、万方祥,讲师卢蕴章、廉立之、吴宏中、王慎楼,助教李存禄、蒋恂、李根固、朱振声	《国立西北师范学院史料摘编》
	1947	系主任邹豹君,教授罗志甫、方壮猷、王德基、王日伦、涂序瑄,副教授张建侯、林冠一、万九河、万方祥,讲师卢蕴章、廉立之、吴宏中、王慎楼、董文朗、杨淑秀,助教刘德生、何汝璧、朱振声	《国立西北师范学院史料摘编》
厦门大学	1941	系主任吴士栋,教授谷霁光,副教授李祥麟、叶国庆,专任讲师魏应麒、沈鉴、施其南	《国立厦门大学一览》(1941)
燕京大学	1928	系主任王克私(Philippe de Vargas),教授王桐龄、洪业、费宾闺臣(Mrs.M.S.Frame)、陈垣,副教授张星烺,助教李瑞德(Richard H.Ritter)、庆美鑫(Mononal Cheney)、孟世杰,助理李崇惠,	《私立燕京大学文学院课程一览》(1929)
	1930	系主任费宾闺臣,教授洪业、王克私、陈垣、顾颉刚、容庚,讲师李瑞德、庆美鑫、贝卢思(Lucy M. Burtt)、张尔田、瞿宣颖、方壮猷、邓之诚、刘朝阳、张星烺,助理朱士嘉	《北平私立燕京大学一览》(1930-1931)
	1931	系主任李瑞德,教授王克私、洪业、许地山、顾颉刚,副教授邓之诚,讲师庆美鑫、贝卢思、张星烺,兼任讲师朱士嘉,助理李荣芳	《私立燕京大学历史系课程一览》(1931)

学校院系	年度	教师	出处
	1935	系主任李瑞德,教授王克私、洪业、顾颉刚、邓之诚,讲师庆美鑫、贝卢思,兼任讲师张星烺,兼任助教陈观胜、冯家昇	《北平私立燕京大学文学院课程一览》(1935)
	1936	系主任顾颉刚,教授邓之诚、洪业、王克私,讲师贝卢思、李瑞德,兼任讲师张星烺、张国淦、张印堂、齐思和、冯家昇、韩儒林、谭其骧,兼任助理侯仁之	《北平私立燕京大学一览》(1936)
	1941	系主任齐思和,教授洪业、邓之诚、王克私,副教授贝卢思,讲师萧正谊、聂崇岐、翁独健、裴文中,名誉兼任讲师雷仁福(Charles C.Stelle),助教侯仁之、王聿修,助理沈鸿济、罗秀贞,研究生导师张尔田	《燕京大学课程一览》(1941)
云南大学	1947	系主任方国瑜,教授刘文典、钱穆、徐嘉瑞、范锜、杨家凤、袁丕佑、诸祖耿、徐知良、马奉琛、李源澄、纳忠、朱杰勤,兼任教授罗庸,副教授姚奠中,兼任副教授吴乾就,讲师张友铭、傅懋勉、傅平骧、马曜、全振寰、李埏、李为衡、缪鸾和,兼任讲师田鸣鹤、周均、方龄贵,教员王宏道、王岫,助教马开樑、吴世荣、马忠民、杨允中	《国立云南大学一览》(1947)
浙江大学史地学系	1932	鲁潼平、苏毓棻	《国立浙江大学一览》(1932)
	1947	系主任张其昀,教授顾谷宜、陈乐素、谭其骧、李絜非,副教授黎子耀、张荃,讲师胡玉堂,助教徐规、管佩韦、宋晞	《国立浙江大学一览》(1947)
中山大学	1932	教授朱谦之、朱希祖、萧鸣籁、陈廷璠,副教授容肇祖,讲师何襄明	《国立中山大学》(1932)
	1933	教授朱谦之、陈安仁、萧鸣籁、陈廷璠、黎东方、姚宝猷、徐家骥,副教授杨熙时	《国立中山大学现状》(1933)
	1943	系主任陈安仁,教授朱谦之、郑师许、容肇祖、罗志甫、陈国治,副教授王兴瑞,专任讲师区宗华、黄福銮,助教李贵兰、丘陶常、关履谦	《国立中山大学现状》(1943)

学校院系	年度	教师	出处
中国大学	1948	系主任齐思和,名誉教授翁独健、王静如、孔繁霱、刘雪崖、王桐龄,兼任教授邝平章、孙守仁,副教授徐宗元,讲师李金声、许大龄、刘汝霖、罗福颐、戚佑烈、凌元鼎、侯及名、陈志凌、曾毅公	《中国大学年刊》(1948)
中央大学	1906	总稽查缪荃孙,历史教员盛平章、黎承福、刘师培、柳诒徵、侯必昌(两江师范学院)。	《南大百年实录·中央大学史料选》
	1923	系主任徐则陵,教授柳诒徵,讲师刘文海,历史绘图员兼史地陈列室管理员(东南大学)	《国立东南大学教职员一览》
	1928	系主任陈汉章,副教授雷海宗,讲师武同举、缪凤林、王镜弟,助教许文玉、傅若梅	《国立中央大学一览》(1928)
	1930	陈汉章、蒙文通、陈训慈、束世澂、雷海宗、徐子明、刘继宣、郑鹤声	《国立中央大学一览·文学院概况》(1930)
	1936	系主任朱希祖,教授沈刚伯、缪凤林、张致远、程憬,讲师郭廷以、罗香林,助教姚公书	《国立中央大学二十四级毕业纪念刊》(1936)
	1940	系主任张致远,教师沈刚伯、贺昌群、郭廷以、缪凤林、朱延丰、纳忠	《国立中央大学概况》(1940)

民国大学的历史系在较早的一段时间里教师人数极少。在教会大学中,"所谓一个系大体上都是由外国传教士任系主任,加上一个或两个本校毕业生,各系也都有几门基础知识课"。①齐鲁大学历史政治系主任奚尔恩便是主要的教师,本校毕业生张维华,以及燕京大学研究生张立志,便构成了齐大历史政治系的基本师资。到了三十年代以后才逐渐改变。

各高校历史系主任对本系负有学科建设之责。按照1929年的《大学组织法》,"大学各学院设院务会议,以院长系主任及事务主任组织之。院长为主席,计划本学院学术设备事项,审议本院一切进行事宜","个学系设系教务会议,以系主任及本系教授副教授讲师组织之。系主任为主席,计划本系学术设备事

---

①《中国近代学制史料》第四辑,第487页。

项"。①暨南大学在教职员服务规程中明确规定系主任的职责为:(1)商同院长计画该系课程及其他应兴革事项;(2)出席教务会议及召集该系系务会议,并执行其议决案;(3)编制该系指导书;(4)商同院长选定教材,审查学生选修课程并督促学生课业之进修。②朱谦之在1932—1942年间担任中山大学史学系主任,按其自述"无日不为史学系尽力",包括厘定本系科目,延聘名教授,提倡现代史学等:

> 关于厘定科目一节,我在本系特别注重文化史,把中西古代文化史、中古文化史、近代史文化史均分期讲授,这是任何大学历史系所没有的。我又特别重视史学理论,如史学概论、史学方法论、历史哲学等科,均亲自担任,更特设史学实习一科,由黎东方教授担任。还有自然科学如地质学、人类学,社会科学如社会学、经济学,这些和史系相关的科目,也觉着有加以提倡的必要。我为此曾搜集中外史系资料分类编成'史学系重要科目百种',并以中大图书馆藏书为标准,着手编撰'史学系重要科目百种参考书目',这自是煞费苦心了。关于延聘名教授一节,在十年中本系所延聘的国内史学专家不少,如朱希祖之南明史,吴宗慈之清史,杨成志之人类学,黎东方之西洋通史,容肇祖之中国思想史,姚宝猷之日本史,罗香林之隋唐五代史,郑师许之考古学,罗志甫之希腊史,均能卓然成家,而陈安仁之著述之多,尤属罕见。还有如陈啸江之中国经济史,王兴瑞之中国现代史,江应樑之西南民族研究,也都是后起之秀。即因如此,所以史学系的成绩,在中大文学院里,实首屈一指,史学系在学术界的位置,无论在广东,在中国,始终是一枝新军,有举足轻重之势。尤其是从史学系和文科研究所历史学部联成一气的时候,自然造出一种学说研究的新学风。③

从大学历史系教师的受教育情况来看,尚小明先生将其约略分为三代:第一

---

① 《中国近代教育文献丛刊·教育法规卷》第3卷,第7页。
② 《国立暨南大学一览》(1930),第41页。
③ 朱谦之:《奋斗二十年》,《朱谦之文集》第1卷,福建教育出版社,2002年版,第80页。

代为科举时代的人,主要出生于19世纪80年代中期以前,大多获得过科举功名,其中一部分人还到国外大学,尤其是日本大学接受过教育。第二代为新式学堂或学校教育时代的人,主要出生于19世纪80年代中期到90年代初期。处于过渡时期,其中多数接受过传统教育却没有搭上科考的末班车,进过清末民初新式学堂却没能赶上国内大学教育的快速发展,不少人选择到国外留学,更多的是选择欧美。第三代为大学教育发展时代的人,主要出生于19世纪九十年代以后至1911年辛亥革命前后,绝大多数在国内接受了大学教育,又有超过半数拥有留学教育背景。第三代是史学教授群体的主要组成部分。就影响而言,在第一代和后两代之间以及第二代和第三代之间,往往存在学术传承关系。①

大学历史系教师的学术传承关系在近代大学学科体制建立后则更为明显。1920年贝德士(M.S.Betes)到金陵大学,金陵大学历史系之课程编订、图书购置、教学指导等工作,均由贝德士一手包办,杭立武、刘乃诚、蔡维藩、马博厂、陈恭禄、王绳祖、徐国懋、陈铁民、江文汉、韩荣森等俱出其门下。②陈恭禄、王绳祖则长期在金陵大学历史系担任教职。从学生的角度来看,大学历史系的学术传承关系并非都是单线传承,而应是多线的,"专从一个先生,即可得师传,也非万应灵方,最好的学生,应从许多先生受业,细心体会他们各个的治学方法,择其善者而从之,不善者而去之,方能有青胜于蓝的希望"。③

高校历史教师除了学术因素之外,政治因素亦不可忽视。其时标榜学术自由,主张兼容并包,因此在历史系中既有马克思主义史学家、左派学者和进步教授,也有国民党、青年党、第三党、托派、无政府主义者各色人等。青年党人李璜、左舜生、常乃惪均曾讲授过历史,左舜生在上海复旦大学、大夏大学以及中央政治大学任史学教授十多年。另一位青年党人常乃惪虽然有自己的政治信仰,但却未向学生宣传他的政治主张,"在课堂上只讲历史,课堂外只讲做人,他从不引

---

① 尚小明:《近代中国大学史学教授群像》,《近代史研究》2011年第1期。
② 《私立金陵大学六十周年校庆纪念册》(1948),第18页。
③ 蒋孟引:《历史知识与历史科学》,《学识》第1卷第5、6期,1947年。

古证今,有形或无形地引导我们谈政治,更不谈组织"。①复旦大学的托派李建芳、郑学稼,郑学稼公开"谩骂苏联是中国的老子党",李建芳鼓动学生攻击来复旦演讲的郭沫若。②持相同政治主张者则引绳批根相引为高,郑学稼公开吹捧过李建芳。中山大学朱谦之自认为是偏左的,陈安仁则是右的。杨人楩据说曾以自由主义为标榜,领导组织了自由联盟,有许多学生加入了这个自由联盟。③张申府虽然参加了中国共产党的早期建党工作,但主要还是个无政府主义者,在清华上课时基本上都在骂蒋介石,"成为热门的政治论坛。听他课的不外两部分,一部分是抱持自己见解从拥护或反对立场上来挑检他的政治论点的;另一部分则是混混学分的"。④党派、宗派的倾轧和斗争在历史系中亦属常见,赵俪生曾在河南大学文史系任教,据其回忆:"党棍校长田桐林干不下去了,派来学者校长姚从吾……姚是德国明兴大学留学生,治元史(蒙古史)的,归国后担任过北大的历史系主任。但他办事能力很差,所以河南大学也一直乱糟糟的,没有办出个模样来"。⑤金毓黻参加中央大学校务会议,"与会者多为意气之争,无和衷共济之表现,实为吾国政局之缩影"。⑥

民国高校历史系教师基本上都是男性,只有极个别的如陈衡哲、王国秀、朱㵵、冼玉清等女教授,教会大学外籍教师夫人有时也在历史系任教,但教师性别构成似可不予讨论。少数女教授颇热衷于女权运动,陈衡哲不喜别人称其为"任太太",王国秀1926年获哥伦比亚大学硕士学位,回国后历任金陵大学、大夏大学、圣约翰大学历史系教授,对于妇女运动尤为热心,曾在中华基督教女青年协会,女青年会环球协会等担任职务。但与历史教学则似关系不大。

---

① 李孝迁、任虎编:《近代中国史家学记》下卷,上海古籍出版社,2018年版,第28页。
② 薛名扬、杨家润主编:《复旦杂忆》,复旦大学出版社,2005年版,第110页。
③ 《近代中国史家学记》下卷,第963页。
④ 赵俪生:《篱槿堂自叙》,《赵俪生文集》第5卷,兰州大学出版社,2019年版,第92页。
⑤ 赵俪生:《篱槿堂自叙》,《赵俪生文集》第5卷,第143页。
⑥ 金毓黻:《静晤室日记》第6卷,辽沈书社,1993年版,第4522页。

第三节　大学历史系的教学条件

高校历史系工作条件中最重要的当为图书馆。高校图书馆包括了学校图书馆和各学院图书馆以及资料室,是为教学和科学研究而服务的,"图书馆之责任,首应认识教授之需要,以供其所求,俾完成其所研究,及增加其启迪学生之资料……教授所需书籍,其地位仅在课程内,为学生指示途径而已。实际上,学生是否得益,能否深造,当视其是否承受教授所指示之方法及途径,而自用其精力耳。图书馆即自行研究之场所,盖知识上之试验室与运动场也。课程而外,如问题研究,琐事参考,读名人传记以坚固其志趣,阅政党文学作品以美化其思想,下至正当娱乐读物,亦可解其生活上之枯燥,环境则必求优美适宜,此中陶镕熏浴,潜移默化之功,伟莫可测"。①

中国古代只有藏书楼而无图书馆。鸦片战争后,西方公共图书馆(Public Library)的理论与实践传入中国,高校图书馆当然也是公共图书馆(Public Library)。根据1933年的统计,民国时各高校图书馆藏书情况如下②:

校别	总数	中国文		外国文	
		册数	百分数	册数	百分数
总计	2760313	1996643	73.9	703670	26.1
国立大学合计	1101153	840870	76.3	260533	23.7
1.中山大学	243800	215737	89.5	28063	10.5
2.北京大学	227878	166570	73.0	61309	27.0
3.中央大学	104469	68722	65.8	35738	34.2
4.武汉大学	94046	68298	72.7	25748	27.3
5.北平大学	92278	64578	70.0	27700	30.0

---

① 李小缘:《本校图书馆建设之使命及发展计划》,《东北大学六周纪念增刊》(1929),第35页。
② 《国立中山大学现状》(1933),第27页。表中有部分大学未有历史系,为保持完整起见,一并录入。

校别	总数	中国文		外国文	
		册数	百分数	册数	百分数
6.北平师范大学	76728	64364	83.9	12364	16.1
7.交通大学	48097	39469	80.7	9438	19.3
8.四川大学	47145	40922	87.0	6153	13.0
9.山东大学	47000	34000	72.3	13000	27.7
10.浙江大学	44122	33414	75.8	10708	24.2
11.暨南大学	41162	33626	81.8	7536	19.2
12.清华大学	29200	10800	37.0	18400	63.0
13.同济大学	4426			4426	100
省立各大学合计	405770	310118	76.6	95652	23.4
1.东北大学	141366	72140	51.0	69226	49.0
2.山西大学	115701	109847	95.2	5854	4.8
3.河南大学	50325	45198	89.9	5127	10.1
4.湖南大学	48397	41524	85.0	7373	15.0
5.安徽大学	21590	18803	85.7	3087	14.3
6.东陆大学	12158	9472	78.0	2686	22.0
7.吉林大学	8815	7822	88.7	993	11.3
8.东北交通大学	6918	5612	81.2	1306	18.8
9.广西大学					
私立各大学合计	1193390	845955	71.0	347435	29.0
1.燕京大学	238514	206984	86.7	31530	13.3
2.金陵大学	149881	83011	55.5	66870	44.5
3.岭南大学	104879	72682	77.0	16500	23.0
4.齐鲁大学	101190	84600	78.5	16106	21.5
5.东吴大学	74245	58139	73.5	16106	21.5
6.震旦大学	65768	15745	24.0	50023	76.0
7.厦门大学	65337	45152	69.4	20185	30.6
8.中法大学	65263	50956	74.2	14397	25.8
9.辅仁大学	59417	46021	77.4	13396	22.6
10.沪江大学	54229	36428	67.2	17801	32.8

校别	总数	中国文		外国文	
		册数	百分数	册数	百分数
11. 武昌华中大学	46870	16280	34.6	30596	65.4
12. 复旦大学	32923	25268	77.0	7655	23.0
13. 武昌中华大学	31052	21645	69.7	9407	30.3
14. 大夏大学	26264	18198	71.6	8066	28.4
15. 大同大学	19692	14670	74.5	5001	25.5
16. 广东国民大学	19302	18221	94.3	1081	5.7
17. 光华大学	19000	14000	73.8	5000	26.2
18. 广州大学	17419	16659	95.7	760	43.3
19. 南开大学	2245	1290	63.6	955	36.4

　　清华曾规定每年经费120万中的百分之二十指定为图书仪器经费,不得挪用。24万元的图书仪器经费根据各院系需要,由学校评议会每年评定一次。清华大学成为当时买书的大主顾,"琉璃厂的各书店都有专跑清华的伙计。图书馆和买中文书的系每星期都有指定的时间接受样本,到时候图书馆门庭若市。除了书籍之外,历史系还收买档案。故宫收藏的明清两朝的档案,有时都当废纸卖了。历史系收买这些档案,一批就是几百斤至几千斤。"①

　　除了大学图书馆藏书之外,文学院、历史系、研究所等也都重视图书文献资料工作。金陵大学中国文化研究所除了33641册史部书籍外,还有英德法文著作460册,西文东方学报全套19种399册,日文著作930册,日文期刊14种194册,国内之各种学术期刊亦收有全套。②武汉大学文学院的图书计划,"不但要充实各系基本图书,使一切课程有关的参考用书,应有尽有,取用不竭,而且要逐渐造成一个研究图书馆"。③

　　七七事变后各高校内迁,图书资料损失惨重。清华大学图书馆统计中文图

---

①冯友兰:《三松堂自序》,《三松堂全集》第1卷,河南人民出版社,2001年版,第285页。
②《私立金陵大学六十周年校庆纪念册》(1948),第69页。
③《国立武汉大学一览》(1935),第16页。

书226043册,运抵昆明12974(含善本696)册,损失213069(含善本10074)册。①抗战胜利复员后,各高校又抓紧时间添置图书设备。辛树帜曾托请中央大学教授开列书刊仪器名单,向上海订购运往兰州大学。同时又与吴相湘在南京夫子庙一带旧书店选购国学书籍,后又在苏州上海各书肆选购,"时京沪苏各书肆各种国学书刊、日本刊行中国考古历史专籍、敌伪时期刊物甚多,各国立大学忙于复员,还没有注意到这些书刊,兰州大学乃捷足先登,图书馆藏书相当丰富"。②周予同曾感慨复旦大学和暨南大学同在上海,但办学条件相差甚远,复旦大学历史系的"历史研究室"中图书贫乏得可怜,"就是这万分贫乏的研究室的图书,也是经过相当艰苦的斗争而来的。有一个时期,同学们自己集款,以三斗米的月租租了农场牛棚边校外一间小屋,也挂上历史研究室的牌子"。③

学校藏书对历史教学和科研来说意义重大,陈垣曾对学生感慨:"你们在现代、在北平太有福了。我们新会为广东六大县之一。四十年前我读书时,新会没几部'廿四史'。新会陈氏本家曾印过,每部需二三百元。竹简斋'廿四史'三十六元一部。县中谁家有'廿四史',大家都知道。晚上提了灯到人家找来看"。④学生对于历史系学习用的图书以及教学设备、条件等亦多有提议。北京大学史学系主任朱希祖在史学系同学会上逐一回答学生意见,例如关于史学系阅览室及图书问题,"朱先生谓,现在之史学系教授会室内,存史学系应用图书甚多,本系学生可随时阅览。其有该室所无之书,可留一书单,由朱先生着人赴国学门或图书馆调取。无再特设阅览室之必要。至应用图书,可酌量添置"。⑤程光裕本应于1946年浙江大学研究生毕业,但适逢浙大复员迁回杭州,请求推迟一年毕

---

① 《清华大学史料选编》第3卷上册,第354页。
② 吴相湘:《三生有幸》,中华书局,2007年版,第107页。
③ 周予同:《略谈复旦大学历史系》,《周予同教育论著选编》,复旦大学出版社,2019年版,第664—665页。
④ 陈垣著,陈智超编:《史源学实习及清代史学考证法》,商务印书馆,2014年版,第22页。
⑤ 北京大学校史研究室:《北京大学史料》第2卷第2册,北京大学出版社,1993年版,第1732、1726页。

业,在此一年中遍读浙江省图书馆藏书,获益良多。①

中国的近代图书馆是在古代藏书楼的基础上发展起来,图书馆学的理论和实践并未得到非常充分的展现,图书馆工作有不少还是停留在版本、目录、书志的阶段。但有的图书管理人员对藏书情况十分熟悉。北大图书馆有"一位管理书库的王先生,在校服务年久,经手书籍插架流通二十余年,对目录学版本学也颇熟习。同学们都尊称他作'活动目录卡',需要某种参考书时,都先请教王先生,得其指点后复查目录卡,再借阅各种不同版本来研读"。②但总体上说,历史学的藏书多集中于古代以及金石、方志、传记、年谱等,近代史、现代史,尤其是外国史书籍缺乏,外文图书更少。

梅贻琦"所谓大学者,非谓有大楼之谓也,有大师之谓也",强调的是大学中"大师"的因素。但是大学中之"大楼",或者说是校园环境对一所大学来说也是相当重要的。

北京的著名高校校园大多为前清王公大臣府邸。北京大学校本部原为乾隆四公主和嘉公主之旧邸,戊戌变法创办京师大学堂时即奉拨该邸作为校舍。民国时几经修缮,仍保留中国传统府邸宅第的格调,容易引发怀古之幽思。相传清道光帝分别赐其四子一女近春园、清华园、朗润园、蔚秀园、镜春园。清华建校时,西一半为近春园,东一半为端王父兄之赐园。燕京大学建校时高价购得睿王园(墨尔根园),主持燕京大学规划的建筑师亨利·墨菲,根据现代大学应有的设备和要求,有采用了中国古典建筑的形式和造园艺术的特点,创建了新型校园。③辅仁大学于1925年租得载涛之旧贝勒府而得建校。大学校园在王公大臣旧邸基础上加以改建,将传统和现代冶于一体。武昌珞珈山是武汉大学的标志、

---

① 王吉林:《程筱溪光裕教授九十寿序》,《史学研究与中西文化:程光裕教授九秩寿庆论文集》,台湾学生书局,2007年版,第10页。
② 吴相湘:《三生有幸》,第24页。何兹全《爱国一书生》中也有类似的回忆。
③ 侯仁之:《燕园史话》,北京大学出版社,2008年版,第104页。文睿王园此前为和珅之淑春园,后收归内务府。道光时又赐予多尔衮之后睿亲王仁寿,"睿"字满语为"墨尔根",故亦称墨尔根园。

象征,乃至于是代名词。珞珈山位于武汉大学东南,海拔118.5米,占地540亩,是武汉大学的著名景观。女作家苏雪林曾在武汉大学任教,对武汉大学的景观风物多有描写:

> 朋友,你看见过北平文华武英殿没有?见过大前门和天坛没有?国立武汉大学便是模仿中国宫殿而建筑的。文法两院有点像大前门,而夹在中间的图书馆则颇类天坛,银灰色的墙壁,碧绿色的玻璃瓦,远把湖光,近揽山色,居高临下,气象万千。
>
> 天空漆黑,遥望狮子山顶的大学本部,万窗齐辟,灯火辉映,好似一座金刚钻缀成的牌坊,气象庄严之极,也壮丽之极……武大则屹立湖山佳处,背景是那么高旷清远,灯火光中,愈觉玲珑缥缈,看起来自然给人一种神仙楼阁之想了。①

抗战爆发后,各大高校西迁,颠沛流离,物价飞涨,生活困苦,工作条件大不如前。但学校环境还是比较适宜。西北联合大学城固校址城内面积狭小,"城外则平畴沃野,禾苗青葱,南临汉水,北瞰秦岭。校址邻接东城,辟有便门,出城极便,课余之暇,闲步城外,饶有乡野别趣,兼治沟渠纵横,流水清漪,尤能令人心旷神怡"。②中山大学迁至粤北坪石铁岭,林木苍翠,山色宜人。四川大学1939年迁至峨眉,其地风景"秀甲天下,群山起伏,苍翠欲滴;重岳复涧,莫测远近;琳宫梵宇,点缀其间,嘉树灵猿,生趣活跃;而金顶三峰,与天连接,云烟缥缈,变化无极,朝晖夕阴"。③

北京、南京、西安等历朝古都、历史文化名城对于历史教学而言,本身就具有地域上的天然优势,尤其是大学位于历代帝都或其他历史文化名城。罗家伦任清华大学校长并兼历史系主任,论对清华各系时曾提到"北平实为研究历史最好

---

① 涂上飙主编:《珞珈风云——武汉大学校园史迹探微》,武汉大学出版社,2017年版,第87—88页。
② 王建领主编:《国立西北联合大学档案史料选编》上卷,西北大学出版社,2018年版,第167页。
③《国立四川大学十六周年校庆纪念特刊》(1947),第3页。

的地方,不但文字史料多,而且史迹也多。历史系应注重史料的批评研究与整理,为中国产生几部科学的新历史"。①蒋廷黻回忆北京最为吸引之处就在于故宫博物院中有数以吨计的历史文献,大部分都是清代资料,也有明代的。北京城中许多老家庭的后人,满人和汉人常把他们先人的各种手稿廉价出售。②北京的琉璃厂、隆福寺等皆为收藏购书之著名。钱穆曾喻北平为一"书海",历年薪水所得,绝大多数都用于购书,前后五年共购书五万多册,二十万卷左右,"一旦学校解聘,余亦摆一书摊,可不愁生活"。③成都四川大学周边之胜景有武侯祠、白花潭、青羊宫花会、南台寺、望江楼、草堂寺、昭觉寺等,尤其是武侯祠与历史学关系至巨,武侯祠"在成都南门外三里许,为蜀汉丞相诸葛武侯祀祠。祠内柏林森森,莲开馨艳,亭台池榭,古风泱然。内有武侯琴台,蜀汉昭烈帝衣冠陵,可供凭吊。唐杜甫诗有谓:'丞相祠堂何处寻,锦官城外柏森森'之句。至今每逢废历正月初旬,游人如织。夏季林荫风凉,池荷清浅,多有朝去晚归,留连不忍即去者。每当星期休假,偕二三俦侣,载语载步,作武侯祠之巡礼,洵为乐事"。④成都周边如新都之桂湖及宝光寺,灌县之都江堰、二王庙、灵岩山、青城山,嘉定之大佛寺、乌尤寺,叙永之五通桥等。其中桂湖为明代杨慎故宅,蜀守李冰开都江堰,二王庙为纪念李冰父子,乌尤寺为苏轼读书处。陈梦家在西北大学讲"大学之文史研究与现代科学",提到"研究自然科学,须在实验室工作,而文史亦有其实验室。研究历史应观古迹测古地,从事考古应常赴各地考察。西安有历代文物古迹可供吾人研究。如城内之碑林即为一片未开垦之荒原,一块碑刻即属一篇文献,其可资考证之处至多"。⑤李之勤1945年考入城固西北大学,除了往访陕南名胜汉王城、霸王城、张骞墓、樊哙台、武侯祠、登斗山、天台山、定军山之外,又趁迁校西

---

① 《清华大学史料选编》第2卷上册,第12页。
② 蒋廷黻:《蒋廷黻回忆录》,中华书局,2014年版,第141页。
③ 钱穆:《八十忆双亲·师友杂忆合刊》,九州出版社,2011年版,第180页。
④ 《国立四川大学入学须知》(1936),第13页。
⑤ 《国立西北联合大学档案史料选编》下卷,第1335—1336页。

安之际,拟取子午谷翻越秦岭北,"十日之中,盘桓于褒城、留城、凤州诸古城,草梁、马道诸古驿,双石、黄牛、古东、河桥诸铺,大散、武休、废邱诸古关,以及传为萧何追韩信的寒溪,樊哙明修栈道的马道,汉高祖刘邦北伐三秦所经的酒奠梁、煎茶坪,张亮辟谷修行的庙台子,雄踞双石铺尖山之顶的关帝庙等诸多历史古迹,名胜险道……到西安后,幸得史念海老师教诲,对历史地理的兴趣倍增"。①

西北大学历史学系教授王子云在长安西郊发现鱼化寨史前遗址。1948年11月,有许重远、王子云、林冠一、萧鸣籁、姚鉴、冉昭德等教师带领学生三十余人前往考察,就遗址出土陶片较多区域进行临时发掘工作,获得完整之粗细质陶器十余件及其骨角用具多种,并获得彩陶残片甚多。②

自然条件之外还有人文环境。钱穆从燕京大学转入北京大学的原因之一即是北大传统的在尊师重道方面做得较好,北大有休息室,系主任在休息室办公,另有一助教常驻,"系中各教师,上堂前后,得在此休息。初到,即有一校役捧上热毛巾擦脸,又泡热茶一杯。上堂时,有人持粉笔盒送上讲堂。退课后,热毛巾热茶依旧,使人有中国传统尊师之感"。③对历史系的青年教师来说,良好的学术氛围有助于交流学问。李埏在云南大学颇受方国瑜指点,根据其回忆:"我当时任'中国通史'课,课程内容广,而我的知识面窄,所以问题很多,比滇史方面的还多。国瑜先生真有耐心,不厌其烦地一一给我解答指教,使我涣然冰释,深受教益。他性行淑均,初看去似乎木讷于言辞。可是一提及某一学术问题,他便源源不绝地详为讲说。我多次去拜谒他,只打算小坐一刻半时,结果常常是一两个小时才辞出。他对经学、史学、小学的精湛渊博,令我叹服。"④少数大学的历史系还给德高望重的老教师配备工作助手,1946-48年间,陈寅恪因眼疾治疗失

---

① 李之勤:《西北史地研究》,中州古籍出版社,1994年版,第1页。
② 《国立西北联合大学档案史料选编》上卷,第500-501页。
③ 钱穆:《八十忆双亲·师友杂忆合刊》,第166-167页。
④ 李埏:《教泽长存,哀思无尽——悼念方国瑜先生》,《李埏文集》第5卷,云南大学出版社,2018年版,第132页。

败,王永兴回忆陈寅恪备课讲课极为认真,"我始终在他身边,为他读通鉴和多种史籍,检视史料;他口授我抄写讲课纲要,上课时我在黑板上写史料。一字之误,他都不放过"。①但工作助手似并不普遍,如北京大学只有郑天挺和杨人楩二人配有助手,杨人楩之妻张蓉初亦任其助手。

历史教学当然不同于理、工、农、医各科,后者对实验室的设备条件以及实验教学有着极高的要求。但历史学也离不开实物,就教学而言,各种与相关的古物、模型、器具等,从性质来说是有别于纸上文献的,具有直观性、实践性的特点,对历史教学来说意义重大。李絜非认为:"历史教学,在已往的观念上和实际上,除教科书外,简直无所不备,视为与自然科学迥异,而与文哲等科同其空洞,以为叙述陈迹,无取实证。此种观念,匪但影响教学,使历史传授,难见兴会,徒感枯干,抑使国人不能养成亲切真确的精神。"②陆懋德在筹建清华大学历史系时就要求"宜添设考古学室以资参证……欲引起学生兴味,则托之空言,不如征之实物"。③中国史学中有"左图右史"的优良传统。在历史教学中,地图、人物画像、实物图、表谱等直观形象,可以很好地起到辅助历史教学之功用。对于古物、模型、器具的收集整理展出也并不仅限于历史系,大学的博物馆以及研究所都很重视此项工作。

1922年北京大学成立研究所国学门,1932年改为研究院文史部,下设有古器物整理室、明清史料整理室、金石拓片整理室、语音乐律实验室。以古器物整理室而论,其所藏器物分三类:(1)1923-1930年考古学会之旧藏,如史前石器陶器,殷商甲骨,两周铜器,秦汉瓦当封泥,隋唐明器,元明壁画,汉魏石经,北朝墓志,燕下都发掘品等。(2)1937年后伪北京大学研究所考古组自邯郸曲阜等处发掘物品。(3)1945年后采购之甲骨、铜器、瓦当、陶片等。④

---

① 王永兴:《种花留与后来人》,《追忆陈寅恪》,社会科学文献出版社,1999年版,第223页。
② 李絜非:《历史教学法》,路明书店,1945年版,第83页。
③ 陆懋德:《筹办清华大学历史系计画书》,《清华周刊》第25卷第16期,1926年。
④ 《国立北京大学五十周年纪念》(1948),第2页。

大夏大学历史社会学系有历史社会研究室,包括报章杂志之收集,各地文物典籍之网罗,以及各地社会风俗、生活习惯资料之收集等等。①

贵州大学历史系辟有图书室、制图室各一,专供本系师生参考及绘制图表之用。制图室中还备有历代疆域表、各种拓片以及现代各种地图,中西史地挂图及各种历史图表等。②

河北省立女子师范学院史地学系设备包括了研究室、绘图室、书籍、图表、仪器古物、钱币。图表有"中国全图、中国各省分图,世界全图,世界各国分图,物产图,人种图,地形图,天文图,古器物图",钱币则"藏有历代铜币数百种,颇足供研究历代币制之助。近代纸币,亦有数十种"。③

河南大学史学系1929年设置了研究室,研究室的主要工作系进行剪报,分国际要闻、本国要闻、名人传记、演说调查、统计地图及照片,分别粘贴,摘要登录,并从事史地出版书籍调查。④

金陵大学创办人福开森雅好中国文物,搜集各种古书、彝器、古玉、甲骨、钱币等有数千件。商承祚曾根据其所藏甲骨进行考释工作。福开森后将历年在中国所收藏的字画、书法、金石、甲骨等,全部捐赠文学院,"以供本校师生,及社会人士之研究与鉴赏,考证中国文化最好之资料也"。⑤金陵大学历史系还编有历史教育幻灯片共三百片,内容分四项:(1)用地图以说明范围;(2)用遗像以志景仰;(3)用古迹以供考证;(4)用文物以示成绩。

兰州大学历史系有专门的文物陈列室,收藏的有(1)模型类:两晋南北朝战争2件,唐十道与交通1件,南宋金及战争1件,第一二次鸦片战争1件,人民解放战争1件。(2)文物类:石器玉器149件,骨器16件,陶片2045件,陶器90件,铜器

---

①娄岙菲等:《大夏大学编年事辑》上册,华东师范大学出版社,2014年版,第289页。
②《国立贵州大学概况》(1948),第41页。
③《河北省立女子师范学院一览》(1934),第66-67页。
④《河南大学一览》(1930),第68页。
⑤《私立金陵大学一览》(1933),第40页。

356件,瓷器97件,杂器7件。1959年随历史系都并入甘肃师范大学。

岭南大学博物馆1922年创办,馆长冼玉清。博物馆藏品一部分贮藏,另一部分公开陈列,将各种文物的物名、出处、体质、来源制成卡片,希收三种功效:(1)供给专门学者之研究;(2)养成学生实物之观察;(3)兴奋人民对于文化之观感。动物、植物、矿物、历史、风俗及美术各科借助博物馆者,皆尽量协助。①

清华大学文物陈列室于1948年成立。作为大学博物馆,最初拟偏向于中国艺术史的研究。因经费有限,所收藏的不在求精品而在求示范的佳品。②

厦门大学林惠祥等创办了人类学陈列所,"供本校文学院历史社会学系之特别应用,及其他院系之参考"。1937年计有标本214种三百余件,包括了物资、服饰、宗教品、器具、舟车模型、住所模型、史前遗物、图表等等。③

燕京大学历史学系有古物陈列室和史前博物馆。古物陈列室搜罗历代书画甚富,史前博物馆成立于1940年,由裴文中筹划建立,馆中所藏多为裴文中历年在周口店发掘所得,还藏有鸟居龙藏发掘之石器、骨器、兽骨多种。另有绘图员舒化章所绘历史挂图多幅,以便教学。④

浙江大学史地学系有专门的史地教育研究室,中有地理照片1381帧,民族图画48幅,名人书画2145幅,史迹图片958幅,碑贴64幅。⑤张荫麟不幸英逝后,其藏书中文7531册,西文85册捐与研究室。

中山大学文史研究所考古学会下设古物陈列室,有古物1726件,民俗学会所搜集之风俗器物计十三类共773件,此外尚有神像、冥币、符疏、经签691件,民俗书籍及坊间唱本2245件。历史学会整理民政厅之档案计十六类共36640宗。⑥

中央大学前身为南京高等师范。1919年南高师为教学参考之需设立历史

---

① 《私立岭南大学一览》(1932–1933),第94页。
② 《清华大学史料选编》第4卷,第279页。
③ 《厦门人类学陈列所概况》,《厦大校刊》第1卷第12期,1937年。
④ 《历史学系近十年概况》,《燕京社会科学》第1期,1948年。
⑤ 《国立浙江大学文学院概况》(1947),第30页。
⑥ 《国立中山大学文学院概览》(1933),第139页。

地理标本室,征求史地标本,历史类的"凡碑版符印、画像、图片、表谱、契券、钱币、砖瓦以及各种器物,如前代衣服、用具、舟车、弓箭之类皆可投赠"。①

历史系中的藏品也经常作公开展览。北京大学作为中国历史最为悠久的高等学府保存了丰富校史资料,1947年举办了校史展览,历史系一间展览室按纪事本末布置:

(1)我们的校址,包括有我们学校四十多个单位注明所在的地图,有各幢建筑的照片及修筑经过的说明。

(2)我们的校长,有张伯熙、许景澄、严复、蔡孑民、蒋梦麟、胡适之等历届校长之著述书籍或照片等物。

(3)我们的先生,有以前在北大任教的教授的照片及其著述,如鲁迅、钱玄同、沈兼士、Graham等人。

(4)我们的校友,举凡北大历届毕业的同学,皆尽可能地收集了。

(5)北大的出版物,收罗有《国学季刊》、《国学月刊》、《社会科学季刊》、《北大日刊》、《北大旬刊》及各种科学刊物、专著等。

(6)北大与新文化运动,收罗有《新青年》、《新潮》、《歌谣》、《语丝》、《独立评论》、《每周评论》、《现代评论》、《努力周报》、《古史辨》等书报。

(7)北大与"五四",多利用上次"北京人社"所展览之史料。

(8)反饥饿与抗暴,此是本年事,人众皆知,有照片、宣传、印刷品等。

(9)南渡与联大,有沿途跋涉、青年从军、"一二·一"运动等有价值照片。②

展出之实物相当丰富,郑天挺和韩寿萱都认为史料有保存之必要,建议设一北大史料保管机构以整理之。

1947年林惠祥在厦大主持举办人类学标本公开展览,展品分三大类:一是

---

①南京大学校史研究室:《南京大学校史资料选编·南京高师与东南大学时期(上)》第2卷,南京大学出版社,2018年版,第50页。
②罗荣渠:《北大岁月》,商务印书馆,2006年版,第209页。

史前遗物,包括山西、杭州、厦门、武平、海丰、香港、舶辽洲、台湾、马来亚、苏门答腊、菲律宾、印度、澳洲等处之石器陶器;二是历史时代古物,包括古铜剑、古玉圭、泉州唐初古墓之磁制明器等;三是民族学标本,包括台湾番族、南洋土人、印度、缅甸诸地刀剑衣饰器具宗教艺术品等。①

1948年清华大学三十七周年校庆,由文学院中文系和历史学系主办古物展览,展品中铜器、玉器、陶器、骨器、石器、漆木器以及汉以后之瓷、木、瓦器等搜集相等周备,以商周铜器居多,还有不少私藏甲骨。②

第四节 历史学科体制的建立

一般都认为,在中国史学发展史上,魏晋南北朝时期是历史学成为独立学科之始。《汉书·艺文志》下六艺略下之春秋类著录史部图书,至魏晋时,荀勖之《中经新簿》确立了四分法,史部从经部的附庸中独立出来,与经学并列而成为独立的目录分类,这已是目录学中的常识。在中国史学史上,又以此为史学成为独立学科的重要标志之一。但这更多的是指目录学层面上的分类,而非学科层面上的分类。

西方的学科分类最早可以溯自古希腊的亚里士多德。近代以来西方的学科分类的制度化进程,在19世纪后半期,学科制度化的三个主要标识为:大学以学科为名设立了学系(或至少设立教授职位);成立了国家学者机构(后来更成立国际学者机构);图书馆开始以学科作为图书分类系统。③很显然,从大学以学科为名设立了学系来考察,则近代学制中关于大学历史系的规划以及各个历史系的具体设置,使得史学成为一门真正现代意义上的学科。

1902年清政府制订并公布了《钦定学堂章程》,这是中国教育史上第一个规

---

① 《本校历史学系举办人类学标本展览会》,《厦大校刊》第3卷第2期,1947年。
② 《清华大学史料选编》第4卷,第91页。
③ 华勒斯坦等:《学科·知识·权力》,三联书店,1999年版,第213-214页。

定学制系统的文件。《钦定学堂章程》并未实施,1903年清政府又颁布《奏定学堂章程》,推行了中国近代教育史上第一个学制——癸卯学制。癸卯学制主要学习借鉴了日本的教育体制,规范了此后中国教育体制发展的路径,奠定了中国近代教育发展的框架和方向,是中国教育走上近代化轨道的里程碑,具有划时代的意义。①

辛亥革命后北洋政府教育部又推行了壬子癸丑学制,在先后颁布的《大学令》和《大学规程》中明确了文科、理科、法科、商科、医科、农科、工科的七科分类,"这是一次学制上的重大变革,标志着近代中国在学科建设上,开始摆脱经学时代之范式,探索创建近代西方式的学科门类及近代知识系统"。②在此过程中,从西方移植而来的大学体制起到了至关重要的作用:"现代大学是以近代知识系统为参照来设置学科和院系的。近代知识系统内所包含的各种学科建制,在大学体制中均得到充分体现。门类齐全之大学学科及稳定的院系设置,不仅保障了知识生产种类之繁多,而且从体制上保障了大学作为知识传授和生产中心之确立。这就是说,近代知识系统之创建及完善,在大学学科体系中得到了充分体现;而大学学科体系及院系之设置,亦同样体现了近代知识系统之特征"。③

1913年《大学规程》,文科下设哲学、史学、文学、地理学四门,史学为文科四门之一。1917年北京大学成立中国史学门。蔡元培出任北大校长后提出"废门改系",1919年史学门改为史学系。

中国传统史学偏重目录学意义上的史学,《四库全书总目》中之"史部"即代表着传统史学的集大成。但是传统史学向近代史学转化的过程与目录学意义上的史学向学科意义上的史学转化的过程并不同步,在经、史、子、集四部中,似乎

---

① 李国钧、王炳照主编:《中国教育制度通史》第6卷下册,山东教育出版社,2000年版,第328页。
② 左玉河:《从四部之学到七科之学——学术分科与近代中国知识系统之创建》,上海书店,2004年版,第197页。
③ 左玉河:《中国近代学术体制之创建》,四川人民出版社,2008年版,第243页。

只有史学需要经历此种转化。众所周知,梁启超1901年的《中国史叙论》和1902年的《新史学》是传统史学向近代史学嬗变的标志性、纲领性的文献。当西方近代学科体系引入中国后,中国传统史学面临着向近代史学转化的问题,即按照近代西方史学的模式重建近代意义上之历史学,主要体现在接受西方的史学观念,并以之来重新检讨、批评中国传统的历史观念,同时还必须接受近代西方的史学书写体例来进行史书撰述。[①]

在辛亥革命后《大学令》《大学规程》颁布之前,1903年的《奏定学堂章程》比之《中国史叙论》《新史学》稍晚,即"从四部之学到七科之学"的过程略微晚于清末的"新史学"思潮。如果说梁启超所倡导之"新史学"之"新"主要体现在史学的观念、体系、内容、形式诸方面,那么"七科之学"体系下的史学主要从学科体制化、规范化的方面来对新史学加以定义。当然,在近代完善的学科建制系统内,学科体制化、规范化除了史学之外,对其他各门学科同样适用,本节仅就史学略加分析。

民国大学历史系的成立是学科体制化、规范化的重要表征。中国古代史学史研究先是"史官"和"史家"。自20世纪以来,"史官"就被历史研究机构所取代。民国时的历史研究机构大致上可分两大类:专职研究机构和大学历史系。专职研究机构如国史馆、党史会、中研院史语所、北平研究院等,为数不多,大学历史系的数量远高于前者。民国时大学历史系虽然更加倾向于是教学单位,但其作为研究机构亦不能忽视。"史家"则在历史研究机构工作,从事教学研究工作并且支取薪水,成为了一种职业而非仅仅是一个身份。而游离于历史研究机构以外的不用养家糊口的个体则寥寥无几。如果从史学史的眼光来审视,20世纪上半期的历史学家几乎绝大多数都有从事过大学历史教师的职业经历,当然,新中国成立后,大学历史系与其教师之间的关系更有强化的趋势,顾颉刚1951年被复旦大学聘为兼职教授,"而一经人事室,便发转任聘书,盖华东教育部意,欲

[①] 左玉河:《从四部之学到七科之学——学术分科与近代中国正式系统之创建》,第248页。

争取予,教课不必多而薪水可支全分……庶乎可改造一旧智识分子也"。①

欧洲自文艺复兴以来,关于分科的学说、理论层出不穷。西方的分科是关于知识的分类而非是目录学的分类。在晚清西学东渐的大趋势下,西方的学科和学科分类思想也传入到中国,国人在介绍西方的学科分类思想时也对此进行了较为深入的探索。"七科之学"以西方的知识分类为基础,或完全取自西方,或将中国传统的知识部类打散后按照西式的学科体系来进行重构。大学的院系设置,再到历史系中的课程设置,无不体现出西式知识分科基础上教学研究的特点。自清末以来,"受西学分科观念的影响,中国传统学术经过西式分科重新类分后,传统史学知识纳入了西学知识体系分类系统,史学作为独立的学科得以成立"。②这在《奏定学堂章程》以来一系列的大学规程中关于史学的定位得到了非常清晰的展现。

大学历史系作为教学和研究单位,至少有几方面是明确的:一是为了进行高水平、高层次的研究;二是由于环境的变化,传统的单兵作战或依靠家学、师承关系的治学形式已经落伍了,必须建立新的研究体制,延聘名师、集中材料、选拔人才,创造了全新的研究氛围;三是新材料的出现,对学术门类和内容的新认识,也需要新的研究体制;四是基础研究系各种应用学科之基础,应该勉励加强。③

在西方高等教育史上,19世纪以来一般性的博学学会式微的同时,代之以专门的学科建置以及专业标准的树立。大学教师主要倚靠学历认可并且组成了学术上的共同体,"原则上各学系被赋予有诠释、终生职任何课程的控制权……他们要跟代表这些学科的国内和国际的建置分享权威,这些建置包括赞助学科规训活动和颁布学科规训价值的专业组织、出版学科和专门研究的期刊、支持学科规训研究和教学的基金管理机构,以及评价学科内的研究成果的同侪评论

---

① 顾颉刚:《顾颉刚日记》第7卷,中华书局,2010年版,第193页。
② 朱发建:《20世纪上半叶中国史学"科学化"问题研究》,湖南师范大学出版社,2016年版,第57页。
③ 张越:《新旧中西之间——五四时期的中国史学》,北京图书馆出版社,2007年版,第345页。

者"。①按照上述描述,大学历史系可以看成是"一个具有正当资格的研究者为中心的研究社群","社群"在中国近代史学史上或可视之为学派。虽然不能简单地将某个大学的历史系和某个学派简单地画上等号,但是在某些大学历史系的研究领域、治学特点、研究风格等方面存在着一致性,故有的时候可名之为学派,例如南高师学派以柳诒徵为精神领袖,南高师以《史地学报》为主要阵地,《史地学报》的指导员与编辑人员如缪凤林、徐则陵、陈训慈、张其昀、向达等人均曾在南高师、东南大学或中央大学任教,可名之为南高师学派或《史地学报》派。又如燕京史学派,主张"专弄小考据的实验主义史'玩物丧志',非真正的史学;左派史学家的观点方法论虽属正确,却不从史料入手,有'思而不学'的毛病,两派都矫枉过正,应该来一个综合"。②朱谦之在中山大学史学系提倡"现代史学运动",以《现代史学》期刊为主要阵地,在刊物上发文的多为中山大学史学系教师及青年史家,有朱谦之、朱希祖、陈安仁、杨成志、罗香林、容肇祖、郑师许、周谦冲、黎东方、徐家骥、吴宗慈、萧鸣籁、姚宝猷、陈定璠、陈啸江、王兴瑞、戴裔煊、谢富礼、梁瓯弟、董家遵、陈翊湛、容洁英、朱杰勤、江应樑、丘陶常、黄福銮、梁钊韬、区宗华、罗时宪、彭泽益、黄庆华、李肇新等。③

学派完全是以学术为纽带而联结的,若以学术之外的种种关系而结成则成宗派而非学派,宗派对学术发展来说则非幸事。萧一山批评"留学生中有所谓英美派、留法派、德奥派、留日派,国内有所谓'北大派'、'清华派'、'师大派'、'中大派'等名目,呼朋引类,垄断把持"。④何炳棣批评"旧大学"是"重趣味重性情而轻利害",新式大学道德水准较高,"没有鱼目混珠、自欺欺人、互相吹捧、树立利益集团的不良风气"。⑤对此也不能一概而论。

---

① 华勒斯坦等:《学科·知识·权力》,第21页。
② 《近代中国史家学记》下卷,第640页。
③ 朱谦之:《奋斗二十年》,《朱谦之文集》第1卷,第79页。
④ 萧一山:《论教育》,《非宇馆文存》第1卷,中国近代史料丛刊本,第56页。
⑤ 何炳松:《读史阅世六十年》,中华书局,2014年版,第157页。

西方学者将在科学研究工作中具有共同信念、共同价值、共同规范的社会群体称之为学术共同体,以区别于一般的社会群体与社会组织。大学里的学术共同体并不完全以院系为单位,可以跨院系而形成,钱穆在北大任教,过从甚密者有陈垣、马衡、吴承仕、萧公权、杨树达、闻一多、余嘉锡、容庚、容肇祖、向达、赵万里、贺昌群等,文、史、哲各科都有,均为学有所长,著述有成者,各人之间谈史论经、研讨商榷,或为可看成是松散"学术共同体"。钱穆、汤用彤、蒙文通三人号称"岁寒三友"。钱穆先写《中国历史上的南北强弱观》,蒙文通则另有发挥,经钱穆怂恿而写出《读<中国历史上的南北强弱观>》。在同一大学历史系中有时亦可以分出不同的流派。何兹全将北大史学系分成三个流派:一个是以乾嘉为主导的学派,以钱穆为代表,孟森、蒙文通等可以划归此学派;一个是乾嘉与西方新史相结合的学派,胡适、傅斯年最有代表性;一个是以乾嘉加上点辩证法唯物论,代表人物是陶希圣。①四川大学史学系亦可分为三个流派:一是继承近代蜀学"文史之学"传统的,如张森楷、叶秉诚、祝同曾、蒙文通;二是为新史学所包纳但却与主流有所疏离的,如何鲁之、刘捴藜、李思纯、周谦冲、束世澂等;三是主流的新史学,也包括了从事边疆民族和田野考古的如冯汉骥、胡鉴民、任乃强等。金毓黻则从地理的视角分中国史学为南派、北派,亦基于大学历史诸系科,"考是时与其役者多为本校史学科系之诸师,吾无以名之,谓为史学之南派,与北派之史学桴鼓相闻,亦可谓极一时之盛矣"。②南派以南高师为代表,而当时第一流大学多在北京,北派的中心也在北京,"前辈史学家能享大名,声著海内者,亦莫不设教于北平诸著名大学。诚以声气相求,四方具瞻,而学生素质也较高,毕业后散布四方,高据讲坛,为之宣扬,此亦诸大师声名盛播之一因"。③北京和南京之外,

---

① 何兹全:《爱国一书生》,《何兹全文集》第6卷,中华书局,2006年版,第2717页。何兹全特别强调陶希圣当然是有别于真正的马克思主义者,陶希圣"在学术上高出别人的确是辩证法和唯物史观。当然他的史观是不纯的。正统的马克思主义者当时都在战场上和在地下,郭沫若、侯外庐、吕振羽等没有机会也没有可能进入北大"。
② 《静晤室日记》第6卷,第4629页。
③ 严耕望:《治史三书》,上海人民出版社,2016年版,第190-191页。

其他大学的历史系则稍显逊色,吕思勉一直都在上海光华大学任教,上海不是学术中心,光华尤非一般学人所重视。吕思勉又是长期默默耕耘,不求闻达的学人,这也是他的学术成就被忽视的原因之一。总之,论及20世纪以来史学的思潮和流派的,大都不能脱离大学历史系这样一个前提条件。即便是马克思主义史学亦必自溯至李大钊在北京大学历史系开设唯物史观课程。

从清末已开始实行了从西方移植过来的高等教育体制,与之相伴随的是教师考评和职称晋升体系,到了三四十年代大体上已经定型并一直影响到现在。教师考评和职称晋升体系对大学历史教师来说提供了一套可以普遍接受的客观评价标准。①根据1929年的《大学组织法》,大学教员分教授、副教授、讲师、助教四级,由院长商请校长聘任之。对于教师的职称晋升各高校都有相应的规程。教师职称晋升中最关键的环节应是相同领域的专家评审合格,顾颉刚为贵州大学姚琴友(公书)作教授资格审查意见:

> 著者积若干年之功力,提出题目,编制此图,甚为不易。又将历史材料编成《历史地理学》一书,虽未送审,而观其目录,诚为博洽。惟此书名为详图,仍嫌简略(观河东图等可知),实当补充。又如水利方面,仅着重于水道流域,未能显出与古代经济中心所发生之联系,交通方面亦然。又以朝代及州郡数目标题,固出于正史地理志,实亦大有商量之余地,盖史志中仅取某一年为限断,不能代表整个朝代之制度,如西晋十九州图,仅为晋初情形,其后则增置江湘二州,不应不列也。至传统头脑未能清初,信《禹贡》、《尔雅》、《职方》为实际之夏商周制度,犹其余事。惟既用如此功力,自为专门名家,将来自有大成之望也。②

顾颉刚作为历史地理学的权威学者,虽然对姚琴友《历史地理详图补编》颇

---

① 刘龙心:《学术与制度:学科体制与现代中国史学的确立》,远流出版公司,2002年版,第349页。大学里的教师考评和职称晋升体系对历史之外的其他学科同样也是普遍适用的。
② 顾颉刚:《为教育部评著者资格审查意见·(贵大姚公书)<历史地理详图补编>》,《顾颉刚全集补遗》,中华书局,2021年版,第31页。

多批评,但总评意见还是"合教授资格"。

职称晋升自然也存在着破格的特例。按当时一般化的理解,助教提出相当于硕士的论文,可评讲师,讲师提出相当于博士的论文可评副教授,副教授提出相当于获得学术奖励的论著,可评教授。金景芳《易通》获国民政府学术奖三等奖,直接就评上教授。①

与职称晋升密切相关的自然是论文发表。大学历史系组织历史学会,历史学会创办史学期刊,实现大学历史系、历史学会、史学期刊的三位一体。②中国古代的史学研究成果,除了专著外,主要是以札记、日记、通信讨论等形式体现出来。自20世纪20年代以来,学术期刊成为了学术研究成果的重要载体和及时传播学术研究成果的一种重要形式,不仅史学刊物刊载史学论文,许多其他刊物也刊载史学论文。自20世纪初以来,刊载史学研究成果的期刊主要可分为专门性的史学研究期刊和高等院校学报。五四前后发表过史学研究论文的刊物达210多种。③史学期刊登载专业学术论文,适应了现代学术发展的基本要求。

史学期刊发表学术论文当然必须遵循学术规范。学术规范是学术共同体根据学术发展规律参与制定的有关各方面共同遵守的有利于学术积累和创新的各种准则和要求,是整个学术共同体在长期学术活动中的经验总结和概括。大学历史系在教学内容中基本上也都有关于学术规范的内容。何炳松、陆懋德、傅斯年、姚从吾、吕思勉、陈垣、洪业、杨鸿烈等都曾在大学讲授相关课程。史学方法论课程从方法论的角度归纳总结历史研究的步骤、过程、规范、准则等等,将研究方法作概括性和系统性的论述,以指导历史研究的实践。加强对学生进行学术规范的训练是史学方法论课程的基本内容之一。

与学术规范紧密关联的自然是史学批评。章学诚所提出的通过自注来纠正在史书撰述过程中专辄附会、剽窃成书、因陋就简的弊端,判断著者"闻见之广

---

① 金景芳:《金景芳学术自传》,《金景芳全集》,上海古籍出版社,2015年版,第9卷第4713页。
② 王建伟:《<史学年报>及其学术史意义》,《辽宁大学学报》2006年第5期。
③ 张越:《新旧中西之间——五四时期的中国史学》,第350页。

狭,功力之疏密,心术之诚伪",吕思勉则认为此有其局限性,"未必足恃"。因为"其人而苟矫黠,断不肯于注中自暴其短;读者未见原文,亦断无以知其心术之不诚、闻见之狭、功力之疏也",可以在注释中弄虚作假。因而吕思勉提出一书之作当否,应由学者共同考校,随时复核,建立公共领域式的学术批评机制。史学期刊的大量创办正适应了这一趋势。

晚清民国大学大量创办,任何一所大学都提倡刻苦努力、孜孜不倦的学习风气。历史系的学习风气在一定程度上也可看作一所大学的风向标,朱家骅在任职中央大学校长时就认为"一个大学的学风,以中国文学及史学两系为枢纽。他的计划是一步一步对中央大学的文史两系,力求充实"[1],邓广铭在北大课堂上倡言"史学系是北大的马其诺防线"。[2]历史系的学风与大学的学风既有共同点亦有其特殊性,如金毓黻以东北大学史地学系"以博综古今,实事求是为系风",并赋诗:"博综古今更多闻,胜义研商到十分。实事之中求一是,莫论收获问耕耘"。[3]

总之,现代意义上学科体制的形成对于理解近代中国历史其重要性自不待言,这一过程也深刻影响了中国当代学术的理论和实践。[4]历史学科体制的形成正是基于20世纪以来大学历史系的设立这一重要的前提条件。

---

[1] 陶希圣:《潮流与点滴》,中国大百科全书出版社,2009年版,第119页。
[2] 宁可:《流年碎忆》,北京师范大学出版社,2016年版,第249页。
[3] 《静晤室日记》第7卷,第5280页。
[4] 章清:《采西学:学科次第之论辩及其意义——略论晚清对西学门径的探讨》,《历史研究》2007年第3期。

第二章　教师教学

大学历史教师的职业是教师,所从事的学科是历史。教师最基本的职责就是教学,"教学是大学教师最主要,也是最见功夫的活动,与社会服务、学术研究相比,教学更为直接、显而易见。教学是核心"。①民国时大学历史系的主要工作就是教学,金陵大学历史系就明确表示:"本系工作,自始即注重教导学生及培植师资方面,而研究与出版,列为次要"。②

第一节　师资来源

晚清民国大学师资普遍短缺,特别是在早期尤为突出。以在上海的大学历史系而论,复旦大学1927年仅系主任余楠秋一人。大夏大学1926年仅何炳松一人,1928年为何炳松和毛以亨,1929年两人双双辞职,由萧炳实、金兆梓担任。光华大学1926年有朱经农、唐庆增、何炳松三人,1928年则为吕思勉、司敦伯、李祖永、邓季宣四人。③

---

①张詠:《大学历史教学》,宁夏人民出版社,2018年版,第34-35页。
②《私立金陵大学六十周年校庆纪念册》(1948),第18页。
③韩戍:《近代上海高校历史学科的创设、发展与转型》,《史学月刊》2019年第9期。

至20世纪20年代,本科生毕业即在大学任教仍是较为普遍的现象,例如南高师、东南大学文史地部和早期的中央大学史学系本科毕业后在杭州任职者如下表:①

姓名	毕业学系及时间	工作单位
胡哲敷	南高师文史地部1920	浙江大学国文系教授
王瑞书	南高师文史地部1920	之江大学
徐震堮	南高师文史地部1923	浙江大学师范学院国文教授
唐兆祥	南高师文史地部1923	省立杭州师范大学教务主任
张其昀	南高师文史地部1923	浙江大学文学院院长
诸葛麒	南高师文史地部1923	浙江大学秘书
刘文翮	南高师文史地部1923	杭州宗文中学校长
胡士莹	南高师文史地部1923	之江大学国文教授
周恩	南高师文史地部1924	浙江大学师范学院国文教授
王焕镳	南高师文史地部1924	浙江大学国文教授
陆维钊	南高师文史地部1925	浙江大学师范学院国文教授
吴文照	南高师文史地部1926	宗文中学国文教员
许仁章	南高师文史地部1926	浙江大学副教授
陈训慈	东南大学史地系1927	浙江大学驻南京办事处主任
徐芳田	中大史学系1929	省立杭州高中史地教师
张崟鄂	中大史学系1931	浙江大学历史副教授
刘景崇	中大史学系1931	行总浙江分署
李絜非	中大史学系1932	浙江大学史地副教授

从上表可知,南高师、东南大学及早期的中央大学在杭州校友绝大多数在大学任教,但未必都在历史系。亦可以推知南高师、东南大学及早期的中央大学毕业生于杭州之外执教大学者当然为数更多。

到了三四十年代,随着大学文科研究所的创办以及培养的研究生陆续毕业,研究生毕业后多在大学任教。以燕京大学为例,根据1935年的统计,燕大史学

---

① 参见《国立中央大学杭州校友录》(1947)。

部研究生在大学任教的有张立志(1931,齐鲁大学)、谭其骧(1932,辅仁大学)、叶国庆(1932,厦门大学)、邱继绳(1933,岭南大学)、薛澄清(1933,厦门大学)、张维华(1934,齐鲁大学)、冯家昇(1934,北平大学)。此外,国文部研究生郑德坤担任了厦门大学历史系主任。[①]

北大、清华等知名大学创办之初即非常重视从海外留学生中聘任教师。清华大学历史系教员中陈寅恪曾先后游学于德国柏林大学、瑞士苏黎世大学、法国巴黎高等政治学校,未获学位;蒋廷黻,美国哥伦比亚大学博士;刘崇鋐,美国威斯康星大学学士,哈佛大学硕士;孔繁霱,美国格林奈尔大学学士,芝加哥大学硕士;雷海宗,美国芝加哥大学哲学博士;张荫麟,美国斯坦福大学硕士;王信忠,清华大学研究院毕业后选派日本东京帝国大学研习;邵循正,在法、德研习两年;齐思和,美国哈佛大学哲学博士。北大陈受颐为芝加哥大学哲学博士,1928年先任教岭南大学,后为北京大学历史系主任。陈衡哲芝加哥大学硕士。1920年,北大蔡元培欲开放大学女禁,先聘请陈衡哲任教授,作为女学开放的先驱。据说陈衡哲是大学中第一个女教授。[②]其他如南高师徐则陵为美国伊利诺大学史学硕士,曾在芝加哥大学及哥伦比亚大学研究欧洲史。金陵大学文学院史学系马文焕为美国哥伦比亚大学博士,金陵女子文理学院历史学系朱潵为美国密歇根大学文学硕士,陈钟浩为法国巴黎大学文学博士。

外国留学者以美国居多,可能与美国历史学的发展迅速,后来居上之缘故有关。特别是鲁滨孙《新史学》之后,美国史学在中国影响甚大。由于留美生的加入,使得民国时期的历史教学在课程建设、教材编订、教学实践等方面都有了不同程度的改进。[③]留学日本和欧美的人数不如美国,1908年王桐龄入东京帝国

[①]参见《燕京大学研究院毕业生名录》(1935)。
[②]据说中国第一个女博士是李昂(1898-1925),1922年美国芝加哥大学心理学系毕业,获哲学博士学位。曾在东南大学教育系短期任教。
[③]李春雷:《留美生与民国时期的历史教学——以20世纪二三十年代为例》,《历史教学》206年第11期。

大学历史系,辛亥革命后回国,后又多次赴日研学。吴贯因留学日本七年,毕业于早稻田大学。李宗武(季谷)、许寿裳日本东京高等师范毕业。也有个别留学苏联的,如共产党人刘治平曾在莫斯科东方大学、中山大学学习,回国后以李麦麦之名参加中国社会史论战,1935年受聘复旦教授时改名李建芳。顾谷宜1926年赴苏联留学,1929年回国,1936年被聘为浙江大学史地系教授。蒋廷黻曾主张在外国学社会科学者,"回国之后,应该先做研究,然后才开始教授。历史、法律、政治、经济、社会学、哲学等等,皆在这通则之内"。①

外国留学后回国担任教职,看重的是个人经历及学术水平,学位获得与否似非必要条件,陈寅恪受聘清华的传说最广为人知:

> 据说校长问梁:"陈是哪一个国博士?"梁答:"他不是博士。"校长说:"既不是博士,又没有著作,这就难了!"梁启超愠然说:"我梁某也没有博士学位,著作算是等身了,但总共还不如陈先生寥寥数百字的价值,因为他能解决外国著名学者所不能解决的难题。"校长一听,才决定聘请陈来清华任导师。②

梁启超在此替陈寅恪背书未必是事实。③国外留学没有学位的未必只有陈寅恪一人。杜景辉在哥伦比亚大学攻读历史,再有一年就可得博士学位,但因身体关系而回国,在中央大学教授西洋史,不久就去世了。何炳松为威斯康星大学学士,普林斯顿大学硕士,因父母催促其回国而未获博士学位。但上引故事也从侧面反映了大学校长选聘教授的标准即是学术水平而非学历学位、留学经历等,容庚1926年受聘燕京大学,但却是"没什么资格的大学者,他不曾受过完美的大

---

① 胡适:《胡适日记全编》第6卷,安徽教育出版社,2001年版,第109页。
② 许渊冲:《逝水年华》,三联书店,2008年版,第21页。
③ 吴宓在《清华开办研究院之旨趣及经过》(《清华周刊》第351期)中所述,研究院导师需三种资格:(一)通晓中国学术文化之全体;(二)具正确精密之科学的治学方法;(三)稔悉欧美日本学者研究东方语言及中国文化之成绩。可见,陈寅恪是符合研究所导师的条件(尤其是第三条)而获聘。

学教育,但他现在是任着大学的教授。他不曾出过国"。①

民国时大学师资普遍匮乏,历史系也不例外。大学校长以及历史系主任的工作重点之一即在延揽人才,做好师资配备工作。1946年,辛树帜主持创办兰州大学,"辛先生运用各种关系邀约,黄文弼、顾颉刚先生等都应允每一学年中去讲授一学期"。②但战时内迁的大学教授基本上都回到东南或平津等地,极少有人愿意前往兰州。

蒋廷黻、洪业等在担任历史系主任时对本系的师资都有比较长远的安排。蒋廷黻任清华大学历史系主任时,一方面选派毕业生出国,邵循正、王信忠、张德昌分别被选派至巴黎、东京、伦敦深造,学成后返校任教。蒋廷黻特别提到鼓励王信忠去学日本史,"因为他在清华利用中、日以及英、美资料写过1894年中日战争外交关系的论文。他到东京帝大研究。日本方面起初认为中国大学不会有学生到日本去研究日本史,但王信忠申请并通过了特别考试。他在东京研究了两年,回到清华任讲师"。③另一方面给予有研究能力的助教以三年左右的时间去准备开新课。1934年何炳棣入清华时,吴晗已正式开讲明史新课,还协同蒋廷黻指导高年级及其研究生有关清代制度和内政问题的研究。谷霁光已是教员,但还未能参与魏晋南北朝隋唐史的授课。④燕京大学与哈佛燕京学社有着密切的关联,洪业有计划地安排燕京大学历史学系研究生到哈佛大学进修,又安排侯仁之到英国利物浦大学,按其"择校不如投师,投师要投名师"的观念,"美国哈佛大学是有名的大学,可是那里没有地理系。英国的利物浦大学虽然不如哈佛大学那样有名,可是那里却有一位地理学的名师,对中国地理很有研究,他就是Percy Maude Roxby教授"。侯仁之赴英国时Roxby已退休,继任的Clifford Darby教授为现代历史地理学奠基人之一,侯仁之"深受Darby教授的影响,并把

---

① 容庚:《容庚北平日记》,中华书局,2019年版,第615页。
② 吴相湘:《三生有幸》,第106页。
③ 蒋廷黻:《蒋廷黻回忆录》,第175页。
④ 何炳棣:《读史阅世六十年》,第68页。

他所倡导的历史地理学的理论与方法,第一次介绍到中国来,并对中国历史地理学的发展作出自己的贡献"。①

大学历史系中还有为数不少的外籍教授,如清华大学噶邦福(J.J.Gapanovich),俄罗斯圣彼得堡大学毕业,曾在海参崴历史语言研究所工作。爱沙尼亚人史禄国(Shirokogorov)是国际知名的人类学家,著有《北方通古斯族的社会组织》。鸟居龙藏毕业于东京帝国大学,主要从事东亚考古学研究,曾担任过世界人类学会、英国皇家学会、美国和巴黎人类学会会员,主要著作有《苗族调查报告》《满洲之考古》《蒙古史前人类学》《有史以前之日本》《考古学上所见辽之文化》《辽代画像石墓》,在燕京大学担任客座教授。客座教授不用授课,自由地进行学术研究。太平洋战争爆发后鸟居龙藏在燕京大学继续从事研究,甚至被日本侵略者视为"反日分子"。近代以来有很多教会学校,教会大学的历史系则以外籍教师居多,金陵大学贝德士(M.S.Bates)可以说是金大史学系的奠基者,为美国哈兰大学学士,英国牛津大学硕士,在法国利诺伯勒及其美国耶鲁大学担任研究员。其他如沪江大学韩森(V.Hanson)、魏馥兰(F.J.White)夫妇、韦爱伦(J.H.Wiley),华中大学甘施礼,岭南大学包令留(H.C.Brownell),齐鲁大学奚尔恩,圣约翰大学罗道纳夫妇,之江文理学院罗天利夫妇等。

民国大学历史系教师的聘任虽然没有太过繁复的人事流程,但还是相当严谨的,尤其是对所聘教师学术水平的考察。1946年徐中舒任四川大学历史系主任,1947年黄少荃以华西协和大学哲史系讲师兼任四川大学历史系讲师,徐中舒曾为黄少荃的任职资格做学术鉴定:

> 太史公《六国年表·序》以为秦烧灭诗书,诸侯史记为尤甚,以是《史记·六国年表》及六国世家所载当时史迹抵牾尤多。盖所据以为书者大抵游说之士传闻摭拾之辞,辗转因袭,年月失次,其后虽经温公《通鉴》、东莱《大事记》排次其事,鲍彪、吴师道从而为之注,有所諟正,而清代学者顾观光、黄式

---

① 侯仁之:《我从燕京大学来》,三联书店,2009年,第4—5页。

三、陈厚耀、程恩泽、梁玉绳、雷学淇辈续加理董,时有弋获,而近人钱穆《先秦诸子系年》所得独多。作者继钱著之后复有增益,诚如积薪累塔,后来居上。此十余篇裒集史料巨细靡遗,断制亦尚谨严,如《东西周杂辨》《五国伐秦考》《周最事迹考》《秦灭巴蜀考》,皆足祛旧史之疑滞,昭已湮之陈迹,其于游谈不可信之史事则别为《战国史异辞》,剖析真伪尤具卓见。其间可议者则据汉人杂录之书如《列女传》、《说苑》之作以为典要,于史料之简选仍不免失之宽泛也。①

大学历史系所聘任教师所担任的课程当然要与其所学专业以及学术专长相关。郑师许推荐杨宽到广州勤勤大学任教,最初开设中国通史、中国上古史、历史研究法、古器物学概论四门课程。郑师许认为杨宽对四门课程均可胜任,"他(郑师许)之所以为我开设'古器物学'这门学问,因为他看到我在上海市博物馆所写的各类古器物的说明,比较有系统,内容具体而充实,可以从这个基础上加以扩大补充,创立'古器物学'这门新课程","郑师许之所以主张为我开设'历史研究法',因为我和他曾经合编华文《大美晚报》的《历史周刊》,他听到我常常谈论当时各个学派的名著的得失,特别谈论到他们治学方法的得失,我主张兼采他们的长处,纠正他们的短处,用来作为我们研究的新出发点,从而取得研究的新成果","郑师许之所以主张为我开设'中国上古史'这门课,因为他知道我对古史传说已有一整套系统的见解,正有待于写成一部著作"。②历史系中的西洋通史和国别史课程则最好能够有外国留学经历的担任。雷海宗曾与何炳棣谈留校:"联大教西洋史的教授相当多,你虽有教西洋通史的能力,因未曾留学,轮不上你教"。③燕京大学齐思和由哈佛燕京学社保送至哈佛大学,回国后任教燕京大

---

① 徐中舒:《学术评语——为黄少荃》,载《黄少荃史论存稿》,四川大学出版社,2018年,第1页。
② 杨宽:《历史激流中的动荡和曲折——杨宽自传》,时报文化出版公司,1993年版,第121-122页。
③ 何炳棣:《读史阅世六十年》,第111页。

学。齐思和的课包括了"古今中外",商周春秋、美国史、西洋现代史等,都能教。

民国大学历史教师亦有从相关研究机构调入。金景芳本在四川复性书院从马一浮研究,1941年由金毓黻介绍至三台东北大学。1943年,邓广铭由中央研究院转入重庆北碚的复旦大学史地系任教。而从中学以及出版社、图书馆等文化机构调入者亦属常见。吕思勉曾于1923-1925年间在江苏省立第一师范学校任教,期间出版了《白话本国史》。1926年由童斐介绍至上海私立光华大学国文系,光华大学后设历史学系,吕思勉即担任历史学系主任兼教授。钱穆曾在苏州中学任教,1930年由顾颉刚推荐至燕京大学执教。① 抗战爆发后,陈乐素原在香港的中学任教,1942年通过日军的盘查而到遵义,受聘担任浙江大学教授兼史地研究所导师。张孟伦武汉大学毕业后曾在江西樟树中学任教,后转入中正大学。程应镠在昆明天祥中学担任训导主任,1947任上海市立师范专科学校社会科学系副教授。② 魏建猷在无锡国专沪校、京沪中学担任历史教师,同时任《东南日报·文史副刊》编辑,1947年由上海暨南大学历史系主任丁山介绍,被聘为副教授,担任中国通史、中国近代史和史学名著选读三门课程,光华大学历史学系主任吕思勉又聘其为该校兼职教授,担任中国通史(近世史部分)和亚洲诸国史课程。③

从中学以及出版社、图书馆等文化机构转入大学任教同样需要具备相应的学术水平。顾颉刚看了钱穆《先秦诸子系年》后嘱其为《燕京学报》撰稿,又将其推荐至燕京大学。张孟伦回忆在江西樟树中学时的校长徐廷展"为了帮助我更好地从事教研工作,不但减轻了我任课的时数,而且在住房、借书、抄稿等方面,给了尽量的照顾。甚而为了方便我购买图书,以资研究,还让我在专任教员的职

---

① 苏州中学前身即江苏省立第一师范学校,罗振玉为首任学监,王国维亦曾在此任教。杨宽入苏州中学时钱穆已经离校,未曾听过钱穆授课。
② 1946年,上海市立师范专科学校成立。1949年,并入南京大学师范学院。天祥中学当时师资阵容强大,号称"天下第一中学",程应镠、熊德基、丁则良等历史学家都曾在此任教。
③ 周育民:《风雨八十载——魏建猷先生传略》,《历史教学问题》2004年第4期。

务外,兼任了事少而可增薪的导师"。①在樟树中学期间,张孟伦陆续完成了《汉魏饮食考》《汉魏人名考》两部专著。赵俪生从中学走进大学学府,先要在学术上树立点"门面",开始写《王山史年谱》和《张尔岐年谱》,作为顾炎武研究的"外围"工作。

在知名的文化机构任职亦是很好的学术锻炼,向达经历便很典型。向达从南高师毕业后先在商务印书馆任编辑,后到北平图书馆工作,1939年开始先后在浙江大学、西南联大、北京大学担任教职,在出版社的工作经历对向达影响很大:

> 他(指向达)曾在商务印书馆任编辑。商务传统要求很严,审阅和编译稿件时比一般读书作文难得多的。以后他又到当时的北平图书馆(现在的北京图书馆)工作。30年代的这所图书馆远不如目前这样庞大,但已拥有一些难见的书籍和文献。当时的馆长袁守和(同礼)先生招揽了一些有为青年进去,名为职员,实是从事整理文献的研究,又出版《北平图书馆馆刊》为他们发表成果。不几年便涌现了一批青年学者到大学讲课,随后当了教授。其中著名的除向先生以外,有王重民、贺昌群、赵万里、孙楷第、谢国桢、于道泉等先生,后来继起的还有万斯年先生等。在编辑部和在图书馆都是极好的学术训练机会,但有条件:一是领导者懂行并给鼓励,而不阻拦或斥责。二是本人肯钻研。第二点尤为重要。②

民国时政局复杂多变,故也有的大学教师聘任并非完全是出于学术的考量。五四运动之后,大学校园里的反帝爱国运动连绵不绝,暨南大学为了装点门面聘请了著名左派教授周谷城。但是不少大学历史系聘任声名卓著的马克思主义史学家则存在着很多阻力,中央大学复员后贺昌群为史学系主任,拟请郭沫若前来任教,郭沫若也已应允,但后"为免国民党政府进行刁难,惹出许多麻烦才作

---

① 《张孟伦自述》,《世纪学人自述》第3卷,第48页。
② 金克木:《由石刻引起的交谊——纪念向达先生》,《向达学记》,三联书店,2010年,第132页。向达在此期间最重要的学术经历便是1936年在伦敦不列颠博物馆研究敦煌文书。王重民则被袁同礼派往巴黎研究敦煌文书。

罢"。①周一良燕京大学毕业后受聘清华外文系,除了各种主客观因素外,最重要的一点是清华外文系主任陈福田欲聘任周一良来排挤系里的进步教师关世雄。

从总体上来看,民国时大学历史系的师资并不富裕,很多课程需要聘请外系或校外人员兼课。中研院史语所在北平时,傅斯年、李济、梁思永、董作宾都是北大史学系的兼职教授,清华的陈寅恪、蒋廷黻、雷海宗,燕京的顾颉刚,辅仁的陈垣都在北大兼课。据说傅斯年之所以在北大兼课是为史语所选拔人才,所以北大史学系毕业后去史语所工作的很多,包括胡厚宣、张政烺、傅乐焕、王崇武等等。②北大复员后教授姚从吾、郑天挺、毛准、向达、杨人楩、邓嗣禹、张政烺、余逊、傅斯年、沈刚伯、芮逸夫、林超,副教授邓广铭、杨联升、韩寿萱,助教杨翼骧,师资已较为齐备了,但史学系除公共课外,还由启功(故宫博物院)授中国古画史,赵万里(北平图书馆)授中国史科目录学,邵循正(清华大学)授中国近世史,杨曾威(东北大学)授地理通论,林继诚授古器图案摹绘,邝平璋授西洋通史。③

反过来,历史系中教师在外兼课者亦多,所兼课程并也不限于历史。在二三十年代,大学兼课一般每小时五元,一门每周两小时的课每月四十元。北京由于大学众多,故兼课的教师亦为数众多。北京之外兼课的情况亦有不少。陈安仁1932年任职中山大学,此后有二年兼军官学校政治深造班历史教授,半年兼暨南大学教授,二年兼培正中学训导主任,一年兼中华文化学院国文专科学校教授。抗战胜利后,钱穆任无锡江南大学文学院院长,适河南大学播迁来苏州,校长姚从吾邀钱穆兼课,课堂在苏州沧浪亭。钱穆就在无锡、苏州两地上课。张舜徽受兰州大学历史系聘,西北师范学院国文系主任何乐夫请往来师院兼校勘、目录之学,"辞意恳挚。余不忍拂其来情,勉应许之。惟以师院距此十里,虽有汽车

---

① 王觉非:《逝者如斯》,第186页。
② 邓广铭:《回忆我的老师傅斯年先生》,《邓广铭全集》第10卷,河北教育出版社,2005年版,第302页。傅乐焕为傅斯年之侄。钱穆亦记"凡北大历史系毕业成绩较优者,彼(傅斯年)必网罗以去"。参见《八十忆双亲·师友杂忆合刊》(第160页)
③《北京大学史料》第4卷,第182页。沈刚伯、芮逸夫、林超、杨联升未应聘到校。

可通,冬来弥苦风雪,讲授钟点不能过多。七日之间,许往教一次耳"。①

民国时很多大学对教师兼课众多均束手无策,只能听之任之。兼课现象普遍存在,尤其是在北京、上海、南京等大学云集的大城市里,大多数教师都尽量兼课。学生曾批评陆懋德有两点短处:"第一喜欢藉故早退。陆先生上课倒很守时间,可是他喜欢藉故早退,固然,一连三堂,精神是来不及的,然而,一星期早退二十分钟,一学期就不少了。所我很善意的希望陆先生不要早退,虽说太吃苦一点,课时学生方面获益不浅了;第二就是课外不负指导责任……陆先生早退之后,就挟皮包拿着手杖走了,同学们有很多的问题便无从问起了。上课时间又恐耽误功课,下课之后又无从问起,对于学识长进是有妨碍的。"②陆懋德的此种行为,十之八九与在外校兼课有关。当然,兼课普遍也并非为历史系独有,"某些老师成为兼课专家。一位精于此道的教员可以算出合法缺课的时数,并且上课时又可迟到若干分钟。结果,每周竟有人兼课四十小时的"。③北京竟有教师在兼课途中猝死者。

相比于中华人民共和国成立后大学历史系和教职人员的相对固定,民国时的大学教授流动要随意得多,根据尚小明先生的统计,在同一历史系任教五年及以上者如下:

北京大学:朱希祖、陈汉章、叶瀚、高一涵、马衡、钢和泰(俄)、李泰棻、李大钊、李宗侗、徐炳昶、郑天挺、陈垣、毛准、许德珩、孟森、陈受颐、钱穆、陶希圣、张忠绂、赵万里、向达、姚从吾

北平师范大学:王桐龄、章嵚、朱希祖、白眉初、杨树达、李飞生、陆懋德、熊梦飞

清华大学:陈寅恪、刘崇鋐、杨树达、孔繁霱、朱希祖、蒋廷黻、噶邦福(俄)、萧公权、雷海宗、吴晗、邵循正、王信忠、吴之椿

---

① 张舜徽:《壮议轩日记》,华中师范大学出版社,2018年版,第317-318页。
② 《近代中国史家学记》上卷,第546页。
③ 蒋廷黻:《蒋廷黻回忆录》,第115页。

北平大学女子文理学院：范文澜、吴祥麒、李宗武

南开大学：蒋廷黻、蔡维藩、张纯明、陈序经、皮名举

中央大学：张其昀、缪凤林、徐光、傅筑夫、沈刚伯、罗家伦、郭廷以、朱希祖、张贵永、金毓黻、孟云桥、程憬、蒋孟引、贺昌群、王仲荦

复旦大学：余楠秋、谢德风、耿淡如、谢澄平、应功九、周谷城

暨南大学：张凤、刘纪泽、胡耐安、周谷城、苏乾英、陈高佣、葛受元、何炳松、王勤堉、周予同

浙江大学：费巩、顾谷宜、张其昀、缪钺、李絜非、谭其骧、诸葛麒、夏定域、胡哲敷、陈乐素

武汉大学：李剑农、吴其昌、陈祖源、郭斌佳、方壮猷、汪诒荪、陶振誉、杨人楩、梁园东、唐长孺、吴廷璆

厦门大学：林惠祥、薛永黍、吴士栋、叶国庆、李祥麟、谷霁光

中山大学：杨成志、邓孝慈、陈安仁、朱谦之、杨熙时、陈廷璠、萧鸣籁、董家遵、徐家骥、黄文博、陈国治、罗香林、郑师许、王名元、曾纪经

广东省立文理学院：陈守实、黄灼耀、黄福銮、罗倬汉

西北大学：陆懋德、杨兆钧、黄文弼

东北大学：卞宗孟、吴贯因、傅岳棻、王华隆、朱延丰、陈述、张亮采、金景芳

河南大学：张邃青、朱芳圃、嵇文甫

湖南大学：黄士衡、杨树达、何竹淇

四川大学：叶茂林、何鲁之、张大猷、祝同曾、周谦冲、束世澂、徐中舒、李思纯、楼公凯、邓少琴、卢剑波

云南大学：方国瑜、瞿同祖、尚钺、李埏

政治大学：陈石孚、萨孟武、万国鼎、左舜生、徐德嶙、徐则陵、姜季辛、刘继宣、罗宝册

燕京大学：王克私（瑞士）、费宾闰臣（美）、洪业、陈垣、张星烺、顾颉刚、邓之诚、贝卢思（英）、齐思和、陈芳芝、王钟翰、翁独健、林耀华

辅仁大学：陈垣、朱师辙、张星烺、余嘉锡、陆和九、赵万里、魏重庆、胡鲁士（荷）、牟润孙、张鸿翔、柴德赓、雷冕（德）、余逊、卢德思（德）、叶德礼（德）、蔡思客（德）、赵光贤、安祺乐（德）

中国大学：朱师辙、刘彦、刘侃元、刘厚滋、贺培新、魏重庆、齐思和、王静如

中法大学：黎世蘅、商鸿逵、王静如

光华大学：吕思勉、张杏娩（德）、耿淡如、杨宽、萧公权、谢元范、鲁光恒

大夏大学：吴泽霖、孟寿椿、王蘧常、王国秀、梁园东、苏希轼、王绳祖（王成组）、葛受元

金陵大学：万国鼎、李小缘、陈恭禄、徐则陵、刘继宣、王绳祖、贝德士（美）、马文焕、商承祚、徐益棠、韩荣森、刘铭恕、蒙文通、马长寿

金陵女子文理学院：师以法（英）、朱潊、王栻、孙次舟

圣约翰大学：罗道纳（美）、宓亨利（美）、周子美、王国秀

齐鲁大学：张立志、奚尔恩（美）、张维华、汤吉禾、胡厚宣、周谦冲

华西协合大学：刘蓺仙、罗成锦（加）、沈克莹（美）、蒙思明、姜蕴刚、郑德坤、何鲁之、蒙文通、陈国桦、冯汉骥

岭南大学：包令留（美）、黄延毓、李兆强、何格恩[①]

其他大学连续服务五年以上史学教授还有沪江大学韩森、蔡尚思，东吴大学张梦白，国立师范学院姚公书、皮名举、梁希杰，山西大学陈超、郝树侯，福建协和大学陈遵统、李兆民、林希谦、陈文松，贵州大学张廷休、马腾淮、刁鸿翔，西北师范学院何士骥、张云波，华中大学马奉琛、甘施礼，桂林师范学院陈竺同，中正大学欧阳祖经、张孟伦，江苏学院顾敦福，之江大学罗天利、顾敦，四川省立教育学院张圣奘，华南女子文理学院陈遵统等，以及沦陷区北京大学吴祥麒、谢国桢，沦陷区北京师范大学傅岳棻、陈同燮、胡宜斋、李泰棻、梁绳祎、陆鼎吉、王森然等。

大学间教授的流动是非常频繁的。但亦有不少教师始终留在学校。吕思勉

[①] 尚小明：《近代中国大学史学教授群像》，《近代史研究》2011年第1期。

一直留在光华大学,婉拒了北大等众多名校的邀请,除了光华校长张寿镛的关系外,最重要的是考虑到离开光华后影响其研究计划的完成。

民国时大学教师与其聘任单位之间的关系并不固化。大学历史系教师不获续聘亦属常见。有主动离职的,洪业到燕京大学的第一年得到一笔款项聘请"真正的中国历史教授——王桐龄",王桐龄推荐了其学生常乃惪。洪业回忆"常乃惪来了,但我对他印象不好,他像个干瘪了的书生,头发乱七八糟,脸也不刮,长年穿一件破烂的蓝布大袖。因为他刚毕业,便聘为讲师,在宿舍分配了房间给他住。他在里面整理讲义,很少出来,我也很少理会他。我太太和我常请其他教员来吃饭,可是我记不得有没有请过他。教了一年,他大概也觉得没有受到赏识,就辞职了。我也没费力气留他,心里想走了就算了"。①

被大学辞退解聘的亦为数不少,但教师被辞退解聘又经常掺杂着个人好恶、派系倾轧、门户宗派等主观负面因素。顾颉刚与鲁迅的矛盾尽人皆知,北京女子师范大学史地系主任王谟据说为萧一山所攻而辞职,徐旭生欲聘顾颉刚为系主任,顾颉刚则以"女师大为鲁迅大本营,我为某籍某系之罪人,充教席且不可,何况作主任耶!因将苦衷详与(田)伯苍言之"。②吴其昌先在清华大学历史学系任讲师,据说因受蒋廷黻倾轧而解聘去职,被武汉大学聘为教授。③周谷城在暨南大学时,校长郑洪年被赶走,"新校长因为我曾支持进步学生的反帝爱国活动,反对所谓'本位文化',而撤销了我的系主任职务"。④郑洪年之后继任暨大校长的是何炳松。蒙文通由汤用彤推荐至北大历史系,担任魏晋南北朝史和隋唐史两门课程,时任文学院长胡适不与续聘,理由是"学生有不懂其语者"。⑤1940年

---

① 陈毓贤:《洪业传》,商务印书馆,2013年版,第124页。按吴天墀《常燕生先生简要年谱》所记:"先生任教燕大两年,以对现行教育制度怀疑日深,屡辞未获而其意益决。至是年夏先生终得辞去"。载《常燕生先生遗集》(文海出版社1967年版,第8卷第122页)。
② 《顾颉刚日记》第2卷,第292页。
③ 戴家祥:《怀念英华早谢的吴其昌同学》,《戴家祥文存》,江苏人民出版社,2019年版,第678页。
④ 周谷城:《自传》,《周谷城全集》第6卷,上海人民出版社,2018年版,第511页。
⑤ 钱穆:《八十忆双亲·师友杂忆合刊》,第170页。

蒙文通又被"课堂批评时政"之藉口解聘,转聘于四川三台之东北大学。辞退解聘又容易导致系内教师的矛盾激化。贺昌群在担任中央大学史学系主任时解聘了一个教授和一个讲师,"那个讲师印了许多传单,到处散发张贴,责骂贺先生不学无术,在他的著作中有许多史料错误,并一一加以指出",被解聘的教授则告发贺昌群是"共产党员",据说告发信还上达蒋介石手中。①

历史系学生对教师的聘用或不聘用亦有着一定的话语权。1923年柳诒徵欲辞职,南高师国文史地部学生为挽留柳诒徵致信校长郭秉文,谓"柳先生任职本校多历年所,学博而识卓,行高而言蔼,使生等得窥门径,史学稍放曙光,游扬于当世宿学之口(如章太炎、梁任公是),景仰于举国青年之心,遂使本校史一系,遂炳焉有声,岂无故也。今乃中途而去,非独生等之不幸,抑亦吾校之不幸。先生眷念学术,当能留此明师,以慰来学,亦以光吾校也"。②严耕望在1937年考上武汉大学,因为抗战军兴,教授流动较大,李剑农、郭斌佳等先后离开。严耕望、钱树棠、郑昌淦等学生互相商议,建议学校聘请留在敌后方的教授前来任教,开列的名单有吕思勉、陈登原、钱穆等。校长王星拱接纳了学生的意见,积极为之奔走联系,"吕陈两位先生皆已答应来校,但终不果来",钱穆因与成都齐鲁大学国学研究所有约而只允任教一月。③北大复员后,外国史教师奇缺,上古史请Charles West担任,中古史和俄国史都只能等陈受颐回国。俄国史请北平研究院某人,罗荣渠碰到郑天挺时,"提醒他翁独健先生可以开此课,他好像以前没有想到过"。④

---

①王觉非:《逝者如斯》,第187页。
②《南京大学校史资料选编:南京高师与东南大学时期(下)》第2卷,第545页。
③严耕望:《治史三书》,第256页。
④罗荣渠:《北大岁月》,第255页。

第二节　课堂讲授和习作训练

大学历史教学最主要的环节当为课堂讲授。课堂讲授的内容、方式等在整个教学过程中有着举足轻重的地位。时至今日,课堂讲授在高等教育体系中还仍然处于主要地位,也是大学里几乎任何一门课程都要使用的最基本的教学形式。显然,课堂讲授对于教学质量的提高有着举足轻重的作用。①

大学教学和中小学教学有着本质的区别,在课堂讲授方面也是如此。对于历史学家来说,或奉"史无定法"。在大学的历史教学中,同样"教亦无定法"。民国高等师范或中等师范专业中有历史教学法课程,主要是针对中学历史教学的。但却绝少有大学历史教学法之类的课程或论著。柳诒徵曾批评"今之学者乃多蛊学校之不能施教,限以时间,制以科目,裁以单位,囿以一学期或一学年。吾有心得,或片语可罄,或二三小时不能毕,乃皆限之以五十分钟。不足者强益以卮言,未罄者或期以异日,此已大不自由矣"。②柳诒徵主自由教学法,课堂教学当然由教师做主,实施教学要有相当的自由度。但是教学制度上的规定还是有必要的,如暨南大学规定教师的教学职责为:(1)上课下课依照铃声为进退;(2)记载学生出席缺席迟到早退,报告各院办公室;(3)上课时负有维持教室秩序之责;(4)按照大学教务规程及各院布告按时举行各种考试。③这应是对教师工作的最基本的制度上的规定。河北省立女子师范学院史地学系的教学指引颇为详细,制订了七条规程:

(甲)填写教学纲要。各教员在各学期开学之始,所任课程,皆须填写教学纲要,其项目为:(一)教学目标,(二)本课目毕业最低限度,(三)教材纲目及时间之分配,(四)教学方法,(五)成绩查法,(六)成绩计算法。逐条填写

---

① 张鈢:《大学历史教学》,第185页。
② 柳诒徵:《自由教学法》,《柳诒徵文集》第11卷,商务印书馆,2018年版,第6页。
③ 《国立暨南大学一览》(1930),第41—42页。

后,送交教务处,以备存查。

(乙)讲演与讨论。教学平时以讲演为主,遇有问题,则令学生互相讨论,如有错误,加以订正。

(丙)课堂笔记。笔记分为四种:一、讨论问题之结果,二、讲义文字之外之补充,三、讲义中疑难文字之解释,四、所示课外研究之途径。

(丁)指定参考书籍。教员在讲室所授,不过提纲挈领,示以端倪,故须随时指定参考书籍,告以篇章,使课外参考,以资深造。然所指书籍,亦有必须参考与自由参考之别,必须参考者,为与所授教材有密切关系,试验时与讲义同一重要。自由参考者,在指定之义,不过示以深造之方法,如无兴趣,可任自便。

(戊)揭示专题。各教员就所授课程,拟若干题目,示以参考书籍与搜集材料及整理之法,使学生课外研究,教员加以更正,其佳者于期刊中发表之。

(己)实际观察。教授史地,图表固属重要,而有时必须利用实物或标本模型页,方能明了。研究地理,除讲解讨论外,尤贵旅行,使学生获得实地经验,以与讲解之问题互相印证。

(庚)成绩考查。成绩考查,分为三种,一、平时考查,二、临时试验,三、学期试验。平时考查,又分为随时问答、读书报告、审查笔记诸法。临时试验,宿题与即答题,参互行之。学期试验,一律用即答题。[①]

以上应该是课程教学从开始到结束的若干环节,对各个环节加以规定指引。但是具体到女子师院史地学系各年级的各门课程,则以"课程性质,各有不同,故教法亦难一致",需要由各门课程的教师具体把控。

一般来说,教师课前搜集资料,编写讲义,以授课讲义为基础来进行课堂教学。陈汉章在北大史学系"每日都工作到深夜,即遇感冒发高烧,仍坚持编写讲义",在授课的时候却"从不携抄本,教学不厌其烦,既口述,又板书,用垩墨书写,

---

[①]《河北省立女子师范学院一览》(1934),第68页。

均出记忆,一课下来,黑板上一次又一次地被写满,擦去又续写,总要好几次"。①但也有教师授课不依靠讲义教材,雷海宗的记忆力极强,上课从不带笔记、讲义、书籍之类,甚至连卡片也不带,"只有两支粉笔,开口即讲。人名、地名、书名、年代随时写在黑板上,绝无差误"。②蒋孟引在中央大学上课时从不带讲义书本,"只是拿一张手掌大小的卡片,把一些重要的事实和数字,用很小的字体写在上面,拿在手心里,必要时,把手掌翻过来看一看"。③

历史课堂讲授是历史叙事的一种形式。所谓的历史叙事就是在特定的理论预设与史学思想的指导下,按照一定的逻辑结构,将分散的历史事实加以组合关联,形成一个首尾贯通的有意义的整体文本。历史学的初始形态即是叙事,黑格尔名之为"故事的历史学"。课堂讲授是体现历史教师的叙事能力和水平的重要途径之一。民国时课堂讲授精彩、广受学生欢迎的名师有很多。钱穆作为北大的名教授,同时也是北大最叫座的教授之一,"只要去听一堂课就明白了。二院大礼堂足有普通大课室的三倍,当他开讲中国通史时,向例是坐得满满的。课室的大,听众的多,和那一排高似一排的座位,衬得下面讲台上的宾泗(四)先生似乎更矮小些,但这小个儿却支配着全堂的神志……全堂的学生都坐定了,聚精会神的等着他,他不翻书了,抬起头来滔滔不绝的开始讲下去。越讲越有趣味,听的人也越听越有趣味。对于一个问题每每反复申论,引经据典,使大家惊异于其渊博,更惊异于其记忆力之强……这种充实而光辉的讲授自然而然的长期吸引了人"。④张荫麟在浙江大学讲授宋史,内容有"宋朝的开国和开国规模","北宋的外患与变法","北宋四子之生活与思想","宋代南北社会之差异","宋太祖誓碑及政事堂刻石考","宋太宗继统考实"等,所授内容富有启发性,"有哲理分析,

---

① 陈昂:《纪念先祖父陈汉章先生》,《我的父辈与北京大学》,北京大学出版社,2006年版,第35页。
② 齐世荣:《记20世纪40年代末清华大学历史系的几位外国史教授》,《文献与记忆中的清华历史系(1926—1952)》,清华大学出版社,2016年版,第402页。
③ 王觉非:《逝者如斯》,第148页。
④《近代中国史家学记》下卷,第652页。

有史事考订,有艺术描绘,使听者如坐春风,似饮甘泉"。①翁独健在中国大学史学系任教,"尤擅讲演,每值授课,口若悬河,大有戈贝尔风度(因翁先生也蹒跚也)。所以同学十分欢迎,尤其是史学人才缺乏之下,真有些'此翁独健'的感觉"。②

当然,教师的学术水平和讲授口才两者没有直接关联。齐世荣选修孔繁霱所授西洋中古史课程,"孔先生身体很弱,给我们上课时不过五十多岁,已经显得老态龙钟了。他讲课效果较差,先用英文把一堂课的大纲写在黑板上,然后按大纲说明一下,少有发挥。单从讲课的内容来说,感觉不到孔先生有多大学问"。但是孔繁霱精通拉丁文,按西方大学的标准,讲授中古史必须精通拉丁文,学生对拉丁文一窍不通,选课人数也极少。③

抄写笔记,死记硬背,这种"书足以记名姓而已"式的历史教学——无论是在中小学,还是在大学历史系——都受到广泛的批评。课堂教学既要授人以"鱼",更要授予人以"渔",注重传授学生获取知识的方法。蔡维藩在西南联大讲授西洋通史,"上第一堂课时,他就向同学们申明,在对历史学的学习上,他不赞成死记年代、人名、地名。他说,历史是人类活动的记载,是连续的,不能分成一点来记忆,更不可以提出一个年份来硬记。即使记住了若干年代,也毫无意思,徒然养成抄小纸条,考试时拿来抄袭的坏习惯。他主张学习历史要记住一个系统,即使粗枝大叶,轮廓式的,也是有益处的。他教给学生们读书的方法:读一本书应该记住书名、作者,什么时候在什么地方出版的,目录也要记得。他告诉学生,他讲的课,不必全部笔记下来,记一些要点就够了"。④

教师在课堂教学过程中还很注意渗入思想教育。思想品德教育是教育问

---

① 徐规:《我和宋史》,《学林春秋》第2编上册,第30-31页。
② 《中大史学系素描》,《中华周报》第2卷第18期,1945年。
③ 齐世荣:《记20世纪40年代末清华大学历史系的几位外国史教授》,《文献与记忆中的清华历史系(1926-1952)》,第400页。
④ 宋秋蓉:《西洋史专家蔡维藩》,《南开大学历史系建系七十五周年纪念文集》,南开大学出版社,1998年版,第552页。

题,但更应是社会问题。个人是不可能脱离社会而存在的,"一部分大学生,他们在学校里是优秀的分子,可是一出了校门,社会上腐化贪婪的恶习立刻把他们转变成了自私与不负责任的人",王国秀指出"这是中国的学校教育没有好好地跟社会生活配合的缘故。因此她认为中国的教育制度必须要改良,尤其希望一般做教师的,除了授给学生们以一些机械刻板的知识外,同时应该注意他们人格和品性的训练和培养。因为书本的知识要有了好的德性才能够发挥实际的效用"。① 对于教师来说,言传和身教同样重要,"为人师者真不容易,要有研精慎独之精神修养,要有垂世范俗之工作效能,否则不但不能为百代之师,且不足为一代之师也。所谓师者,不但指其有智识之谓,而且指具有道德之人格之谓。"②

大学的教学不同于中小学教学,在教学过程中有专业目的性,突出自觉性、创造性和独立性以及注重科学研究等特点。在教学的过程中,"要求有一定创造性的因素,而不是单纯学习和继承人类已有的认识成果。因此,必须把科学研究的因素引进教学过程"。③ 陈寅恪授课前即申言:凡是他本人没有特殊见解的不讲。④ 陈寅恪所授课皆注重发明创见,梁嘉彬回忆陈寅恪授课,"恒闭目而思,端坐而讲,奋笔(粉笔)而书,所举史料详记卷数页数,反覆论证,数满黑板,所论者皆关宏旨,绝无游词,每堂皆自立己说,非好奇立异,目的实只在求真,对同学发生强烈启发作用"。⑤ 授课重创见(Discovery),而非复本(Reproduction)。孔繁霱也时常前往旁听。周一良在燕京大学读研究生,与在史语所工作的北大史学系毕业生劳幹、余逊同往清华大学听陈寅恪讲授魏晋南北朝史,"第一堂课讲石勒,提出他可能出自昭武九姓的石国,以及有关各种问题,旁征博引,论证紧凑,环环相扣。我闻所未闻,犹如眼前放一异彩,深深为之吸引……第一堂课听下来之

---

① 《近代中国史家学记》下卷,第820页。
② 《近代中国史家学记》上卷,第33页。
③ 潘懋元:《高等教育学讲座》,《潘懋元文集》第1卷,广东高等教育出版社,2019年版,第139页。
④ 《近代中国史家学记》上卷,第63页。
⑤ 梁嘉彬:《陈寅恪师二三事》,《追忆陈寅恪》,第112页。

后,三人不约而同地欢喜赞叹,五体投地,认为就如看了一场著名武生杨小楼的拿手好戏,感到异常'过瘾'。我从此风雨无阻到清华听课……现在回想,从劳余两位和我当时的反应看来,陈先生的讲课和北大、燕京两校老师确实不同,各有千秋"。①

很多教师在课堂讲授时都有着鲜明的个人风格和特色。皮锡瑞之孙皮名举在西南联大讲授西洋近代史,讲课非常系统,非常有条理。根据何兆武的观察,皮名举"虽然有时也谈些闲话,但并不扯远。皮先生有个特点,每堂课只讲一个题目,而且恰好能在下课时把这个题目讲完,据说以前只有蒋廷黻能做到这一点。后来我教课的时候也想学着做,可是非常失败,因为总免不了要多说两句或者少说两句,不能那么恰好在五十分钟内讲话"。②钱穆在北大授中国上古史和秦汉史课程,上课颇大胆直言,"有人来书,云:'君不通龟甲文,奈何靦颜讲上古史。'余以此书告讲堂诸生,谓:'余不通龟甲文,故在此堂上将不讲及。但诸君当知,龟甲文外尚有上古史可讲。诸君试听,以为如何。'又一日,告诸生:'事有可疑,不专在古,古亦多无可疑者。如某姓钱,此钱姓即属古,无可疑。余确信有父有祖,乃至高曾以上三十几代签,为五代吴越国王钱镠。以上仍有钱姓。近乃有人不姓钱,改姓疑古,此何理?'有人来问:'君何大胆若尔。'余问其事,彼言:'君知班上有钱玄同之子亦来听课否?'答:'知之。'某人曰:'君自慎之,勿多惹是非。'余曰:'余任上古史课,若亦疑古,将无可言'。"③钱穆和钱玄同都是吴越钱镠之后,钱穆在课堂上如此直率地攻击钱玄同,亦属罕见。学生都感觉到"平时听钱教授的讲话总是很自负的,而且固执的说:'旁人意见是错的,我是对的。'但事实上究竟是不是如他自己所说的那样'对'呢?这须待历史学专家去评定"。④

但教师在课堂上口无遮拦、出言无忌也容易招致意想不到的麻烦。魏应麒

---

① 周一良:《纪念陈寅恪先生》,《魏晋南北朝史论集》,北京大学出版社,1997年版,第564页。
② 何兆武:《上学记》,三联书店,2006年版,第110页。
③ 钱穆:《八十忆双亲·师友杂忆合刊》,第154-155页。
④《近代中国史家学记》下卷,第643页。

在上海暨南大学任教时,将"伧父"解释为上海人所讲之"江北佬",引起苏北籍学生不满,群起到魏应麒家中责问,群情汹涌,最后校方将魏应麒解聘了事。①

教师于传道授业之外还有解惑。朱文长《海涛集》中记北大故事甚多,对孟森的课堂讲授评价不甚高,"先生在课堂里的讲授不算很好的。他只是顺着讲义往下念,而且一口常州官话,念得很沉闷,有时想要着力的说明一件事,拿起拳头来作势,拳头已经下来了,话却期期然的仍没有出口",但是"在下了课以后,三两个同学进而向他提出若干更深刻些的问题时,他对我们的答复。有一次在这样的质疑问难后,(陶)元珍私下向我说:'心史先生读的书真多!'只有曾在老师的摸不到深度,摸不到边际的学问中涵泳过的,才明白这是多么使人手之舞之,足之蹈之的事"。②钱穆上完课,基本上要等到答完学生疑难才离开。出了教室,还和一些学生边走边谈,直到出校门。李埏回忆其总是跟在高年级同学后面侧耳而听,当有次人数不多时鼓起勇气当面请教。朱谦之在中山大学史学系讲授史学概论,当时学生对历史分类学和史学史的发展还很模糊,"但是他却不厌求详地解释,在课余的时候更喜欢我们提出问题,一一分析解答。在一种循循善诱和他诲人不倦的精神感格下,敬仰的心情便油然兴起了"。③

民国大学历史课程的课堂教学当然还存在不少问题,最普遍的现象是课程内容讲不完。历史系教授都是各自领域里的专家,对所讲授之内容有深入的研究,在讲授中不断引入材料,敷衍铺张,以至于头重脚轻,课程开始部分异常详细,到学期结束往往草草收尾。中国通史因为内容繁多,不少教师只能"教到哪里算哪里,教到了秦汉就结束了的有,教到南北朝结束了的有。即使勉勉强强地教到清末,也往往是到后来跑跑野马,并不是事先就有计划"。④顾颉刚在燕京

---

① 陆伦章:《对暨南的几点回忆》,《暨南校史资料选辑》第二辑,第85—86页。孙盛《晋阳秋》:"吴人谓中州人曰伧,陆机呼左思为伧父,宋孝武比拟群臣,目王玄谟为老伧。"
② 朱文长:《海涛集》,商务印书馆,1946年版,第98—99页。
③ 《近代中国史家学记》下卷,第1137页。
④ 白寿彝:《对于大学历史课程和历史教学的一些实感》,《白寿彝文集:历史教育·序跋·评论》,第3页。

大学讲授中国上古史，计划分甲乙两编，分别为三皇五帝的来源和三代制度的来源，但在课堂上只能勉强将甲部讲完，乙部包括分封、建国、制度、爵禄、改正朔、服色、封禅、巡狩、赋税、丧葬等，根本没有时间讲授。①何兆武回忆钱穆和雷海宗在西南联大都讲中国通史，两人都有自己的一套体系，内容也大不相同，但都讲到宋代就结束了。《国史大纲》出版后，钱穆就要求学生关于宋代以后的内容"自己去看"。中国近代史只从鸦片战争讲到戊戌变法，清朝灭亡和民国成立都没有讲到。向达的印度史，两个学期只讲了印度和中国的关系，成了"中印文化交流史"。陈受颐的西洋史，一年下来连古埃及多少个王朝都没有讲完。②根据1948年北京大学史学系教授会议记录，杨人楩西洋史"课业进度未能符合预定计划"，张政烺"因罢课时期较长，又以本人请病假数小时，致课业之进度未能达到原定计划，否则，当可讲授完毕"，余逊"罢课期长，影响课程之进度"。③

民国时没有推广的官方语言，故讲课的乡音亦成了课堂教学中的大问题。据说柳诒徵上课满口镇江土话。邓之诚上课，"发音近乎湖北与四川土音，而加一点点儿京话，平直而干，令人听了有点无可奈何之感"。并且邓之诚痛恨白话，尊崇文言，"生平最恨胡适之，有人统计先生每学期上课骂胡适的次数在二十次以上"。④杨人楩上课一口湖南北平话，常常弄得哄堂大笑，"他把'港'字几乎念成John，把'工'、'功'念成Gwun的音。笑时，他露出牙齿，黄黑的牙缝，一望而知他抽烟很厉害"。⑤

课堂讲授之外则有相关的课外练习。课外练习包括了读书札记、绘制地图等多种形式。西北师范学院规定学生在课外需仿顾炎武《日知录》和陈澧《东塾读书记》之例，做好读书札记。读书札记的具体方式为"每日听讲读书有得或有

---

① 顾颉刚：《中国上古史研究讲义》，《顾颉刚古史论文集》第3卷，中华书局，2011年版，第81页。
② 何兆武：《上学记》，第108–109页。
③ 《北京大学史料》第4卷，第611页。
④ 《近代中国史家学记》上卷，第116页。
⑤ 《近代中国史家学记》下卷，第965页。

疑时,随手写记,一事为一条,最好从课外参考书或浏览之书籍报志引其端绪,或记见闻实事,与所学互相印证……教员评阅后,分别发还,各自检讨",读书札记积累日久即为各种专题研究之资料。①何兆武回忆皮名举教西洋近代史的课必须教作业,"他留的那作业我到现在都觉得非常之好:画地图。近代史从1815年拿破仑失败以后的维也纳会议,一直讲到1914年第一次世界大战,正好一百年,一个学期要求画六张欧洲政治地图,那么一个学年就得画十二张……我觉得这确实太有用了。以前我们对政治地图重新划分没有地理上的具体印象,但画过一遍之后就非常清楚明白了。包括中国史也应该是这样,可是除了皮先生,没有别的老师再要求过"。②

课堂讲授只是大学历史教学的一个环节。但于知识传授之外更重要的是学生研究能力的培养。周培智北大毕业后留学英国,归国后受聘中央大学,曾谈及英国各大学历史教授情况:

> 学生每学年所选课程不过四五种,教授讲演亦甚随便,并且所讲甚少,非把某种历史全部讲完,全在使学生自己研究。教授但指定范围,至历史材料组织方法以及种种意义,教授全不指导,全由学生自己发明创造。盖中国教授方法在灌输知识,学生是被动的;英国教授方法在养成能力,学生是自动的云云。按:如英国教授方式,非学校图书馆设备完善,历史参考书丰富,其他都市图书馆亦藏书丰富,可以补学校之不足,则学生乃可以自动。若南京各大学图书馆之简陋,则不特学生不能自动研究,即教授亦无法进步,其流为循环教育,而为灌输式亦势使然页。然能逐渐改良,亦属至要。③

写作(Writing Work)训练在大学历史教学中意义重大。但凡南高师和东南大学毕业的,基本上都受柳诒徵的影响。郑鹤声在南高师文史地部学习,根据其回忆柳诒徵对读书笔记的写作训练:

---

① 刘基:《国立西北师范学院史料摘编》上卷,中国文史出版社,2004年版,第297-298页。
② 何兆武:《上学记》,第110页。
③ 朱希祖:《朱希祖日记》下卷,中华书局,2012年,第975页。

柳先生的教学方法,以探求书本为原则,他讲中国史的时候,并不编辑课文,或某种纲要,仅就一朝大事,加以剖析,而指定若干参考书籍,要我们主动去阅读。例如:讲到两汉的历史,他就指定《史记》及两《汉书》等为参考书;讲到三国两晋的历史,他就指定《三国志》、《晋书》等为参考书。以此类推。读了以后,要把心得记在笔记本上,由他详加批阅。这种笔记,少则一本,多则数本,由他老人家逐字逐句地阅看,加以眉批。他老人家的精神很好,态度很认真,虽一字之误,亦必勾出,所以我们不敢马虎。他要学生平时以阅读正史("二十四史")为主,并经常从正史中出许多研究题目,要我们搜集材料,练习撰作能力,由他评定甲乙,当做作业成绩,并择优选登载《史地学报》或《学衡》发表。这种治学的方式,的确是很基本、很切实的,促使我们养成一种严谨笃实的学风,使我们一生受用不尽。①

1934年朱希祖受聘任中央大学史学系主任,在其日记中记载了很多关于指导学生写作的内容。1936年朱希祖召集中央大学史学系以及国文系一部分学生,组织史学研究会,先以编纂国民政府成立以来的历史,"以资练习",分编年、列传、纪事本末三组,"先以调查材料入手……并略讲述搜集材料方法及编纂方法"。②具体分配如下:

编年组	民国十六年	陈士骧	民国十七年	刘新汉
	民国十八年	吴振之	民国十九年	易叔平
	民国二十年	郭即述	民国廿一年	李鸿钟
	民国廿二年	朱寿庚	民国廿三年	黎济泽
	民国廿四年	刘守曾	民国廿五年	刘秀芝
传记组	黎元洪传	曹融南	段祺瑞传	谢芳林
	谭延闿传	蒋维崧	胡汉民传	孔庆德
	张作霖传	余心乐	孙传芳传	杨志溥

---

① 《郑鹤声自述》,《世纪学人自述》,第2卷第5—6页。
② 《朱希祖日记》中卷,第720—723页。

纪事本末组	济南惨案　左景权
	中央与阎冯战事始末记　何德铭
	九一八始末记　周轼贤
	一二八始末记　石坤林
	闽变始末记　刘芝秀
	两广事变始末记　张熙
	九一八事变至何梅协定之中日外交　郭即述
	成都事件后之中日外交　刘守曾
	四川大事记（附大小金川及西康之开辟）　陶元甘

朱希祖又曾指导中央大学史学系学生七人，分治战国时七国史，各治一国：秦（窦宗仪），齐（苏诚鉴），楚（黄少荃），韩（邵则云），魏（孙吉寿），赵（杨贤铭），燕（曾祥和）。指导学生试作：秦始皇年表（陈思定），秦二世月表（阎诗贞），李斯传（李绍定），赵高传（邵则濋），蒙恬传（戴镭纯），秦之政治（李福祥、苏诚鉴），秦之经济（李英华、窦宗仪、石坤琳、庞曾廉），秦之法律（罗成昆），秦之建筑——长城（杨宗珍），秦之建筑——宫殿、长城（王聿铭），秦之建筑——道路、陵墓（孙少礼），秦之军政（曹定一），秦之法家思想（黄少荃、杜正德），秦之儒家（王禹卿），秦之阴阳家（曾祥和），秦之文学（陈俊杰）。①

金毓黻出任中央大学史学系主任时，曾将学生课外的分组研究制度化，其所拟定条目如下：

一、本条目为本系同学课外自修及补助正课而设。凡本系同学均有遵守实行之必要。

二、本系课外研究，系用分组研究办法。其分组之科目以另表定之。

三、凡本系同学应就表列各组及其细目，每人任择两种为其研究之对象。

四、各组研究之指导，由本系师长担任之，但为事实上之必要，亦得商请系外专家担任。

---

①《朱希祖日记》下卷，第1006、1154页。

五、本系同学认定研究科目后，须于每两个月撰送研究报告一次于所指导之师长。

六、研究报告经评定后，认为成绩最佳者，得给予相当之奖金，并设法发表。

七、关于各组研究所需之参考书，由本系向图书馆借用供给之，于必要时亦可酌量自备。

八、本条目于暑期休假时尤适用之，但撰送研究报告以一次为限。①

具体分组为第一组通史(中国通史、西洋通史)，第二组断代史(中国古代史、秦汉史、魏晋南北朝史、隋唐五代史、宋辽金史、元史蒙古史、明清史、中国近世史)，第三组文化史制度史文物史(中国文化史、中国学术史、中国历代之制度、西洋文化史)，第四组专门史(中西交通史、中国佛教史、中国史学史、中国社会史、中国经济史、中国地理沿革史)，第五组国别史(西域史、印度史)。

民国时大学历史系在校学生刊发论文者甚多。陈垣虽然非常重视学生的史源学训练，也非常重视学生的习作，但却不鼓励学生发表论文。一再告诫学生不要随意发表论文，强调"写学术文章，不可不力求慎重，对一个问题没研究成熟，就拿出去发表，将来极可能有悔其少作之感"。牟润孙感觉当时学术风气趋急功近利，"许多人凭着一时的灵感，或抓着少许稀见的史料，讨论一些狭窄而琐细的问题，这样的人竟凭一篇文章，一跃而登龙门，成为学者"，"只是翻书查书找材料，赶快写论文以图发表成名，谁耐心去作笨功夫？此风民国以后为甚"。②所以陈垣不鼓励学生发表论文，而是要求他们打好治学的根基，实事求是、脚踏实地地用功读书。论文要写，但不要轻易发表，"文章写出来，放在抽屉里，一二年，三五年，甚至十年二十年都可以，学术性文章没有时间性，多放些时间，过后拿出看看，可以检验你的学问有无进步。如果觉得不满意，需要修改，这说明你有进步。如果经过几年时间，没有发现有什么不妥，那说明你这篇文章可能站得住，

---

①《静晗室日记》第6卷，第4739—4740页。
②牟润孙：《励耘书屋问学回忆——陈援庵先生诞生百年纪念感言》，《励耘书屋问学记》，三联书店，2006年版，第72页。

然后再发表,或请师友们看看,提提意见,然后发表。文章不要怕改,甚至重写都可以,字句也要仔细推敲,一字不妥,不能放过"。①

第三节　教学评价

评价是一种价值判断。教学评价是从教学目标出发,主要对教师的教学过程和教学结果来作出优劣得失的价值判断,教学评价包括了从课前到课后地完成教学任务的全过程,但主要还是集中于在教学过程中的教学环境、讲授内容、授课方式、课堂管理等各种因素的评价,对学生学习效果的评价应该在教学评价中处于核心地位。

民国时期为大学培养高质量的人才而建立了教学质量监控流程系统。北京大学为保证教学质量监控的顺利运行和监控行动的合理有效,先后经过四次大的组织结构调整。北京大学以过程监控为主,设计了以监控学生为主的规范和细则。学校内部教授会、教务处、教师和学生围绕教学质量改进,从课程教材、教学方法、教学组织形式、考勤、考试、教学时间投入等方法对教学过程质量进行监控。②

民国时的教学质量监控主要是偏于学生的,对教师亦制订有专门的规范条例,如《私立光华大学教职员服务规程》规定:

一、教授或讲师所授之学程及时间由各主管院长系主任商订,不可随意变更。

二、教授或讲师所授课程须按照本校规定时期举行考试并须按期将其成绩送往注册处。

三、教授或讲师因病或特别事故不能到校授课须先期请假并须补课。

---

①赵光贤:《回忆我的老师援庵先生》,《励耘书屋问学记》,第115页。
②兰珍莉:《民国时期大学教学质量监控研究》,民族出版社,2019年版,第152页。

四、教授或讲师缺课须自觉觅相当之人代讲并须先经本院认可,其代课人之酬金由缺课者自行支付。

五、教授或讲师经本校通知须负责襄理本校新生招考及旧生补考等事宜。

六、教师或讲师除授课外对于课外作业及委员会等亦须参与。

八、专任教授或讲师之授课时间须听注册处酌排,不能自行选择。①

上述的大学教师规范条例基本都是对教师的教学行为作出一些简单的规定,对师德师风、讲授内容、教学质量、奖惩措施则都毫无涉及。对教学质量更缺乏量化的考评标准。历史系对教师的教学评价也没有一套系统完整科学的评价体系,因此在大多数情况下只能以学生的学习情况作为教学评价的参考依据。

北大的选修课学生先自由听讲,一个月后始定。胡适在大学校园里一直是最受欢迎的,在北大开的中古思想史,听课者约四百人,在选课学生名册上的二百人,而要学分者只有75人。②钱穆开中国政治制度史选修课,"政治系全班学生来选听此课。稍后,人益多,乃历史系学生前来旁听。因北大校规比较松,选定之课可任意缺席,未选之课可随时旁听。故学校自开学后,讲堂必随时改换。旁听多,换大课堂。缺席多,换小课堂……学生以此为教师作评价,教师亦无如之何"。③周予同任上海暨南大学史地系主任,"同学们大都喜欢上他的课,没有他的课的人,也常常来旁听。在偶然的集会上,假如有他的演讲,那会场上很早就挤满了人了",周予同之所以受到学生欢迎,是"因为他能把一个复杂的历史上的问题很明晰地分析出来,他讲得那样的有条理,听的人用不着动很大的脑筋,就可以清楚了解问题的概要了。他讲得又很完美,问题的各个角落,他都顾得到。能把历史学上大家争论的问题讲得头头是道,不偏狭,又不枯燥"。④但据说陈衡哲在东南大学上西洋史,因其名声在外,第一堂课济济一堂,第二堂课余下一

---

① 《光华大学章程》(1938),第18页。
② 胡适:《胡适日记全编》第6卷,第150页。
③ 钱穆:《八十忆双亲·师友杂忆合刊》,第160-161页。
④ 《近代中国史家学记》下卷,第1135页。

半,第三堂课更少了,第四次就剩下十多个学生了。①

但从另一个角度来看,有的学生选课只为学分和成绩,并非真是为学习。据说郑天挺的课非常容易 pass,本来最多十几人的明史通常都有上百人,"凡是选了课的,考试至少七八十分,所以什么物理系的、化学系的都来选,叫做'凑学分',这在当时也是一种风气",但这也并不意味着郑天挺的课不好,"郑先生讲得非常系统,一二三四、ABCD,从头讲起,什么政府组织、经济来源,有哪些基本材料等等,比中学系统的课程提高了一个档次,只不过讲得更为细致。这种讲法在联大里很少见"。②

历史系学生对教师之授课有相当之话语权,如北大历史系学生曾在学生会上提出李飞生、邓之诚、毛准三人"不堪任教",建议学校改聘他人。③谭慕愚曾对教授的教法与系主任交流,提出有"从长商议的必要":

> 在我们理想中,以为教授能够给我们一个有系统的原因与结果的说明,那是最好不过的;但是各教授们多不是这样。比如中国史的陈先生,他所收辑的史料,真是丰富无比,但他似乎少了科学方法,对于史料的评判和编辑的组织,不能令人满意。又如欧洲史李先生,他最好不要另编讲义,因为以中国人而讲外国史,多少有些不如外国人原来讲的详尽、精密,而有系统。我们只须采用比较精详而有价值的历史名著作课本,那就够了,比较那割裂的讲义总要差胜一筹。④

1929年,北大史学系发起了驱逐系主任朱希祖的学潮,批评朱希祖"在北大唯一吃饭的工具就是只有四十页的《史学概论》讲义,上课时仅在顶上摘几十个字演黑板,所讲一切无一字出其范围之外者",在讲授近代史时印发了高彦博《中

---

①郭廷以:《郭廷以先生访问记录》,近史所,1998年版,第128页。
②何兆武:《上学记》,第115页。学生选课人数之多寡只能在一定程度上反映教师的课堂教学质量以及欢迎程度,但也并不绝对。除了容易混学分外还有各种五花八门的原因,如马裕藻之女马钰为北大校花,名噪一时,很多学生就多选政治系的选修课。
③《北京大学史料》第2卷第2册,第1726页。
④《北京大学史料》第2卷第2册,第1734页。

国近百年史纲要》作为讲义,引发了学生很大的不满。①

评价既然是一种价值尺度,不可避免地具有主观性和相对性。赵俪生入清华时为外语系的学生,中国通史和西洋通史也是外语系所必修之公共课,根据其回忆:

> 当时有些教师、有些课,也确实不怎么样,如刘崇宏(鋐)的《世界通史》和雷海宗的《中国通史》,就是显著的例子。刘后来在台湾被吹捧为史学的泰斗了,可当年教我们时,他的课纯乎是一大堆 bibliography(资料),某著者、某书、某页或某页,无摘引,无转述,无议论,无概括,两堂过去,笔记上记的全是杂乱无章的数据。呜呼!雷呢,大概认为《通史》课嘛,你讲深刻学生也听不懂,于是就像说相声似的'扯'吧。60年后,我至今仍清清楚楚记得第一堂老师一上堂就念诵道:天地混沌如鸡子,盘古生其中,一万八千岁……假如这是讲《神话学》倒还罢了,可这是讲《中国通史》呀?!古往今来,天底下地皮上,哪有讲《中国通史》这么个讲法的?!真是令人百思不解了。②

中华人民共和国成立后赵俪生也是讲授中国通史的名师,自然有资格评价当年的通史课程。巴金的夫人萧珊(陈蕴珍)也听过雷海宗的课,按何兆武的回忆:

> 有一次我(指何兆武)听见她跟一个同学说:"雷先生讲课真有意思,好像说故事一样。"雷先生很会讲故事,有的就像亲眼看见了一样,不过讲者动情,听者动容,并不等于可信。③

---

① 朱希祖:《辩驳<北京大学史学系全体学生驱逐主任朱希祖宣言>》,《北京大学日刊》1930年12月9日。
② 赵俪生:《篱槿堂自叙》,《赵俪生文集》第5卷,第92页。
③ 何兆武:《上学记》,第150页。

雷海宗的中国通史课是有不少争议的①,但是上述听课者的专业方向、知识结构以及期待视野等方面存在着较大的差异,故对其评价也大相径庭。

对大学教师的授课评价见仁见智是比较常见的。齐鲁大学历史政治系主任美国人奚尔恩一个人承担了系里的大部分课程,张维华跟随其学习了四年,根据张维华的回忆:

> 他授课不用讲义,而用自己选定的课本,按章按节指定给学生看,授课时也不用满堂灌的方式,而是采用问答的方式,由他提出问题,叫学生回答。不管学生回答得对不对,他总要作一番讲解,最后作出这一堂课的总结。他的总结,总是联系到以前所讲的,指明某一种制度或某一些历史上的大事情的发展过程和前后的因果关系。而他所选定的课本是达到当时一定的水平或最高水平的著作,不是随便选的。有人说,这是一种对中学生的教学方式,对大学生不适宜。这个问题,很值得讨论,不能随便作出结论。从我自身的感受说,在这样授课的方式之下,我学的东西很扎实,印象很深,收获确实是很大的。他治史学的态度和方法,不甚重视也不提倡西方汉学家所采用的那些所谓科学方法,而是着眼于世界史发展、演变的过程,重大局而不重小事。在我看来,这是一个历史学家应有的态度。②

张维华自承当时看不出奚尔恩学问的大小高低,后来随着自身学识的增加和经历的丰富,才知道其确实是有学问的人,受其影响很大,甚至说是终生受益。

但是单单从听课的反应来评价教师的教学似亦片面,因为教师的口才肯定有差异。据说顾颉刚讲授《尚书》,"极不善于言词,口吃似呐呐不能出声,上课时总写黑板"。③何兹全回忆在北大求学时,"陈(受颐)先生很有学问。但他不怎

---

① 何炳棣在回忆录里提到"陈寅恪先生相当高声地和一位同学说,何以目前居然有人会开中国上古史这门课;那时雷先生几步之外决不会听不见这种讽刺……清华校园之内,新秀吴晗对雷之通史已有讥议"。参见何炳棣《读史阅世纪六十年》(第112页)
② 《张维华自述》,《世纪学人自述》第2卷,第130页。
③ 吴相湘:《三生有幸》,第16页。

么会讲课。那时课堂教学受欢迎的是胡适、傅斯年、钱穆和陶希圣几位教授"。①何兆武在西南联大选了姚从吾的宋史,"我们当年都觉得姚先生口才不好,讲得不能令人满意,所以不想上他的课。姚先生还教一门史学方法,也是历史系的必修课,我就听过两堂,总觉得还不如自己借本书,一个星期就看完了。而且我知道,好多同学都不上他的课,姚先生也从来不点名,到了学期末,我们把同学的笔记借来看看,应付考试"。但是姚从吾后来去了台湾,培养了一大批中年骨干历史学家,"可见以言取人、以貌取人是何等的不可靠"。②

学生毕业论文在某种程度上也可以反映出当时历史教学的质量。萧一山的毕业论文《清代通史》,李大钊评价其"取材既极宏富,而于文明与政治诸象统摄贯通,以为叙述,且合于社会诸象悉相结附,不能分离之史理"。③柳诒徵指导郑鹤声的毕业论文《汉隋间之史学》十多万字,"柳先生一见大悦,援笔批于卷面'一时无两'四字,以示鼓励,并推荐在《学衡》杂志发表。后来该文印成单行本"。④

在历史课堂教学中既然缺乏评价体系,当然也不存在相应教学考核和奖惩机制。张舜徽在日记中批评"今日为教授者,以名师自居,憎厌学生属辞之鄙俚,不为点窜文字,视学生之有成就与否无与于己也。登堂讲授,大半不好用书,专冯口说,令学生笔记之。所记既多伪误,不少好学者奉以质之本师,则亦置之不阅不改。虽有可造之材,亦必因此沮丧其志气,不能有所进取矣。以教者之不忠实教,养成学者不忠实学"。⑤故提升教学质量只能依靠教师本人的道德情操、职业素养等主观的、内在的因素。柳诒徵自述"教授指导,往往只有我的主观,不能设身处地,体贴青年及儿童心理,诱掖奖劝,使人乐从。以故所教学生虽多,不能说有成就。每逢人道及,即自白曰:凡我所教的学生好的,都是他天资高、志趣

---

① 何兹全:《爱国一书生》,《何兹全文集》第6卷,第2713—2714页。
② 何兆武:《上学记》,第114—115页。
③ 李大钊:《<清代通史>序》,《李大钊全集》第4卷,人民出版社,2013年版,第486页。
④ 《郑鹤声自述》,《世纪学人自述》第2卷,第6页。
⑤ 张舜徽:《壮议轩日记》,第79—80页。

好,自己能深造有成,不是我教好的。至于许多不好的,也各有他的习气和环境关系,但我既负师长之责,我不能慢慢的将他们教好,就是我的罪过。拿了小、中、大各学校多少薪水,究竟成就了多少人才,算起这笔账来,真正惭愧死了"。①这当然是柳诒徵的自谦之词,事实上柳诒徵的教学是非常认真负责的。吕思勉长期在光华大学执教,到了后期体力精力已经开始衰退,"他老人家在讲课时,右肩习惯地略微抬高,这是长期伏案写作所形成的一种姿势;右手执粉笔,老是轻微抖动;左肩稍为下倾,这是早年患过肺结核的后果。他老人家站着讲课,从不就座,在黑板前来回走动;有时讲得太累了,禁不住要干咳一阵。诚之老师执教五十年,始终在教学第一线,不仅上专业课,而且上基础课,呕心沥血,为培育和造就人才,贡献自己的毕生精力"。②李洵回忆冯承钧在讲课时已经半身不遂,坐着轮椅,由儿女推送,并代写板书。冯承钧治中西交通史,"他对于自己从事的专业非常热爱,几乎把一生的精力全都倾注在上面。这种精神给我很大的教育。多于历史学产生情感,是和接受冯先生对学术坚忍不拔精神的影响有关系"。③谭其骧1932年燕京大学研究生毕业后,邓之诚推荐其在辅仁大学担任中国地理沿革史的代课教师。一学期后,学生对谭其骧的课相当满意,辅仁大学就续聘下去了,"学生中不乏比他年长的,仗着初生之犊的锐气,他以严密的条理、充实的内容和洪亮的声音使学生折服"。谭其骧还让周一良来旁听,以"坐探"的身份了解学生的反映,以便能够根据学生的需要不断改进教学。学生中有史念海。1933年又在燕京大学开设中国地理沿革史,学生中有侯仁之和张家驹。④

师德师风当然属道德的范畴,不像法律规则一样是具有强制性的约束力,故也有极少数的教师并不太注重教学。据说在北大学生中流传着很多黄侃的轶

---

① 柳诒徵:《我的自述》,《柳诒徵文集》第11卷,第430页。
② 王玉祥:《怀念吕诚之老师》,《蒿庐问学记》,三联书店,1996年版,第159页。
③ 《李洵自述》,《世纪学人自述》第6卷,第128页。
④ 葛剑雄:《悠悠长水:谭其骧传》,广东人民出版社,2014年版,第45-46页。

事,"比如说,他在堂上讲书,讲到一个要紧的地方,他就说:'这里有个秘密,专靠北大这几百块钱的薪水,我还不能讲,你们要叫我讲,得另外请我吃饭'"。①陈登原记黄侃授课颇为生动:"(黄)季刚上课,实无所谓时间进度,即以所授音韵学言之,入教室,师生行相见礼毕,季刚即揭其讲义,偶涉顾炎武,即大声抵掌而斥其误,兼及钱大昕、段玉裁,一一詈之,以为皆不读书……隔宿后又来上课,觉前此之骂未尽,又申其说,要之谓古人均不如己,时间已届,师生欲用堂来上课者,伫立于门外,季刚瞥见以后,其骂愈兴奋,涎沫横飞,如欲除一大敌,并冷眼觑门外伫而侍者,若自鸣其得意者","于学生分为三等。其馈杭州茶叶、金华火腿者,当时谓为黄门弟子……其经常奔走其门,殷勤称先生老师者,当时谓为黄氏门人……若夫寻常随堂致敬者,当谓之黄氏学生,不问向之借书,设有问,季刚但傲然曰:'讲义已详,岂尚不足君所?'再有问,色勃如矣"。②这恐怕就不能以"风流人物"、"玩世不恭"来形容其人了。

第四节　教学与科研

梁启超以史官作为史学史的主要内容之一。在20世纪初史学制度化、专业化、学科化的过程中,古代的史官被现代的各种研究机构所取代。民国时期的史学研究机构官方的有国史馆和党史会,中央研究院、北平研究院等下设有与历史学相关的研究所等。

上述各种历史研究机构在数量上并不算多。大学历史系除了承担历史教学任务之外,同时也是史学研究的重要机构。③大学的历史系并不仅仅是一个教学机构,"教学工作者如果从来就不担任科研工作则根本不能教书;如果永远只教一门课而不继续研究,则将成为留声机或广播员一样,也很不好。在历史系应

---

①冯友兰:《三松堂自序》,《三松堂全集》第1卷,第268页。
②陈登原:《无据集》,《陈登原全集》第13卷,浙江古籍出版社,2016年版,第247页。
③本节系就历史系中教学和科研的关系进行论述,并非将教学、科研分别论述。

重视科研;科研有了成就,要加以推广:口头推广曰教学,文字推广曰著作"。①

对大学历史教师来说,在工作时间恒定的前提下,用于教学时间多,用于科研时间相应的就少了。1917年《国立大学职员任用及薪俸规程》规定大学专任教员每周授课须十小时以上,高等师范学校专任教员授课每周须十二小时以上。历史系的教师课业繁重在当时是非常普遍的现象。中山大学规定教授至少每周任课十一小时。陈安仁从1932年开始在中山大学担任过的课程有中国近代政治史、中国政治思想史、党义及总理遗教、中国文化史、中国法律史、中国百年史、中国近代史、中国抗战史料、中国农业史、战争与文化。备课所占时间极多。朱希祖得到优待,特别减少至三课(中国史学概论、元明史、史通研究)七小时,后调整为中国史学导论二小时、元史二小时、明史三小时。②陈乐素在浙江大学承担的教学任务相当之多,所开的课程门类繁多,有隋唐史、宋史、中国目录学史、史料学、校勘学、避讳学、日本史、中日关系史等。③1943年,邓广铭应聘复旦大学史地系教师,"从此结束了我专力进行学术研究的生活方式,而改取了备课、讲课,行有余力则进行科研,并与一些青年学人共处于教学相长的生活方式"。④亦有历史教师专注于行政事务而无暇从事教学研究,刘节读金毓黻《中国史学史》"甚为高兴",何炳松久欲草作《中国史学史》,"至今未成,人事匆匆,何先生现任暨大校长,更无暇晷及此矣。而金氏此稿收集颇富,草创之作,甚不易也"。⑤陈寅恪则正相反,"在学校里他从不过问学校的事,只是专心一意地教书,并不像有些教授们一样总想把学校行政的大权抓过手来,既可以操纵当局,又能巩固其地位"。⑥

---

① 周谷城:《办好历史系的几点意见》,《周谷城全集》第6卷,第147页。
② 《朱希祖日记》上卷,第157、307页。
③ 常绍温:《陈乐素同志的生平和学术》,载《陈乐素史学文存》,广东人民出版社,2012年版,第16页。
④ 邓广铭:《自述》,《邓广铭全集》第10卷,第411页。
⑤ 刘节:《刘节日记》上卷,大象出版社,2003年版,第38页。
⑥ 《近代中国史家学记》上卷,第62页。

因课业繁重之故,有不少历史教师很少写论文的,尤其是承担外国史课程的教师。大多数历史系教师的外国史课程也都排得满满当当。清华大学的孔繁霱留学美国、德国,精通六、七种语言,但孔繁霱不常写文章。刘崇鋐授课多属欧洲十九世纪史和英国史,计划编《十九世纪英国史》,"惟自问有若干方面需要补充。盖寻常逐日上课,逐日准备,常苦时间匆促,有读书不能详尽透彻之憾"。故拟先作两方面研究,一是十九世纪英国之自由思潮,二是十九世纪中英两国关系,"若得相当之成绩,将先写成论文,并根据以为编著全书之基础"。但刘崇鋐计划中之《十九世纪英国史》始终未见成书。①

在正常情况下,教学和科研相互促进、教研相长应该是最为理想的模式。韩国磐认为"常说的'教学相长',是否也可以说'教研相长'？由于教学中发现了问题,就通过研究来解决,研究得到的新成果,就用之于教学中,这样,从教学中发现问题促进了研究工作的开展,而研究的新成果提高了教学质量,二者相辅相成,相得益彰"。②反之,在课堂讲授中有时也会获得灵感,于学术研究大有裨益。蒙文通记其在1934年讲授魏晋南北朝史,《资治通鉴》梁武帝大同三年,高欢"语鲜卑则曰:'汉民是汝奴,夫为汝耕,妇为汝织,输汝粟帛,令汝温饱,汝何为陵之？'其语华人则曰:'鲜卑是汝作客,得汝一斛粟、一匹绢,为汝击贼,令汝安宁,汝何为疾之'","猛然悟到这种区分正与周代国人、野人之分相吻合。下课返家即进行研究,看出《孟子》《周官》所讲确实是如此,国、野不仅田制、兵制不同,学制、选士也不同。并且进一步看出廖先生说古文是史学、今文是经学(或哲学),的确是颠扑不破的判断"。③

历史教学必须经过相应研究,而研究工作也应围绕教学而展开。朱谦之在上海暨南大学担任历史哲学、西洋史学史、哲学概论、社会学史四门课程,朱谦之

---

① 《清华大学史料选编》第3卷上册,第292—293页。屈威廉曾著有《十九世纪以来英国史》(British History in the Nineteenth Century and after 1782—1919)。
② 韩国磐:《我与魏晋南北朝史》,《学林春秋》初编上册,第725页。
③ 蒙文通:《甄微别集·治学杂语》,《蒙文通全集》第6卷,巴蜀书社,2015年版,第37页。

最重视历史哲学,上课编讲义之余,又为民智书局主编"历史哲学"丛书。①此后又出版了历史哲学著作多种。1934年,北大对教授的研究工作进行统计,张忠绂的研究为"中华民国之外交,1911—1931","在利用可以获得治一切档案及原始材料。自民国成立以来,中国之外交极为繁重,材料亦极丰富"。陈受颐的研究为"近代中欧文化接触史",具体内容有五:(1)明末之维新运动,综述初期耶稣会士及教徒之多方面的文化革新运动;(2)三百年前之建立孔教论;(3)初期耶稣会士汉文著述提要;(4)初期耶稣会士与儒教;(5)西欧十八世纪政治思想之中国成份。②张忠绂、陈受颐所开课程分别为中华民国外交史、中欧文化接触史,所开课程与其研究方向一致。郑天挺本长于清史,因教学需要而授隋唐五代史,1938年4月,北大、清华、南开由长沙迁至昆明而组成西南联大。《郑天挺西南联大日记》记述了隋唐五代史课程的备课授课情况,具体如下:

日期	备课	授课
1938-1-3	上午读《隋书》《唐书》《通鉴纪事本末》诸书,备授课之需	下午二时半至三时半授课,讲述隋唐五代史参考书
1938-1-5	上午读隋唐史书	下午二时半至三时半授课杨隋世系及姓氏(下略)
1938-1-10	上午读隋唐史参考书	二时半授课一小时,讲述隋平江南
1938-1-12	上午准备教材	下午授课一小时,续述隋平江南
1938-1-17	上午读隋唐史书	下午授课一小时,述隋末群盗之起,大体据《隋书·食货志序》以立论
1938-1-19	上午续录《隋炀帝游幸》及《隋末群雄表》	下午授课一小时,讲述李唐姓氏问题
1938-1-21	上午读《旧唐书》高祖、太宗本纪,录《隋末群雄》竟	下午授课一小时,讲述李唐氏族竟
1938-5-6	上午读《隋书》《唐书》《通鉴》	下午二时半至三时半,授课一小时,讲述隋末群雄蜂起之原因及其分据情
1938-5-9	上午读《唐书》《通鉴》	下午授课一时,讲述隋末群雄

①朱谦之:《奋斗二十年》,《朱谦之全集》第1卷,第72页。
②《国立北京大学研究教授工作报告》(1934),第7、10—11页。

日期	备课	授课
1938-5-11	上午翻检隋唐书、《唐会要》《通志》及《通鉴》诸书	下午授课一小时,述唐高祖之受禅,无甚精意
1938-5-13	上午读隋唐诸史	下午授课一小时
1938-5-16	上午读《唐书》《通鉴》	下午授课一小时,讲述唐之平定群雄,分隋唐之际为三期:初期自大业九年迄武德元年,为群雄竞起时期,李密为盟主;中期自武德元年迄五年,为唐平群雄时期,李唐与王、郑相角逐;末期为群雄之余烬,武德五年以后是也
1938-5-19	上午读隋唐史	下午授课一小时
1938-5-20	上午读《观堂集林》	下午授课一小时,述太宗之立
1938-5-23	上午读《唐书·吐谷浑传》	下午授课一小时,述唐太宗之政策
1938-5-25	读《唐书》	下午授唐史一小时,述太宗之用人
1938-5-27	上午读《唐书》	下午授课一小时,述唐代备御外族之策
1938-5-30	读隋唐书《突厥传》	下午授课一小时,述突厥民族与元魏、周、齐、隋、唐之关系
1938-6-1	读隋唐书	下午授课一小时,述隋唐与吐谷浑、奚、契丹之关系
1938-6-3	读《唐书》	下午授课一小时,述唐与回纥、吐蕃之关系
1938-6-6	读《唐书》	二时半授课
1938-6-8	上午读《唐书》	下午授课一小时,述唐代对外族用兵之先后及唐代外族势力之消长
1938-6-10	读《唐书》	下午授课一小时,述隋唐之礼乐制度及对后世之影响
1938-6-15	读《唐书》	下午授课一小时
1938-6-17	读《唐史》	下午授课一小时,述唐代诗文书画与后世之关系
1938-6-27	读《唐书》	下午授课一小时,述高宗与武后之立及其政治设施

日期	备课	授课
1938-6-29	上午读《唐书·食货志》及《唐会要》等	下午授课一小时，述韦后及太平公主事
1938-7-1	读《通鉴纪事本末》，备讲述之蓄	下午授课一小时，讲述唐代田赋制度与前代之异同，并论其利弊
1938-7-4	读《唐书》	授课一小时，述唐初之国用及民生
1938-7-6	上午读《唐书》及《通鉴》	下午授课一小时，述永徽以后之民生状况
1938-7-8	读《唐书》	下午授课一小时，述开元时宇文融诸人之聚敛
1938-7-11	读《唐书》第五琦、刘晏、杨炎诸传	下午授课一小时，述安史之乱原因及当时河北、河南、河东情势
1938-7-13	读《通考》《通典》，读《唐书》《通鉴》	下午授课一小时
1938-7-15	仍读《唐书》，精神不怠也	下午授课一小时，述肃、代以后之财政

按郑天挺所记："余去年南来过晚，仅上课四星期而放假。来滇上课复迟，通计前后不足十六星期，是两学期之课仅上一学期也。故今仅授至肃、代，而腾越疾驰，已非学子所堪。余之竟日备讲课之储，不暇读他书，亦以此也。下周后即将考试，此课拟即以杨炎两税法为止，其余俟补授矣"。①隋唐五代史为郑天挺新开课程，备课需要阅读各种史料及其时人相关的研究论著。阅读《旧唐书》、《新唐书》《通典》以讲授唐代与周边少数民族关系，《新唐书·吐蕃传》中之"发羌"疑为Bod之对音，而成论文《发羌之地望与对音》，"大抵以发羌之地望与西藏相当，以古音证'发'字与Bod可相对"。②郑天挺还用同样的方式考证《隋书·西域传》中之附国之"附"，亦即发羌发字一音之转。同传中还记"附国南有薄缘夷"，通过对音考证为不丹。③《发羌之地望与对音》论文三篇获国民政府学术奖三等奖。

---

①郑天挺：《郑天挺西南联大日记》上卷，中华书局，2018年版，第76页。
②郑天挺：《郑天挺西南联大日记》上卷，第69页。
③郑天挺：《<隋书·西域传>薄缘夷之地望与对音》，《探微集》，中华书局，1980年版，第212页。

教学和科研相互促进,故历史教师的研究方向多与其所授课程是密切相关的。1937年,教育部曾对专科以上史学教员研究专题进行统计,从事研究的专题有北平大学"史学方法论"(李宗武、北平大学)、"埃及宗教史"(吴祥麒)。北京大学"近三百年学术史"(钱穆)、"近代中欧文化接触史"(陈受颐)、"中国中古文学史专题研究"(罗庸)、"明元清系通纪"(孟森),"中国古代宗教与神话"(朱光潜),"日本神话"(周作人)。清华大学"近代中国外交史"(蒋廷黻)、"中国中古史"(陈寅恪)、"汉魏六朝墓冢遗文图录"(赵万里)、"中国的兵"(雷海宗)。武汉大学"中国文化史"(吴其昌)、"鸦片战争期内宣宗对英态度迭变之研究"(陈恭禄)、"殷虚书契解诂"(吴其昌)、"春秋四微"(刘异)、"金文疏证"(吴其昌)。暨南大学"中国通史"(周谷城)、"汉齐悼惠以后的封泥考证"(张凤)。浙江大学"春秋总论初稿"(毛起)。四川大学"史记旁证"(庞石帚)、"五行考原与明堂五帝成因"(丁山),"西洋中古史"(何鲁之)。勷勤大学"近代西洋史学史概论"(严星甫),燕京大学"四政府官员(林则徐、曾国藩、李鸿章、张之洞)之研究"(陈其田、杨任之)、"中国最初应用西洋技术之工业的研究"(陈其田、杨任之),Franciscan travelers to Mongolia and China during the Yuan Dynasty(李瑞德)。辅仁大学"马可孛罗游记"(张星烺),"中国近世思想史"(容肇祖)。广州大学"孙中山先生事迹"(邓慕韩)。北洋工学院"国立北洋工学院四十年院史"(冯成麟)。厦门大学"水经注研究"(郑德坤)。①其中有的研究项目是和教师本人所承担的课程密切相关,如钱穆的"近三百年学术史",周谷城的"中国通史"等。孟森在进行"明元清系通纪"研究时开设有满洲开国史课程,"满洲开国史一课,现方纂辑《明元清系通纪》未毕,研究班中有能共修此课者,拟分两种办法:(一)就《明元清通纪》已成之部分,加以整理,提纲挈领将通纪作为长编,而成更有系统之一史或一教本。(二)就《明元清系通纪》未成之部分即已裒集之材料,共事纂辑,助此可速

---

① 参见教育部编《全国专科以上学校教员研究专题概览》下册(1937)。

成"。①满洲开国史系研究课程,由师生共同协力完成此项研究。唐长孺1929年进入上海大同大学文科学习,经常旁听光华大学吕思勉授课,颇受影响,攻习中国古代史学。1932年毕业后曾在中学、出版社工作过一段时间。1940年,经吕思勉介绍任光华大学讲师,讲授中国古代史中宋辽金元一节,授课之余研究宋辽金元史。1942年转任湖南蓝田国立师范学院史地系副教授,1944年转任四川乐山武汉大学历史系副教授,1946年晋升教授。此后长期在武汉大学执教,研究重心也随之转移到魏晋南北朝隋唐史领域。②而教师的研究方向或研究项目作为开设课程在大学历史系也甚为通行。贺昌群担任中央大学历史系主任时开设了一批专题研究课程,作为选修课以供学生进一步深入学习。贺昌群的魏晋清谈,金毓黻的渤海国史,向达的明清之际西学东渐考,杨宪益的东罗马史,纳忠的阿拉伯史,张致远的西洋史学名著选读等,授课教师"都各自依他们的兴趣和专长,爱怎么讲就怎么讲。向达先生的'明清之际西学东渐考'和金毓黻先生的'渤海国史',主要都是史料考证"。③

在教学和科研方面做得最为彻底的是陈寅恪。陈寅恪所授课之内容基本上都是其相关的研究成果,根据王钟翰的回忆:

> 先生认为讲课必须有新意,使同学每听一堂课就有听一堂课的益处,才不算白讲。如所讲之课已写成文章发表,或著书出版了,人人都可以买到看到,那就没有再开这门课的必要了。如果再开此课,必然照本宣读,这岂不是浪费大家的时间了吗?例如先生发表过不少篇有关魏晋南北朝的文章:《桃花源记旁证》、《东晋南朝之吴语》、《陶渊明思想与清谈之关系》等等,就不再开魏晋南北朝史一课了;又如出版了《隋唐制度渊源略论稿》和《唐代政治史述论稿》两书之后,就不再开隋唐史一课了;又如油印出《元白诗笺证

---

① 王应宪编:《现代大学历史系概览》上卷,上海古籍出版社,2016年版,第108页。《明元清系通纪》为孟森晚年巨制,初名《清朝前纪》,后改《满洲开国史》,最终改为《满洲开国史》。
② 冻国栋:《唐长孺先生生平及学术编年》,载《唐长孺文集》第8卷,中华书局,2011年版,第6页。
③ 王觉非:《逝者如斯》,第187页。

稿》一书后,也就不再开元诗一课了,他都类是。①

陈寅恪在清华大学开设过唐代西北史料、魏晋南北朝隋唐史、高僧传研究、佛经翻译文学、文学专家研究、高僧传研究等系列课程,"每种课程均以新的资料印证旧闻,或于习见史籍发现新的理解。因为引用外文的专籍特多,所以学生每不易笔记,但又因其每讲都有新的阐发,所以学生也津津有味"。②陈寅恪隋唐史讲授了几十次,每次内容都不相同,每次都有新的内容。据说《唐代政治史述论稿》在课堂讲授时的内容远过于出版之篇幅,但出书时却慎之又慎,内容篇幅均大量精简。

总的来说,教学和科研是一体的,但是两者有的时候也会产生矛盾,即历史系相关的课程教学要求全面叙述,研究则要求重点深入,这就产生了矛盾。③万绳楠所录《陈寅恪魏晋南北朝史讲演录》中多为陈寅恪已发表之单篇论文,而非全面系统的魏晋南北朝断代史。陈寅恪在清华大学中国文学系开设唐代诗人与政治关系之研究、中国文学中佛教古史之研究课程,前者"专研究作者当时之政治关系以解释其作品,不仅以唐史释唐诗,并以唐诗证唐史也",后者"专就佛教故事在印度及中国文学上之演变加以比较研究"。④以唐诗证唐史主要集中于元稹和白居易。佛教故事只有《西游记玄奘弟子故事之演变》、《三国志曹冲华佗传与佛教故事》等数篇论文,课程的内容当多为个案,而非全面系统地讲授。陈寅恪的课程有着相当的深度和难度,故有学生感觉在清华"有的先生是把我们当研究生教,而陈寅恪先生就是一位"。⑤

课堂授课考虑到学生的知识结构和接受能力,研究则需要有相当的深度,一般来说要远远超过所授内容的深度和广度。许地山是基督教徒,又精通梵文,在

---

①王钟翰:《陈寅恪先生杂忆》,《追忆陈寅恪》,第255页。
②蒋天枢:《师门往事杂录》,《追忆陈寅恪》,第62页。
③翦伯赞:《关于高等学校的科学研究工作》,《翦伯赞全集》第5卷,河北教育出版社,2008年版,第435页。
④《国立清华大学本科暨研究院学程一览》(1932—1933),第12页。
⑤《清华大学史料选编》第4卷,第192页。

燕京大学讲授佛教史、道教史等课程,1935年转教香港大学,1941年不幸英逝。许地山《道教史》(1933)叙述至秦汉道家,严格来讲是道家而非道教,或者说是道教前史,其弟子李镜池协助编纂《道藏子目通检》根据一百二百本《道藏》与《辑要》之详细子目,写成二三万张卡片,为研究道教史的工具书。此外,许地山还留下了大量的道教史的遗稿:"一为《道教史稿》,为已出版之《道教史》上册之后篇,凡七章,叙至张陵及丹鼎哲学止……二为《云笈七签校异》。《七签》为研究《道藏》之主要书籍,先生校其异同,正其误谬,对于研究道教者,其用最大;三为《道教辞典》,四为《道教编年》,均为《道教史》之工具书;五为《道教源流考》,此为《道藏子目通检》之序文,一切材料,先生已完备搜集,惟未写成;六为《道教史讲义》,此为先生讲学燕大之讲义稿"。①许地山的各种道教史遗稿宏大精深,但天不假年,未能完成其道教大系的著述,实在惋惜。

当然,如陈寅恪般授课重自己独立研究心得的,讲求Discovery的毕竟还是少数。照本宣科、言不及义甚至不知所云者还是民国时高等教育——包括历史系在内的非常普遍的问题。

民国时大学历史系的教师亦有在校外的相关研究机关兼职。方国瑜1993年北大研究所毕业后回云南,正值袁树五、周钟岳、由云龙、方树梅等纂修《云南通志》,应袁树五(嘉谷)邀请而在云南大学历史系任教。1938年开始兼任云南通志馆编审、审订、续修之职,并分纂建置沿革、金石文字、宗教、族姓等部分,其余部分也都参与讨论。②

七七事变后大学内迁,其于中国高等教育事业意义重大。但是具体到学术研究,由于种种客观因素,不宜评价过高。王玉哲西南联大研究生毕业后受聘在云南大理的华中大学历史系副教授。大理地处偏僻,交通闭塞,"倒是个宁静的读书环境。可惜华中大学所藏图书贫乏,教学还勉强凑合,进行科学研究,就有

---

① 《近代中国史家学记》下卷,第936页。
② 方国瑜:《自序:略述治学经历》,《方国瑜文集》第1卷,云南教育出版社,2001年版,第2页。

点捉襟见肘、困难重重"。①

民国时为了解决教学和科研的矛盾而曾仿照西方采行了教授休假进修制度。学术休假(Sabbatical Leave)是指学术职业者指定并得到任职机构许可的以固定的服务年限为间隔形式带薪离职一段时期而进行自我提高的一种计划安排。②1917年北洋政府教育部颁布《国立大学职员任用及薪俸规程》规定"凡校长学长教授每连续任职五年以上得赴外国考查一次,以一年为限。除仍支原薪外并酌支往返川资"。③北京大学通过了《国立北京大学教授休假研究章程》(1934),规定教授连续服务满五年者,可得休假一年,休假期间薪水以及研究费用得视具体情况而定。④清华大学是国立大学,在薪水待遇上与其他大学是同级的,因而在正常的待遇标准之外推行学术休假制度。教学时间少,用于学术进修的时间多,并且供给休假旅费。按照蒋廷黻的说法,"如果一个人为了拿薪水,就不必到清华,但是如果为了研究、写作、进修,他就会到清华来。此外根据清华评议会所拟的规定,清华可以资助学者进修深造。以上规定,使清华建立一种看不见,但却极有效力的延揽人才的制度",知名学者来清华"不是因为待遇优厚,而是为了作学问"。⑤北京大学获得学术休假的有陈受颐(1936),张忠绂(1936),汤用彤(1947)等,清华大学的学术休假从1928-1948年间稳定推行,获得学术休假的有杨树达(1932),刘崇鋐(1932),孔繁霱(1932),陈寅恪(1933),蒋廷黻(1934),史禄国(1935),雷海宗(1937),萧公权(1937),王信忠(1943),吴晗(1948)等。⑥杨树达曾读郝懿行《尔雅义疏》,王念孙《广雅疏证》,"然郝王到今又已百年,此事尚无一专门之著作,窃不自量,欲于此事有所发挥",1932年,"余

---

① 王玉哲:《我和中国上古史研究》,《学林春秋》初编下册,第429页。
② 李红惠:《民国时期国立大学学术休假制度研究》,商务印书馆,2017年版,第7页。
③ 《中国近代教育文献丛刊·教育法规卷》第1卷,第392页。
④ 《北京大学史料》第2卷第1册,第437页。
⑤ 蒋廷黻:《蒋廷黻回忆录》,第163–164页。
⑥ 李红惠:《民国时期国立大学学术休假制度研究》,第234、277–278页。

得清华休假半年,家居无事,努力搜辑材料,目治手抄,凡得十余厚册"。①北平大学规定教授副教授连续服务五年以上得请休假一年,请求出国者应提出具体之研究计划。②燕京大学规定教授每五年休假一年,许地山于1933年学术休假期间赴印度考察和研究哲学,回国时拜访了泰戈尔。③1934年,王桐龄因在北平师范大学服务满20年,而得学校半官费赴日研究二年。

1941年,教育部颁布了《国立专科以上学校教授休假进修办法》,规定高校专任教授满七年以上成绩卓著者,可以离校考察或研究,薪俸不变,为期半年至一年。根据教育部的进修办法,各大学也制订了相应的细则,西南联大则规定教师休假,每系不能超过二人。金陵大学规定教授休假进修资格审查标准:品格30%(公正6%,忠职6%,合作6%,纯洁6%,热心6%),教学35%(年资7%,勤勉5%,启发5%,课余6%,方法5%,质量7%),研究25%(书、研究论文、专门著作、进行中之研究发明),学校需要10%。1940年后全国历史系教授享受休假进修待遇的有周谷城(暨南大学,1940),朱谦之(中山大学,1942),陈祖源(武汉大学,1942),杨成志(中山大学,1943),汤用彤(西南联大,1943),方国瑜(云南大学,1943),缪凤林(中央大学,1944),陆懋德(西北大学,1944)。④各人在休假选题为周谷城"考察全国中等学校历史教学情形",朱谦之"研究比较文学史",陈祖源"编著西洋古代史有暇并赴浙皖考察社会教育",杨成志"赴美国各省及印第安人分布地从事美国同化开化研究",汤用彤"研究魏晋玄理特别注重哲学及当时文化部分",方国瑜"赴渝蓉南溪收集汉史资料"。⑤朱谦之在中山大学任教十年,得到学术休假的机会,根据朱谦之的自述,"余于本年三月间呈请休假,研究题目为'比较文化史'。盖'比较文化史'一题目,今之研究者甚鲜",斯宾格勒《西方的

---

① 《近代中国史家学记》下卷,第970页。
② 《国立北平大学一览》(1936),第78页。
③ 周俟松:《许地山教授在燕京大学》,《燕大文史资料》第三辑,北京大学出版社,1990年版,第242页。周俟松为许地山之妻。
④ 《第二次中国教育年鉴》(1948),第521—522页。
⑤ 朱师逊:《教育部核定三十二年度休假进修教授》,《高等教育季刊》第3卷第4期,1943年。

没落》和汤因比《历史研究》都属比较文化史，但两氏的观点都属历史宿命论，特别是"对中国文化的观察是错误的，都是有损无益的，于事实也大相违背，然则，中国文化果真过去了吗？果真衰老了吗？何以还能支持这么久的伟大的全民战争、全世界的反侵略战争？可见前两种历史的定命论是应受严格底批评的。余反复思维，乃有《比较文化史》之拟作"。按其研究计划，《比较文化史》（原名《文化社会之比观》）共分八章：文化社会学的概念；社会文化的基本类型；政治的文化概念；法律的文化概念；经济的文化概念；教育的文化概念；社会文化区域；将来的文化社会。《比较文化史》完成后再续以《文化史之形态学》。①

此外，亦有很多教授利用寒暑假期进行学术研究。商务印书馆出版永乐大典版《水经注》，孟森于暑期中专为该书做考订，并及其清代各家治《水经注》之得失。因其观点与胡适有异而未轻易发布。②1940年郑天挺拟定暑假的研究计划，"拟以读英文为主，有暇则将年来搜集之材料草成论文：一、《明末流贼十三家考》；二、《明初之正统议》；三、《张文襄书牍跋》。此外拟读明清笔记"。③

第五节 教师日常生活

1914年，北洋政府教育部公布《教育部直辖专门以上学校职员薪俸暂行规程》，规定大学专任教员任课，大学校周十小时以上，预科、高师、专门学校周十二小时以上。大学校专任教员月支180-280元，预科、高师、专门学校分别为140-240元、160-250元、160-250元。兼任教员大学校每小时3-5元，预科、高师、专门学校每小时2-4元。大学校专任教员服务五年以并支最高薪俸，确有成绩者得全年津贴600元，预科、高师、专门学校全年津贴400元。④

---

① 《近代中国史家学记》下卷，第1144页。
② 钱穆：《八十忆双亲·师友杂忆合刊》，第167页。
③ 《郑天挺西南联大日记》上卷，第277页。
④ 陈元晖主编：《中国近代教育史资料汇编·高等教育》，上海教育出版社，1993年，第781-782页。

1917年，教育部公布《国立大学职员任用及薪俸规程》，国立大学职员为校长、学长、正教授、本科教授、预科教授、助教、讲师、外国教员、图书馆主任、庶务主任、校医、事务员，正教授等岗位均由校长聘任，第一年为试用期，期满续聘。教师薪水如下表[①]：

	正教授	本科教授	预科教授	助教	讲师	外国教员
第一级	400	280	240	120	每小时2元至5元	薪数别以契约定之
第二级	380	260	220	100		
第三级	360	240	200	80		
第四纪	340	220	180	70		
第五级	320	200	160	60		
第六级	300	180	140	50		

1928年，国民政府教育部颁布高校教师条例。各高校根据教师条例并结合本校经济条件和传统制订各自的薪水等级。例如中央大学薪俸为：教授400-600元/月，副教授260-400元/月，讲师160-260元/月，助教100-160元/月。[②]金陵大学将教授（290-300元/月）、副教授（200元/月）、讲师（150元/月）、助教（100元/月）各分成5档，每档递减10元。[③]北京大学各职级薪水相差较大，1935年的核发薪金清册，系主任陈受颐500元/月，教授孟森、姚从吾400元/月，教授毛准、钱穆360元/月，副教授蒙文通280元/月，讲师聂西生、陈同燮80元/月，讲师顾颉刚50元/月，讲师赵万里、王谟、王庸、冯家昇40元/月，助教余逊80元/月，助理贺次君40元/月。[④]暨南大学规定教授每周授课12-15小时，月薪200-300元，兼任院长另支120-160元，兼任系主任另支80-120元，讲师以3.5-4/小时支薪。[⑤]厦门大学薪水稍低，教授150-330元/月，讲师100-140元/月，助教75-100元/月。

---

① 《中国近代教育史资料汇编·高等教育》，第784-785页。
② 参见《国立中央大学一览》(1928)。
③ 《南大百年实录·金陵大学史料选》，第193页。
④ 《北京大学史料》第2卷第1册，第511页。
⑤ 《国立暨南大学一览》(1930)，第43页。

厦门大学有教职员养老金规则，规定年满六十五岁以上并且在校服务满二十年者，得享受养老金，养老金为停止服务时薪俸的25%。在校服务满三十年以上者养老金为停止服务时薪俸的35%。①

此外，历史系教员贡献突出者可有额外加薪或津贴。1936年清华大学刘崇鋐、朱自清援引"特殊成绩"一条为申请陈寅恪改聘书薪额，言"陈先生工作极为精勤，其著述散见本校学报及中央研究院历史语言组集刊者，质量皆可称述"。②

民国大学在创建中有一个中心思想："大学的主要工作，是传授和研究学术。学术的工作应当是大学的工作。围绕这个工作，要有资料，有工具。更需要有运用工具、使用资料的人，那就是教授。梅贻琦有句话说：'大学者，有大师之谓也。'有了大师，它就是大学。没有大师，就不成其为大学……当时清华聘请教授，有比较优越的条件，一是研究工作的条件比较好，有比较充足的图书仪器；二是生活待遇比较好，不欠发工资，住宅环境也比较好。有这些比较优越的条件清华可以聘请比较有名的学者和科学家来当教授"。③在二十年代的大学教师基本上普遍都是高薪厚职，生活优渥。郭廷以回忆在中央大学任教时：

> 我和内人两人都教书，合起来有五六百，其购买力相当于现代的两千美元，那时租最大的房子是四、五十元，而伙食夫妇两人花不到二、三十元，吃得很好，一斤肉一毛钱，每天花五六毛就可买肉鸡鱼和蔬菜了，节省一点的，教几年书就可以买洋房，除了生活无虞外，我们的休闲活动也很充实，每逢周末，许多年轻的同事常聚会，星期天则常结伴休憩，各雇马车，带食物到城外郊游。我们最常到的是中山陵，到那里野餐，下午返城，又到馆子里聚餐，一次四、五元够了，相当愉快。④

---

① 《厦大校史资料》第一辑，第82-84页。
② 《清华大学史料选编》第2卷上册，第182页。
③ 冯友兰：《三松堂自序》，《三松堂全集》第1卷，第287页。
④ 郭廷以：《郭廷以先生访问记录》，第201页。

国立、省立大学限于教育部的规章制度不能为教授开高薪,私立大学没有这方面的限制,故私立大学在延揽人才上更具优势,教授生活也更为惬意。洪业在燕京大学时在北京城里另有住宅,以便躲避客人,安心工作。燕京大学为邓之诚配备了有十多间屋的住宅,邓之诚的夫人、姨太太、子女另住城里的公馆。邓之诚养着一名为他编讲义、抄文稿兼陪他下围棋、聊天的"清客",雇了一名厨子做饭,一名拳击教练教他儿子打拳,有时自己也练上几下,还包了一名车夫。后又邀请谭其骧住其家,提供食宿,邓之诚不在时谭其骧和"清客"就是邓宅的主人。①顾颉刚来燕京大学的理由之一便是"北大欠薪太多,生活太苦,我回北京后,就去了美国教会办的燕京大学。燕大待遇很优,每个月给我二百四十元工资,房子、电灯、电话等,都不要钱,生活很好,我于是可以每日写作"。②

大学薪水收入可观,对教师的教学研究工作是大有裨益的。顾颉刚研究历史地理与民俗文化,中国有许多地方都应该进行实地考察,但其早年收入有限,"不必说辽远的长安、敦煌、于阗诸处,就是我研究孟姜女故事,山海关和徐水县两处都是近畿的这件故事的中心,并且是京奉、京汉两线经过的。大约有四五十元也尽够作调查费了,可怜享乐一年半,还只是一个空想"。③商承祚在北京大学、北京师范大学、清华大学等校任教,月薪五百多元,"收入甚丰,除家用外,几乎都把它送进琉璃厂的古董铺,我的文物爱好方面广泛,举凡金、石、竹、木、陶、瓦皆在收藏之列"。④吴宓的薪水一部分补贴了《学衡》,陶希圣同样也补贴了《食货》。而教师对学生亦不乏有慷慨解囊之事。东北大学历史系主任吴柳隅(贯因)曾致信学校:"日前奖励贫苦学生助学会,弟薄捐四百元兹谨奉上,只惭不及九一八之数,绵薄可哂抱歉之至,唯念人之欲善,谁不如我涓滴之水,虽无补大

---

① 葛剑雄:《悠悠长水:谭其骧传》,第31页。
② 顾颉刚:《我是怎样编写<古史辨>的》,《顾颉刚古史论文集》第1卷,第168页。工资薪水只是延揽人才的条件之一,钱穆因在燕京大学数事不惬意而转入北京大学。
③ 顾颉刚:《古史辨第一册自序》,《顾颉刚古史论文选集》第1卷,第84页。
④ 《商承祚自述》,《世纪学人自述》第2卷,第94页。

局,然苟乐捐者众,则集腋可以成裘,此区区者或亦等于土山之微,可以助泰山之高耶"。①西南联大组建之初,刘崇鋐、姚从吾、郑天挺、张德昌、汤用彤、毛子水、雷海宗、吴宓、陈梦家、容肇祖、罗常培等人教授将学校津贴旅费全部捐出,"作资助贫寒优良学生之用"。②

九一八事变后,国民政府财政逐渐紧张。虽然教育经费力求足额,但国立大学之经费时常有捉襟见肘之现象,教授薪水有时亦难以足额发放。吕思勉于1932年4—5月在安庆省立安徽大学短期讲学,月薪280元。7月回光华后月薪240元。吕思勉是部聘教授,工资按部聘教授定级,但光华大学经费拮据,只能支付部聘工资一半。③

1940年,教育部制订了《大学及独立学院教员任职待遇暂行规程》,规定大学聘任教员均需经过教育部审查核验,薪俸如下④:

	助教	讲师	副教授	教授
第一级	160	260	360	600
第二级	140	240	340	560
第三级	120	220	320	520
第四级	110	200	300	480
第五级	100	180	280	440
第六级	90	160	260	400
第七级	80	140	240	370
第八级				340
第九级				320

教育部还规定大学教员以专任为主,教授、副教授、讲师授课时间需达到每周9—12小时,不足9小时者按兼任待遇。初任教员以最低级起薪为原则。各学

---

① 东北大学史志编研室:《东北大学校志》第一卷下册,东北大学出版社,1985年版,第826页。
② 《清华大学史料选编》第三卷下册,第114页。
③ 李永圻、张耕华:《吕思勉先生年谱长编》上卷,上海古籍出版社,2013年版,第407页。
④ 《清华大学史料选编》第3卷下册,第342页。

校可以根据学科需要以及当地生活水平酌量增减。

抗战爆发后很多大学内迁。当时物价上涨,生活困难。根据1942年的估计,昆明一个家庭一月的最低生活费约为7500元,教授生活窘迫是普遍现象,"过去教授家庭生活的维持,一面靠典卖衣物,一面则减低营养和停止子女教育;现在典卖已尽,有许多家庭实有无法维持生活的情势"。[1]西南联大的教授每月收入仅相当于1937年以前的十几元。据说雷海宗曾因贫血昏倒,闻一多曾靠镌刻图章贴补家用。

教育部于1941年定发平价粮食代金作为生活补助。从1943年开始每月发放学术研究补助费,用以购置图书、仪器、文学,以供参考研究之用,具体费用如下[2]:

等级	1943	1944	1945.1-1946.3	1946.4-6	1946.7-1947.3	1947.4-7	1947.8-1948
教授	500	1000	2000	25000	50000	250000	500000
副教授	380	760	1500	20000	40000	200000	400000
讲师	250	500	1000	15000	30000	150000	300000
助教	130	260	500	10000	20000	100000	200000

可能因收入难以应对支出,郑天挺从1943年开始在日记中详细记录了日常生活的收入以及每笔开支,如1943年2月收支:

> 入二月薪四七〇元,二月生活补助费二五〇元,二月生活加成费二六〇元,二月学术研究费三七六元,二月车费二〇〇元,一月米贴八〇〇元,一月房贴一〇〇元,一月生活加成费二六〇元。支所得税一三元八〇,党员会费一元,印花税〇.三六元,房租二〇五元,宿舍杂费八四元,饭费六〇〇元。

> 二月份经常收入二〇五一元,临时收入一五〇〇元,补发前欠九三〇元,计共四四八一元,酬应费用八三七元,杂用七四四元二八,计共二四四〇

---

[1]《北京大学史料》第3卷,第178页;《清华大学史料》第3卷下册,第336页。
[2]《第二次中国教育年鉴》(1948),第518页。

元二八。余二〇四〇元七二。购美金储蓄券三〇元,合法币六〇〇元,实余一四四〇元七二。①

2月间各种各样的杂项收支:

> 6日支掷升官图二八元;7日支车钱五元,入赌彩六二元;8日支送徐毓枬礼五〇元,支请徐氏夫妇公份二〇〇元,支车钱一六元,又章宅仆赏八〇元;10日入久任奖金一〇〇〇元,支鸡蛋四枚十二元;13日支午饭兼请耘夫二七元,鸡蛋二枚六元;14日支车钱一二元;15日请莘田一〇〇元;18日支送耘夫礼六五元;20日支鸡蛋二十个五〇元,支晚饭五〇元,支茶叶半斤五六元;23日支午饭二四元,支车钱一〇元;24日支洗衣钱六元;26日支奶粉九五元,支奶粉送清常九五元。②

大学教师除了学校支出的薪俸外还有不少其他收入渠道,最常见的是稿费。向达译《伦理学》,十一万五千字,致酬450元。③四十年代各报星期论文每篇致酬金八百元,小报无聊文字每千字酬二三百元,教授竞为其投稿。④在各政府单位、社会团体演讲亦有演讲费,但为数不多,郑天挺为中法大学文史学会讲演"中国传记文",讲演费一百元。在军政部战地服务团讲演费四百元。⑤教授中还有善于投资理财者,据说胡厚宣曾买卖过黄金、银元、美钞,放过高利贷,胡厚宣承认出于研究及其他需要而买卖过甲骨,但是买卖甲骨"不赚不赔"。⑥

此外,还有各种社会捐赠。云南兴文银行欲请云大、联大教授热心研究云南文献者,月以千元为研究费。⑦抗战后期物价高涨,昆明富商邓某"深念联大同

---

① 《郑天挺西南联大日记》下卷,第667–668页。
② 《郑天挺西南联大日记》下卷,第661–667页。
③ 王伯祥:《王伯祥日记》第3卷,中华书局,2020年版,第1205页。向达所译为《亚里士多德伦理学》。
④ 《郑天挺西南联大日记》下卷,第777页。
⑤ 《郑天挺西南联大日记》下卷,第680、800页。
⑥ 葛剑雄:《悠悠长水:谭其骧传》,第166页。
⑦ 《郑天挺西南联大日记》下卷,第704页。

人之艰窘",资助闻一多、华罗庚、陈达每月一万元,又资助郑天挺和吴晗。①

七七事变后留在沦陷区的大学教师生活也同样清苦。吕思勉不愿领日人所颁"良民证",离开光华大学回常州,兼课之余编写《两晋南北朝史》。其时物价飞涨,生活艰难,"留下上海的几个同学,知道先生回乡以后生活的窘困,曾凑集了一些钱寄去,先生回信却说,自己生活还勉强过得去,并深切体会到当时我们生活的艰难,将汇款全部退回。他一直这样安于清贫俭朴的生活"。②

抗战胜利复员后,由于国民党当局滥发货币,通货膨胀极端严重。李思纯在浙江大学任教半年间,研究费9万元,加成29万元,半年共收入228万,平均每月36万,并且扣除万余所得税。③参考当时的物价水平可知实际上每月收入还是非常微薄。陈登原记1949年时月薪23万,折合白米正是陶渊明所谓之"五斗米"。④

大学历史教师的薪水收入是其日常生活的"经济基础",历史教师的日常往来、休闲娱乐、优游览胜等活动均取决于此。

民国时期的大学教授、知识分子最常见的交往方式便是聚餐。学者们的日记以及其他记载中关于饭局的记录非常之多,以朱希祖1935年8月至北京所赴宴席为例,"(8月7日)至东兴楼赴故宫博物院长马叔平宴,同席有蒋梦麟、胡适之、翁咏霓、马幼渔、沈兼士、张庭济及大儿伯商","(8月11日)赴姚从吾、毛子水宴,同席有陈援庵、胡适之、马叔平、沈兼士、张亮丞","(8月12日)至马幼渔家,贺其夫人六十寿辰并宴叙,同席有蒋梦麟、胡适之、沈兼士及马幼渔二子、钱玄同、沈尹默之子","(8月14日)至前毛家湾五号赴蒋梦麟宴","(8月15日)至王府井大街承华园赴沈兼士宴,同席有马幼渔父子、胡适之、马叔平、魏建功、李季谷、徐祖正及大儿等","(8月25日)至东兴楼赴马幼渔、钱玄同、周启明三君宴,

---

①《郑天挺西南联大日记》下卷,第956页。
②叶百丰:《忆诚之先生》,《蒿庐问学记》,第179页。
③李思纯:《金陵日记》,《李思纯文集·论文小说日记卷》,巴蜀书社,2009年版,第1242页。
④陈登原:《国史旧闻》,《陈登原全集》第7卷,第472页。抗战胜利后国统区通货膨胀,纸币贬值严重,故通常折合白米为计量。

同席有沈兼士、许季绂(寿裳)及马叔平,除叔平外,余等六人皆为余杭章师弟子","(8月27日)余与马幼渔、钱玄同、沈兼士、周启明、许季绂合摄一影,钱、沈、周、许四君共宴余于长美轩","(8月28日)至东兴楼赴罗常培宴,同席有马幼渔、马叔平、马夷初、钱玄同、许季绂、沈兼士、黄仲良等","(8月29日)至欧美同学会赴傅斯年宴,同席有胡适之、陈受颐、赵万里、向达、顾颉刚、钱穆、罗常培等","(8月30日)午刻至欧美同学会赴胡适之宴,同席有陈援庵、马叔平、沈兼士、傅斯年、罗常培、陈受颐等晚至金鱼胡同东口外新扬春赴李季谷宴,同席有王桂、余逊、劳幹、陆宗达、秦德纯、刘官谞、谢兴尧等,皆余旧徒,大儿亦预席"。①回南京后,"(9月26日)至土街口美丽川菜馆宴马叔平,答其在北平时宴席也,余与大儿作主人,同席有张晓峰、李济之、缪赞虞、许静芝、董彦堂、裴籽原、罗香林,而滕若渠、蒋慰堂未来"。②北京谭家菜应该是最受大学教授欢迎的私房菜。

  大学教授们的饭局也并不都是无聊的应酬交际。饭局是结交先进、扩展人脉的重要场域。胡嘉在上海禹贡学会的集会中认识吕思勉,当时就一见如故,"吕先生经常在霞飞路(今淮海路)的冠乐饭店和静安寺的荣康饭店约会茶叙,每次两三个小时,到会的多半是光华大学的师生和禹贡学会的会员,会上无所不谈。当时吕先生已经五十多岁了,而我还是一个青年,他是我的长辈,可是吕先生却非常谦虚,平易近人"。③抗战胜利后,吕思勉邀请胡嘉担任历史系教授,接替其教授中国通史课程。饭局中所谈的掌故、逸闻等都颇有价值,邓广铭经常和陈寅恪、汤用彤、罗常培、姚从吾、郑天挺等同桌吃饭,"在饭桌上,大都以陈先生发言最多,所谈全都是晚清以来文化学术界的一些掌故和他对某一学术问题或某一文人学士的意见。浅学的我,大都是闻所未闻的,从中既增长了许多知识,也领会到许多治学方法和行己处世的许多道理"。④

---

① 《朱希祖日记》中卷,第530–539页。
② 《朱希祖日记》中卷,第547页。
③ 胡嘉:《吕诚之先生的史学著作》,《蒿庐问学记》,第34页。
④ 邓广铭:《自述》,《邓广铭全集》第10卷,第410页。

在民国大学历史教师中,顾颉刚向以社会活动多而著称。除了社会活动之外,在家也经常接待各色来访者。顾颉刚之女顾洪在校课中追记:"春节,我家的客人可真不少哇……这里面有虚伪的恭维,或者是'死心塌地'的敬佩、追随"。①钱穆初到燕京大学,"到校即谒颉刚。其家在校之左,朗润园则在校之右。其家如市,来谒者不绝……宾客纷至,颉刚长于文,而拙于口语,下笔千言,汩汩不休,对宾客呐呐不能吐一辞。闻其在讲台亦多写黑板。然待人情厚,宾至如归。常留客与家人同餐"。②

中华人民共和国成立,从知识分子思想改造运动开始,经历了一系列的政治运动后,教师间的人际往来,特别是聚餐应酬等活动就少了很多。

大学教师作为高级知识分子,日常休闲娱乐当然以高雅的琴棋书画为主。1938年10月郑天挺至上海,"龙榆生来,以所刻黄季刚师《日知录校记》为赠。九时马夷初(马叙伦)来,并赠以手书近作,用高丽纸,笔墨极精,诗亦言中有物。录其二:'朱碧纷纷不解愁,斜阳悒怅向巴州。江水不曾移故道,浔阳以下更无舟'。'燕南越北不堪行,到处笳声与哭声。今日正军淝水上,晋朝社稷谢家兵'。"③吕思勉精通弈道,曾与棋王谢侠逊通信研讨棋艺。校订出版过《象棋梅花谱》。钱穆嗜围棋,曾见吴清源弈棋。吴晗爱骑马,在云南大学时与李埏租马出行,畅谈古今以及为学治史之法,按李埏的说法:"马上得之,不能马上治之"。④郑天挺似颇喜掷升官图,多次至蒋梦麟处掷升官图而归。⑤有留学经历的则比较喜欢网球、游泳等体育运动。

小说影视戏剧等,尤其以历史为题材的与大学历史教师较为契合。郑天挺观《萧何赶韩信》一剧,"与《史》《汉·淮阴侯传》均不合。史传所记何追信于高帝

---

①《顾颉刚日记》第10卷,第451—452页。
②钱穆:《八十忆双亲·师友杂忆》,第143页。
③《郑天挺西南联大日记》上卷,第105页。
④李埏:《心丧忆辰伯师》,《李埏文集》第5卷,第109页。
⑤《郑天挺西南联大日记》上卷,第158—160页。赵翼《陔余丛考》云:"世俗局戏有升官图,开列大小官位于纸上,以明琼掷之,计点数之多寡,以定升降。"

问答语及信拜诸将与高帝论项羽事,洵为千古名文,余最喜之,今日所观乃大失所望"。滇剧《江由关》为"江油守将马邈妻阻降事,似《三国志》之所无……此剧当另有所本"。与罗常培观电影《列宁》,"饰列宁者酷似本人,可谓妙选者矣"。电影《绝代佳人》"演陈圆圆事,既乖史实,复昧情势,举措大似西人。言谈不类华胄"。①传统的京剧在北京的众多师生中也颇有影响。

低俗的牌九、麻将、牙牌以及外国桥牌、二十一点等亦颇有市场。胡适批判过麻将,但其批判似无甚用处。有的甚至为通宵麻将,郑天挺都自感"荒唐"。②顾颉刚在厦门大学任教时,记"厦门市摊上,淫书当众卖。予买得《杏花天》,介泉买得《肉蒲团》。《杏花天》予尚未见过,《肉蒲团》则于十七岁时曾览一过。买了此种书,不肯不看"。③

司马迁创作《史记》之前曾壮游全国,王鸣盛《十七史商榷·子长游踪》考证其旅迹。其后史学家雅好旅游似成传统。二十年代历史教师优游行踪多在学校所在城市附近。钱穆在燕京大学时住朗润园单身教授宿舍,与潘昌祐相善,"一大餐厅,人各分食,遇佑荪(潘昌祐)每同桌。佑荪家住北平西城,其妻与幼子居之。佑荪周末返家,周一晨来校。极熟北平一切掌故。常与偕游颐和园及西郊各名胜,又曾同游妙峰山"。后至北大,值得追忆者为与吴其昌、吴世昌兄弟游长城八达岭。与缪凤林游卢沟桥,"两人坐桥上石狮两旁,纵谈史事,历时不倦"。④

抗战后各大学内迁,内地尤其是西南地区之胜迹多有游览。刘节曾记其游青城:

> 青城山树木极盛,远望青葱如带,故名青城,志言秋明树叶经霜变红,故又有赤城之名。十时抵上清宫,为青城最高处。于此处遇燕大学生张瑛君,

---

① 《郑天挺西南联大日记》上卷,第83、122、181、293页。
② 《郑天挺西南联大日记》上卷,第153页。
③ 《顾颉刚日记》第1卷,第810页。介泉,即潘家洵。购书也可能是出于研究的需要。
④ 钱穆:《八十忆双亲·师友杂忆》,第143、185—186页。幼荪,即潘昌祐,苏州人,前清进士,曾赴日本学法律。回国后在北洋政府任法官,退休后在燕京大学任教。

与余言:自此处上山,约二百余级,即青城绝顶,上有五亭,诸峰皆在脚下矣。饭后二时即与张君同登绝顶眺览。四时下山,循石磴,经掷笔槽前之龙桥至天师洞。一路浓阴密布,山鸟嘤鸣,人言青城天下幽,真得其意。天师洞楼阁宏丽,为山中最大之道观,自观东行二百余步为降魔石,石分为三,可穿小径绕而过。其上大雨后有瀑布,今未得见。晚宿天师洞……昨日自天师洞之后山入观,早出前门,过石桥,出山门,一路清幽,如入仙境,真青城胜境也。①

李埏曾在北平师范学校听钱穆授"秦汉史",后为云南大学教授。西南联大迁云南后多与钱穆出游,曾与钱穆云:"初在北平听师课,惊其渊博。诸同学皆谓,先生必长日埋头书斋,不然乌得有此……不意先生之好游,乃更为我辈所不及。今日始识先生生活之又一面。"钱穆回云:"读书当一意在书,游山水当一意在山水。乘兴所至,心无旁及。故《论语》首云:'学而时习之,不亦说乎?'读书游山,用功皆在一心。能之读书之亦如游山,则读书自大有乐趣,亦自有大进步。否则认读书是吃苦,游山是享乐,则两失之矣。"又云:"想来只闻劝人读书,不闻劝人游山。但书中亦已劝人游山。孔子《论语》云:'仁者乐山,知者乐水。'即已教人亲近山水。读朱子书,亦复劝人游山。君试以此意再读孔子、朱子书,可自得之。太史公著《史记》,岂不告人彼早年已游遍山水,从读书中懂得游山,始是真游山,乃可有真乐"。②钱穆在遵义浙江大学讲学时,李埏每天陪同沿着湘江西岸顺流而行,"先生总是提着一根棕竹手杖,边走边谈。先生说,他很爱山水,尤爱流水,因为流水活泼,水声悦耳,可以清思虑,除烦恼,怡情养性。沿湘江散步便有此乐"。③

历史学家的在旅途中往往也附带有考证研究工作。抗战时期西南联大迁昆明,当地有星回节,即火把节。郑天挺与罗常培出,恰为火把节正日,"家家以荷

---

① 《刘节日记》上卷,第117页。
② 钱穆:《八十忆双亲·师友杂忆合刊》,第235页。
③ 李埏:《昔年从游之乐,今日终天之痛——敬悼先师钱宾四先生》,《李埏文集》第5卷,第103页。

花荷叶装烛,杂以火把游行田间或市街,候久之,见有持火把者……检《南诏野史》,星回节为六月二十四日"。①

历史学家于教学、科研之外的休闲娱乐可使其在工作、生活之间张弛有度,取得一定的平衡状态。但也有少数历史学家孜孜不倦埋头苦读,无各种休闲娱乐之嗜好,如张其昀在浙江大学时,胡玉堂记其"除了饮食、睡眠、散步及开会、约会外,无时不在埋案工作。前后八九年中,我从未看到先生有一时一刻的浪费,甚至摈弃娱乐……他真太宝贵他的时间,当我们去看他,看到他在紧张地写作或读书的情景,为了恐怕打断他的时间,常匆匆地退出来……先生的生活如拉紧弦的弓,如拉紧缰的马,永远在紧张中奋进,这种精神实能促人感兴奋发。但是我总觉得先生应有最多的憩息与娱乐的时间"。②

当然,还有个别私人生活不甚检点好渔色者。柯昌泗在辅仁大学时搞婚外恋,搞得沸沸扬扬,以至不辞而别。王伯祥曾记"《时事新报》载李石岑被控诱奸,此公淫业太重,食报甚当。平日靦颜以学者招牌诱女傲友,今乃洞穿雪亮,终暴露其为花面郎君耳。为朋友计,不禁称惜;为社会计,实当拍手大快也"。③

---

①《郑天挺西南联大日记》上卷,第78页。
②《近代中国史家学记》下卷,第1016页。胡玉堂(1918–1988),1941年毕业于浙江大学文学院史地系,考取浙江大学研究院史地学部研究生,1944年毕业留校,从事西洋上古史、中古史的教学和研究。
③《王伯祥日记》第4卷,第1498页。

第三章 大学历史课程设置与教材

课程(curriculum)是教育学中的重要概念,源于拉丁文"跑道"(race-course),引申为"学习的进程"(course of study)。课程最基本含义即是指教学的科目或学科,课程中包括了学科的教学范围、序列、进程乃至于教学方法,则是在课程论中包含了教学论的内容。课程设置则是对课程的总体框架、时间安排、性质选项等作统筹安排,同样可以将教学纳入到课程设置之中。本章拟将民国时期大学历史课程设置分成若干群组进行简要的、一般性论述。①

第一节 大学历史系课程设置概述

高等教育是教育的一个阶段,与初等教育、中等教育相衔接。沈步洲在《大学课程刍议》中提到"课程苟编制得宜,则十五六龄童子,在将入大学之时,应能读书作文,便捷无讹,国文之丘壑应能熟知,本国历史、社会、常经应尽通晓,物理、心理、算术、几何应知梗概,论理大纲应已实习,音乐、绘画应稍涉猎。具此等学问,虽不能谓已得完全教育,以应实用无不足"。大学按学科分科来设置课程

---

① 王应宪编《现代大学历史系概览(1912—1949)》(上海古籍出版社,2016年版)为民国时大学历史系课程设置提供了最基本的史料,本章所据的课程史料大部分取自该书。

的,但是"大学所授之课程,不必于小学、中学课程而外特辟蹊径,亦不容特辟蹊径。初等教育包有人间知识,大学不能设一新部,加一新学,所能为者亦就各部而分纲汇目,举高骛远耳……历史在中小学为一科,无间中外,概属人事历史范围以内,入大学则有心理历史、科学历史、哲理历史、政治历史、方舆沿革焉"。①大学历史系课程设置的基本方式是就历史一科"分纲汇目",析成各通史、断代史、国别史、专门史等。

1904年《奏定学堂章程》推行癸卯学制,大学专业八科:经学科、理学科、政法科、文学科、医科、格致科、农科、工科、商科。规定京师大学堂务需全设,外省大学至少设三科。文学科下分九门:中国史学门、万国史学门、中外地理学门、中国文学门、英国文学门、法国文学门、俄国文学门、德国文学门、日本文学门。中国史学门下设课程为史学研究法、御批历代通鉴辑览、各种纪事本末、中国历代地理沿革略、国朝事实、中国古今外交史、中国古今历代法制考、四库史部提要、中外今地理、西国科学史、外国语文。万国史学门下设史学研究法、泰西各国史、亚洲各国史、西国外交史、年代学、御批历代通鉴辑览、中国古今历代法制史、万国地理、外国语文。中国史学门、万国史学门的随意科目为辨学、各国法制史、中国文学、人类学、公益学、教育学、金石文字学、古生物学、全国人民财用学、国家财政学、法律原理学、交涉学。②王国维批评《钦定学堂章程》和《奏定学堂章程》中的课程设置,认为文科大学当分五科:经学科、理学科、史学科、国文学科、外国文学科。其中,史学科科目为:中国史、东洋史、西洋史、哲学概论、历史哲学、年代学、比较语言学、比较神话学、社会学、人类学、教育学、外国文。③

辛亥革命后,北洋政府教育部1913年公布了《大学规程》,分大学为文科、理科、法科、商科、医科、农科、工科七科。文科下分哲学、文学、历史学、地理学。历

---

①《中国近代教育史资料汇编·高等教育》,第834—835页。
②《中国近代教育史资料汇编·学制演变》,第339—350页。辨学即论理学、逻辑学,公益学即社会学。
③《中国近代教育史资料汇编·高等教育》,第12页。

史学门下分二类:中国史及东洋史课程为(1)史学研究法;(2)中国史(《尚书》《春秋左氏传》、秦汉以后各史);(3)塞外民族史;(4)东方各国史;(5)南洋各岛史;(6)西洋史概论;(7)历史地理学;(8)考古学;(9)年代学;(10)经济史;(11)法制史(《周礼》、各史志、通典、通考、通志等);(12)外交史;(13)宗教史;(14)美术史;(15)人类及人种学。西洋史课程为(1)史学研究法;(2)西洋各国史;(3)中国史概论;(4)历史地理学;(5)考古学;(6)年代学;(7)经济学;(8)法制史;(9)外交史;(10)宗教史;(11)美术史;(12)人类及人种学。①

各大学历史系通常都是从本系的实际情况出发来制订课程设置和教学计划,如北京大学史学门课程(1917—1918)②:

通科:历史学原理、中国通史、东洋通史、西洋通史、人种学及人类学、社会学、外国语(欧洲近代语)

专科:中国地理沿革、西洋地理沿革、年代学、考古学、中国文明史、中国法制史(法理学及西洋法制史)、中国经济史(经济学)、欧美各国史、亚洲各国史、欧美文明史、欧美政治史、欧美殖民史、中亚细亚地理及历史。

特别演讲

(一)以一时代为范围者,如上古、三代、两汉、南北朝、辽金元、法国革命时代、欧洲十九世纪等是。

(二)以一书为范围者,如《尚书》、《周官》、《春秋》、《史记》、《汉书》、《后汉书》、《通志》、海罗多之《希腊史》、泰奇都之《罗马史》、基左之《法国文明史》、兰克之《德国史》、《英国史》、《法国史》等是。

(三)以一种事件为范围者,如中国人种及社会之研究、苗族之考证、中国古代文明与巴比伦文明之比较、墨西哥交通中国之证据等。

与课程相对应的是学分。1918年,蔡元培在北京大学实行的"选科制",是

---

① 《中国近代教育史资料汇编·学制演变》,第699—700页。
② 《中国近代教育史资料汇编·高等教育》,第384页。

中国正式实行学分制的开始,此后全国各大学陆续推广学分制。学分制要求修满一定数量的学分,方得毕业。

20世纪20年代大学历史系处于草创阶段,课程设置并不完备。《史地学报》曾刊有1923—1924年间北京大学等五校历史系课程如下[1]:

(1)北京大学

	必修	选修
第一学年	本国史一 外国史一 外国史二 本国史名著研究	社会学 政治学原理 经济学原理 生物学 人类学及人种学
第二学年	本国史二 外国史三 本国史五 外国史六	法律哲学 社会心理学 统计学 外国经济史 本国经济史
第三学年	本国史三 外国史四 外国史五	政治史及外交史 本国法制史 本国美术史 金石学
第四学年	本国史四 欧洲文化史 史学研究法 本国史学概论	欧洲社会变迁史 史学思想史 本国文学史 本国哲学史

(2)南开大学、厦门大学、圣约翰大学、沪江大学

学校	课程
南开文科历史系	西洋通史、百五十年来之欧洲、英吉利通史、美利坚合众国通史、近世欧洲经济史、欧洲文艺复兴与宗教改革
厦大文科历史系	中国古代史、中国近代史、西方上古史、西方近世史、美国史

---

[1]《国内五大历史系学程一览》,《史地学报》第2卷第7期,1923年。

学校	课程
圣约翰大学文理科历史系	欧洲近古史、英国宪法史、美国史、欧亚人民发展史、二十世纪世界史、日本近代史、印度史、高等近百年欧洲史
沪江大学历史政治经济系	英国史、欧洲近代史、美国史、中国近代史

相对而言,北京大学历史系建系时间稍久,故历史系的课程设置中外历史均衡,必修选修课程齐备,而其他四校的课程都难称完善。其时主要因为师资缺乏,如南开大学历史系基本上由蒋廷黻和刘崇鋐包办了所有课程。

1928年国民政府成立后,中国的高等教育迅速发展,各大学设置历史学系的数量增多,在课程设置上也逐渐回归学科性质本位的立场。①教育部公布了《大学规程》,规定大学各学院及独立学院各科,除党义、国文、体育、军事训练以及第一、第二外国文为共同必修科目外,须为本系一年级生设置基本科目,各学院学系之科目设置分配可自定。共同必修科目中最重要的自然是外语。国民政府按照中山大学模式来塑造中国大学的表现之一即是党化教育,深刻改变了大学校园的风貌,重构了大学教育与国家的关系。②党义课程即以三民主义作为主要内容。《大学规程》还规定:"大学各学院或独立学院各科课程,得采学分制。但学生每年所修学分须有限制,不得提前毕业"。③清华大学历史学系规定需修满一百三十二学分,具体为:甲、大学一年级共同必修课目三十四学分;乙、本系学程六十学分;丙第二外国语十六学分;丁、自由选习二十二学分。其中本系学程包括了两项:(1)本系必修学程(中国通史或西洋通史八学分、欧洲十九世纪史八学分、史学方法四学分),(2)他系学程认可为本系学程者(1、文学史,2、哲学史,3、法制史,4、政治思想史,5、经济史,6、经济思想史,7、社会思想史,8、美术史)。④

---

①刘龙心:《知识生产与传播——近代中国史学的转型》,三民书局,2019年版,第155页。
②叶文心:《民国时期大学校园文化(1919-1937)》,中国人民大学出版社,2012年,第177页。
③《中国近代教育文献丛刊·教育法规卷》第3卷,第11页。
④《现代大学史学系概览(1912-1949)》上卷,第330-331页。

1928年的《大学规程》规定大学课程由院系制订,需学校校务会议审议通过。历史系的专业课通常分成若干大类,各大类下设若干相关课程,例如吕思勉所制订的光华大学历史系开设课程,光华大学历史系学科分七类:

(一)中国通史、东洋通史、西洋通史

(二)中国文化史、世界文化史

(三)中国上古史(周以前)、中国中古史(秦至唐中叶以前)、中国近古史(唐中叶至明)、中国近世史(自西力东渐至清末)、中国现代史(自清末改革至现在)、西洋上古史(罗马以前)、西洋中古史(罗马之亡即日耳曼人兴起)、西洋近古史(文艺复兴时代)、西洋近世史(自法国革命至帝国主义完成)、西洋现代史(欧战以后)、近世欧洲外交史、美利坚外交史

(四)朝鲜史、日本史、后印度半岛及南洋诸国史、印度史、西域史、东西交通史、希腊史、罗马史、俄罗斯史、法兰西史、德意志史、意大利史、英吉利史、近东史、远东史、美利坚史、拉丁美洲史、近世欧洲史

(五)中国民族史、中国政体史、中国官制史、中国教育史、中国选举制度史、中国法律史、中国兵制史、中国财政史、中国赋税制度史、中国币制史、中国外交史、中国政治思想史、中国族制史、中国人口问题史、中国阶级制度史、中国风俗史、中国农业史、中国工业史、中国商业史、中国衣食住史、中国交通通信史、中国经济制度史、中国经济思想史、先秦学术史、两汉学术史、魏晋学术史、中国佛学史、理学史、考证学史、经学史、中国文学史、中国美术史、中国物质科学史、中国医学史、中国宗教史

世界民族史、文艺复兴史、宗教改革史、西洋经济发展史、西洋政治思想史、西洋经济思想史、西洋哲学史、近世欧洲政治史、西洋科学发达史、近世欧洲思想史、法国革命史、欧人殖民史、欧洲产业革命史、近世欧洲政治史、近世欧洲外交史、美利坚外交史

(六)史学通论、历史研究法、历史哲学、中国史学史、西洋史学史、中国史部目录学、西洋史部目录学、考古学、年代学、历史地理

(七)史籍研究(就中西史部专书加以研究,其书目临时定之)①

吕思勉所制订的课程设置相当详尽,但是就以当前一流大学一流学科之历史系要全部开设上述课程亦不大可能。就教师而言,上述课程之师资难以完全配备。北京大学聘任新教师,与原有教师分任研究中国史,"或分代的研究,如周史、秦汉史、隋唐史、宋史、清史等是,或为分科的研究,如政治史、经济史、宗教史、教育史等是。各尽所长,不拘体例。且有教员则多方研究。无教员则暂缺,不必一时求全也"。②对学生来说,似亦无必要修读如此众多之专业课程。

在二三十年代,大学历史系的课程设置在教学实践中也在不断的发展和调整。北京大学史学系原有中国学术史课程,后改为中国哲学史、文学史、美术史三门课程,"盖学术范围甚广,一人不能兼精,故分而为三,使各专门家分任编纂"。③历史系的专业课程设置主要是取决于师资,但也充分考虑了学生的实际需求与意见建议。朱希祖曾与北京大学历史系学生讨论课程,中国政治思想史,"朱先生谓,此科须一方面熟于中国史,甚难其人。且此科为史学系与政治系两系事,当与政治系主任商办"。历史哲学,"朱先生谓,此科早欲添授,不过前时请一德国人,以经济关系不能来。明年知有二人自德国毕业归国,可请其担任"。史学研究法,"朱先生谓,筹划准添"。学术思想史,"朱先生谓,此科范围甚大,不成一种学科",历史的地理,"朱先生谓,分讲各期的人文地理,现无此项人才。至中国沿革地理,史学系教授会室内所存之历代地理沿革表,沿革图与地理韵编三书即足用,勿庸再添"。④

1936年,教育部编制了"全国各大学分系课程比较表",调查了全国各大学的共同课程设置之实际课程,分析比较,确定何种科目为大学的共同设置,何种

---

①《吕思勉先生年谱长编》上卷,第837页。吕思勉所制订的光华大学历史系课程体系只是规划,但依照当时的条件绝无完全实施之可能。20世纪二三十年代各大学所制订的学程纲要中的课程也多难以完整开设。
②《北京大学史料》,第2卷第2册第1724页。
③《现代大学史学系概览(1912—1949)》上卷,第13—14页。
④《北京大学史料》第2卷第2册,第1732—1733页。

科目为共同必修,或分系必修及选修,然然讨论利弊。1938年,教育部召开第一次课程会议,提议教育部仅规定各科最低之课程标准,使各校可以因其特殊情形而增加其课程。各科学分不必规定太过严格。通令各校各系讨论本系课程之编制,拟送合理适用之分年科目表。先从文、理、法三学院课程着手,制成文、理、法三院各学系课程整理办法草案。其要项有九:(1)全国大学各院系必修及选修课程,一律由部定范围内,参照实际需要,酌量损益。(2)大学各学院第一年注重基本科目,不分学系,第二学年始分学系,三四学年视各院系酌设实用科目。(3)国文及外国文为基本工具科目,在第一学年终结时进行严格的考试。(4)大学仍采用学年制,各学科以学分计。(5)各科教学,除教师上课讲习外,对于自习讨论与习作,应同时并举。(6)各科目由教师详细规定自习书目与参考书目,学习探索问题。文、法学院学生应研究古今名著,培养学生独立研究精神。(7)各科目确定学生习作次数,由教师按期批阅。(8)在高年级课程中,规定重要科目数种,指导学生撰写学科论文。(9)学生毕业考试,包括各院系并学年重要科目,由各校自由规定。①

1939年,教育部制订了《大学各学院分系必修及选修科目表》,对大学各学院各系科之课程设置都有了统一的具体的规定,历史系的课程设置如下:

必修:中国近世史、西洋近世史、中国断代史、西洋断代史、国别史、专门史、中国史学史或史学方法、中国地理、西洋史学史或史学方法、毕业论文或研究报告

选修:中国史部目录学、传记学、史籍名著、历史教学法、史前史、考古学、世界地理、制图学、人类学、社会心理学。②

其中,中国断代史分(1)商周史;(2)秦汉史;(3)魏晋南北朝史;(4)隋唐五代史;(5)宋辽金元史;(6)明清史,学生至少修习两门。西洋断代史分(1)西洋上古

---

① 《第二次中国教育年鉴》(1948),第495–496页。
② 《中国近代教育文献丛刊·教育法规卷》第7卷,第116–117页。

史;(2)西洋中古史;(3)文艺复兴至法国大革命。国别史中日本史、俄国史、英国史、美国史、德国史、意大利史、印度史、西班牙史、南洋史、巴尔干半岛各国史等,学生至少习一种。专门史如中国经济史、中国社会史、中国政治史、中国政治思想史、中国哲学史、中国教育史、中国文学史、中国美术史、中国财政史、中国外交史、中国殖民史、中西交通史、西洋经济史、西洋美术史、西洋政治思想史、欧洲殖民史等,学生至少习一种。

1939年国民政府教育部对大学历史系课程设置作了统一规定后,大学历史系基本上都按照教育部制订的课程标准开设课程,贵州大学历史社会系课程"参照教育部大学课目表并视教授专长及学生之趣旨而定"。①中国大学史学系"课程之进行均按教部预定标准,靡有缺遗,循序而下,于史系之课业必无挂漏之失焉"。②到了四十年代各大学历史系的课程设置大致上已经较为齐备了,按照黎东方的看法:

> 以中国所能有的人才,与各校所能有的设备而论,现行的课程科目虽非完美无憾,也不可谓非已经十分细致而慎重了。中国通史与西洋通史,可以供给基础的知识;断代史与国别史,可以指导进一步的阅读;专门史,可选自他系的科目,可以启发'用史'于实际生活的门径;专题研究,可以指导怎样去研究专题,并且还有毕业论文或研究报告一课,可以说明怎样去写作历史文字。除此以外,'史学方法'与'历史教学法'等等,也几乎应有尽有。③

民国时也有不少大学不是纯粹的历史系,有史地学系、历史地理学系、历史社会学系、历史政治学系等等。一个学系有两个学科,故在课程设置上也需将两个学科分开。教育部1939年的《大学各学院分系必修及选修科目表施行要点》

---

① 《国立贵州大学概况》(1945),第17页。
② 谭炳午:《史学系志略》,《中国大学年刊》,1948年。20世纪二三十年代各大学所编之学校概览、学程纲要、学则规范、招生简章之类的工具书特多,其中大多都有各院系课程设置的内容,到了四十年代,上述工具书已甚为少见了。
③ 黎东方:《历史系课程问题所在——实习》,《高等教育季刊》,第1卷第3期,1941年。

中明确规定:"两学门并合组成之学系,如数理、史地、哲学心理、历史社会、政治经济学系,其各组共同及分组必修及选修科目,各院校应参酌已颁各院系科目表拟定呈部审定"。①浙江大学史地学系1936年创立之初就分史学、地学二组,"各组功课均与独立之历史学系、地理学系相仿,以期满足专门研究之需要"。②东北大学迁四川三台后,史地学系中史学类课程有中国通史、西洋通史、中国上古史、西洋上古史、中国中古史、西洋中古史、中国近世史、西洋近世史、东洋史、先秦文化史、清史及民国史、边疆史地研究、东北史地研究。地学类课程有地学通论、中国地理总论、亚洲地志、中国地方志、自然地理、人生地理、人类学及人种地理、天文学、天文及气候、气象学、气候学与世界气候学、地质学、地图学、南三大陆两栖地志、欧美地志、实用地理学、政治地理、军事地理、经济地理、中国经济地理之研究、历史地理、地理研究法、世界区域地理之研究、地史学。③云南大学1937年设文史学系,"惟以文史范围广漠,所开课程,不免顾此失彼",申请文、史分别设系未获教育部批准,于1939年分为中国文学和史学两组。④郑师许曾建议在史地系或历史社会系中,历史类课程应占六分之三,地理或社会占六分之二,辅系选修及共同必修科不超过六分之一。⑤

在北京、上海、南京等高校云集之地,教授在各校兼课是最为普遍的现象,故有的大学历史系在课程设置中将兼课的因素包含在内,如金陵女子文理学院历史学系以世界史概要作为各学程之预修学程,其他如英国史/英国宪政史,中国通史/中国文化史更迭讲授,日本史则与金陵大学历史学系之日本史更迭讲授,教科书为陈恭禄之《日本全史》。⑥清华大学历史学系古物古迹调查实习依托于燕京大学历史学系,"注重实地观察,每星期出发一次,参观城内及近郊之古物古

---

① 《中国近代教育文献丛刊·教育法规卷》第7卷,第107页。
② 《国立浙江大学文学院概况》(1947),第23页。
③ 《东北大学一览》(1939),第72-75页。
④ 《国立云南大学一览》(1947),第3页。
⑤ 郑师许:《大学历史系课程分配之商榷》,《学术世界》第1卷第10期,1936年。
⑥ 《现代大学史学系概览(1912-1949)》上卷,第299页。

迹。参观后须作报告"。①由燕京大学顾颉刚具体负责,燕京大学的容庚、侯仁之等也参与其中。每两周利用周末时间进行一次现场实习,主要是北平及郊外。侯仁之回忆其主要任务是"每次确定调查目标之后,如某处的古园林以及某处的考古发现或古迹古物等,颉刚师就向我提供一些必要的参考资料,再加上我自己搜集所得,先写成一篇简要的介绍书,事前要铅印出来,在出发前发给学生,人手一份,作为现场调查时的参考……来到现场比对实迹实物的时候,也会发现我所根据的资料不尽可靠,也有时是调查对象本身已经发生了变化……这使得我深深体会到现场考察是多么重要"。②

值得一提的是民国大学历史系课程还仿照兰克习明纳尔(seminar)研讨班形式,来设置专题研究性质的课程。1931年北京大学史学系将课程分为甲、乙两类,甲类为史学之一般科目,乙类为专题研究课程,乙类课程有历史研究法(黎东方)、中国近代外交史(蒋廷黻)、中国古代文籍文辞史(傅斯年)、清代史学书录(伦明)、尚书研究(顾颉刚)、中国哲学史(胡适)、中国佛教史(汤用彤)、中国政治思想史(陶希圣)、中国历史地理(白眉初)、西藏史(吴燕绍)、南洋史地(张星烺)、近代中欧文化接触研究(陈受颐)、法国大革命史(黎东方)、日本近世史(李季谷)、东洋史(王桐龄)、科学发达史(毛准)、中国雕版史(赵万里)、东洋建筑史(梁思成)、西洋建筑史(梁思成)。③北京大学史学系课程中以择题研究、专题研究为名的或有专门说明的均属于研究性课程,姚从吾蒙古史研究(成吉思汗的时代与蒙古的西征),"课程为专题研究性质(仿照德国大学'历史初级研究班'Historisches Proseminar 的办法),选读史源与讨论问题,同时并重。选课生以曾习宋辽金元史为限。一、一般的指示:(1)史源、方法与共信,(2)关于蒙古四大汗时代的史源与参考书。二、成吉思汗和他的时代:1.成吉思汗幼年时代,2.成吉思汗的统一内部与建号'成吉思汗',3.他的西征(蒙古第一次西征),4.当时的金朝与

---

① 《现代大学史学系概览(1912—1949)》上卷,第344页。
② 侯仁之:《我从燕京大学来》,第40页。
③ 《现代大学史学系概览(1912—1949)》上卷,第57—58页。

木华黎的占领黄河北部,5.成吉思汗的灭西夏与他的死,6.其他关于成吉思汗的问题。三、拔都汗的西征匈牙利:1.拔都兵入匈牙利以前,2.瓦耳施他提(Wallstatt)的战争,3.蒙古兵入波海米亚,4.拔都汗的征服匈牙利,5.由蒙古西征引起的问题"。傅斯年中国上古史择题研究,以中国上古时代为限,分十个专题:(1)地理与历史;(2)古代部落与种姓;(3)封建;(4)东夷;(5)考古学上之夏殷;(6)周与西土;(7)春秋战国间社会之变更;(8)战国之大一统思想;(9)有部落至帝国;(10)秦汉大一统之因素。①胡厚宣回忆傅斯年的中国上古史择题研究,"从上古史中选择一些重要问题来作研究"。②厦门大学史学系的专题研究课程,"由教授提出问题若干,学生自由选定后,分头从事研究。上课时则分别报告个人研究之心得,并提出各种问题,互相讨论。其旨趣犹在指示研究之方法,以为异日深造之基"。③专题研究属于研究性课程,故于先修之基础课程要求甚高,蒋廷黻在清华大学的中国外交史专题研究,预修课程为中国近代外交史,蒋廷黻讲演十次,内容为(1)中国外交史之学术的现状;(2)尚待解决之问题,(3)中外史料之概况。其余课时由学生选题研究。罗家伦的中国近百年史专题研究,"注重引导学生自动研究鸦片战争以后中国历史上之专题,将重要历史现象分裂成若干方面,划作较小问题,俾供详尽之研究,于材料之搜集、批评与中外材料之比较、考订尤为注意"。④罗家伦很推崇西方史学中的"摩洛格拉夫"(Monograph),即对于历史上的一个较大问题的研究先要经过分题研究,"因为一个大问题里面,往往包括许多小问题;非先将他打散来,分别研究清楚不可"。⑤中国近百年史专题研究课程"将重要历史现象分裂成若干方面,划作较小问题"符合于罗家伦本人所倡导的"摩洛格拉夫",也是科学的史学的阶梯。

---

① 《现代大学史学系概览(1912—1949)》上卷,第87、108页。
② 胡厚宣:《我和甲骨文》,《学林春秋》初编上册,第278页。
③ 《现代大学史学系概览(1912—1949)》上卷,第475页。
④ 《现代大学史学系概览(1912—1949)》上卷,第321页。
⑤ 罗家伦:《研究中国近代史的意义和方法》,《武汉大学社会科学季刊》,第2卷第1期,1930年。

在大多数情况下，一门课程对应一位主讲教师，但亦有一门课程由多人分段授课的。1946年北大复员后，原定胡适的"历史研究法"课程改由史学系各教授分别讲述，第一讲胡适"史学与证据"，以下依次是余逊"历代史籍"、邓嗣禹"重要工具书之应用"、杨人楩"历史写出"、邓广铭"历史与传记"、向达"考古学与史学"、韩寿萱"博物馆与史学"、张政烺"金达五十年中国史学上之新发见"、郑天挺"整理档案的方法"、汤用彤"研究思想史的方法"、邵循正"元史的研究法"。①

但民国时的历史系课程也存在很多问题。一方面是师资匮乏，但同时又课程繁芜，贪多骛高，这种现象当时大学甚为普遍。北大历史系上古史必修课之外，又有八门选修课，傅斯年、顾颉刚各任一门，"此见当时学术界凡主张开新风气者，于文学则偏重元明以下，史学则偏重先秦以上"。②钱穆所说的"先秦以上"特指甲骨金石之学。北大由董作宾开甲骨文字研究，董作宾去安阳，就由唐兰代课，徐中舒开殷周史料考订，"那时在北大教甲骨文的教授有好几位，常常几门甲骨文课在中文、史学两系同开。此外，容庚先生在燕京，商承祚先生在师大，辅仁有于省吾，清华有吴其昌，北京图书馆有刘节，一流的学者，几乎云集北京"。③甲骨学在大学课堂上是"显学"，其共同精神都是在阐发王国维古史二重证据法的思想，以新史料来证古史。钱穆不谙于此，故颇受诘难。课程设置中的"厚古薄今"现象还是比较普遍的。章开沅1946—1948年在金陵大学历史系就读，由于贝德士（Dr. Miner Searle Bates）的倡导，比较重视近现代史，"王绳祖、陈恭禄两位老师分别担任世界近现代史和中国近现代史课程……这种情况与国内其他高校历史系的普遍厚古薄今形成鲜明的对照"。④

因人设课现象比较普遍，如中央大学课程"除了中西两通史两近世史是每年

---

① 《北京大学史料》第4卷，第584页。
② 钱穆：《八十忆双亲·师友杂忆合刊》，第160—161页。
③ 胡厚宣：《我和甲骨文》，《学林春秋》初编上册，第279页。
④ 章开沅：《我与辛亥革命研究》，《学林春秋》第二编下册，第332页。

必开外,其他每年各先生所开的课也略有不同"。①课程设置主要根据了教师的学术兴趣和学术专长,但课程设置的必要性及其相互关系、学生对课程的学习接受能力等均缺乏必要的考察。清华大学历史学系有张荫麟中国学术史,"追溯我国学术之沿革,特别注意天文、历法、算学、音律及其他自然知识与应用艺术。上期自殷周至东汉末为止,下期自东汉末至清道光年间止",又有钱穆中国近三百年学术史,"自明末遗老迄于近代,择要讲述,意在明其流变、抉其利病、借鉴古人、自勘当躬"。②前者跨越三千年,后者则为三百年,在时间上既不甚匹配,于清前期一段又是重合。张荫麟长于科技史,中国学术史课程说明中以科技史内容居多,似以中国科技史为名为上。陈寅恪在清华大学开设的佛经翻译文学课程,"因为同学中没有一个学过梵文的,最后只能得到一点求法翻经的常识,深一层了解没有人达到",蒙古源流研究课程相对稍好,"因为至少一部分同学对元史方法都多少有些准备,所以大致尚能了解,至于涉及蒙古文原文的问题,以及德法文引证的问题有时会感到困难些,不过大家大致尚能应付"。③选修陈寅恪课程的能坚持到底的学生不多,但反过来说,能坚持到底的日后大多都成为文史大家。

在大学历史系实行选科制和相应的学分制固然是为了兼顾教学目标和学生的个性发展,一方面让学生突破科学的限制,适度选择符合自己兴趣的课程,另一方面在必修、选修的规范下,提供学生对自己专业学科的基础认知。但在高校历史系各自为政的前提下放任各校自行指定必修、选修课程,反而造成了课程上的凌乱杂芜和漫无标准。④杜钢百曾批评大学中文系课程,认为其弊端有三:"无分组计划。查各大学中文系,虽曰高等专门教育,然其教授方式,似仍与高中无甚差异,穷其因由,大都科目广泛而无统宗,徒昭美备而强欲兼重。(如广州中

---

① 《国立中央大学概况》(1940),第41页。
② 《现代大学史学系概览(1912—1949)》上卷,第335页。
③ 劳幹:《忆陈寅恪先生》,《追忆陈寅恪》,第92页。
④ 刘龙心:《学术与制度:学科体制与现代中国史学的确立》,远流出版公司,2002年版,第208页。

大中国语文学系生徒,既有语音学、文学两者繁重之主系课目,又有教哲社诸史辅系学程,故终于东鳞西爪漫无统系矣。)而选习简易以企学分者,又习为敷演将事,祗冀及格塞责,大都生徒均择其易于考试者以修习,于是乎成绩斐然,竟胜似埋头研究之毕业论文多矣";"无基本训练……其所谓'学程一览'也,'组织计划'也,亦无一贯统宗条理,则其对于基本训练工作,自亦无精密之明文规定";"无指导方术与练习规定也。查中文系之教者,既在堂上抱本宣科,课后亦即无所谓'指导方式'与'研究末例',故学者亦只堂上听讲已足,堂下自亦无所谓实习工作。上下交蔽,泄沓成风,笔札且无呈缴,更何有于论著。故高者除恒钉缀拾,或多其记诵外,别布置如何探究与整理也;低者则一无所长,谨附庸风雅而已"。①上述中文系课程设置的弊端在历史系似也不同程度地存在。

大学历史系的课程通常需要分成若干类。按性质可分必修课和选修课,必修课程是学生所要掌握的基本知识,在课程设置中先满足必修课程的开设,选修则视师资情况而定。选修课程是在必修课程基础上的专精与深入,四川大学要求学生"在一、二年级内须注重基本训练,中西史兼修,务于彼我史乘得有明确之认识、坚实之修养。三、四年级方从事专门训练,所有功课分中史、西史两组,学者可各就所选,进而为断代方面史、国别史及各种专题之研究"。②断代史、国别史、专门史作为选修课程,是为学生进一步深入研究而开设。当然,无论是必修还是选修,学分抑或是绩点(甚至包括学位),都属形式层面上的,最主要的是课程的内容要使学生有所受益。何兆武旁听了政治系主任张奚若西洋政治思想史和西洋近代政治思想史两门课程,不参加考试,也不算学分,"可是我都从头到尾听下来,非常受启发,乃至于现在我的专业也变成思想史了"。③

相比于课程性质上的分类,课程内容分类更为重要。从《奏定学堂章程》就

---

① 杜钢百:《检讨国内大学中文系之"名称""课程"及其组织》,《杜钢百文存》,江苏人民出版社,2018年版,第142—143页。
② 《现代大学史学系概览(1912—1949)》上卷,第380页。
③ 何兆武:《上学记》,第114页。

开始分类。北大史学系课程分六大系统:(1)史学的基本学科,如社会学、社会心理学、人类学、人种学、政治学、宪法、经济学之类。以历史学为社会科学之一种,故以此等科学为必修科目。(2)史学的辅助学科,如目录学、沿革地理、人文地理、地史学、金石学、小学训诂学之类,以有助于史学研究,故定为选修科目。(3)史学史及史学原理者,如历史学、中国史学概论、中国史学名著评论、欧美史学史之类,多定为必修科目。(4)中外通史及断代史,皆为必修科目。(5)专门史,皆为选修科目。(6)第一、二外国语。①燕京大学历史学系分三类:中国和远东、远东以外的世界、历史方法。中山大学史学系分为六组:史学理论组、文化史组、世界史组、现代史组、基本学科组、补助学科组。②新中国成立后,翦伯赞担任北大历史系主任,翦伯赞将课程分为四类:一是理论方面的,如政治经济学、马列主义基础、辩证唯物主义与历史唯物主义、中国革命史;二是专业方面的;如中国古代史、中国近现代史、世界通史、中国以外的亚洲史等等;三是工具方面的,如古文字、俄文、日文、英文等;四是属于教学方面的,如教育学,历史教学法,教学实习等。③台湾学者刘龙心从学科体制的角度来研究现当代历史学。在《学术与制度》中将历史系课程分为(1)通史和断代史;(2)国别史和区域史;(3)专史和专题三大课程群组。《北大史学系早期发展史研究(1899-1937)》分史学讲义为通史、分段史、专门史、史学史与史学研究法四种,讲义当然是和课程相对应的。陈勇、颜克成将西南联大历史系课程分时间、空间、事类三大群组。④

---

①傅振伦:《先师朱遏先先生行谊》,《文史杂志》第5卷第11、12期,1945年。
②《国立中山大学文学院概览》(1933),第62-68页。
③翦伯赞:《新中国的历史研究与历史教学》,《翦伯赞全集》第5卷,第159页。新中国成立后曾学习苏联大学中的"专门化",即在大类的专业下所开设的一种或数种特定的课程体系。北京大学历史系在历史专业中分了六个专门化:(1)中国古代史,(2)中国近代史,(3)中国以外的亚洲史,(4)世界史,(5)国际关系史,(6)考古(北京大学原有历史和考古两个专业,后合并为一个专业,考古成为历史学专业下的一个专门化)。
④陈勇、颜克成:《西南联大历史系课程设置与教研的时代特征》,《四川师范大学学报》2013年第3期。

本书将历史系课程分为五类:(1)中国通史和断代史;(2)外国史;(3)专门史;(4)工具类课程;(5)"史学"类课程。前四类课程习见,惟多列了"史学"类课程。按"历史"和"史学"的区分,两者分别对应了本体论和认识论。"历史"是人类社会发展的客观进程,中国史、外国史、专门史均属之,"史学"是指这一学科的内在省视,故专为分类。以下五节依次论述。高等师范学校历史课程专列一节,末节论述授课讲义、教材和参考书。以上分类只是为论述方便,而非必有齐整划一的标准。

第二节　中国通史和断代史课程课程

通史一直以来始终都是大学历史系的"奠基课程"。从课程性质来看,高校中的中国通史有两种:一是作为共同必修课的中国通史,1938年,教育部制订了"文学院共同必修科目表",文学院共同必修科目为:三民主义、伦理学、国文、外国文、中国通史、世界通史、哲学概论、理则学、自然科学八选一(科学概论、普通数学、普通物理学、普通化学、普通生物学、普通心理学、普通地质学、地学通论),社会科学五选一(社会科学概论、法学概论、政治学概论、经济学概论、社会学概论)。①理学院、法学院、师范学院与此相同,中国通史都是其必修科目。工学院、商学院、农学院、医学院等无中国通史之共同必修课。另一是作为历史系专

---

①《第二次中国教育年鉴》(1948),第495—496页。西南联大1944年教务会议(院系主任会议)对大学各院共同必修科目提出决议:(1)三民主义一科目,一致拟请改为选修;(2)伦理学以科目,一致拟请取消;(3)国文照原订;(4)外国文照原订;(5)中国通史照原订,惟理学院认为可作社会科学之一种,院中学生必修之两种社会科学中,得以此为两种之一;(6)世界通史一科目,一致拟请改回为西洋通史;(7)文学院主张两门通史中,该院学生得任选一门,法学院亦可同意;(8)哲学概论一科目,文法两学院均主取消,师范学院则拟请订为该院必修科目;(9)哲学概论一科目,各学院概主取消,并一致认为确难作为自然科学之一种,或以之替代自然科学;(10)社会科学概论一科目,各学院概主取消。参见《清华大学史料选编》(第3卷下册,第254—255页)

业基础课程的中国通史。

作为历史系专业基础课程的中国通史可追溯至1904年《奏定学堂章程》文学科大学中国史学门下之通鉴学，通鉴学要求"治通鉴者，必须自上古至明首尾贯彻，方合体裁；亦须参考正史及通考会要，并须参考外国史"。①此处之通鉴学即可理解为中国通史。断代史可溯自《奏定学堂章程》文学科大学中国史学门下之正史学，"治正史者，可择治数朝之史，不必兼治二十四史，亦不得专治一史；亦须参考各种通鉴及别史、杂史，并须参考外国史"。②正史即二十四史，治二十四史中之数种，实际上就是断代史。

民国时大学历史系亦有以分代史指称断代史。断代史不是按王朝断代，而是按历史时期断代。按历史时期断代大致上有两种形式而为课程名目：一是按上古史、中古史、近古史、近世史、近代史、现代史来断代，此种断代源自日本。另一是按先秦、秦汉、魏晋南北朝、隋唐五代、宋辽金元、明清断代。③前者又与西洋史的分期相配拟，如厦门大学历史社会学系，三十年代所开之中国上古史、中国中古史、中国近世史，与该系的西洋上古史、西洋中古史、西洋近世史对应。暨南大学历史地理学系中国通史之外，断代史课程有五：中国上古史（史前–秦）、中国中世史上（秦–五代）、中国中世史下（宋–明末）、中国近代史（明末–清）、中国现代史（民国）。后者虽然是突破了历朝正史以王朝为断代，但断代分期还是较为随意，如中央大学有元明史，而非常见之明清史。亦有少数以王朝为断代的课程。此外，还有上述两种断代史名称混用或同时开设者，如清华大学雷海宗讲授中国上古史和秦汉史，前者从史前时代至秦统一而与后者衔接，以下断代史为晋南北朝隋史（陈寅恪）、隋唐史（陈寅恪）、宋史（张荫麟）、明史（吴晗）、清史（吴

---

①《中国近代教育史资料汇编·学制演变》，第351页。
②《中国近代教育史资料汇编·学制演变》，第351页。
③吕思勉《白话本国史》以上古、中古、近古、近世、现代断代，四部断代史《先秦史》、《秦汉史》、《两晋南北朝史》、《隋唐五代史》，计划编写《宋辽金元史》和《明清史》，分别对应了上述两种断代形式。

晗)。四川大学由祝同曾授中国通史,断代史则于中国上古史(杨筠如)、中国中古史(杨筠如)、中国近古史(张云波)、中国近世史(张云波)之外,又有隋唐五代史(祝屺怀)和宋辽金元史(张云波)。①但无论何种分期方式,都将分期标准定在了整体的政治、经济、社会、文化等方面发展变迁。②

民国时期的中国通史也存在着上古、中古、近古、近世、近代、现代和先秦、秦汉、魏晋南北朝、隋唐五代、宋辽金元、明清两种断代模式,前者最为常见。章嶔《中华通史》(1933)为商务印书馆大学丛书之一,其书分四编:上古、中古、近古、近世及现代。后者则有蓝文徵《中国通史》(1942),分六时期:自史前至殷周;秦汉;魏晋南北朝;隋唐五代;宋辽金元;明清及现代。

会通和断代一直以来都是中国史学史上的一对重要范畴。司马迁《史记》首创纪传体通史,班固改通史为断代史而成《汉书》,会通和断代之优劣在古代史学史上一直争论不休。这种争论同样也反映到了大学历史教学领域中。会通和断代实际上对应的是整体和部分的关系,一般都将两者看作互为补充的关系。③从《奏定学堂章程》开始,就认为"正史学精通一朝之事,而于古今不能贯串;通鉴学贯通古今之大势,而于一朝之事实典章不能精详。若不立正史学一门,则正史无人考究,于将通史者亦有妨碍,故正史学与通鉴学亦有资补助之处"。④

在历史教学领域中,受到批评最多的是教学上的重复,中学生"读了六年历史,是每三年为一圆周,只读了两周"。⑤到了大学还要再学一遍中国历史。在中国通史和断代史的教学中,重复问题同样存在。这也是在制订课程和教学计

---

① 《现代大学历史系概览(1912—1949)》上卷,第345—346、380—382页。
② 刘龙心:《学术与制度:学科体制与现代中国史学的确立》,第227页。
③ 通史和断代史是整体和部分的关系。同样,通史和区域史也是整体和部分的关系,民国大学历史系中亦有不少区域史的课程,如北京大学西藏史(吴燕绍)、东北史地(冯家昇)、西北史地(张星烺),辅仁大学中国近代西北史(张鸿翔),暨南大学蒙古、西域史,齐鲁大学山东史,燕京大学西北史地(张星烺)、东北史地(方壮猷),中央大学蒙古史、西藏史等。
④ 《中国近代教育史资料汇编·学制演变》,第351页。
⑤ 黎东方:《关于大学中国通史课程的几个问题》,《教育杂志》第31卷第11号,1941年。

划时所必须要面对的问题。

从大学历史课程设置来看,通常都认为断代史课程是在中国通史基础上的细化和深化。根据《中央大学文学院选课指导书》(1933),史学系中国通史为第一学年必修,分二学期讲授:"(一)概说及太古至战国,(二)秦汉至南北朝,(三)隋唐至元,(四)明清至现代。概说略述史学要义及国史上之民族、年代与地理。自太古以降,则依次综述各时代之重要史实,以说明今日各种现象蜕化之所由及其造成之所以"。[①]一学年的中国通史只能以"概说略述"的方式进行讲授。断代史都是三、四学年必修,一学期授完,具体情况如下[②]:

课程	课程说明
中国远古史	本课目以探讨未有文字记载前之我国史迹为主。其要目为:(一)中国的地史与古人类,(二)北京原人,(三)河套古人,(四)原形中华人,(五)原始社会,(六)原始文化,(七)古神话与传说
商及西周史	本课目即以古书杂记疏通新史料,更以新史料补苴旧史阙文。其要目为:(一)《商书》与《商颂》,(二)《殷本纪》与《宋世家》,(三)殷虚古物与卜辞,(四)《周易》、《周书》、《周颂》与《大小雅》,(五)《周本纪》与鲁、卫、燕、晋、齐、楚诸世家,(六)商周铜器及款识。
春秋战国史	本课目为分代史之一,即周东迁后至秦统一间之列国史。其时政事、社会、风俗、学术之演变,皆绾今古枢机,故应并重各方面,而极尽彰往知来之瞻瞩。
秦汉史	本课目以《史记》及两《汉书》为主要教材,旁及秦汉载籍及新出史料,对于此时代史实作一比较专门的研究,自政治、学术外,特详于汉族之向外发展及禹域僻壤之开辟。
魏晋南北朝史	本课目以《三国志》、《晋书》、《南》、《北史》、《隋志》及《通鉴》魏至隋初部分为主要教材,参以八史及他载籍,对于此时代史实作一比较专门的研究,自政治、学术及宗教外,特详于民族之竞争与迁徙、异族之华化与混合、社会风俗之变迁等。

---

① 《现代大学史学系概览(1912-1949)》下卷,第650页。
② 《现代大学史学系概览(1912-1949)》下卷,第650-652页。

课程	课程说明
隋唐五代史	本课目以《隋书》、《新唐书》、《新五代史》及《通鉴》自隋以后部分为主要教材,参以《旧唐书》、《旧五代史》及他载籍,对于此时代史实作一比较专门的研究。自政治、学术、宗教外,特详于疆土之开拓、外族关系及藩镇割据之因果等。
宋辽金史	本课目为东胡内侵、华夏衰微之痛心史,而其时学术文化皆有进境,实为近世社会状况造成之源。应注意之端:一、唐末割据之影响,二、宋代制度与后世之关系,三、辽与北宋之关系,四、金与南宋之关系,五、西夏与宋金之关系,六、元与宋金之关系,七、宋代学术思想与后世之关系,八、宋末之忠臣义士。
元明史	本课目分两阶段:第一阶段为元史,应包括蒙古征战所及诸国之事迹,其端绪最为繁难,因非有波斯、阿拉伯、俄罗斯及蒙古诸文字之参考书不可也。至专言中国方面,则有《元史》、《新元史》、《元朝秘史》、《蒙古源流》、《蒙兀儿史记》等以及元明清人诸记录可为参考资料。其应注意之端:一、蒙古的起源及其发展,二、蒙古的征服之诸国概况,三、蒙古之内乱与其衰亡。第二阶段为明史,此为华夏光复而转入衰亡之痛心史也。应注意之端:一、明太祖之创业,二、永乐以后历代之失政,三、明代边务,四、明代之倭寇,五、明代之政制与社会风气,六、西人东渐与科学之萌芽,七、明末之内忧外患与其灭亡时之民族意识。
清史	本课目所涵括为瀛海棣通,中国与世界关系演进日深之时期,实前古未有之变局也。应注意之端:一、满洲入主中夏而渐同化,二、清代之开拓及其内政,三、清代华人之思想学术,四、太平天国战史,五、清末之外患,六、清末之改革,七、清末社会思想之变化

从讲授的深度来看,中国通史是"概说略述",教材为缪凤林《中国通史纲要》,"纲要"之名颇符合通史"概说略述"的特征。而各断代史都属"比较专门的研究",教材则大多以原始的文献史料为主。[①]

从内容上来看,中国通史不能敷衍铺张,只能作有限的重点讲授,断代史则可以涉及到了各个断代的方方面面。辅仁大学柴德赓讲授中国史纲要,"内容分年代、官制、地理、经济、姓氏、民族、学术、科举、避讳、史部目录等门。各门中仍

[①] 参见《国立中央大学一览·文学院概况》(1930)。史学系课程中国通史之外,各断代史课程分别为中国上古史、中国中古史、中国近古史、中国近世史、中国现代史、中华民国史。基本上以时期为断代,而非以王朝为断代。

以类相次,分题讲述。所举多普通常识,尤致意于史学工具书之运用及史料来源指示"。①内容多"普通常识",颇符合于"纲要"之课程名称。纲要之外的六门断代史分别为秦以前史(张星烺)、秦汉史(余逊)、《魏晋南北朝史》(牟传楷)、隋唐史(叶德禄)、宋辽金元史(张星烺)、明清史(张鸿翔),各门断代史的内容体量与中国史纲要相同。燕京大学中国通史由邓之诚讲授,内容为:"(1)注意时代的认识。对于年代、世次作简单之说明,并从各个时代之事的、人物的、制度的各种关系,以探索其意义及因果;(2)注意文化的发展。从制度、政治、经济、学术、思想、艺术及中外交通上,以求其变化之痕迹;(3)注意社会进化。从社会、经济、生活、风俗、阶级各方面,作综合之观察"。断代史除顾颉刚讲授中国上古史研究和张星烺讲授宋辽金元史外,其余秦汉史、魏晋南北朝史、隋唐五代史和明清史均由邓之诚担任。

北京大学则以中国通史为基础课程,断代史作为研究课程。1920年,中国通史在史学系分新、旧两班,旧班"以分类法编纂,不以时代相次,此为中国旧法",新班分中国上古史、中国中古史、中国近世史,"以时代相次,乃能明其原因结果,此乃应用科学方法整理史学者"。到1921年即以本国上古史、本国中古史和本国近世史合作中国通史。断代史为西周史、战国史、秦史,作为研究课程,"中国自汉以下,每朝各有断代史,而秦以前则无。中国一切学术、政事、风俗皆渊源于周代,而周代仅春秋时有编年之《春秋左氏传》,首尾完具,事迹详备。西周、战国并此无之,唯秦亦然。然西周之政治、战国之学术、秦之改封建为郡县制,皆于后世有莫大之影响,故先整理此三史,以为编纂上古史之基础。盖此三史颇与西洋之希腊史、罗马史有同等之声价,具独立之资格焉"。②1930年,则在三四年级开设中国分代史研究,"随教员常治之史,选择其一,共同研究。例如甲教员常治汉代史或唐代史,乙教员则常治宋代史或元代史,丙教员常治明代史或

---

①《现代大学史学系概览(1912—1949)》上卷,第224页。
②《现代大学史学系概览(1912—1949)》上卷,第13页。

清代史,则三、四年级生选择其一史,专攻两年,将研究成绩报告……1将某代史句读一过,以表明读完此史。2将某代史撰述源流及后人重修或考订之历史,编成报告。3将某代史有关系之参考书,及中外杂志上对于某代史之著述,编成一目。4将某代史之历史的地理,并其时代之政治、经济、学术、风俗及其他一切文化,分类研究,各择其一类,撰成有系统的论文。5个时代史,各有特殊情形,其研究方法,由担任教员自由指导"。①分代史研究课程具体为:秦汉史(徐曦),魏晋南北朝史(邓之诚),宋史(朱希祖),元史(陈垣)。

在大学历史系的课程体系中,断代史应该是对中国通史的进一步的深入和细化。断代史本身欲再进一步深入和细化,则有各种断代专题史,吴晗在清华大学除开设明史之外,又有明代社会史和明史研究。明代社会史"在阐明明代社会组织、思想流别、政治制度等之形成及其变革,并指出此等因素对后代之影响",明史研究"遍搜明代史料,考证价值,用以改订现行之明史,并指导学生作专题研究,以期解决若干前人所未解决之问题"。②前者为专题史,后者则为研究课程。

对于中国通史和断代史中重复,有的大学在课程设置时也力图加以避免,如武汉大学史学系则将中国通史分成四段,分别为(一)上古:"钩稽中国太古至秦代之社会、政治、经济、文物及民族等现象";(二)汉魏六朝:"述两汉魏晋南北朝八百年间国力之更迭盛衰、政治之互为因革、文化之渐次展进、人物之代有设施以及社会经济之状况";(三)隋唐五代:"编述隋唐五代之时政治、经济、社会、民族、文化等现象,阐明其变迁,并说明其推移因革、盛衰消长之因果";(四)宋元明及清初史:"编述宋元明及清初之政治、军事、经济、社会、民族、文物等现象,阐明其变迁,并说明其推移因革、盛衰消长之因果"。③这样,中国通史就成了断代史的叠加。1948年,复旦大学史学系系务会议决定,史学系新生不再必修一年制的中国通史,把原来分为七段的各种断代史合并为四大段,即先秦史、秦汉魏晋

---

① 《现代大学史学系概览(1912-1949)》上卷,第52页。
② 《现代大学史学系概览(1912-1949)》上卷,第336页。
③ 《现代大学史学系概览(1912-1949)》上卷,第396页。

南北朝史、隋唐五代宋辽金史、元明清史,由学生依次学习。①

民国时较早开设中国通史且影响较大的是王桐龄。王桐龄(1878-1953)由作为教育部官费生留学日本,毕业于东京帝国大学历史系,1911年回国后在北平师范大学、北京大学、清华大学、中法大学、燕京大学、明德大学、中国大学、女子文理学院等校任教。在北平师范大学、清华大学等校讲授中国通史,"自远古至现代。讲述历代各民族之盛衰、政治之沿革、疆域之伸缩、学术思想之变迁、社会之状况及学术、政治之交互影响"。②王桐龄于1926年出版《中国史》,原稿为北京高等师范学校历史地理部中国史讲义,在教学中对讲义不断地订正增补、删繁就简以适应课堂教学的需要。从1913年开始编撰,至出版时共经历过四次大规模的修订增补。《中国史》按上古、中古、近古、近世分四编,这在当时是最为常见的分期法。《中国史》之体裁为通史,"最注意于民族之盛衰,国家之兴亡。凡有关于盛衰兴亡事迹,一一详述其原因结果,以为当代及后世借镜之资本","每一时代之终,必详载其时代之制度、学术、宗教、风俗、事业,以观其社会文化之隆替"。可见,其通史已经预"新史学"之流,从政治史延展至社会文化史。③东吴大学历史系将王桐龄的《中国史》和《中国民族史》作为相关课程教材。

在三十年代,中国通史课程有"北邓南吕"之说。北邓指邓之诚,其授课讲义即《中华二千年史》,1934年商务印书馆列入"大学丛书",从秦至宋共4卷。《中华二千年史》"自秦汉迄于明末,取材以正史通考等书为主,其他有关的史料,也择要选录。他用自己的话作一大纲,而将有关正史的记载尽量采录,既是一部很好的通史,也可以说是一部史料汇编。搜讨广博,去取极严"。④南吕指吕思勉,吕思勉在光华大学一直讲授中国通史,但考虑到大学中国通史易与中学重复,故将重点放在文化史上。《吕著中国通史》便是吕思勉的授课讲义,"上册以文化现象

---

① 邓广铭:《自传》,《邓广铭全集》第10卷,第417页。
② 《现代大学史学系概览(1912-1949)》上卷,第316-317页。
③ 王桐龄:《中国史》上卷,吉林人民出版社,2013年版,第22页。
④ 齐思和:《近百年来中国史学的发展》,《燕京社会科学》第2期,1949年。

为题目,下册乃依时代加以联结,以便两面兼顾"。①《吕著中国通史》的上下两册实际上还是按照马端临《文献通考》中理(治)乱兴亡和典章经制的区分,这也是吕思勉所一贯主张的。

讲授中国通史最知名的自然是钱穆。北京大学中国通史初时分段,由诸人合上,效果不佳。后来就由钱穆一人授课。钱穆对通史及其教学的基本理念即是通史为一整体:

> 北大中国通史一课,乃分聘当时北平史学界,不专限北大一校,治史有专精者,分门别类,于各时代中各别讲授。历史系主任及助教两人,则随班听课,学期学年考试出题阅卷,由彼两人任之。余亦分占讲席,在讲堂上明告诸生:'我们的通史一课实大不通。我今天在此讲,不知前一堂何人在此讲些什么,又不知下一堂又来何人在此讲些什么。不论所讲谁是谁非,但彼此实无一条线通贯而下。诸位听此一年课,将感头绪纷繁,摸不到要领。故通史一课,实增诸位之不通,恐无其他可得。'乃有人谓,通史一课固不当分别由多人担任,但求一人独任,事亦非易。或由钱某任其前半部,陈寅恪任其后半部,由彼两人合任,乃庶有当。余谓:'余自问一人可独任其全部,不待与别人分任。'民国二十二年秋,北大乃聘余一人独任中国通史一课……学校又特为余专置一助教,余乃聘常来北大旁听之学生贺次君任之。②

钱穆主讲"中国通史"课程,每周四小时,共上两堂。通史必须于一学年中在规定时间内讲完,决不能有首无尾,中途停止,否则则有失"中国通史"一课之真精神。对于中国通史的讲授内容安排及备课情况,钱穆亦有所记:

> 余于开学后上课前,必于先一日下午去太庙,预备翌日下午上堂内容。主要在定讲述之取舍,及其分配之均匀……必求一本全部史实,彼此相关,上下相顾,一从客观,不驰骋空论。制度经济,文治武功,莫不择取历代之精

---

① 吕思勉:《吕著中国通史》,《吕思勉全集》第2卷,上海古籍出版社,2015年版,第7页。
② 钱穆:《八十忆双亲·师友杂忆合刊》,第162–164页。

要,阐其演变之相承。而尤要者,在凭各代当时人之意见,陈述有关各项之得失。治乱兴亡,孰当详而增,孰宜略而简,每于半日中斟酌决定明日两小时之讲述内容。除遇风雨外,一年之内,几于全在太庙古柏荫下,提纲挈领,分门别类,逐条逐款,定其取舍。终能于一年之内成其初志。上自太古,下及清末,兼罗并包,成一大体。下及第二年,余遂可不复至太庙古柏下,然亦随时随地不殚精思,于每一讲之内容屡有改动。又增写参考材料,就《二十四史》《三通》诸书,凡余所讲有须深入讨论者,缮其原文,发之听者,俾可自加研寻。①

钱穆所授"中国通史"是北京大学的"金课",据其讲稿而编成《国史大纲》。钱穆亦记有学生曾连续听此课六年。因每年所授内容有增损,而于讲授内容的变与不变中获益良多。

1932年,周谷城任上海暨南大学史地系主任,讲授中国通史,其讲义《中国通史》(1939)由开明书店出版。周谷城以"历史即斗争过程"作为贯穿于中国历史的指导,从人与自然的斗争,到各民族之间的斗争,再到阶级斗争。虽然《中国通史》中体现唯物史观的内容很少,但有关阶级斗争的内容是与马克思主义史学较为接近的,按周谷城本人所述:"《中国通史》刚刚出版,反动的系主任竟说我的书有马克思主义嫌疑,而不让教,指定我改教《世界通史》及《世界史学史》。当时,南京中央大学的教授诬蔑我写的《中国通史》是拿了俄国人的卢布写的。这部书在杭州、西安等地被没收"②。

此外,在大学历史系中担任中国通史课程并编写中国通史讲义的还有缪凤林、陈恭禄、蓝文徵等。夏曾佑的《中国古代史》虽然最初是用作中学历史教科书,但"但后来多次再版,不少大学教师和研究者颇有好评"③,也有不少大学历史系将其作为中国通史的教科书。

---
①钱穆:《八十忆双亲·师友杂忆合刊》,第162-164页。
②周谷城:《自传》,《周谷城全集》第6卷,第511页。
③桑兵:《晚清民国的国学研究》,上海古籍出版社,2001年版,第70页。

对各部中国通史的优劣得失以及比较研究,在民国时亦有很多评论,顾颉刚曾评价中国通史中"较近理想的,有吕思勉《白话本国史》、《中国通史》、邓之诚《中华二千年史》、陈恭禄《中国史》、缪凤林《中国通史纲要》、张荫麟《中国史纲》、钱穆《国史大纲》等。其中吕思勉、周谷城、钱穆三四先生的书外,其余均属未完之作。"①邓广铭认为"钱著《国史大纲》为最好,以陈恭禄的《中国史》为最坏,在洋洋四五十万言的一巨册中,竟至于无一字可取",介乎二者之间"的则是周谷城《中国通史》。②罗荣渠曾"对照阅读周谷城的《中国通史》与钱穆的《国史大纲》。前者分量虽较后者为多,但是平心而论,钱书实在较周书著得好,不但是递嬗分明,文省事清,并且有很多独特的卓见;周先生虽然以新史学治史,但并没有什么发现或发明"。③

九一八事变以后,中国通史在情感、价值等方面的意义似要大于其作为知识、学术上的价值。抗日战争全面爆发后,中国"正在进行着艰苦而长期的抗击日寇侵略的战争,讲中国通史要有民族感情,必须以我们祖先几千年的丰功伟绩,教育学生树立自尊、自豪和自信,激发他们的爱国热情,要使历史知识为现实服务"。④显然,钱穆等人的中国通史课程大受学生欢迎也有此方面的因素。

二三十年代断代史课程的开设主要取决于师资条件,其时少数大学如北大、清华、燕京等可以开设完整的断代史课程。断代史课程内容的重要性亦是开课的重要因素,北京大学开设西周史、战国史、秦史的断代史研究课程,以"中国自汉以下,每朝各有断代史,而秦以前则无。中国一切学术、政事、风俗皆渊源于周代……西周之政治、战国之学术、秦之改封建为郡县制,皆于后世有莫大之影响,故先整理此三史,以为编纂上古史之基础。盖此三史与西洋之希腊史、罗马史有

---

① 顾颉刚:《当代中国史学》,上海古籍出版社,2006年版,第85页。
② 邓广铭:《评周谷城著<中国通史>》,《邓广铭全集》第10卷,第73页。
③ 罗荣渠:《北大岁月》,第221页、
④ 马同勋:《传道授业典范,教书育人楷模——怀念恩师子馨吴其昌教授》,载《吴其昌文集》第5卷,三晋出版社,2009年版,第367页。

同等之声价"。①

民国时的大学中国通史讲义著名者甚多,但相应的断代史讲义则寥寥无几,这也从侧面反映了这一时期断代史课程在总体上并不尽如人意。不少大学历史系很难开设从先秦至明清的完整的中国断代史系列课程,如金陵大学历史学系1933年仅有明清史。有的大学断代史从外校请人兼课。钱穆曾在清华大学兼过战国秦汉史和东汉史课程。严耕望1937年考上武汉大学历史系,但对武大历史系的断代史课程似不甚满意,根据其回忆:"武大历史系教授阵容不很强,断代史似乎只选修了'殷周史',由吴其昌子馨师讲授;'明清史'由汪诒荪师讲授(实际上只讲了明清之际);'宋辽金元史'历年由系主任方壮猷欣安师讲授,但他觉得我们这一班最挑剔,自动不给我们开课;'秦汉史'、'三国史',新请徐光子明先生讲述,他自以为名教授,倚老卖老,只取《通鉴纪事本末》撮要讲授,而且颇多错误,讲了两堂,我们不满意,徐先生就走了,后来钱宾四师来讲校讲了一个月,开了'秦汉史导论'。"②张星烺在辅仁大学讲授先秦史,张星烺本以治中西交通史而闻名,周一良回忆其上课所念的讲义是根据马骕《绎史》所编成的厚厚一册讲义。

不少大学历史系限于师资很难开出齐备的断代史课程,教师既授通史又授断代史。邓之诚在燕京大学除了中国通史外又开了三门断代史。邓之诚讲授中国通史,其课程教室是全校最大,选课人数最多,《中华二千年史》作为该课程讲义,周一良回忆"邓先生讲课另起炉灶。他注重一个朝代兴亡治乱的大势和典章制度的沿革得失,间或讲些小典故。邓先生讲课娓娓而谈,很能吸引同学。记得邓先生开的断代史我都选修了,其中我对魏晋南北朝一段特别感兴趣。可能因为邓先生早年喜欢研究这段历史,还写过《南北朝风俗志》,所以讲课也特别精彩,我以后专搞这段历史,就是受了邓先生影响"。③

---

① 《现代大学史学系概览(1912—1949)》上卷,第13页。
② 严耕望:《治史三书》,第126页。
③ 周一良:《纪念陈寅恪先生》,《魏晋南北朝史论集》,第565页。

1939年，教育部制订《大学各学院分系必修及选修科目表》，规定了大学历史系需开设完整的中国断代史，学生至少选习两门断代史。中国通史作为文、理、法、师范学院的共同必修课，历史系就不再另外开设中国通史，而开设断代史。此后各大学历史系的断代史课程逐步完备。1939年蓝文徵受聘西北联大，后任西北大学历史系主任，所聘各断代之教授均为当时之一流史家：丁山考古学，蒙文通上古史，贺昌群秦汉史，蓝文徵魏晋隋唐史，陈述宋辽金元史，萧一山清史，陶元珍近代史。①抗战胜利后，王觉非随中央大学迁回南京，中国古代史徐中舒、缪凤林，两汉史劳榦，魏晋南北朝史和隋唐史贺昌群，两宋史金毓黻，元史韩儒林，明清史向达，中国近代史郭廷以。②李锦全1947年考入中山大学，殷周史刘节，秦汉史邱陶常，魏晋南北朝史姚学敏，隋唐五代史罗香林，宋辽金史陈登原，明清史郑师许，中国近代史陈锡祺。③

正式出版断代史的大学教材则不多，以宋代的居多。金毓黻在中央大学开设宋辽金史课程，其讲义《宋辽金史》分十章：总论、民族年世及疆域、宋世之积弱不振、宋之变法与党争、辽金西夏与宋室之关系、政治制度、社会经济、学术文化、外族与对外关系、结论。每章下分若干子目，共五十个子目，每个子目估计授课时间为1—1.5小时。按金毓黻自述："凡讲一科目，须先立总纲，总纲既立，依次讲之，便有条贯可寻。去岁讲此科目未立总纲，故患枝节无次，今特立矫此弊。"④张孟伦1944年在中正大学讲授宋史，分别写出了《宋代兴亡史》和《辽金元史略》，《宋代兴亡史》1948年由商务印书馆印行。柴德赓1946年在辅仁大学开设宋辽金史，编有《宋辽金史讲义》，分为宋之代周及统一，辽之兴起及宋辽之冲突，宋初制度，变法与党争，辽之衰落及金之兴起，金之侵宋，南宋建国及与金

---

① 《蓝文徵先生大事年表》，载《蓝文徵文存》，江苏人民出版社，2012年版，第347页。
② 王觉非：《逝者如斯》，第184页。
③ 李锦全：《学林思往事，南国见师情——刘节先生生平及其治学述略》，《刘景晨刘节纪念集》，香港出版社，2002年版，第196页。
④ 《静晤室日记》第6卷，第4484页。

和战经过八个部分,附有宋辽金史习题十道。①

中国近代史也是断代史,但却是比较特殊的断代史,其名目有中国近代史、中国近世史、中国近百年史等多种。萧一山曾综论各种近代史教本:"陈怀、李泰棻两先生初以其讲义授予北京大学,而坊间课本,乃多不可胜纪。高博彦、吴贯因、魏野畴、邢鹏举、罗元鲲、梁园东、沈味之诸先生之书,均各有所取,最近蒋廷黻先生著中国近代史大纲,言简事赅,不愧名家,惟关切时事之外,颇足引人误解,李鼎声先生之中国近代史条理清晰,而观点不无可议。陈恭禄先生之中国近代史,才力不能驾驭史料,报章常有批评"。②

中国通史和断代史实际上是对应了整体和部分的关系,按照整体大于部分之和的系统论观点,中国通史应该是处于优先地位的。中国通史课程的目的是要求对国史有一整体的认知,如苏毓棻在浙江大学历史系讲授中国通史,"讲述中国自太古迄于清亡之史实,使学者习后,对于国史已有之智识加以整理和充实,务期于今日中国社会状况之由来,文化递渐之因果,明其利弊,知所兴革焉尔"。③中国通史重宏观,提要钩玄并且能脉络贯通。断代史则讲求在中国通史的基础上在深度和广度方面能有相当的拓展。蓝文徵有《中国通史》和《隋唐五代史》,《中国通史》是其史学研究的纲领,《隋唐五代史》则是纲领下的著作。按其《中国通史》叙例云,各断代内容分为五编:"(一)纪事编:述朝代之兴亡,民族之融合,疆域之伸缩,重要之建设及内外征战等画期大事。(二)政治编:纪政法思想之演进,治道之得失及职官、法律、学校、诠选、军卫等制度。(三)经济编:载经济之思想与制度,人口与土地,财政与货币,赋税与徭役,交通与都市,以及工农商业等之状况。(四)社会编:书社会之思想、组织、风习、信仰、礼仪及社会问题等

---

① 邓小南:《读柴德赓先生〈宋辽金史讲义〉感言》,《青峰学志——柴德赓先生110周年诞辰纪念文集》,商务印书馆,2019年版,第49页。
② 萧一山:《近代史书史料及其批评》,《非宇馆文存》第4卷,第140页。
③ 《现代大学历史系概览(1912-1949)》下卷,第579页。

事。(五)文化编:详学术思想、文化、科学、创造、艺术等事"。①《隋唐五代史》(1945)则是国内最早正式出版的此断代之史著,为部定大学用书之一,其书"总叙隋、唐、五代之年历,地理及民族,为全书之纲维。次分述隋、唐、五代之大事,政治、经济、社会与文化,各自为篇,著名史实之原委,究寻演进之迹相"。②可见,蓝文徵《隋唐五代史》完全是按照《中国通史》叙例来进行编写,但仅成上册,内容为总叙及第一部分隋、唐、五代之纪事,政治、经济、社会、文化四部分则未能完成。史籍浩如烟海,"多数学者穷毕生之力,亦往往仅精通某一断代史、国别史或专门史,史学系特设此三科,用意亦仅在示学者以方法与门径,以为深造之基"。③

反之,各断代史课程的叠加并不能看成是真正意义上的中国通史。邓广铭在北大组织二年级级友会,邀请陈受颐、孟森、钱穆等人参加,孟森发言谓大学至今还没有一部可用的中国通史教材,勉励师生朝这一方向努力,"散会后我便与同班同学傅乐焕商量,最好就仿照英国剑桥大学编撰上古、中古、近现代《世界史》的办法,由胡先生(胡适)振臂一呼,以北大史学系的教师与历史语言研究所历史组的研究人员为核心,邀请全国的中国史专家,各分专题,通力协作,写一部大型的中国通史出来,岂非大好事体。我二人随即致函胡先生,陈述了这一意见。其后的一个星期天,我二人又同去拜访了胡先生,询问他此事是否可行。胡先生对此事的看法,不像我们这两个年轻人那样简单幼稚,大概他根本就觉得这件事是不具备可行性的,然而他并不向我们当面泼冷水,他只向我们说:'待与史语所的傅先生商量一下,看他的意见如何。'其后,他大概也并没有真正向傅先生商量过,这件事就此宣告结束"。④

---

① 蓝文徵:《<中国通史>叙例》,《蓝文徵文存》,第182页
② 蓝文徵:《隋唐五代史》,《蓝文徵文存》,第2页。
③ 《最近全国公私立专科以上学校概况一览》(1948),第3页。
④ 邓广铭:《怀念我的恩师傅斯年先生》,《邓广铭全集》第10卷,第311-312页。罗继祖回忆新中国成立之初,吕振羽、匡亚明先后任吉林大学校长,但是吉大"主讲教师质量不高,不能淹贯全史,只可分段讲,这是吉大历史系最大病痛所在。在旧式大学,这大概是不够格的"。参见罗继祖《蜉寄留痕》(上海古籍出版社。1999年,第249页)

从教育学的角度来看,教学必须遵循循序渐进的原则。一年级的学生学习中国古代史,会涉及到古籍的阅读和理解,这对一年级学生来说要求过高了。在基本保持科学的逻辑系统的前提下,"学生在一年级学中国通史,从古到今,古代史部分不要求学得太深(当然,它要比中学的内容深一些),不要求学生钻研许多古籍,等到将来学断代史时加深,然后再搞科研……历史系一年级,学一年中国通史,二年级、三年级再学断代史、专门史。世界通史页放在一年级或二年级学,然后再学国别史、专门史。这样就可以既不打乱系统性,又能使学生由浅入深地学习"。①

第三节 外国史课程

20世纪六七十年代以来,以麦克尼尔和斯塔夫里阿诺斯《全球通史》为代表而出现了全球史(Global History)。马克思恩格斯则将资本的增殖以至于资本全球化的过程看成"世界历史"的形成。马克思主义的世界历史以及当今的全球史都是将整个世界看成一个整体,在此之前只有国别史或区域史。晚清以来,先后出现了泰西史、西洋史、东洋史、万国史、欧洲史、世界史以及各种区域史、国别史等等。最常用的是西洋史。②为表述方便起见本节统称之为外国史。

1904年《奏定大学堂章程》文学科大学下有万国史学门,万国史学门的课程有史学研究法、泰西各国史、亚洲各国史、西国外交史和年代学。

民国时大学历史系的课程体系中,一般来说是中国史课程多于外国史课程,但尽量做到中国史和外国史课程的平衡。清华大学"史学系每年平均有二十二

---

① 潘懋元:《高等教育学讲座》,《潘懋元文集》第1卷,第175页。
② 1938年,教育部规定世界通史为文学院共同必修课。1944年,西南联大教务会议决议将世界通史改回为西洋通史,"一则因为西洋而外之世界史教材至为零星片断;再则因适当教师无从物色"。参见《清华大学史料选编》(第3卷下册,第254页)

种课程,其中中外史各占一半"。① 试以清华大学历史学系三十年代课程说明为例:

年度	中国史课程	外国史课程
1930	1.中国通史(王桐龄) 2.宋辽金元史(张星烺) 3.中国外交史(蒋廷黻) 4.高僧传之研究(陈寅恪) 5.唐代西北石刻译证(陈寅恪) 6.中国史学史(朱希祖) 7.中国外交史专题研究(蒋廷黻) 8.中国近百年史专题研究(罗家伦)	1.西洋通史(孔繁霱) 2.西洋近百年史(刘崇鋐) 3.东亚史(王桐龄) 4.英国史(刘崇鋐) 5.欧洲近代史初期(孔繁霱) 6.欧洲十七十八世纪史(刘崇鋐) 7.法兰西革命史(蒋廷黻) 8.西洋近代史史料概论(杜捷尔) 9.西洋史学名著选读(蒋廷黻、孔繁霱、刘崇鋐) 10.西洋史学史(孔繁霱)
1932	1.中国通史 2.中国社会史(陶希圣) 3.近代中国外交史(蒋廷黻) 4.中国近百年史专题研究(蒋廷黻) 5.中国近三百年学术史(钱穆) 6.中西交通史(张星烺) 7.中国上古史(雷海宗) 8.战国秦汉史(钱穆) 9.东汉史(钱穆) 10.晋南北朝隋唐史之研究(陈寅恪) 11.晋南北朝隋唐文化史(陈寅恪) 12.晋南北朝隋唐之西北史料(陈寅恪) 13.蒙古史料之研究(陈寅恪) 14.清史料研究(蒋廷黻)	1.西洋通史(孔繁霱、黎东方) 2.日本通史(钱稻孙) 3.美国通史(刘崇鋐) 4.英国通史(刘崇鋐) 5.俄国通史(噶邦福) 6.西洋十九世纪史(刘崇鋐) 7.1914年以后之欧洲(刘崇鋐) 8.欧洲近代史学史(噶邦福) 9.南洋史地(张星烺) 10.法国革命史(黎东方) 11.欧洲十七十八世纪史(刘崇鋐) 12.欧洲宗教改革时代(孔繁霱) 13.欧洲近代史初期(孔繁霱) 14.欧洲中古史(雷海宗) 15.罗马史(噶邦福) 16.上古之近东及希腊(噶邦福) 17.俄国近代史(噶邦福)

① 《清华大学史料选编》第2卷,第336页。

1935	1.中国通史(雷海宗) 2.中国社会史(陶希圣) 3.近代中国外交史(蒋廷黻) 4.中国学术史(张荫麟) 5.中国近三百年学术史(钱穆) 6.中西交通史(张星烺) 7.中国上古史(雷海宗) 8.秦汉史(雷海宗) 9.晋南北朝隋唐史(陈寅恪) 10.晋南北朝隋唐史研究(陈寅恪) 11.宋史(张荫麟) 12.明史(吴晗) 13.明代社会史(吴晗) 14.明史研究(吴晗) 15.中国近百年史专题研究(蒋廷黻)	1.西洋通史(刘崇鋐) 2.日本通史(钱稻孙) 3.美国通史(刘崇鋐) 4.英国通史(刘崇鋐) 5.俄国通史(噶邦福) 6.南洋史地(张星烺) 7.欧洲十九世纪史(刘崇鋐) 8.西洋史学史(孔繁霱) 9.希腊史(噶邦福) 10.罗马史(噶邦福) 11.欧洲中古史(孔繁霱) 12.欧洲近代史初期(孔繁霱) 13.欧洲宗教改革时代史(孔繁霱) 14.欧洲时期十八世纪 15.法国革命史 16.近代国际关系史(蒋廷黻) 17.俄国近代史(噶邦福) 18.俄国在亚洲之发展(噶邦福) 19.欧洲海外发展史(噶邦福)
1937	1.中国通史(雷海宗) 2.中国社会史 3.近代中国外交史 4.近代中日外交史(王信忠) 5.中国学术史 6.中西交通史 7.中国地理沿革史(谭其骧) 8.中国上古史(雷海宗) 9.秦汉史(雷海宗) 10.晋南北朝隋史(陈寅恪) 11.隋唐史(陈寅恪) 12.晋南北朝隋唐史研究(陈寅恪) 13.宋史(张荫麟) 14.明史(吴晗) 15.明代社会史(吴晗) 16.清史(吴晗) 17.中国近代外交史专题研究(邵循正) 18.蒙古史(邵循正)	1.西洋通史(刘崇鋐) 2.日本通史(王信忠) 3.英国通史(刘崇鋐) 4.俄国通史(噶邦福) 5.欧洲十九世纪史(刘崇鋐) 6.西洋现代史(齐思和) 7.西洋史学史 8.史学名著选读(孔繁霱、刘崇鋐、雷海宗、张荫麟) 9.希腊史(噶邦福) 10.欧洲中古史(孔繁霱) 11.欧洲近代史初期(孔繁霱) 12.欧洲宗教改革时代史(孔繁霱) 13.俄国近代史(噶邦福) 14.欧洲海外发展史(噶邦福)

从上述对比可以看出清华大学历史学系中国史、外国史所开课程确实约略相当,甚至有的学年外国史所开课程还比中国史稍多。蒋廷黻任清华历史系主任期间再三强调外国史的重要:"外国史的本身有研究的必要。中国现在已经深入国际生活中了,闭关自守的时期早已过了,研究日本和西洋各国历史不过等于认识我们的邻舍而已。我们初见人必问他的履历,一国的履历就是他的历史。处今日之世界,这一点交邻的本分我们是不能不尽的。何况这些邻舍的物质和精神文明时常在输入之列呢?这些外货的取舍,最好的凭断就是历史的"。①清华历史系承担外国史课程的主要是孔繁霱、刘崇鋐以及外籍教师噶邦福。在1949年以前,大学历史系中以中国史教师为主,中国史教师中又以中国古代史为主。历史系中外国史教师一般只有一二人,有的甚至一个专任教师也没有。齐世荣1947年转入清华大学时,历史系有五位教外国史的教师,为孔繁霱、刘崇鋐、噶邦福、雷海宗、周一良,这在当时是少有的。②

北京大学同样也是中国史与外国史并重,特别规定偏重西洋史的要修完西洋史的全部断代史后再修两门的中国的断代史,反之,偏重中国史的修完中国史的各门断代史后再修两门西洋史。③

在教会大学,历史系的教师大多数都系外国传教士,故课程以外国史居多。1906年圣约翰大学在美立案,设文、理、医、神四学院,修习国学、史学、哲学系、社会学等十二门学科之一者得为文学士,史学所开课程为现代历史、英国历史、美国历史、日本历史与政府、本国之国际关系、历史的地理、西洋文化。④沪江大学则开设英国史、中国近代史、基督教历史的研究、欧洲近代史、美国史、日本近代史、欧洲经济史。⑤教会大学的课程设置最初系以外国史为主,燕京大学首任

---

① 《历史学系的概况》,《清华周刊》第41卷第13、14期,1934年。
② 齐世荣:《记20世纪40年代末清华大学历史系的几位外国史教授》,《文献与记忆中的清华历史系(1926—1952)》,第398页。
③ 何兹全:《爱国一书生》,《何兹全文集》第6卷,第2714页。
④ 《圣约翰大学一览》(1930—1931),第26页。
⑤ 《私立沪江大学一览》(1934—1935年),第95—97页、

系主任为瑞士人王克私,洪业继任王克私任系主任后,把历史系的主办方向从侧重西洋史转到中、西史学并重。洪业认为中体西用并不妥当,应当是中西兼体、中西并用。历史系的办学方向要侧重中国史,但学生必须通英文,注意外国的研究方法。①

就外国史而言,各大学历史系的外国史课程是不平衡的,试以三十年代北京大学、北平师范大学、大夏大学、辅仁大学、光华大学、暨南大学、四川大学等大学历史系的外国史课程列表如下:②

学校	西洋通史和断代史	东洋史、亚洲史、亚洲地区史和国别史	亚洲以外之国别史	出处
北京大学	1.西洋上古史 2.西洋中古史 3.西洋近古史(卢明德) 4.西洋十九世纪史(皮名举)	1.中亚民族史(聂西生) 2.日本史 3.日本近世史(王辑五)	1.希腊文明史(罗念生) 2.美国史 3.法国史 4.英国史 5.俄国史 6.德意志近代史 7.意大利近代史	《国立北京大学文学院课程一览》(1936-37)
北平师范大学	1.西洋通史 2.西洋上古史 3.西洋中古史 4.西洋近古史 5.西洋近世史 6.西洋文化史	1.东亚各国史	1.西洋国别史 2.苏俄研究	《国立北平师范大学一览》(1934)
大夏大学	1.西洋上古史 2.西洋中古史 3.西洋近代史 4.西洋文化史	1.亚洲通史	1.英国史 2.美国史 3.俄国史	《私立大夏大学一览》(1934)

---

①陈建守:《燕京大学与现代中国史学发展(1919-1952)》,台湾师范大学,2009年版,第22页。
②西洋文化史或文明史归入西洋通史和断代史,各种专史如文艺复兴史、法国大革命史等不列入表格。

学校	西洋通史和断代史	东洋史、亚洲史、亚洲地区史和国别史	亚洲以外之国别史	出处
辅仁大学	1.西洋上古史（赵光贤） 2.西洋中古史（安祺乐、胡鲁士） 3.西洋近世史一（胡鲁士） 4.西洋近世史二（胡鲁士） 5.西洋文明史一（胡鲁士）	1.南洋史地（张星烺）	1.美国史（胡鲁士）	《私立辅仁大学一览》(1941)
光华大学	1.西洋通史 2.西洋近代史 3.西洋文化史	1.东洋通史 2.南洋通史 3.日本史 4.朝鲜史	1.希腊史 2.罗马史 3.俄罗斯史 4.法兰西史 5.德意志史 6.美利坚史 7.拉丁美洲史	《私立光华大学章程》(1936)
暨南大学	1.西洋上古史 2.西洋中世史 3.西洋近代史上 4.西洋近代史下 5.西洋现代史	1.南洋史 2.亚洲东部诸国史 3.亚洲南部诸国史	1.法国革命史 2.俄国革命史	《国立暨南大学一览》(1936)
四川大学	1.西洋上古、中古、近古史（何鲁之） 2.西洋近世史（周谦冲） 3.欧洲各国成立史（范祖淹） 4.欧洲各国扩土史（范祖淹） 5.战后欧洲史（周谦冲） 6.西洋通史（何鲁之）		1.希腊文化史（何鲁之） 2.罗马帝国史（何鲁之） 3.英国史（谭励陶）	《国立四川大学一览》(1936)

学校	西洋通史和断代史	东洋史、亚洲史、亚洲地区史和国别史	亚洲以外之国别史	出处
武汉大学	1.西洋通史(陈祖源) 2.西洋古代史(陈祖源) 3.西洋近世史(汪诒荪) 4.西洋古代文化史(陈祖源) 5.西洋近代文化史(陈祖源)	1.印度史	1.英国史(鄢远猷) 2.美国史(鄢远猷) 3.俄国史(方状猷) 4.日本史(汪诒荪)	《国立武汉大学一览》(1937-38)
厦门大学	1.西洋上古史 2.西洋中古史 3.西洋近世史	1.东亚通史 2.南洋史地	1.英国史 2.美国史 3.法国史 4.德国史	《私立厦门大学文学院一览》(1936-37)
燕京大学	1.西洋通史(王克私) 2.欧洲向外发展史 3.法国革命及其拿破仑(贝卢思) 4.欧洲十九世纪前期史(贝卢思) 5.欧洲近代史(王克私) 6.西洋现代史(齐思和)	1.亚洲史概论(翁独健) 2.远东近代史(翁独健) 3.日本史(萧正谊)	1.英国史(贝卢思) 2.现代美国史(雷仁福)	《燕京大学课程一览》(1941)
浙江大学	1.西洋上古史 2.西洋中古史 3.西洋近世史 4.西洋文化史	1.日本史 2.印度史	1.俄国史 2.英国史 3.美国史	《国立浙江大学文理学院史地学系学程一览》(1937)
中山大学	1.欧洲上古史 2.欧洲中古史 3.西洋近代史 4.西洋最近史			《国立中山大学一览》(1930)

学校	西洋通史和断代史	东洋史、亚洲史、亚洲地区史和国别史	亚洲以外之国别史	出处
中央大学	1.西洋通史 2.欧洲中古史 3.欧洲近古史 4.西洋近世史 5.西洋现代史	1.菲亚古国史 2.日本史 3.印度史 4.回教诸国史	1.希腊史 2.罗马史 3.俄国史 4.英国史 5.法国史 6.德国史 7.美国史	《国立中央大学文学院选课指导书》(1933)

从上表可以看出,大学历史系都有西洋通史课程。西洋通史就和中国通史一样成为了历史系的两大主干基础课程。西洋历史实际上就等同于欧洲历史,这当然也可视为将亚非拉历史排除在外的欧洲中心论。西洋通史亦有通史和断代史,通史为"概说略述",东北大学西洋通史"述西洋上世、中世、近世一般之史迹,俾学者藉此缩影可以知西洋自有历史以来之大势",四川大学西洋通史"讲述西洋自史前至最近之发展史迹,俾学者对于西洋历史获得一贯之整个观念"。①西洋断代史则大多按上古、中古、近古、近世之习见分期,又有直接以西洋各断代史叠加来代替西洋通史,如武汉大学史学系曾以欧洲通史分上古、中古、近代三段讲授。

国别史课程的设置主要依据该国的重要性,故基本上以亚洲与英、法、美、日、俄等主要国家为主。②大夏大学历史社会学系开设英国史、美国史、俄国史,课程说明强调了上述国家的在国际上以及与中国关系的重要性,"英国为工业革命之发源地,其海军及工商业执世界之牛耳者垂百年,其殖民地之广,无与伦比,故有'世界上最大之帝国主义'之称。以其在国际上之重要及与我国关系之密

---

①《现代大学史学系概览(1912–1949)》上卷,第177、385页。1938年,教育部规定西洋通史和中国通史都作为文、理、法、师范四科的共同必修课程。
②相关研究有尚小明《民国大学的亚洲史教育》(《北大史学》2012年),张金萍《民国时期大学的日本史教育》(华东师范大学2017年硕士论文),韦行行《民国时期大学的美国史教育》(华东师范大学2018年硕士论文)等。

切,故另列为一学程","美国为新兴之国,因工商业发展迅速,在国际上已取得领导地位,大有驾英国而上之势。此后世界史上,美国将占一最重要地位,其在太平洋之重要更不待言,与我国之关系尤密切,故另列为一学程","俄国由极端专制之国家,一跃而为共产主义之国家,近十年来与世界之资本主义国家成一对抗形势。其在国际上之地位甚重要,而与我国之关系甚密切,故另列为一学程"。①国别史讲授多以"厚今薄古"的方式进行,现对于古代,英、法、美、俄等主要国家的资本主义时代才是重点,如鄢远猷在武汉大学讲授英国史,课程分三大时期,"诺曼征服以前为第一期,以研究英国民族之形成为主线;由诺曼征服至推铎王朝为第二期,以研究英国国基之奠定为主眼;由推铎王朝至现在为第三期,以研究英国工商业之勃兴、领地之扩张以及政治、科学、经济、社会、文化各方面之演进为主线。因现代史实之繁复与重要,故拟以四分之一时间讲授第一期,四分之一时间讲授第二期,而以四分之二之时间讲授第三期"。②

外国史亦有作为研究课程,燕京大学西洋史研究,分成七组,"选修者得就个人兴趣与教员商订研究范围(如上古史可以选时代史,如希腊史、罗马史等是。或选一问题,如古代政治制度史是),由教员指导选读基本史籍、史料,并作报告。教员学生每周至少聚会一次,时间临时订商"。③

外国史中的专题史课程则相对较少,北京大学史学系所开法国大革命史(黎东方),文艺复兴与宗教改革(陈受颐),欧洲殖民事业发展史(陈同燮),自由思想发达史(毛准),暨南大学历史地理学系所开西洋产业革命史、西洋海外拓殖史等。

民国时的外国史教材使用比较普遍的是编译教材,早期的是《迈尔通史》,此后海斯、穆恩等人合编世界史普遍采用。晚清时山西大学摘译了迈尔(Meyers)

---

① 《现代大学史学系概览(1912–1949)》上卷,第172页。
② 《现代大学史学系概览(1912–1949)》上卷,第439页。
③ 《现代大学史学系概览(1912–1949)》下卷,第570–571页。

的 General History of World，名为《西洋通史》。①胡适1906年在上海澄衷学堂求学时购得迈尔之《通史》。辅仁大学王克私先用《迈尔通史》，后"拟以H.G.Wells的历史学大纲（The Outline of History）为根据而系统地研究世界历史"。②陈翰笙在北大的欧美近世史课程以Hayes和Moon的 Modern History 为读本。刘崇鋐在清华所用的教材是Hayes和Moon合编的世界通史，"他认为这两册细读消化之后应已能初步掌握基本史实。他另选不少较高层次，但并非必读的参考书由学生自由抽读品尝"。③辅仁大学的英文和西洋史课程大多由神父讲授，"西洋史的神父以带有南欧口音的英语，照本宣科地读海司与穆恩的教本"。④武汉大学史学系西洋通史、西洋古代史、西洋近世史等课程均以Hayes、Moon之 Ancient History，Medieval History，Modern History 为参考书。东吴大学历史系亦以Hayes、Moon、Wayland的 World History 为世界史教材。何兆武在西南联大时，西洋通史课程"用的是Hayes、Moon两个人写的《古代史》、《中古史》和《近代史》三本，摞起来很厚，可是写得深入浅出，非常易懂。那时候已经有翻译本了，不过我想着读原文……读原文有个特殊的方便，它的地名、人名、专名词都非常好记，比看中文好记得多，所以看英文本反而更容易"。⑤其他的编译外国史教材不如海斯、穆恩世界史使用广泛。何炳松除翻译美国鲁滨孙《新史学》之外，又以鲁滨孙之《西部欧洲史》（An Introduction to the History of Western Europe）为主体，辅以俾耳德

---

① 齐思和：《近百年来中国史学的发展》，《燕京社会科学》第2期，1949年。
② 谢婉莹、瞿世英、刘万芳：《燕京大学》，《生命》第2卷第2期，1921年。韦尔斯《世界史纲》在中国影响甚巨，但作为大学历史系教材或参考书则不多见。
③ 何炳棣：《读史阅世六十年》，第58页。
④ 周一良：《毕竟是书生》，《周一良全集》第7卷，高等教育出版社，2016年版，第14页。
⑤ 何兆武：《上学记》，第212页。谢澄平在美国哥伦比亚大学留学时曾听过海斯和穆恩的讲课："海斯先生，是著《近代欧洲政治社会史》的名作家。他不仅写得好文章，而且讲得太好了。快要光秃的头上还留一卷稀少而整洁的短发，目光炯炯照视着全座二三百生徒，声音洪亮。记下的讲稿充满着生动而翔实的材料；蒙先生是一位漂亮的人物，他是海斯的得意门生。他讲述得很有风趣，在座的特别多女生。他念起外交上的文件起来字字有劲。他比海斯和悦随便，甚至于考试也远不如海斯之认真"。参见《近代中国史家学记》)（下卷，第908页）

(Charles A.Beard)之《欧洲史大纲》(Outline of Europe History),编译而成《中古欧洲史》,作为北京大学史学系讲授中古欧洲史之讲义。又据鲁滨孙和俾耳德之《现代欧洲史》(History of Europe, Our Own Times)编译而成《近世欧洲史》。①

此外,还有不少英文原版教材或自编全英文讲义被采用,北京高等师范学校史地部西洋史教材 Wolfsen 的 *Essentials of Ancient History* 和 Harding 的 *New Medieval and Modern History*,其英语亦用 *Heroes of History* 作为教科书,"授以英文普通知识,兼补助西洋史教科所未及"。②南开大学西洋通史(蒋廷黻)教科书为 Breasted 之 *Ancient Times*,Robinson 之 *Medieval and Modern Times*,一百五十年来之欧洲(蒋廷黻)教科书为 Bourne 之 *The Revolutionary Period in Europe*,Schapiro 之 *Modern and Contemporary European History*,近世欧洲经济史(蒋廷黻)教科书为 Ogg 之 *Economic Development of Modern Europe*。③沈炼之在暨南大学任史地系主任,讲授西洋史,用的是自编的全英文讲义,"他一上课堂就滔滔不绝念讲义,只对个别字句或问题,用中文解释,所以听沈师这门课,说是学历史,实际也是学英文……沈师讲课,语言并不十分生动,但逻辑性强,有根有据,来龙去脉十分清晰。这说明他治学的功力是很深厚的"。④

国人自编的外国史讲义教材则相对较少。陈衡哲1920年回国后,在东南大学、北京大学教授西洋史,据说是中国历史第一位女教授。在北大授课时尤感外国史的中文参考书缺乏,遂辞去教职,专门编书,计划以《西洋史大纲》为开端,陆续编写《西洋文明史》、《西洋近代史》、《欧亚交通史》、《白种人势力扩张史》等。正式出版之《西洋史》为陈衡哲应商务印书馆之邀所编高级中学教科书。《西洋史》虽然是高中教材,但也列入了大学的参考书目,很受欢迎。⑤张仲琳留学于

---

① 何炳松:《中古欧洲史》,《何炳松文集》第1卷,商务印书馆,1996年版,第5、365页。
② 《现代大学史学系概览(1912-1949)》上卷,第120页。
③ 《现代大学史学系概览(1912-1949)》上卷,第303-304页。
④ 苏寿桐:《深切怀念我师沈炼之教授》,载《沈炼之学术文选》,杭州大学出版社,1998年版,第404页。
⑤ 曹小文:《20世纪以来中国的世界通史编纂研究》,中国社会科学出版社,2015年版,第34页。

英国爱丁堡大学。1941年与蒙文通同在河南大学任教,著有《西洋近世史》。蒙文通评其书云:"悉本西儒各家原文,采其事实亓裁其偏见,不尚空论,删削一切不经之说,惟以说明事实为归,绝无穿凿附会之辞。凡中西文各书,其事有涉于篇中各节者,靡不斟酌采取,而不批评任何人之著作。凡西文如剑桥之《近世史》各卷,海氏《近世欧洲政治社会史》两卷,弗克利之《世界史》,非乌特之《世界史》等,中文如何炳松、李泰棻、陈衡哲、伍光建、郎醒石等各家之书,靡不殷勤讨校,撷取众长,以为是书,期必尽心而后已"。①阎宗临1929年入瑞士伏利堡大学,学习世界古代史及中世纪史。1937年回国后任山西大学历史系教授。1946年开始在中山大学讲授世界通史、世界古代史、世界中古史、希腊罗马专题研究等课程。《阎宗临文集》"讲义四种"收有《罗马史稿》(1944)、《希腊罗马史稿》(1947-1948)、《欧洲史要义》(1948)。齐鲁大学历史政治系张士新曾与系主任奚尔恩合编有《远东史》,也有的大学选为课本。

民国时的大学历史系课程中的绝大多数是以"西洋史"为名,而非是世界史。周谷城从历史完形的理论出发而在世界通史中加入了中国的内容,而成为真正意义上的世界史,而非外国史。周谷城在暨南大学时已开始开设世界史课程。根据周谷城的回忆,其计划编写"史学五书",即中国通史、中国政治史、中国经济史、中国思想史、中国文化史。但因为势所迫,只能教世界史。1946年复旦大学由四川迁回上海,周谷城任复旦大学历史系主任。周谷城在复旦大学讲授世界通史。周谷城和雷海宗一样,都曾在大学既讲授中国通史,又讲授世界通史。周谷城在讲授世界通史时通常由学生笔录,后来也曾分发油印讲义,又在讲义的基础上扩写《世界通史》(1949)。对于世界通史的教材,周谷城所"首先考虑到的一个问题是,怎样得出一个客观存在的有机的统一整体。历史之存在,虽是客观的,但有机的统一整体不易体现,不易得到;往往只能把一些较大的事情叙述得比较有条理,比较易懂而已。至今世界通史的著作,仍是单纯堆砌零碎事件者

---

① 蒙文通:《甄微别集·<西洋近世史>序》,《蒙文通全集》第6卷,第183–184页。

多,阐明有机组织的统一整体者少"。周谷城持"历史完形论",强调世界通史为一整体,一贯反对欧洲中心论,故《世界通史》的编写力求避免分国叙述的倾向,同时注重欧洲以外的世界。①

担任外国史课程的教师,根据尚小明先生的研究,从事外国史研究开设外国史课程的有蔡维藩、陈石孚、陈同燮、陈国桦、陈昭炳、陈钟浩、陈锡庄、陈嘉勋、陈衡哲、丁云孙、范介萍、范祖淹、高亚伟、葛受元、耿淡如、顾谷宜、郭智石、何鲁之、胡宜斋、黄士衡、黄文博、黄静渊、蒋益明、姜季辛、孔繁霱、李璜、李飞生、李兆强、李祥麟、李惟果、梁思成、林希谦、林冠一、林敬候、刘侃元、刘崇鋐、楼公凯、卢剑波、鲁潼平、鲁瀚文、陆鼎吉、罗志甫、罗鬈渔、马哲民、孟云桥、孟寿椿、纳忠、聂鑫、潘硌基、皮名举、戚佑烈、沈炼之、宋泽生、孙佩苍、陶樾、田农、涂序瑄、涂适吾、王造时、汪士楷、王天民、王养冲、吴之椿、吴士栋、吴于廑、吴祥麒、吴澄华、项英杰、谢元范、谢德风、徐则陵、许兴凯、许衍梁、杨人楩、杨生茂、杨兆钧、杨绍震、余协中、余楠秋、袁寿椿、张大穌、张礼千、张芝联、张仲琳、张贵永、张继平、张梦白、周春元、周培智、周谦冲、朱澂、安祺乐、奥斯科特、包令留、贝卢思、贝德士、蔡思克、陈观胜、费宾闱臣、福克司、噶邦福、钢和泰、韩森、胡鲁士、雷冕、卢德思、罗四维、罗天乐、罗天利、麻伦、梅猗娜、萨达利、施格莱、史耀德、史禄国、司徒资、王克私、奚尔恩、谢迪克、叶德礼、原田淑人、张杏婉、宓亨利、罗道纳、华尔德、甘施礼、师以法、沈克莹。从事中国史研究开设中国史课程为主兼开外国史课程的有卞宗孟、陈乐素、陈训慈、陈振汉、邓嗣禹、方壮猷、冯承钧、冯家昇、傅衣凌、傅筑夫、郭宣霖、韩道之、韩儒林、何竹淇、贺昌群、洪业、侯仁之、胡汝霖、胡澱咸、黄延毓、姜蕴刚、蒋廷黻、蒋孟引、金毓黻、黎东方、黎世蘅、李大钊、李小缘、李亚农、李思纯、梁希杰、梁绳祎、林志纯、林耀华、刘华瑞、刘继宣、刘藜仙、陆懋德、罗元贞、罗家伦、马奉琛、毛准、蒙思明、莫东寅、饶宗颐、邵循正、沈刚伯、史鼐、侍尧墀、孙正容、孙毓棠、汤吉禾、滕固、汪诒荪、王名元、王国秀、王静如、王德昭、温雄飞、翁

---
①周谷城:《世界通史》,《周谷城全集》第3卷,第2页。

独健、向达、萧公权、谢康、谢澄平、徐家骥、许毅、薛永黍、杨成志、杨宙康、姚鉴、姚从吾、姚宝猷、应功九、余文豪、张纯明、张国威、张秉仁、张宗文、张星烺、张维华、章诚忘、赵遁抟、郑师许、郑鹤声、钟道铭、周一良、朱庆永、朱延丰、朱杰勤、朱谦之、左舜生、鸟居龙藏、傅吾康。以从事外国史研究开设外国史课程为主兼开中国史课程的有曹绍濂、陈超、陈廷璠、邓孝慈、高亚伟、耿淡如、洪启翔、李宗武、鲁光恒、苏希轼、孙培良、孙寒冰、吴廷璆、谢兆熊、徐光、鄢远猷、朱云影。既从事中国史研究开设中国史课程，又从事外国史研究开设外国史课程的有常燕生、陈芳芝、陈序经、陈受颐、陈定闳、陈祖源、陈复光、陈恭禄、陈翰笙、程国璋、邓初民、方豪、费巩、高一涵、葛定华、葛绥成、辜勉、郭斌佳、韩亦琦、何基、何炳松、胡嘉、胡寄窗、胡肇椿、黄中廑、黄凌霜、金兆梓、雷海宗、李方晨、李长傅、李宗侗、李建芳、李泰棻、栗庆云、林惠祥、罗宝册、马文焕、毛以亨、缪凤林、区宗华、欧阳祖经、潘大逵、齐思和、钱亦石、萨孟武、沈乃正、苏乾英、谭英华、陶振誉、王文杰、王信忠、王桐龄、王凌云、王绳祖（王成组）、王勤堉、王辑五、吴泽霖、谢义伟、熊得山、许德珩、阎宗临、杨栋林、杨熙时、姚曾廙、余又荪、余精一、曾纪经、曾繁康、张立志、张圣奘、张忠绂、张宗元、章巽、赵光贤、郑学稼、周传儒、周谷城、罗成锦。①

教会大学的外国史课程通常由外籍教师担任，例如辅仁大学顾尔格伦讲授西洋史，胡鲁士讲授西洋史（中古）、西洋史（近古）、西洋文明史、美国史、天主教史、民主政治民族运动、近代西洋史学史，鲍润生讲授西洋文明史，安祺乐讲授西洋近世史，卢思德讲授公教史，包敏讲授西洋史学研究法，施莱格讲授英国海外发展史，蔡思客讲授西洋文明史、西洋近世史。燕京大学王克私讲授西方古代史、罗马与欧洲中古史、十九世纪欧洲史、国际联盟之起源与发展、后期希腊至罗马、1871年以来之西洋史、基督教史、西洋通史、欧洲近代史（1815-1870）、近代基督教史。李瑞德讲授后中世纪至宗教改革时代之欧洲史、十七世纪至1815年之欧洲、世界名人传记、欧洲中世史、基督教史中之浪漫时期、革命时代之基督教

---

① 尚小明：《近代中国大学史学教授群像》，《近代史研究》2011年第1期。

史、法国史、德国史。庆美鑫讲授欧洲简史、美国史、西洋文化之历史基础、欧洲近世各国发展史、美国之外交政策、美国经济史、美国外交史。贝卢思讲授1815年以来之西洋史、英国民权发达史、不列颠帝国及其外交政策、上古至纪元前第四世纪、西洋史（1815—1871）、西洋史（1871—1918）、古时至1603英国民主政治之发展史、1603年以来英国民主政治之发展史、欧洲近世各国发展史、法国革命及拿破仑、英国史。雷仁福讲授现代美国史。此外，英文系的谢迪克（H.E.Shadick）讲授英国史、英国藩属史。宗教学系的伍英贞（Miss Myfanwy Wood）讲授托雷美与塞留斯统治下之地中海东南、罗马百年统治下之巴勒士登、上古至纪元前第四世纪、后期希腊至罗马、被掳后之犹太人历史、罗马人统治下之巴里司登、犹太人历史。外籍教师一般都用英语授课，燕京大学最初基本上都是外籍教师，开设课程以外国史为主，基本上都用英语授课。燕京大学毕业生英语水平都比较高。语言对引进和传播中西科学文化成果和交流都有关系，掌握一两种外语较为有利。①但是到了四十年代，由于招收学生在中学语言状况，有的教会大学也不得不进行改变，赵光贤辅仁研究所毕业留校，"教务长荷兰人胡鲁士要我教历史系的西洋上古史和外语系的世界史。这些课原来都是外国人教，课本也是英文的，此时中学里都不学英文，改学日文，所以新生入学听外国人讲课非常困难，于是学校决定要我代替外国人教课"。②

除了教会大学外，国立大学也有少数外籍教师，主要讲授外国史。清华大学的噶邦福（J.J.Gapanovitch）是白俄罗斯人，毕业于圣彼得堡大学，其师Rostovtzeff是世界古代史的权威。十月革命后在美国威斯康星大学讲授古代史。1930年后就在清华大学讲授俄国通史、欧洲近代史学史、罗马史、上古之近东及希腊、俄国近代史、希腊史、罗马史、俄国在亚洲之发展、欧洲海外发展史等。噶邦福不会说中文，全部用英文授课。噶邦福的学术兴趣在于理论，专著有 *The Synthetical*

---

① 张玮瑛、王百强、钱辛波主编：《燕京大学史稿》，人民中国出版社，1999年版，第388页。
② 赵光贤：《我在史学研究中是如何贯彻求真精神的》，《史学家自述——我的史学观》，武汉出版社，1994年版，第451页。七七事变后辅仁大学未曾内迁，故招收学生在中学阶段都习日语。

Method of History(1938)。①

讲授外国史最有影响的当是清华大学的孔繁霱和刘崇鋐。孔繁霱为孔子之苗裔,曾在清华大学讲授西洋通史、西洋史学史、西洋史学名著选读、欧洲宗教改革时代史、欧洲近代史初期、欧洲中古史、欧洲近代史初期、欧洲宗教改革时代史、黎东方回忆孔繁霱的教学重在研究方法,曾留学美国与德国,"(孔先生)教我们'西洋上古史'的时候说过,倘若不从西洋中古史的研究入手,就学不会西洋的考证方法",受其影响,张致远去了德国,专攻十六、十七世纪宗教改革的一段;黎东方去了法国,专攻十八世纪法国大革命一段;周培智去英国,改学经济;朱延丰去了德国,完成了《突厥通考》。②刘崇鋐曾在清华大学讲授西洋近百年史、英国史、欧洲十七十八世纪史、西洋史学名著选读、西洋十九世纪史、1914年以后之欧洲、西洋通史、美国通史、英国通史、欧洲十九世纪史,在北京大学兼授欧洲上古史、英国史、西洋近百年史、美国通史、英国通史,在南开大学兼授英吉利通史、美利坚合众国史、欧洲文艺复兴及宗教改革史。

但是相对中国史来说,外国史的师资严重不足。蒋廷黻回国后先任南开大学历史系主任,除了英国通史由刘崇鋐兼任外,其他西洋通史、欧洲近代史、法兰西革命史、帝国主义史、欧洲近五十年外交史等均由蒋廷黻一手包办。③北京大学的世界史自系主任陈受颐出国后,仅剩杨人楩,"是西洋史的唯一教授。他是法国革命史专家,最推崇马迪厄。他不主张有史观,因此讲书没有一定的看法"。④浙江大学史地系的顾谷宜是西洋史的唯一教授,讲授西洋通史、西洋上古史、西洋近世史、西洋断代史、希腊罗马史等等。顾谷宜精通英语、俄语,在讲授时有时也用英语,参考书都使用外文的原版书,这对培养学生的英文阅读能力

---

① 何兆武:《上学记》,第165页。
② 黎东方:《平凡的我》第1卷,国史馆,1998年版,第183页。
③ 《南开大学一览》(1929),第18—22页。
④ 《北京大学史料》第4卷,第606页。

很有帮助。①通常来说,讲授外国史需要有出国留学经历,但符合这种条件的教师不多,陈训慈在中央大学同时担任中国近代史和西洋近代史课程,"当时西史一般为留欧美学回国者担任,我不甘示弱,备课编讲义不遗余力"。②

第四节　专门史课程

专门史是以历史上的某一特定领域为研究对象,研究其发生发展演变的历史,如政治史、经济史、军事史、文化史等等。对于专门史的产生,借用柯林尼的说法,即"历史学领域各个分支所采用的标签只是出于方便而打出的旗号,其名称并不具有实质意义,而且真正的问题在于它们在克里奥(Clio)宽敞宅院里要求有自己独立房间的独特与合理之处"。③

专门史的源头是中国古代正史中的"书""志",《通典》将正史中的"书""志"分门叙述。20世纪初受西方的学问分科影响而产生了独立的学科,从而也有了各独立学科的专门史,早在1898年戊戌变法之前,梁启超在《变法通议》中就已经提到"外史中有农业史、商业史、工艺史、矿史、交际史、理学史(谓格致等新理论)等名"④,梁启超在这里虽然没有用专门史这一概念,而从其列举来看显然都属于专门史。1921年,梁启超南开大学作《中国历史研究法》的系列讲演,明确提出"今日所需之史,当分为专门史与普通史两途。专门史如法制史、文学史、哲学史、美术史等等;普通史即一般之文化史"。⑤

专门史往下再细分而成专题史,按周予同经学史研究计划,首先是撰写一部

---

①倪士毅《顾谷宜教授在教学和科研上的贡献——纪念顾师诞生一百周年》,《史地论稿》,浙江大学出版社,2019年版,第377页。
②陈训慈:《自述小传》,《陈训慈百年诞辰纪念文集》,中国图书馆出版社,2006年版,第576页。
③斯蒂芬·柯林尼、J.G.A.波考克、昆廷·斯金纳等:《什么是思想史?》,《思想史研究》第一辑,上海人民出版社,2006年版,第3页。
④梁启超:《变法通议·论译书》,《饮冰室合集·文集》第一,中华书局,1989年版,第70页。
⑤梁启超:《中国历史研究法》,《饮冰室合集·专集》第七十三,第35页。

比较详密而扼要的《经学通史》，使两千年来经学的变迁，明晰系统地展现于读者，其次，分经撰述，成《易学史》《尚书学史》《诗经学史》等，其次，分派转述，成《经今文学史》《经古文学史》《经宋学史》及《经今文学异同考》《经汉宋学异同考》，等，再次以书籍或经师为经，以时代为纬，成《历代经部著作考》，与《历代经学家传略》，再次，探究孔子与经学的关系，成《孔学变迁史》与《孔子传记》。① 中国经学史是专门史，之下的《易学史》等都可看作是专题史。河南大学史学系有专题研究课程，"本国方面如古代社会、古代封建、异族华化、郡县制度沿革、租税制度、氏族制度、西北史乘及其他特殊地域史乘、唐代藩镇官制沿，外国方面知识如欧洲文艺复兴、宗教改革、法国大革命、工业革命、世界大战与远东之关系等"。②

专门史以某一领域为对象，不必如通史一般需要面面俱到，故易为其功。蒙文通认为"专门史最易反映事物发展的阶段性，可以此进而探讨社会发展的规律性。如土地制度史、商业史、文学史等等，从一个部门研究，比较容易掌握，从一个阶段全面考虑就困难得多。"③通史和专门史的关系等同于通史和断代史的关系，都是整体和部分关系。因此，在大学历史系中专门史课程也是在通史基础上而对某一领域的深化，正如北京大学在史学系课程指导书说明中所言："基本科学既习之后，则各种科学的学术史，如政治史、经济史、法制史、宗教史，亦须次第选习。而文学史、哲学史、美术史、教育史等，皆可以补通史之不足"。④

从课程设置的角度出发来看，专门史、专题史是一种从特定事类出发，探讨社会人群发展面相的课程，在性质上与讲求时间、空间特性的断代史和区域史鼎足而立。在功能上可以补充通史、断代史横向观察之不足。专门史的切入取径

---

① 周予同：《〈经学历史〉序言》，载皮锡瑞著《经学历史》，商务印书馆，1934年版，第11页。专题史涉及面太过宽泛，本节仅就专门史而论。
② 《河南大学一览》(1932)，第42页。
③ 蒙文通：《甄微别集·治学杂语》，《蒙文通全集》第6卷，第23页。
④ 《现代大学史学系概览(1912–1949)》上卷，第21页。

与观察角度,也是最能展现现代学科观点的一种史学表现形式。刘龙心估计20世纪三十年代各大学历史系所开设的专史课程总量,往往较其他课程组群有过之而无不及。①根据《现代大学史学概览》所录,北京大学有本国美术史(叶瀚)、本国经济史(黎世蘅)、本国法制史(冯承钧)、科学发达史(毛准)、中国古代文籍文辞史(傅斯年,即中国古代文学史)、中国政治制度史(钱穆)、中国近三百年学术史(钱穆),中西交通史(张星烺)、东洋建筑史(梁思成)、西洋建筑史(梁思成)、中国古代地理沿革史(顾颉刚)。北平师范大学西洋文化史、西洋政治思想史、中国社会史、中西交通史、疆域沿革史。大夏大学中国文化史、西洋文化史、社会运动史、社会思想史。东北大学中国近百年政治史、中国文化史、中西交通史、中国法制史、西洋近世文化史。辅仁大学中西交通史(张星烺)、中国历史的地理(谭其骧)、西洋文明史(鲍润生、胡鲁士)、清代学术史(牟传楷)、中国民俗史(张鸿翔)、中国宗教史(方豪)、西洋文明史(蔡思客)。暨南大学中国经济史、中国政治史、中国宗教史、中国学术史、中国艺术史、中国文化史综论、中西交通史。清华大学中西交通史(张星烺)、中国学术史(张荫麟)、中国近三百年学术史(钱穆)、近代国际关系史(蒋廷黻)、中国地理沿革史(谭其骧),四川大学中国学术思想四(杨筠如)、中国文化史(祝妃怀),武汉大学中国文化史(吴其昌)、西洋文化史(陈祖源)、中国经济史(李剑农)。厦门大学中国学术史、中国美术史、西洋美术史、中外文化交通史、中国近代地理沿革、中国民俗史、中国文化史、社会思想史、中国经济史。燕京大学有中国官制史(聂崇岐),清代政治史(王钟翰)。浙江大学有中国文化史,西洋文化史,中山大学有中西文化交通史(姚宝猷)、中国近代文化史(陈安仁)、中国法制史(任启珊)、中国民族运动史(杨熙时),中央大学中国风俗史、中国法制史、中国经济史、中国革命史、中西交通史等。

　　在专门史中值得一提的是文化史。民国时的文化史可以分为多个层次,最狭义的文化史就是精神文化史,比之内涵更广的是包括物质文化在内的文化史,

---

① 刘龙心:《学术与制度:学科体制与现代中国史学的确立》,第250页。

最为广义的文化史可以指全人类史。在多数情况下都将文化史看成各种专门史的综合。胡适拟订的中国文化史系统为(1)民族史,(2)语言文字史,(3)经济史,(4)政治史,(5)国际交通史,(6)思想学术史,(7)宗教史,(8)文艺史,(9)风俗史,(10)制度史。文化史可以作为单独的专门史,亦按胡适的规划而成为各种专门史的综合。中山大学史学系课程中的文化史组群具体细分为:史前文化史、世界文化史、中国文化史、中国民族史、中国语言文字史、中国宗教史、西洋宗教史、中国哲学史、西洋哲学史、中国科学史、西洋科学史、中国艺术史、西洋艺术史、中国社会史、中国政制史、西洋政制史、中国法律史、西洋法律史、中国经济史、西洋经济史、中国教育史、西洋教育史、中外工艺史、中外文化交通史。①

专门史范围甚广,限于内容和篇幅,本节仅就中国民族史和中国社会史两门专门史作为个案稍加论述。

(1)中国民族史。众所周知,现在通常所说的中华民族包括了56个民族,一个多数民族汉族以及55个少数民族共同组成了中华民族。

学校	课程	课程说明	出处
北京大学	边疆民族史(冯家昇)	本课程研究历史上中国边疆民族之地理分布、文化状况,尤注意其与中国之关系,旁引他国史籍域外撰著以资参证。	《国立北京大学一览》(1935)
大夏大学	中国民族史	本学程研究中国史上各重要民族兴替、迁徙、蜕变、混合之情形,各民族间文化上互相之影响,及现在民族间问题之状况。教授法以讲授为主,而以讨论、读参考书等辅之。	《私立大夏大学一览》(1934)
东吴大学	中国民族史	本课讲述国内各大民族在国内发展之原因及其结果。	《私立东吴大学文理学院一览》(1936)

---

① 《国立中山大学文学院概览》(1933),第63-64页。

学校	课程	课程说明	出处
暨南大学	中国民族史	一、中国之原始民族,二、中国原始民族之混合,三、中国古代文化与汉苗二种,四、汉族之扩大,五、北方民族与西方民族之兴起,六、中国民族之第二次大混合,七、中国民族与印度民族之接触,八、唐代中国民族与异族之斗争,九、东北民族之侵入,十、蒙古民族之崛起,十一、东北民族之再起于满清入关,十二、汉满二族制斗争,十三、中国民族之海外发展,十四、中国近代民族问题。	《国立暨南大学一览》(1936)
厦门大学	中国民族史	本学程以研究中国国内诸民族之过去史迹。内容分为:(甲)总论:1.中国民族史之分类,2.中国民族史之分期。(乙)各论:1.华夏系,2.东夷系,3.荆吴系,4.百越系,5.东胡系,6.肃慎系,7.匈奴系,8.突厥系,9.蒙古系,10.氐羌系,11.藏系,12.苗瑶系,13.罗罗缅甸系,14.㯉撣系,15.白种,16.黑种	《私立厦门大学文学院一览》(1936–37)
燕京大学	中国民族史(王桐龄)	(1)汉族胚胎时代,汉族、苗族之接触,汉族内部之融合,太古至唐虞三代;(2)汉族蜕化时代,东夷、西戎、南蛮、北狄血统之加入,春秋战国;(3)汉族休养时代,秦汉;(4)汉族第二次蜕化时代,匈奴、乌桓、鲜卑、氐、羌、巴氐血统之加入,三国两晋南北朝;(5)汉族第二次休养时代,高丽、百济、突厥、铁勒、沙陀、党项、奚、契丹血统之加入,五代及宋元;(7)汉族第三次修养时代,贵州、云南之汉化,明;(8)汉族第四次蜕化时代,满洲、西藏、新疆之汉化,清。	《燕京大学本科课程一览》(1928)

学校	课程	课程说明	出处
中央大学	中国民族史	本学程专究中国民族之构成与其进化,及今日民族分布之状况。旨在阐明今日中国民族构成之原素与其融化,由民族之兴衰研究中国民族精神之特长与缺点,并考求中国境内诸族与汉族关系之今昔及今后联络融合之方策,期为解决中国民族问题之一助。其内容大要如次:(一)汉族之构成,(二)汉族之演进,(三)满、蒙、藏诸族及回教民族、苗族之起源及其演进,(四)中国史上过去诸民族之回溯,(五)中国民族海外拓展之成绩,(六)今日中国境内之民族及其问题。	《国立中央大学一览》(1930)
	中国南方民族史	本课目为关于华南民族之文化史的研究,凡南徙汉族之源流派别、历史语言、特殊文化,以及华南土著如瑶、畲、僮、蛋、黎等之历史、语言、人种、文化等等,皆在检讨之列,而尤注意各族各系间之相互交涉及影响。	《国立中央大学文学院选课指导书》(1933)

此外,还有光华大学中国民族史,浙江大学贺昌群中国民族史,中山大学吴宗慈中国民族史等课程。罗香林《国父家世源流考》得到国民政府的推介,在中央政治学校讲授中国民族史。马非百在河南大学承担"中国三民史"的课程,"中国三民史"的教学实际上就分成三部分:"中国民族史"、"中国民权史"、"中国民生史"。①而北京大学聂鑫的中亚民族史,中央大学回教民族史等,都系外国民族史。此外,有的区域史、地方史,如暨南大学历史地理学系的蒙古史、西域史等,都以边疆历史地理和边疆少数民族为主要内容。

中国民族史课程讲授大致上有两种模式:一是以时间为中心,讲述中国各民族的源流演变、民族融合等方面的内容;另一是以民族为中心,主要根据梁启超《中国历史上民族之研究》中的族系为序。前者的代表是王桐龄,后者则是林惠祥。

---

①《马非百自述》,《世纪学人自述》第1卷,第112–113页。

王桐龄在北京师范大学担任中国民族史,又在东南大学暑期学校担任北三民族活动史,将两处讲义合一,并订正增补而成《中国民族史》。《中国民族史》分上下两编,上编内延史,叙述中国民族对内融合事迹,下编外延史,叙述中国民族对外发展事迹。按王桐龄所述,内延史以汉族为主体,满、蒙、回、藏、苗各支融入汉族血统之中,成为中国民族之主要分子。中国历史上除少数民族政权外,就号称汉族之大一统政权而言亦为汉族与少数民族之混合体。由此可知,中华民国为"汉、满、蒙、回、藏、苗六族混合体,亦绝无单纯血统"。①《中国民族史》实际上只完成了上编内延史,内延史以汉族为中心,分八个时代:汉族胚胎时代(太古至三代),汉族蜕化时代(春秋战国)、汉族休养时代(秦汉)、汉族第二次蜕化时代(三国两晋南北朝)、汉族第二次休养时代(隋唐)、汉族第三次蜕化时代(五代宋元)、汉族第三次休养时代(明)、汉族第四次蜕化时代(清)。王桐龄特别注意于汉族政权对少数民族的各种融合措施,以及少数民族政权融入于汉族的努力,并以此作为评价标准。汉族的秦、汉、隋、唐、明诸王朝皆瘁心于民族之融合,宋则无与。少数民族努力于民族融合者以北魏为最。《中国民族史》仅见上编内延,下编外延史则未成。②王桐龄《中国民族史》亦被东吴大学文理学院历史系用作中国民族史课程的教材。

林惠祥于1930年任厦门大学历史社会学系教授,《中国民族史》(1939)为商务印书馆"中国文化史"丛书之一,全书十八章,前二章为总论,余下十六章分别为华夏、东夷、荆吴、百越、东胡、肃慎、匈奴、突厥、蒙古、氐羌、藏、苗瑶、罗罗缅甸、棘掸、白种、黑种,与上引厦门大学中国民族史之课程说明完全相合。可见,《中国民族史》正式出版前已在厦门大学作为授课讲义使用。林惠祥《中国民

---

① 王桐龄:《中国民族史》上卷,吉林出版集团,2017年版,第2页。
② 暨南大学历史地理学系有中国民族海外发展史课程,专述中国民族向外发展之史迹,移民史迹分俄国及西伯利亚、欧洲、南非洲、坎拿大、美国、墨西哥、中美、南美、西印度群岛、澳洲及纽丝兰、东印度群岛、马来半岛、婆罗洲、菲律宾群岛、暹罗、缅甸、越南。内容与王桐龄之外延编相合。

史》的主要内容"为叙述中国各民族古今沿革之历史,详言之即就各族而讨论其种族起源,名称沿革,支派区别,势力涨落,文化变迁,并及各族相互间之接触混合等问题"。①

除了王桐龄、林惠祥等人的综述性的中国民族史之外,还有各种断代民族史、区域民族史以及各少数民族史,蒙文通《周秦民族史》讲义为断代民族史,讲义最初在河北女子师范学院讲授时名为《周秦民族移住考》,后任教四川大学,讲义不断研究修订,1957年交付出版。②丁山在四川大学讲授先秦史学,"以地下埋藏之直接史料证载籍传闻之古代事,考证先秦民族之分布情形及各民族文化之演进关系"。③课程名称为断代史学史,但从内容来看实为断代之民族史。区域的民族史则有张鸿翔在辅仁大学所开设的中国近代西北史,名为中国近代西北史,实为中国近代西北之少数民族史,内容为"叙述中国近代西北民族之盛衰,各民族相互之交往与中国民族、政治上之关系,及形成现代西北局面之因果。分篇讲授,使学者明了六百年来之历史演变真相"。④各少数民族史如姚从吾在北京大学开设的匈奴史研究、蒙古史研究等,内容都包括了西迁欧洲之匈奴以及横跨欧亚大陆之蒙古四大汗国。

中国民族史和其他专门史相比还有其特殊的现实意义,即提倡民族主义。中国民族史有广狭二义,狭义的专指中国少数民族史,广义的则指包括汉族在内的中华民族史。从上述中国民族史课程及教材可以看出,中国民族史基本上都是广义的。梁启超在《中国历史上民族之研究》最早提出了"中华民族"的概念,以汉族作为主体民族,在历史发展过程中不断同化周边少数民族,"抟拽数万万人以成为全世界第一大民族"。梁启超又特别强调民族意识:"何谓民族意识?

---

① 林惠祥:《中国民族史》上册,商务印书馆,1939年版,第2页。郑德坤亦曾在厦门大学讲授中国民族史。
② 蒙文通:《蒙文通中国古代民族史讲义》,天津古籍出版社,2008年版,第3页。
③《现代大学史学系概览(1912—1949)》上卷,第384页。
④《现代大学史学系概览(1912—1949)》上卷,第226—227页。

谓对他而自觉为我。'彼,日本人;我,中国人'。凡遇一他族而立刻有'我中国人'之一观念浮于其脑际者,此人即中华民族之一员也"。① 中国民族史则是通过对历史上的中国民族的回顾以强化民族意识和民族精神,正如缪凤林所言:"今日提倡民族主义,莫如昌明史学。使芸芸华胄,咸识我祖我宗之所自,如何而披荆棘,斩草莱,建国家,创文化,若何以自力排除障碍,冲破险阻,如何而屡遭沉沦之痛,若何而始克光明旧物,我祖我宗能搏挠数万人以成全世界第一大民族者何在,其失败者又何在,何者为吾民族之精神,宜发扬而光大"。②

(2)中国社会史。中国社会史远可追溯至梁启超"新史学",近则起于二三十年代的中国社会史论战。梁启超批判二十四史是"一人一家之谱牒",倡言"民史",社会史符合了"民史"的主题。20世纪初以来各种以"社会史"为名的著作是增列政治史以外的其他门类,以补全社会的"整体"。③

学校	课程	课程说明	出处
北平大学	中国社会变迁史	讲述中国历代社会制度之变迁,及其对于民众日常生活思想之反映,并指示搜集史料之方法。	《国立北平大学一览》(1936)
北平师范大学	中国社会史	本门讲述中国社会之结构、发展与现状,以期学生获得我国社会演进之整个观念。	《国立北平师范大学一览》(1934)
河南大学	中国社会史(嵇文甫)		《河南大学校刊》(1936)

---

①梁启超:《中国历史上民族之研究》,《饮冰室合集》专集之四十二,第33页。
②缪凤林:《中国民族史》,第7页。此为缪凤林在中央大学讲授中国民族史之讲义。
③李政君:《中国史学近代转型视阈下的"社会史"书写及其演变》,《近代史研究》2019年第4期。

学校	课程	课程说明	出处
暨南大学	中国社会史	专述中国社会组织之起源及其演变，分为：一、总论，二、中国社会之远古期，三、中国封建社会之成立，四所谓井田制，五、周代封建社会之变迁，六、秦汉之际之社会形态，七、中国社会史上之重农轻商思想，八、王莽变法与社会变革，九、中国社会史上之奴隶问题，十、汉代以后之土地问题，十一、汉代以后之社会矛盾现象，十二、中国近世之商业资本，十三、中国前资本主义时代之手工业，十四、元代商业资本之发展与新封建，十五、元末明初之农民暴乱，十六、明初之封建与专制，十七、明代官吏与平民之斗争，十八、明清之际之党社运动，十九、满清入关与中国社会之变迁，二十、清代秘密结社，二十一、近代中国社会之突变。	《国立暨南大学一览》(1936)
	社会进化史	本学程讲述人类社会进化之一般现象，务使学者对于人类历史获得正确之概念，其内容分为：一、绪论，二、人类社会之起源，三、原始社会，四、氏族社会，五、奴隶社会，六、封建社会，七、资本主义社会，八、社会主义社会之出现。	
清华大学	中国社会史（陶希圣）	本课欲寻求中国社会组织之发达过程，依于每一时代之社会组织，说明其时代之政治制度、政治现象及主要的思潮。本课将中国社会之发达分为如下之期：（一）上古，（二）古代，（三）中古，（四）近世，（五）现代。上古期所述者为氏族社会及其转变，即由商至周。古代期所述者为奴隶社会，即秦汉。中古期所述者为农奴社会，即三国至五代。近世期所说明者为宋至清。清末以来为现代。	《国立清华大学一览》(1935)
厦门大学	社会起源	纲要：探究文化之起源，以为了解现代文化之助。内容分为：（一）物质文化：火、衣、食、住、狩猎、畜牧、农耕、石器、铜器、铁器、陶器、武器、交通。（二）社会组织：婚姻、家族、氏族、部落、秘密社会、法律、财产、伦理、政治。（三）宗教：自然崇拜、动植物崇拜、图腾崇拜、灵物崇拜、偶像崇拜、多神教、二神教、一神教、巫觋、神话、祭祀、祈祷、宗教发生之学说。（四）艺术：身体装饰、器物装饰、绘画、雕刻、跳舞、音乐、诗歌。（五）语言文字：拟势语、符号语、结绳刻木、图画文字、真文字。	《私立厦门大学文学院一览》(1936-37)

学校	课程	课程说明	出处
	社会进化	纲要:本学程接社会起源,叙述人类社会脱离野蛮状态后,如何演进至近代文明阶段。范围系就全人类而论。材料采用历史记载,但性质系理论的而非叙述的。	
	中国社会史	纲要:(一)中国社会之起源。(二)中国社会之分期。(三)现代中国社会之状况。(四)中国社会性质之理论:封建社会论,半封建社会论,资本主义社会论,商业资本主义社会论,小农商社会论,宗法社会论,亚细亚生产方法社会论。(五)中国社会之前途。	
燕京大学	中国历史上之社会生活研究(瞿兑之)	研究历代衣冠、建筑、饮食、器用及其他一切关于平民日常生活之变迁。	《私立燕京大学文学院课程一览》(1929)

厦门大学历史社会学系,故开设社会学原理、社会思想史、社会问题、社会变迁、社会科学概论、社会学方法论、社会调查、现代社会学说、社会学名著选读、家庭研究、社会进步、社会控制、民俗学、乡村社会学、都市社会学、中国社会思想史、社会心理学等等社会学课程。中国社会史通常是之中国社会通史,中国社会之断代史比较少见,有辅仁大学叶德禄的唐代社会研究,清华大学吴晗的明代社会史等。

中国社会史课程是与马克思主义在中国的早期传播以及二三年代的中国社会史论战有关。中国社会史集中于社会性质或社会形态。在中国社会史论战中,郭沫若《中国古代社会研究》充分利用甲骨文、金文等资料与上古文献相结合,根据唯物史观的基本原理,对中国古代社会从原始公社到奴隶制社会,再发展到封建社会的历程作了清晰的说明。吕振羽于1933年任教于中国大学,编写《史前期中国社会研究》和《殷周时代的中国社会》。马克思主义史学家的中国社会史论著影响巨大,1939年瞿同祖在云南大学开设中国社会史,在授课过程中已不满足于其叔瞿宣颖(兑之)之《中国社会史料丛钞》,转而以摩尔根《古代社会》,恩格斯《家庭、私有制和国家的起源》以及郭沫若《中国古代社会研究》、吕振羽《中国社会史纲》等作为理论上的指导。①

在中国社会史论战中,和郭沫若、吕振羽、翦伯赞等马克思主义史学家相对立的是托派、新生命派。新生命派的代表人物陶希圣以观点多变、自相矛盾而著称。在中国社会史论战中有《中国社会之史的分析》、《中国社会与中国革命》等论著,在社会史论战中影响很大。陶希圣是商业资本主义论者,尽管其没有明确使用商业资本主义这一概念。但1931年入北京大学后已经放弃了原来的观点,认为东汉以前是古代社会,东汉至唐为封建社会,宋以后至鸦片战争前为都市工商业资本发达、封建制度的动摇期。陶希圣系受聘于北京大学政治系,在北大历史系、清华历史系兼任中国社会史课程。从清华大学历史学系的课程说明来看,陶希圣所授中国社会史以汉魏作为奴隶社会和封建社会的分期,在一定程度上也反映了新生命派的学术观点,对新中国成立后的魏晋封建论也产生过一些影响。

以马克思主义作为中国社会史的指导思想,以社会形态或社会性质作为中心内容,中国社会史就成为社会进化史或社会发展史。和社会性质相对应的,中国社会史的另一条主要路径是社会生活史或社会风俗史。吕思勉对马端临《文献通考》中"理乱兴衰"和"典章制度"的区分甚为推崇,吕思勉的两部通史和四部断代史都是按照"理乱兴衰"和"典章制度"来编纂的,其中"典章制度"的部分即可理解为社会生活史或社会风俗史。吕思勉在光华大学开设中国社会史课程,讲义共分十八个门类,讲义初以《政治经济掌故讲义》,后不断修订,改名为《中国社会史》。

瞿宣颖曾在燕京大学讲授中国历史上之社会生活研究,另编有《中国社会史料丛钞》,其书分衣饰、饮食、建筑、居处、器物、经济、民族、信仰、传说、婚姻制度、丧纪、社会制度、娱乐、社交、交通、仪物、艺术、职业、语文、杂风俗制度二十个门类,每个门类下列若干条目,条目之间无甚关联,类似于札记的形式。按"例言"

---

① 瞿同祖:《我和社会史及法制史》,《学林春秋》初编上册,第79—80页。

所述为"随手辑录之作,有略加论次者……惟征引原文概未窜改,或于治史者不无一得之助"。①

此外,还有各中国社会史下的专题史和断代的中国社会史,如辅仁大学中国民俗史(张鸿翔),"讲授中国各时各地婚丧节令之演进、衣食住行之变迁、士风娱乐之动态,并说明对政治、交通、宗教相互之关系",唐代社会研究(叶德禄)为断代社会史,"研究唐代之社会情形及风俗,尤注意其所受西域之影响"。厦门大学之中国民俗史课程,"研究历代风俗之变迁,述其所以变迁之故及其对于社会各方面之影响"。②许地山在燕京大学主要讲授宗教史课程,从古代中国的宗教延伸至中国古代的礼教和风俗,还专门讲授过中国礼俗史,曾计划编写商务印书馆中国文化史丛书《中国礼俗史》,按其设想"关于这一门学问如江绍原先生是撰述迷信方面,陶希圣先生撰述社会经济方面,黄石先生撰述各种节气的。我所要着手的是中国的物质生活与礼仪习俗的历史"。③陈汉章在中央大学开设中国风俗史,"专研中国历代各地方各阶级重要风俗之沿革与其影响,使学者略知现今各种社会风俗之由来,且可了解中国民族性之特点内容,以时代为序,而注意于各种风俗之(1)发生之原因(2)递变之线索(3)遗传之程序(4)对于民生利病之关系(5)对于民族性之影响"。④此类中国社会史课程都是社会生活史或社会风俗史,与社会发展史或社会形态史判然有别。

民国时的大学组织法对社会学系没有明确的规定,大学的社会学系或设于文学院,或设于法学院,社会学系下亦设有中国社会史,如清华文学院社会学系的近代中国社会研究课程,由谭其骧讲授,授课以地方志为依据,"包括地方志内容之介绍,地方志中社会学材料搜集鉴别与整理,及研究成绩之举例,主要工作

---

① 瞿宣颖:《中国社会史料丛钞》,上海书店,1985年版,第2页。
② 《现代大学史学系概览(1912–1949)》上卷,第227、233、476页。
③ 《近代中国史家学记》下卷,第929页。
④ 《国立中央大学一览·文学院概况》(1930),第57页。张淑琳曾在山西省立教育学院开设中国风俗史,讲义及课程说明皆未曾见。

在指导选读者利用此种材料,各作专题研究,通力合作,以求奠定近代中国社会史之基础"。①

中国社会史源自梁启超对传统政治史的批判,但梁启超没有提出社会史,却明确提到了文化史。梁启超所说的文化史是广义上的整体的文化史,故大学中有的中国文化史课程在内容上也与中国社会史类似,如武汉大学中国文化史课程,"特别注重社会组织篇之婚姻、宗法、亲族、门第、奴婢,及国民经济篇之田制、赋税、货币、生产方法等各门"。②从内容上来看,基本上也等同于社会生活史。

大致而言,大学历史系的专门史实际上有两类:一是历史学下析分出各专门史;另一是历史学与其他学科交叉的专门史,如哲学史、文学史、艺术史之类,胡适认为:"要研究文学和哲学,就得先研究文学史和哲学史。政治亦然。研究社会制度,亦宜先研究其制度沿革史,寻出因果的关系,前后的关键,要从没有系统的文学、哲学、政治等等里边,去寻出系统来。"③当然两者的区分也不是绝对的。但是反映在课程教学上,前者课程由历史系开设,后者课程则由历史系以外的其他系别开设。程树德在清华法学院政治学系开设中国法制史课程,"法制二字,广义言之,所有一切典章制度均包括在内;断非短时间所能卒业。兹依狭义解释,分为三篇:首总论,次历代律令,次历代刑制。世界三大法系,英美长于公法,大陆长于私法,我国则长于刑法。中国之有汉律,犹西律之有罗马法也。故于汉律言之特详;余述其概略而已。所采用古籍,约百余种;均注明出处,俾读者易于检查,故似简而实详"。④《九朝律考》当为主要教学参考书。北京大学指定史学系学生选修政治系的中国外交史(张忠绂)、中国社会史(陶希圣)、西洋近代外交史(张忠绂)、西洋政治思想史(张奚若),法律系的中国法制史(程树德),经济系的中国经济史(崔敬伯)、中国财政史(胡谦之)、近代经济史(周炳林),哲学系的

---

① 《国立清华大学一览》(1937),第160页。
② 《现代大学史学系概览(1912—1949)》上卷,第408页。
③ 胡适:《研究国故的方法》,《胡适文集》第12卷,第93页。
④ 《国立清华大学一览》(1929),第97—98页。

中国哲学史(胡适)、西洋哲学史(张颐)、中国佛教史(汤用彤),国文系的中国文学史概要(罗庸)、经学史(马裕藻)、古历学(范文澜),清华大学规定历史学系学生从他系选修之专门史有中国哲学史、西洋哲学史、中国文学史、政治思想史、经济思想史、中国法制史等。辅仁大学指定史学系学生选修教育学系的中国教育史、西洋教育史,中国文学系的中国文学史、目录学,社会经济系的经济发达史、经济思想史、社会思想史,哲学系的西洋哲学史。①福建协和大学历史社会学系分历史学门和社会学门,历史学门中的人类婚姻史、社会思想史、中国社会思想史需从社会学门中选修。②

对于学科交叉的专门史,显而易见的问题即是历史系与其他学系所开设课程重复。对此金毓黻主张历史系和其他学系所授专门史的侧重点当有所不同,在致贺昌群信中谈到中央大学史学系"本年所开之课,有中国政治社会制度史,系史系特开之课,与政治系之中国政治史旨趣不同,彼所重者政治,因而叙及政治之制度,其范围有限。至史系所开者,以政治经济并言,举凡《通典》《通考》所列礼乐、官学、兵刑、钱谷诸门,无一不在网罗之中,则所赅者广矣。鄙意重大史系之特点,应以研究典章制度为中心,则吾兄所开之课,亦即中心之中心也"。③缪凤林则认为,"各种专史,如文学、美术之总史、分史则详文学院,哲学、宗教之总史、分史详哲学院,教育、学制等史详教育学院,经济、法制、政治、思想等史详经济、法律、政治诸系",针对此种现象,缪凤林建议专门史课程遇他系不设时由历史系开设,与他系重复时则互相协商沟通。④

①《现代大学史学系概览(1912—1949)》上卷,第78、317、204页。
②《私立福建协和大学文学院课程一览》(1930),第31页。
③《静晤室日记》第6卷,第4870页。
④缪凤林:《中央大学历史系课程规例说明草案要删》,《史学杂志》第1卷第1期,1929年。

第五节　历史研究工具类课程

历史学研究的工具类科目大致上可以分成两类，一是专业的历史研究法或史学方法论课程，另一是作为历史学研究的辅助学科。

历史研究法或史学方法论，是从方法论的角度归纳总结历史研究的步骤、过程、规范、准则等等，将研究方法作概括性和系统性的论述，以指导历史研究的实践。早在1904年清政府颁布的《奏定学堂章程》中，文学科下有中国史学门和万国史学门，中国史学门和万国史学门都设有史学研究法。①

辛亥革命后，各大学历史系基本上都开设历史研究法或史学方法论。北京大学曹馥珊、王徵、黎东方、傅斯年、姚从吾，辅仁大学陆懋德、柴德赓，光华大学吕思勉，清华大学孔繁霱、雷海宗，四川大学范祖淹，武汉大学陈祖源、郭斌佳、方壮猷，燕京大学洪业、王克私等都讲授过该课。此外，其他大学如北平民国大学、北平女子文理学院、北平师范大学、成都大学、成都师范大学、重庆大学、大夏大学、东北大学、复旦大学、华中大学、金陵大学、金陵女子文理学院、山西大学、厦门大学、中山大学、中央大学等都开设过相关的课程。讲授历史研究法最知名的自然是梁启超。1920年，梁启超在南开大学讲授中国历史研究法，每周一、三、五下午半天的课程，听讲的人很多，其他各校教员都慕名而来，"梁启超教课认真，兴致颇高，每次连讲二小时之多，毫无倦容。他以自己研究历史的切身体会，阐述研究历史的理论方法。为提高学生对历史学习的兴趣，他还每周加讲一次'怎样作学问'，向学生传授治学方法，亲自拟定考试题，仔细批改学生的考卷"。②

历史研究法起于德国格莱夫斯瓦尔德大学教授伯伦汉（Ernst Bernheim）1889年的《史学方法论》（*Lehrbuch der Historischen Methode*）。法国朗格诺瓦

---

① 《中国近代教育史资料汇编·学制演变》，第339-350、699-700页。
② 梁吉生：《南开大学历史系简史》，《南开大学历史系建系七十五周年论文集》，第519页。

(Ch.V.Langlois)和瑟诺博司(Ch.Seignobos)增删了伯伦汉的书,使它适合于法国读者,1897年出版了《史学原论》(*Introduction aux Etudes Historiques*)。李思纯根据Berry英译本(*Introduction to the Study of History*)于1926年将其译为中文,名《史学原论》。Fling同样节略了伯伦汉的著作,1899年写成 *Outline of Historical Method*。Fling另有 *The Writing of History*(1923),有薛澄清译《历史方法概论》和李树峻译《历史研究法》两译本。①1937年,商务印书馆印行陈韬所译伯伦汉《史学方法论》。

《史学方法论》、《史学原论》以及《历史方法概论》在大学历史系的历史研究法课程中多用作教科书或教学参考书。金陵大学历史学系以李思纯译《史学原论》为教科书。武汉大学史学系所列学生参考书为F.M.Fling的 *The Writing of History*,Ch.V.Langlois和Ch.Seignobos的 *Introduction on to the Study of History*,Ch.Seignobos的 *La Methode Historique Appliguee Aux Science Sociales*。②厦门大学史学系以《史通》、《文史通义》、梁启超《中国历史研究法》、Robinson之 New History、Langlois和Seignobos之 *Introduction on to the Study of History* 为主要参考书。

民国时出现了大批的历史研究法或史学方法论讲义,李孝迁《史学研究法未刊讲义四种》收有黄人望《史学研究法讲义》,柳诒徵《史学研究法》,李季谷《历史研究法》和姚从吾《历史研究法》。何炳松在北大的授课讲义编为《历史研究法》。傅斯年在北大担任史学方法导论的课程,"他所讲授的内容,只有极少的一部分写成讲义印发给学生,绝大部分都是口头讲述过而没有写成文本。但不论已经写出或未曾写出的,其内容却与别一教授所讲大不相同。在他讲过一次之后,恰好又有一位留学德国十多年的先生返国回校,'史学方法导论'便改由他来担任。他完全依靠德国一位历史学者所印行的一本《历史研究法》,把它译为汉语,然后照本宣科。傅先生所讲授的'史学方法导论'却绝不如此,他提出一些治史方法,

---

① 荣孟源:《史料和历史科学》,人民出版社,1987年版,第11页。
② 瑟诺博司 La Methode Historique Appliguee Aux Science Sociales 有张宗文译本《社会科学与历史方法》(1930),何炳松据此编译为《通史新义》。

全是他自己在治学、治史实践中体会得来的,绝非从某本出版品中照抄来的"。①现存傅斯年《史学方法导论》只是当年讲义的一小部分。陆懋德《史学方法大纲》晚出,《史学方法大纲》与陆懋德另一部《中国上古史讲义》都曾获国民政府学术奖二等奖。

此外,吕思勉在光华大学任教时开设过史学研究法,讲义收入《史学与史籍七种》。杨鸿烈《历史研究法》主要承接了其师梁启超《中国历史研究法》。《杨宽史学讲义六种》中收有《史学研究法讲义》。

当然,也有的史学方法课程是与中外结合的,清华大学孔繁霱的史学方法课程,"在示学生以治史之正确方向及途径,凡重要之历史辅助科学、目录学及治史必具之常识,均择要讲授"。②目录学是中国传统的治史工具。孔繁霱曾长期留学美国和德国,黎东方回忆其"在上课的时候,他引经据典,列举若干德国历史家的名著,说明其中的得失","着重于介绍德国人班汉姆的《历史科学教本》"。③厦门大学史学系的历史研究法"以训练读史、评史、订史、作史之能力为主",《史通》《文史通义》《中国历史研究法》以及 Robinson 的 New History, Langlois and Seignobos 的 Gooch 的 History and Historians in the 19th Century 为主要参考书。④

历史学研究的辅助学科最基本的自然是外国语,但外国语为大学所有专业之必修课程,所有的自然科学和社会科学都必须以外国语作为辅助工具,并不独以史学而言。外国语之外其他所修课程都带有学科交叉性质的,其科目本为独立之学科而与史学形成交叉。当时普遍认为"现代之史学,已为科学的史学,故不习基本科学,则史学无从入门。所谓基本科学者,即生物学、人类学、人种学、社会学、政治学、经济学、法律、哲学、社会心理学等科……而各种科学中,以社会

---

① 邓广铭:《怀念我的恩师傅斯年先生》,《邓广铭全集》第10卷,第311页。傅斯年之后担任该课程指的是姚从吾。
② 《现代大学史学系概览(1912–1949)》上卷,第321页。
③ 黎东方:《平凡的我》第1卷,第183页。
④ 《现代大学史学系概览(1912–1949)》下卷,第475页。

学及社会心理学尤为重要"①,"治史必须兼通基本的社会科学,所以鼓励历史系的学生同时修读经济学概论、社会学原理、近代政治制度等课程……在30年代的中国,只有清华的历史系,才是历史与社会科学并重"。②社会科学之于史学研究的需要具体问题具体分析,否则的话,任何社会科学都可以与历史学发生关系。在大学历史系中,社会科学是作为共同必修课程,或者历史系学生从其他系中选修课程,历史系开设此类课程较少。

在历史研究中,通常将年代、地理、职官、目录视作研究中国历史的四把钥匙。其中地理当为历史地理学,谭其骧在辅仁大学开设"中国历史的地理","讲授读史者所必备之历代地理知识,专门问题之提出与研究;(1)地方区划之沿革(割据与封建附),(2)各都邑及军事重镇之建置兴废,(3)名山与大川(名称之改易,水道之变迁),(4)边疆与四裔。取材除正史地志及一统志外,兼及各地方志,并唐宋以来诸家考订校释故地理之作"。③谭其骧燕京大学毕业后被推荐至辅仁大学,临时接替该课程,因为教学效果好而引发学生对历史地理学的浓厚兴趣。

大学历史系重点开设的是带有历史研究工具性质的课程,如金石学、考古学、年代学、语言学、文献学、史料学等等。北京大学马衡中国金石学,"专为整理中国史之客观的材料而设,所以补载籍之不足,或订正其谬误者也。金石者,古人之遗文及一切有意识之作品,赖金石或其他物质以直接流传至今者也。此种材料虽多属残缺,而皆为最真确、最有价值之历史材料。惜范围广漠,种类繁琐,向之研究此学者鲜有具体的及系统的整理,致此学尚未能充分发展。此编即注重此点,示人以治此学之方法。全书共分三篇:第一篇总论,说明定义及范围及其与史学之关系。第二篇分论,分述各种材料并论前人之得失。第三篇结论,说明今后研究之方法及处置材料之方法"。④清代叶昌炽有《语石》,是关于石刻的

---

① 《现代大学史学系概览(1912-1949)》上卷,第17页。
② 何炳棣:《读史阅世六十年》,第66页。
③ 《现代大学史学系概览(1912-1949)》上卷,第206-207页。
④ 《现代大学史学系概览(1912-1949)》上卷,第24页。

通论性著作。马衡从1918开始在北大讲授金石学,讲义编订而成《中国金石学概要》,"不仅探讨了金石学的定义、范围与历史,同时也指出了金石学研究的方法与材料的搜集、保存、流传等处置方法,堪称全面的学科导论性文献,具有统领学科的巨大价值,被誉为近代金石学的开山之作"。①

和金石学密切相关的是古文字学。中山大学史学系殷虚文字研究,以"殷虚文字,为近二十余年所发见。其对于历史上、古文字上占极重要之位置,可以正史家之遗失、考小学之源流。授课次序,略分殷虚出土之历史与著作之书籍、文字之衍变、古代之事迹,一一分别研究而疏通印证之"。②

和金石学相比,考古学则多偏重西方的理论与方法,罗念生在北京大学讲授考古学,课程内容为"(甲)导论:考古学之性质、范围及目的,考古学与其他学科之关系,考古学之取材。(乙)史前史概说:石器时代,铜器时代,铁器时代。(丙)西洋考古学:由埃及至罗马,略依时代先后,分区讨论。(丁)中国考古学:史的分期,考古学的材料,最近的发掘。(戊)考古学之方法:史迹调查与研究,发掘的工作,考订,古物之保存及博物馆之事业"。方豪在辅仁大学讲授考古学概论,"讲述考古学之定义、起源、目的与任务、分类及考古学与其他科学之关系外,更研讨古物之调查与发掘、古物之整理、保存及公开"。③

考古学可以作为是人类学的分支学科,李济、梁思永在北京大学合开人类学考古学导论,第一期人类学,第二期考古学,人类学"为人类之起源、演化及其分类,物质文化之沿革,语言、宗教与社会组织之变迁,总论现代生活之历史的背景",考古学"注重发掘方法,讨论使用此种方法之目的及其手续与其所得之结果,并就应用此种方法所得之史料择要讨论"。但是更多的时候是将考古学作为历史学的辅助学科。二重证据法视野下的考古学"取地下之实物与纸上之遗文互相释证",历史系的考古学课程大多是基于此种认知,如厦门大学史学系的考

---

① 马衡:《中国金石学概论》,时代文艺出版社,2019年版,第2页。
② 《现代大学史学系概览(1912–1949)》下卷,第593页。
③ 《现代大学史学系概览(1912–1949)》上卷,第95、233页。

古学课程,认为"科学的历史有待于考古学,已为新史学界所公认。近五十年来西洋古史且因考古学之发达而改其面目。中国考古兴味,萌芽于宋代,盛于清代,而至近日始有成为科学之希望。本学程对于中西考古学略史、中国古物史料之种类及其发掘、收藏、鉴别、摹拓等皆加以讲授。各种著录则择要介绍,于甲骨及金器则作较深知研究以示例焉"。①

陆懋德曾在北京大学开设考古并实习,"分历史的、理论的、实习的三部分。务在应用欧美最近之方法,以整理中国旧有之材料。随时指示鉴别古物及发掘古迹之技术。实习则注重参观及实地练习Field Work"。②

年代学是历史年代测定的原理和方法、考察历史事件和历史文献的时序和年代的学科。毛准在北大除了科技史外还开设历学,"先述天文的历学,使学者略知星象大要和推算历史上日期及日月蚀的方法。次叙古代几个重要文化民族的历,以为研读史书的帮助"。暨南大学历史地理学系的年代学"对于历史的年代学作概括的讲述,专门研究各民族,更其史中国民族如何划分时间,以及如何使各种史实有正确的时间比例,务使学者获得治史之基础知识。其内容分为:一、年代学与史学之关系,二、年代学与其他学科之关系,三、天文学之重要知识,四、历法之种类及其优劣,五、巴比仑之历法,六、埃及之历法,七、印度之历法,八、中国殷商以前之历法,九、殷商之历法,十、周初之历法与年代,十一、干支、十二辰与二十八宿,十二、春秋战国之历法,十三、秦至汉初之历法,十四、太初历与三统历,十五、汉人所称之古历,十六、中西交通与天文历法,十七、中国年代学著作述略"。③

语言学作为历史学的辅助学科可分为三:"一是汉语,汉语中之文字、声音、训诂学和金石学关系之密切,金石学和史学的关系之密切,都是不待分辨自然明白的。二是史籍所凭的外国语言,譬如我们研究在近代发达的史学,不能不看

---

① 《现代大学史学系概览(1912—1949)》上卷,第71、476页。
② 《现代大学史学系概览(1912—1949)》上卷,第63页。
③ 《现代大学史学系概览(1912—1949)》上卷,第96、291页。

英、法、德文的书,虽然我们并不想研究这些专史,而这些语言终是使我们进于这个学问的方便唯一法门。三是史料所凭的语言,譬如我们要研究四裔史的某部分,遂不得不习西藏语、回回语、蒙古语、日本语等等语中之某某有关系者。因此,史学的研究每每与语学的研究分不开,同一研究,文字方面是语言学,事迹方面是史学"。①陈寅恪精通多种语言,所通英、德、法、俄文算是工具语言,梵文、巴利文、印度古代俗语、藏文、蒙文、西夏文、满文、新疆现代语言、新疆古代语言、伊朗古代语言、古希伯来语言等算是研究对象语言,对这些语言都下过深浅不同的工夫。②陈寅恪在清华大学开设蒙古史料之研究,"取东西文字中旧有之蒙古重要史料加以解说及批评。近年北平故宫博物院发见之满蒙文书籍,其与蒙古史有关者亦讨论及之"。③课程重点在于对少数民族史料的阅读。邵循正在清华大学历史学系讲授蒙古史,"每周三小时。两小时讲蒙古在中国与西域发展之经过与影响,并讨论专门问题,期选读者能得治此学之基本知识与训练,渐能从事于独立之研究。一小时授波斯文,上学期讲文法,下学期讲授波斯史籍关于蒙古史之记载"。④三小时的课程中有三分之一的时间在讲授外国语言文字。

文献学以文献为研究对象,包括了目录学、版本学、校勘学、训诂学等分支。在各分支学科中作为历史学工具的最重要的则是目录学。按四部分类法,有经、史、子、集四部之目录,其中最重要的当然是史部目录学,郑鹤声在中央大学开设中国史部目录学,"研究中国史部分类之沿革方法及理论与各类史籍之名著,使学者与中国史学史融合。观之于中国史学之内容得有更为明确之了解其内容,注意点(1)是不分类之源流,(2)史部分类之原则,(3)史部分类之方法,(4)史部分类之得失,(5)史部分类之改进,(6)各类之重要史籍,(7)最近中国史学出版之

---

① 《现代大学史学系概览(1912—1949)》上卷,第56页。
② 季羡林:《从学习笔记本看陈寅恪先生的治学范围和途径》,《追忆陈寅恪》,第144页。
③ 《现代大学史学系概览(1912—1949)》上卷,第328页。
④ 《现代大学史学系概览(1912—1949)》上卷,第347页。

讨论"。①郑鹤声的《史部目录学》当是其授课讲义。河南大学史学系的史部目录学，以"四库中史部著作之源流、内容、版本及分类法各加以系统的说明"。②赵万里在北京大学开设中国史料目录学，以"史料目录学"而非"史部目录学"为名，"显然是将范围扩大，不局限于传统的经史子集四部，而放眼于纸上史料与地下材料。即对于纸上材料如史籍等也详其版本源流与异同，更注意宫廷档案、私人文献等等。赵先生常带同学去北平图书馆参观各种善本书、梁启超个人文献、故宫博物院档案、钟鼎彝器、甲骨汉简等。这对初入史学系的学生是最富吸引力与启发性的。许多同学都深感兴趣"。③北京大学明清代史学书录则为断代的史部目录学，"清儒治史，方法周密，体裁完备。综其成绩，宜分八类：（一）辑佚，如《旧五代史》《七家后汉书》；（二）补注，如《汉书补注》；（三）重编，如《晋略》《新元史》；（四）补志、补表、补传，如《补后汉书艺文志》《后汉书补表》《宋史翼》；（五）考订，如《廿二史考异》《诸史拾遗》；（六）史评，如《读通鉴论》《文史通义》；（七）撰著，此类非一体，录其要者；（八）方志，择其体例备而文笔优者。各书详其主旨与地位，评较其优劣。俾研究者多所采获，述作者得所仿效"。中国史部目录学之外还有西方史部目录学，重庆大学中国史部目录学"授中国史部之分类及历代史学名著内容之大要"，西洋史部目录学"授西洋史部分类之法，并讨论西洋史学名著"。④西方普遍采用杜威十进制分类法，以西方史部目录学为名可能并不妥当。

史料学在大学历史系课程中普遍设置是在新中国成立以后，民国时也有关于史料的课程，多集中于新发现之史料，向达在北京大学讲授近四十年中国史学上之新发现，"所讲授者为：中国之史前时代、甲骨、汉晋简牍、佛教美术遗迹、敦煌学、西夏及辽金元时代之新史料、明清档案诸项新发现，凡此皆为近四十年始

---

①《国立中央大学一览·文学院概况》（1930），第67—68页。
②《河南大学一览》（1932），第42页。
③吴相湘：《三生有幸》，第16页。
④《现代大学史学系概览（1912—1949）》上卷，第61、61—62、66—167页。

先后见知于世者。此种材料不惟可以解释旧有之文献,并为中国史学多辟无数新途径。所讲大概为目录学性质,略示初学以新史料之内容,在史学上之关系及其重要文献"。暨南大学历史地理学系史料研究,系"对于新发现之史料作系统的讲述,务使学者能利用新史料,以形成新史观。就中国部分而言,其内容分为:一、北京人之发见,二、河南、甘肃、辽宁、山西各期之石器与陶片,三、江南陶片,四、殷墟甲骨,五、新郑铜器群,六、寿县汉铜器群,七、晋简汉牍,八、敦煌写经与其他遗物,九、西夏文字与辽代碑志,十、大库档案,十一、太平天国史料"。①从内容介绍中可以看出这些课程主要是以列举的形式来介绍史料,"大概为目录学性质",还谈不上是为"学"(-ology)。

无论是历史研究法或史学方法论,还是金石学、考古学、年代学、语言学、文献学等,都是离不开具体的历史学研究实践。洪业在燕京大学讲授史学方法,分初级、高级两门,"初级史学方法从如何作卡片讲起,包括引书必须忠实于原文,引用前人说法和材料必须注明出处,尽量追溯第一手史料,如何写成一篇论文,如何列举参考书目,等等。对于考据学已略窥门径的我而言,这些内容未免显得卑浅无甚高论。但洪先生口才极好,讲课仍很引人入胜。他布置作业,让学生运用他所讲的方法试写论文,要求非常严格,这确实也是极有益的训练。以后我搞研究时的严肃态度和一丝不苟的作风,是和洪先生的教导分不开的……洪先生讲课内容使我长久不忘的,还有他所说:只要你掌握五个W,你就掌握了历史。五个W者,Who(何人)、When(何时)、Where(何地)、What(何事)、How(如何)也"。②洪业主持哈佛燕京学社引得编纂处工作,引得(Index)作为工具书来辅助历史研究,先后编纂各类引得64种。

在史学研究实践指导方面最有特色的是陈垣。陈垣在燕京大学开设中国史学名著评论,在辅仁大学开设清代史学考证法,在辅仁大学北京大学、北平师范

---

① 《现代大学史学系概览(1912—1949)》上卷,第88、291页。
② 周一良:《纪念陈寅恪先生》,《魏晋南北朝史论集》,第565页。

大学、燕京大学开设史源学实习。据陈垣史源学实习课程说明①：

（一）择近代史学名著一二种，逐一追寻其史源，检照其合否，以练习读一切史书之识力及方法，又可警惕自己论撰时不敢轻心相掉也。教科书本年拟用赵翼《廿二史札记》。参考书即用《廿二史札记》所引之书。

（二）择近代史学名著一二种，一一追寻其史源，考正其讹误，以练习读史之能力，儆惕著论之轻心。历史研究法的史源学大概分四项：一见闻，二传说，三记载，四遗迹。今之所谓史源学实习，专指记载一项。考寻史源，有二句金言：毋信人之言，人实诳汝。空言不能举例，讲授不便，贵乎实习。孔子曰：我欲托之空言，不如见诸行事之深切著明页。庄子曰：临渊羡鱼，不如退而结网。练习、临摹、选书。选书有四难：一分量，不大不小；二时代，不远不近；三范围，不广不狭；四品格，不精不粗。

（三）取清儒史学考证之书，如顾氏《日知录》等为课本，注重实习，因其所考证者而考证之，观其如何发生问题，如何搜集证据，如何判断结果，由此可得前人考证之方法，并可随时纠正其论据之偶误，增加本人读书之经验。

陈垣的史源学课程以清代考证名著《日知录》、《廿二史札记》为基本参考书，对《日知录》、《廿二史札记》中之引文及史事作追根溯源的工作。李瑚回忆虽然辅仁大学有的学生怕陈垣的史源学课程要求高，给分严，但在学习过程中却感到陈垣"不仅慈祥可亲爱，而且讲课引人入胜。在随便谈话中知道了他的许多读书经历和治学心得。他所授的课，大部分时间用于检索《日知录》史源（他选用《日知录》为底本的用意，是认为顾炎武注意事功，学生于考证之外，可以学到经世之学)，应该是很枯燥无味的"，但在具体的学习过程将《日知录》与其史源相对照，就能够发现其中有不少人名、史事或史料方法的问题，很容易就能够写成考证论文。②按照陈垣所示范文《<日知录>"停年格"条注引辛琡考》：

---

①陈垣著，陈智超编：《史源学实习及清代史学考证法》，第1—2页。按"临渊羡鱼，不如退而结网"语出《淮南子·说林训》和《汉书·董仲舒传》。
②李瑚：《我与魏源研究》，《学林春秋》第2编上册，第270页。

《日知录》八"停年格"条,注引吏部尚书辛琡言,不著朝代,遍检诸史无辛琡。惟反对停年格者有薛琡,'辛'盖'薛'之讹。薛琡见《北齐书》廿六、《北史》廿五,《日知录》所引乃《北齐书》也。'薛'何以误为'辛'?字阙左上旁,又涉下文《魏书》辛雄误耳。潘本先误,黄本未能校正,故仅据《史韵姓编》等工具书寻求辛琡,必无所获,非考其事之内容不可也。事之内容为选举,故可于选举类求之。然《通典》十六《选举典》引《北史》,乃作薛淑,淑字曷珍,文应从'玉',参诸《魏书》四四《薛野䐗》传亦然,今从'水'误也(下略)。①

史源学实际上是一种方法论的实践练习,通过《日知录》、《廿二史札记》中的引文与原文比勘而进行考证,"因人所读之书而读之,知其引书之法、考证之法、论断之法。知其不过如此,则可增进自己上进之心;知其艰难如此,则可以鞭策自己浅尝之弊"。②辅仁大学1942年本科毕业论文中就有12人作《廿二史札记》之分卷考正。史源学当然不限于《廿二史札记》,可以将《史记》和《汉书》、《三国志》和《后汉书》相同纪传对勘,"如果研究唐以前的历史,学生引了《资治通鉴》,他一定要问为什么不引正史,是否只见于《资治通鉴》而正史中没有?或者研究南北朝时期的历史,引用《南史》、《北史》而不检对八书,他一定不通过。即是研究唐史,引《通鉴》而不检寻两《唐书》及别的书,又不说明那段材料确不见于两《唐书》、《唐会要》、《唐大诏令集》、《册府元龟》等书,也不能通过"。③陈垣学生牟润孙亦曾在河南大学文史学系开设过史源学实习的课程。

第六节 "史学"类课程

"历史"(history)一词,简单来说有两种含义:一是指已经发生的过去了的事

---

① 陈垣著,陈智超编:《史源学实习及清代史学考证法》,第141页。
② 陈垣著,陈智超编:《史源学实习及清代史学考证法》,第7页。
③ 牟润孙:《励耘书屋问学回忆——陈援庵先生诞生百年纪念感言》,《励耘书屋问学记》,第73页。

实,一是指对过去事实的记载和研究。前者是历史的本体论,后者是历史的认识论。前者可称"历史",后者则为"历史学"(简称"史学")。中国通史和断代史、世界通史和国别史、各种专门史都是历史,史学名著研究和选读、中外史学史、史学概论、史学理论等则属于史学的范畴。作为史学系的学生,除了历史外,对于史学本身自应有相当之认识,正如北京大学史学系在其课程说明书所说:"既学史学,则本国、外国史学之变迁利病及治史方法,尤宜深知灼见。如本国史学概论、本国史学名著讲演、历史学、欧美史学史等,即为此而设。此为本系最重要之学科也"。①"史学"类课程大致可分以下几类:

(1)史学名著选读或史学名著研究。东北大学史学专书研究,为"选择史学名著,研究其特色、要义及疑难问题,以资史学之助"。辅仁大学中国史学名著评论,为"择取历代史学名著,说明其史料之来源、编纂之体例及得失,板本之异同,使学者明了著述及读史之方法"。厦门大学史学系于专书研究之外,又有史籍提要、中国史学上之怀疑学派、史学论文选读等课程,专书研究以《尚书》、《春秋》、《左传》、《史记》、《汉书》、《史通》、《文史通义》中择其一而研究,史籍提要为作有系统地介绍重要史籍,中国史学上之怀疑学派重点选读《论衡》、《史通》、《考信录》等,史学论文选读以"近日吾国史学研究,渐趋科学化,发表之论文可取者甚多。本学程选其尤者,一一阅读,而于近日吾国史学发展之各种趋势作一概论"。②

史学名著研究比较多的集中于《尚书》、《史记》、《史通》、《文史通义》等。顾颉刚在北京大学的尚书研究,其主旨为:"(1)提出《尚书》中包孕之问题,说明古今各家对于此项问题之解释,俾为将来继续研究之准备。(2)分析其真伪与窜乱,说明其逐此涂附之迹,俾知《尚书》中有若干为当时之真记载,及其所以列于经典之故。(3)说明《尚书》与古史之关系,俾知若干古史问题有因《尚书》中某问题已

---

①《现代大学史学系概览(1912-1949)》上卷,第39页。
②《现代大学史学系概览(1912-1949)》上卷,第181、206、474-477页。

解决而得解决者，又有须待《尚书》中某问题解决之后而得解决者。(4)从本书之研究见出中国古书问题之繁重，俾为将来校订其他古文籍之训练"。①复旦大学迁重庆北碚时，顾颉刚曾在复旦兼课，讲授《史记》，"就在北碚的时候，鉴于《史记》是古版的，没有标点。他开始断句、标点，为后人治学增添方便，加深了对《史记》的理解"。②同样也为新中国成立后二十四的校勘标点整理工作打下基础。

《史通》《文史通义》大概和史学方法论著中之《史学方法论》《史学原论》相当。北京大学朱希祖本国史学名著讲演，"吾国史学、文学，自古以来，均混而为一，且往往以史学为文学之附属品。观近代史学名家章学诚尚著《文史通义》，其他可知。惟唐刘知幾深恶文人作史，史学脱离文学而独立，特著《史通》以表其义。兹故以《史通》二十卷为讲演之书，而以《文史通义》为参考之书"。③吕思勉1928年开始在光华大学开设史学名著选读，两种讲义分别为《史通评》和《文史通义评》。清人浦起龙有《史通通释》，吕思勉取四部丛刊本与浦本相校，"改正旧注，亦苦未暇，而于诸篇之后，皆附评语，抉刘氏思想之所由来，扬榷其得失，并著其与今日之异同，特所以示诸生，非足语于述作，然视浦氏之评，则固有间矣"。④《文史通义评》亦如此。严耕望在中学时代看《史通》，就是因为看了吕思勉《史通评》的缘故。⑤

陈垣在北京大学、辅仁大学开设中国史学名著评论，"择取历代史学名著，说明其史料之来源、编纂体例及得失，板本之异通，使学者明了著述及读史之方法"。⑥在辅仁大学开设中国佛教史籍概论课程。陈垣授课先选定史学名著若干，每书逐一评论，"对于每书的评论，都是每书的特点出发，详所当详，略所当略，并不是千篇一律。他所讲授的，多是先生自己的心得和体会，更加入一些具

---

① 《现代大学史学系概览(1912-1949)》上卷，第63页。
② 薛明扬、杨家润主编：《复旦杂忆》，第325页。
③ 《现代大学史学系概览(1912-1949)》上卷，第25页。
④ 吕思勉：《史通评》，《吕思勉全集》第17卷，第295-296页。
⑤ 严耕望：《治史三书》，第190页。
⑥ 《现代大学史学系概览(1912-1949)》上卷，第206页。

体事例,说明每书的特点、写作体例和写作方法,读时应当注意哪些问题,本书还有哪些不足之处,应当如何补充修正等等。讲得是深入浅出,津津有味,引人入胜,最重要的是教导学生们如何考虑问题和深思问题"。①

相对而言,开设外国史学名著选读课程不多,北平大学女子文理学院文史学系西洋史学名著以 Gr.Green、E.A.Freeman、T.B.Macaulay、E.Gibbon、Lord Acton 等为主,北平师范大学历史系西洋史学名著选读"选定西史名著数种,由教师指导学生研究。并随时提示要旨、批评内容、解答艰深,以增长学生读史之兴味"。武汉大学史学名著选读以朗格诺瓦和瑟诺博司《史学原论》之英文本 Introduction to the Study of History 为主,"俾学者得知研究史学之方法,并了解世界名史家之生平及著作"。②

外国史学名著选读则往往与外语学习相结合。北京大学皮名举开设西洋史籍举要、西洋史学名著选读等,"选西洋史名著数种,作为研习西洋史之补助,以促进学者阅读西洋史籍之能力"。清华大学历史系史学名著选读一课,"为训练精读西文史籍,选读资料分两种:(一)论文,由担任此课之教授选史学论文若干篇,轮流上班指导研读。(二)专书,诸教授各担任名著一二种,学生各选定一种,个别请教授指导研读"。③孔繁霱担任吉本《罗马帝国衰亡史》,雷海宗担任斯宾格勒《西方的没落》(The Decline of The West),刘崇鋐担任 Sidney B.Fay 的《世界大战之起源》(The Origins of the World War)和 William L.Langer 的《帝国主义的外交》(The Diplomacy of Imperialism)。何炳棣在选修此课程的同时,"还读习陈铨先生的第二年德文。为加强阅读德文的能力及外交史知识,我结交了避难来华犹太籍德文教员雷夏(Eric Reicher)先生,请他指导我攻读我自己选自德国外交秘档 Die Gross Politik 第九及十四册中几篇有关胶州湾交涉的电文,以作为利用

---

① 杨殿珣:《学而不厌,诲人不倦——励耘书屋问学忆记》,《励耘书屋问学记》,第120页。《中国佛教史籍概论》于1962年出版。
② 《现代大学史学系概览(1912-1949)》上卷,第140、150、397页。
③ 《现代大学史学系概览(1912-1949)》上卷,第105、345页。

外交档案的初步练习"。①《民国时期武汉大学讲义汇编》收有郭斌佳《史学选读》和《西洋史学选读》,具为英文原篇,以《西洋史学选读》(Selected Readings in History)为例,选读八篇外文文献:(1)The Jewish War(Josephus, *History of the Jewish War against the Romans*),(2)The Renaissance(J.A.Symonds,"The Renaissance" in the *Encyclopedia Britannica*),(3)The Conation of William the conquer (Edward.A.Freeman, *History of the Norman Conquest*),(4)England's Separation from Rome(J.A.Frouds, *History of England*),(5)The Stuart Constitutional Conflict (G.Trevelyan, *England under the Stuart*),(6)The Significance of the Frontier in American History(J.Turner, *Report of the American Historical Association for 1893*), (7)Nationality(Lord Acton, *History of Freedom and Other Essays*),(8)Cause of the World War(S.B.Fay, *The Origins of the World War*)。

此外,有的通史、断代史、区域史、国别史、专门史课程中也有史学名著选读的内容,如谭其骧在清华大学开中国地理沿革史,"以讲述历代疆域变迁、州郡沿革、都会兴衰、形式扼塞为主,兼及河渠水利与边徼四裔地理之概要。并指导选习者研读《汉志》、《水经注》等诸古地理名著"。②

(2)中外史学史。史学名著选读是选择有代表性的著作或有代笔性的篇目作深入解读,史学史则是对史学的发生发展作系统的阐述。民国时的大学历史系开设中国史学史和外国史学史课程的甚多,列表如下:

学校	课程	课程说明	出处
北京大学	欧美史学史（陈翰笙）	欧美史学发达之经过与史家思想之变迁,现时欧美社会之概况与史学杂志之介绍。	《国立北京大学史学系课程指导书》(1924-25)
	中国史学史（蒙文通）	从各时代学风之变迁以究其及于史学之影响,凡中国史学进展之大势,名著之梗概,均详为叙述。	《国立北京大学文学院课程一览》(1934-35)

①何炳棣:《读史阅世六十年》,第64页。
②《现代大学史学系概览(1912-1949)》上卷,第345页。

学校	课程	课程说明	出处
	西洋史学史（皮名举）	本课程目的为研究西洋各时代史学之进展，尤注重记述史学家生平及其著作与为学方法。除正式讲演及指读参考书外，学生须选读西洋史学名著数种，每学期并作报告一篇。	《国立北京大学一览》(1935)
北平大学	中国史学史	内容侧重晚周、六朝、两宋三时期，以中国史学以哲学发达而发达，此三时期哲学最盛，史学亦在受其影响。晚周述明儒墨东方派之历史，与屈原、庄周南方派之历史，法家，北方派之历史各方思想既殊，故言史亦异，阴阳家为东方前期史学，故独详邃古之传说，至杂家盛而司马氏出焉，而史以衰。魏晋号为五百年史之中兴，有道家清谈派之史，有反清谈派之史，史学文学思想大率与藻丽之作、放达之思不侔，而各体竞作尤为大观，于唐修五史而衰。两宋史学为中国极盛时代，北宋史学与道学关系最切，至南宋渐东尤盛，经制、事功、性立三派至矣。	《北平大学女子文理学院文史学系》(1936)
北平师范大学	中国史学史	讲述我国史学之概要与史书之类别	《北平师范大学历史系课程标准》(1934)
	西洋史学史	叙述西洋史学之起源、派别、发达与变迁等，可与中国史学互相参证	
大夏大学	中国史学史	本学程讲授中国历代史家之生平及其著作之内容、使学者明了中国史籍进化之概况，又就历代史籍分为文化、经济、社会、学术、政治、法制等性质之专史，使欲以科学之方法整理者知所取材。	《私立大夏大学一览》(1934)
	西洋史学史	本学程讲授西洋史学发展之情形，及近代科学方法应用于历史学之上等等。	
东北大学	中国史学史	本学程上起三代，下终民国，将中国历代所有制史料、史家及史学专著共有若干、优劣如何，一一为之说明，如上古时代则讨论传说史籍之起源、史官之建置，中古时代则研究史家传记、史籍之留别、史料之真伪，近代则说明史评、史注、史补之功用，中外史家研究中国史之结果及史料所在与保存史料之方法。其目的在使学者明了中国文化之所以然，并能直接研究旧有之史料。	《东北大学文法学院一览》(1931)

学校	课程	课程说明	出处
	西洋史学史	本学程上起埃及,下终近代,将西洋历来所有之史料、史家及史学专著作一概括之说明。如上古时代则指示埃及之刻石及编年史、巴比伦之泥砖法典、犹太之旧约圣经,稍晚如希腊史学希罗多德、修亚德狄、波里庇由诸人之生平及著述,亦一一加以说明,中世时代则讨论年代学、教会史对于历史之贡献。近代如英、美、德、法诸国之史家及其著述为之提要钩玄,而以近代史学界之新趋势殿其后。其目的一方面在使学生熟知欧美史料之源泉,他方面在使学生明了现代文化之端绪。	
福建协和大学	中国史学史	本学程研究中国史学之发展,及史学家所用之材料与方法。	《私立福建协和大学一览》(1930)
辅仁大学	中国史学史(陆懋德)	首述中国史学之起源,次及历代史学之变迁,并讨论著名史学家学术修养及其著述之经过,至于各家史书之内容及体裁组织,亦附带评论	《北平辅仁大学文学院概况》(1935)
	古代西洋史学史(胡鲁士)	本课讲述希腊与罗马大史学家治小传、主要著作、方法、文体及其意义。并选读希罗多德、屠西逖地、鲍莱比阿、布鲁塔、萨拉斯特、李维及塔西伦等人之作品。	《私立辅仁大学一览》(1941)
	近代西洋史学史(胡鲁士)	本课讲述近代欧美之历史家及其学派,尤注重十九世纪与二十世纪。并选读兰凯、麦可来、蒙森、丹尼飞、巴司脱等人之著作。	
	中国史学史(张鸿翔)	讲述中国史学的起源、历代史学的变迁,并讨论史学权威的学术修养和其著述的经过,他如各家史书的内容、体裁等,亦略为说明。	《私立辅仁大学一览》(1947)
暨南大学	中国史学史	本学程讲授中国史学之起原与其演变,使学者明了中国史学之旧绩与其最近之动向。其内容分为:一、史之起原,二、史之位置,三、史籍之类别,四、史籍之体例,五、史官之制度,六、史学家及其著作,七、正史、补编及其内容之批评	《国立暨南大学一览》(1936)

学校	课程	课程说明	出处
	西洋史学史	本学程讲授西洋史学之起原及其演变,使学者明了西洋史学之发展及其最近治史之方法。内容分为:一、文字以前之史学材料,二、犹太史学及其史料之根据,三、希腊史家,四、罗马史家,五、中古史料之探讨,六、近代史学之进展及其成绩。	
清华大学	西洋史学史（孔繁霱）	本学程讲述西洋史学之起源及历代各派史学发展之概况,注意各时代文化思想之背景,而以近代史学视点评论重要著作之价值。	《国立清华大学一览》(1930)
	中国史学史（朱希祖）	本学程与西洋史学史相互参证之学程。	
	欧洲近代史学史（噶邦福）	本学程兼论史学方法之发展及史学思想派别之推演,讲演范围包括自文艺复兴时代至最近,尤注重近百年。但希腊、罗马之史学,因其本身之价值及其所产生之影响,亦略及之。	《国立清华大学一览》(1932)
四川大学	中国史学史（彭云生）	本学程注重之点有四:（一）探究古代史官之精神,（二）叙明历代史学之演进,（三）评述历代史家之得失,（四）推阐近代史学之趋势。	《国立四川大学一览》(1936)
	西洋史学史（周谦冲）	本学程讲述西洋史学之起源及其演进史。先略述自上古至十八世纪西洋史学之概况,及时代思潮对于史学研究与史学著述之影响;次详述十九世纪西洋各国史学发达史,叙述各名史家之生平,分析其治史方法,批评其著述,推论其影响,俾学者知所取法;继述各种专史研究之进步,以引学者专攻之兴趣;最后讲述二十世纪西洋史学之趋势,并评论"新史学"运动之得失。	
武汉大学	西洋史学史（鄢远猷）	本课程拟以一半时间讲授十九世纪以前之史学,而以其余一半时间讲授十九世纪以来史学之发展,庶几对于客观之考证及史学家在民族、经济、社会、文化各方面之成就,能予以相当之注意。	《国立武汉大学一览》(1937-38)

学校	课程	课程说明	出处
厦门大学	中国史学史	本学程讲述中国史学之起源,各时代史学进展之大势,各种重要体裁之名著(以编年、纪传、政书、纪事本末四体为主)。除注意于各时代主要思潮对于史学之影响外,并及于近数十年来新史料之发见,如殷商甲骨、汉晋木简、唐人写经、辽夏文字、明清档案等重要文献对于新史学上之贡献。	
厦门大学	中国史学史	中国史学,特别发达。本学程于各时代之史学家及史著依次研究,并述其时代背景及其与他种学问之关系。	《厦门大学一览》(1930-31)
中山大学	中国史学史（容肇祖）	本课目的在说明我国史的起源,史家、史学成立及发展,及最近史学的趋势。在说明各种派别及讨论各家的著述的关系时,加以慎重的批评。这课的研究,可以使我们对于中国史旧学的性质、范围、方法、功用和价值,得一明瞭的观念,较透彻地瞭解,以为创立我国新史学的先导。	《国立中山大学文学院概览》(1933)
中央大学	中国史学史	本学程研究中国史学界之沿革,俾学者明了国史之体系及其盛衰、得失、递变之故。其内容注意点:(一)史家与史著之概况,(二)各种史体之源流,(三)重要史学家之学说与其贡献,(四)重要史著之体制与其价值,(五)最近中国之史学。	《国立中央大学一览》(1930)
中央大学	西洋史学史	本学程研究希腊迄今西洋史学界之沿革。其内容条目如次:(一)希腊史学,(二)罗马史学,(三)犹太史学,(四)基督教教会史学,(五)中古史学,(六)文艺复兴后之史学,(七)十九世纪之德国学派及其发展,(八)二十世纪之新史学。	

中国史学史教材为人所熟知的是金毓黻、王玉璋、魏应麒三部。近年来发掘出了大批中国史学史讲义。二十年代陈功甫在广东高等师范学校授课讲义《中国史学史》是目前所见国内最早的以中国史学史为名的讲义。1924年广东高师与广东法科大学、广东农业专门学校合并成立国立广东大学,陈氏继续讲授中国

史学史,并在此前讲义的基础上增订出版了《中国史学史述略》。萧鸣籁在中山大学讲授中国史学史,并编有《中国史学史讲义》(1937)。①王传所编《中国史学史未刊讲义四种》收有陈功甫《中国史学史》,卫聚贤《中国史学史讲义》,陆懋德《中国史学史》,董允辉《中国史学史初稿》。郑鹤声本科毕业论文《汉隋间之史学》,后编成《中国史学史》(1928)四册,作为讲义,内容分总叙、上古三代之史学、汉隋间之史学、唐明间之史学、清代之史学、现代之史学。此外,还有蒙文通《中国史学史》和赵超玄的《中国史学史》(观沧书屋1943)

方壮猷在武汉大学担任史学概要和中国史学史课程,《中国史学史》讲义为手写稿本影印,颇为疏漫。观其内容似可分两部分:前一部分内容为二十五史书志篇目表、古今正史、晋历朝起居注、历代实录、史官建置、梁启超过去中国之史学界与中国历史研究法。二十五史书志篇目表将二十五史中之书、志篇目整理成表格,古今正史先录《史通·古今正史》原文,再补述唐以后之正史,以下各部讲义多如此编写。后一部分以时间为序,分楚汉之际、两汉、三国、两晋、宋、齐、梁、陈、北方诸国(十六国)、北魏、北齐、北周、隋,主要依据《史通》和史志书目,表列各代史家及史著之统计,但还是失之简略。方壮猷另正式出版有《中国史学概要》,自述其"讲授史学概要及史学史有年,初以史体分类为纲,继乃改以时代为经",依史体分纪传、编年、纪事本末、制度文物史、方志家谱诸章。②《中国史学概要》与《中国史学史》讲义稿大不相同,但内容仍显薄弱,且未脱出传统解题提要之窠臼。

1924年陈翰笙在北京大学开设欧美史学史为大学开设此课程之始。陈翰笙主要以 Shotwell 之 *Introduction to the History of History* 和 Gooch 之 *History and Historians in 19^h Century* 为主要参考书,绍特韦尔《西洋史学史》有何炳松译本,古奇的著作在民国时尚无中译。此后,西洋史学史或欧美史学史在大学历史系

---

① 王传:《论民国时期中国史学史的学科建设与著述特点》,《河北学刊》2020年第1期。
② 方壮猷:《中国史学概要》,武汉大学出版社,2011年版,第205页。

中和中国史学史一样普遍开设,担任此课程的教师有刘崇鋐、孔繁霱、黄文山、杨鸿烈、雷海宗、朱谦之、噶邦福、张贵永、常乃德、皮名举、周谷城、周谦冲、鄢远猷、胡鲁士、史考特等。西洋史学史成为西方史学输入中国的重要途径之一。①

四川大学西洋史学史所用参考书为何炳松译《西洋史学史》,Fueter 的 *Geschichte der enueren Historiographie*(1936),Gooch 的 *History and Historians in the 19th Century*(1928),Bemont 的 *Historie et historiens depuis Cinquanteans*(1928)等。武汉大学为 Bury 的 *The Ancient Greek Historians*,Barnes 的 *History, Its Rise and Development*,Shotwell 的 *An Introduction to the History of History*,Gooch 的 *History and Historians in the 19th Century*,以及 *American Historical Review*。

何炳松译绍特韦尔(Shotwell)《西洋史学史》止于基督教史学,西方中古及近代史学仅作为附录。协助何炳松翻译的郭斌佳拟译古奇(Gooch)《十九世纪历史学与历史学家》(History and Historians in the Nineteenth Century)。

史学名著选读和史学史有时也是相通的,北京大学陈翰笙同时开设欧美史学选读和欧美史学史,前者系"选读英、德、法文史学名著及关于史学之论文,以助研究欧美史学之兴趣",印发原文讲义。后者讲授"欧美史学之起原与其发达之经过,注意史家思想之变迁,并讲欧美史学社与史学杂志之概况"。②但是,史学名著选读和史学史等相关课程很容易在讲授内容上有所重复,如《史记》、《汉书》、《史通》、《文史通义》等既是史学名著选读课的重点,在中国史学史课中亦属重要。重庆大学史学系在中国史部目录学、西洋史部目录学之外又有史学专著研究、史学名著导读两门课程。中央大学史学系于中国史学史和西洋史学史之外又有中国史部目录学和西洋史部目录学,这样的课程设置难免在内容上会有所重复。

朱希祖在北京大学同时开设中国史学名著讲演和本国史学概论。本国史学

---

① 王应宪:《民国时期西洋史学史课程检视》,《史学史研究》2015年第3期。
② 《现代大学史学系概览(1912–1949)》上卷,第28、35页。

概论"分三编讲授:第一编,叙述本国史学之起源,并说明古代史官为书记官,非历史官。自魏晋以下,始有专官。又,春秋以前为有文字时代,不能谓为有历史时代。自春秋以下,始为有历史时代。第二编,叙述本国历史之种类派别,并评论其利案得失。第三编,叙述本国历史学思想之发展及进步,并规画改良之方法"。①本国史学概论讲课内容后以《中国史学概论》(后改名为《中国史学通论》)出版,实际上就是中国史学史。《中国史学通论》主要内容为中国史学之起源、中国史学之派别,课程概述中之第三编"本国历史学思想之发展及进步"则未见。

(3)史学概论、史学通论、史学概要与历史哲学。目前所见大学史学概论课程设置最早见于1913年之《大学规程》。大学分文科、理科、法科、商科、农科、工科、医科七科,文科分哲学、文学、历史学、地理学四门。地理学门中有明确的史学概论课程设置。②

史学概论和文学概论、哲学概论、科学概论一样都属于"概论"性的课程,是在对既往所学历史知识的概括总结基础上作提升,使学生对史学这门学科有一整体性的认识,也为进一步的深入学习打下基础。李璜在北京大学讲授历史学,"陈述近今欧洲历史学家之历史研究法,使治史者了然历史材料的搜集、批判及综合等功夫,而知所从事。但为学者明了历史在近今学术界之地位及价值起见。本科特先及历史□意义与范围,历史学与社会科学的关系,以及历史哲学等题"。③李璜有《历史学与社会科学》之专著,《历史学与社会科学》中的内容与课程说明有重复之处。东北大学史学概论,"内容批评前代史裁之得失及指摘其史迹之错误、史识之幼稚,进而论搜集史料之方法、补助历史之科学以及史料之鉴别、史籍之整理,俾治此学者得以知所从事"。④授课者当为系主任吴贯因。⑤姚

————————
① 《现代大学史学系概览(1912—1949)》上卷,第25页。
② 《中国近代教育文献丛刊·教育法规卷》第1卷,第352页。
③ 《现代大学史学系概览(1912—1949)》上卷,第34—35页。
④ 《现代大学史学系概览(1912—1949)》上卷,第177页。
⑤ 吴贯因曾著有《史之梯》(又名《史学概论》),但并非是大学教材。

从吾在辅仁大学开设历史学原理,课程分为四部:"(一)历史学的性质,(二)现代德国史学界所称道的几种历史观,(三)历史学的辅助学科,与(四)历史学与其他科学的关系"。李孝迁编有《史学研究法未刊讲义四种》,其中有姚从吾《历史研究法》,第一编历史学的性质与任务,第二编史源学,第三编欧洲近代通行的几种历史观,第四编历史学的辅助学科和历史学与其他科学的关系。《历史研究法》讲义应该就是历史学原理的教材。暨南大学历史地理系史学通论,"对于史学原理作系统的深入的研究,其内容分为下列各部分讲授:第一、几种基本概念之解说,首先说明何谓'历史',次说明组成历史之个别的'史事',又次说明保存史事之各种记录,'记载'或实物,末述彼此之关系。第二、关于'历史'诸学理之探讨。首述西洋学者对历史之见解,次述中国学者对历史之见解。又次对于重要理论问题作试探的解决。如历史之发展有无法则,诸史事之间有无因果,支配历史者为心灵抑为物质,以及其他类此知问题,均加以讨究。第三、关于'史事'与'记载'等事。第四、谓述通史与专史之大别,并及史学教育之推广等"。①此外,钟稚居在华西协和大学,朱谦之在中山大学亦都曾讲授过史学概论。

民国时曾出版过一大批史学概论、史学通论、史学概要性质的专著,但大部分都不是大学教材。柳诒徵《史学概论》是商务印书馆函授国文科讲义,曹佐熙《史学通论》是湖南中路师范学堂优级选科课程讲义。卢绍稷《史学概要》是在中央大学区立上海中学为高中学生授课时讲义。罗元鲲《史学概要》是湖南省立第一高级中学授课讲义。胡哲敷《史学概论》为舒新城主编"中华百科全书"之一种,该丛书以五万字为限。

作为大学教材比较著名的是杨鸿烈《史学通论》和李则纲《史学通论》。民国时开设史学概论课程的大学并不算多,但基本上都开历史研究法或史学方法论课程,有的大学甚至将历史研究法作为史学概论的内容(如姚从吾)。杨鸿烈《史学通论》(1939)为商务印书馆"大学丛书"。李则纲《史学通论》(1935)是在中国

---

① 《现代大学史学系概览(1912–1949)》上卷,第289页。

公学、安徽大学授课讲义。安徽大学无历史系,史学通论为中国文学系史学类选修课程,"目标在使学生理解历史学知识与研究历史之方法。内容分历史学之意义,历史学发展之过程,历史学与其他学科之关系。关于史料诸问题,关于编纂诸问题,关于教学诸问题,以及新史学与旧史学之区别,历史学与现代人生,如何读史,论史与著史,均详加叙述。讲授之外,并重实际练习,如史料之搜集鉴别编比及史实之批评与撰述等,均随时练习之"。①上述课程说明大致上就是《史学通论》的主要内容。齐思和1935年留学回国后在北京师范大学开设史学概论,史学概论讲义共八章,七万字左右。杨鸿烈认为史学以"理论"和"方法"为主干,"所以从柏恒以来东西各国学者所撰的《史学通论》都是在一册书内就要讲述到两方面,不知近代历史的'理论'和'研究的方法'已经日趋复杂"。②杨鸿烈就将"理论"和"方法"两者分开,既有《史学通论》,又有《历史研究法》(1939)。中央大学文学院编印有郑鹤声《史学通论》讲义。

历史哲学通常指高度抽象思辨的,并且具有普遍性的历史理论,能够涵盖人类的一切历史。历史哲学是从全部历史的考察归纳而来,同时又可以解释各种人类的文明历史。

历史哲学既可以看成是历史学的分支,也可以看成是哲学的分支。民国时中央大学哲学系就开始"历史哲学"的课程,由宗白华讲授。课程说明将历史哲学和历史观等同起来,历史观即是对于人类历史的本质及其原动力的见解,按七个派别分别讲授:英雄与群众观;人生地理学的历史观;人种学的地理观;物质文明的历史观;历史的历史观;经济的历史观;精神的历史观。③

民国大学历史系课程中也有历史哲学,其主要模式有二:一是对历史哲学本身的理论体系、主要内容、逻辑结构等的介绍或建构,最典型的是唯物史观。朱谦之1924年在厦门大学授课的讲义《历史哲学》,受西方生机主义者杜里舒、柏

---

① 《安徽大学一览》(1936),第114页。
② 杨鸿烈:《史学通论》,岳麓书社,2012年版,第29页。
③ 《国立中央大学一览》(1928),第47页。

格森、麦独孤等人的影响,朱谦之认为生机主义的方法给予了历史哲学以"确实的科学的"基础,生机主义的历史哲学概括来说就是:"人类的历史就是本能与环境宣战的生机主义史,申言之就是在生命进化中本能与物质相冲突的革命史,在人类历史发生的那一日便是同环境冲突开始的那一日,人类历史的继续的新的创造就是证明我们生机力可以无限扩张"。①二是依照史学史的路径出发,从历史哲学的演进进行介绍。以后者居多,如北平大学女子文理学院文史学系历史哲学,"先论哲学与历史之概念及其接触点,并历史哲学之任务,次述近代历史哲学发达的过程,并讨论历史哲学上诸问题"。暨南大学历史地理学系历史哲学,"对于历史哲学作概括的讲述,务使学者得到一种正确的历史观,以为推进历史及认识历史之方法。其内容分为:一、历史法则之说明,二、史学原理之阐发,三、史学方法之研究,四、各种史观之叙述,五、历史构成之各种因子之分析,六、历史哲学之成立与发展,七、历史哲学之派别,八、历史的创造与认识"。清华大学历史学系历史哲学,"注重说明及考察唯心论、唯物论、目的论、机械论、进化论及近代心理、社会诸学派之历史哲学,俾扩大学生治史之眼光,不致膈于一隅之见,使其能体会各家以求历史演化之真义"。②中央大学史学系历史哲学,"研究中外思想家对于历史本质之解释,略分四部:(一)历史哲学之意义及其基本问题,(二)中国之历史哲学,(三)西洋之历史哲学,(四)今日历史哲学之趋势"。③实际上就是历史哲学之演进史或流派史。

第七节 高等师范学校历史课程

高等师范学校的目的在于造就师资,课程标准在于"第一传授本国之文化,第二授予教授儿童应有之技能,第三培养国民之思想,第四领导社会之活动"。

---

① 朱谦之:《历史哲学》,《朱谦之文集》第5卷,第57页。
② 《现代大学史学系概览(1912-1949)》上卷,第139、289、315页。
③ 《现代大学史学系概览(1912-1949)》下卷,第638页、

美国柏格列分技艺的课程、修养的课程、学术的课程、专业的课程。①将高等师范学校课程设置与综合性大学历史系课程相对比,两者显然是既有联系又有区别。故本节专述高师历史课程。

中国近代师范教育始于1897年上海南洋公学之师范院。1902年《钦定学堂章程》中规定设立与大学预科相同程度之师范馆,师范馆课程门目表规定课程为伦理、经学、教育学、习字、作文、算学、中外史学、中外舆地、博物、化学、物理、外国文、图书、体操等。《钦定学堂章程》未行,次年又颁布《奏定学堂章程》,规定高等教育机关有大学堂、高等学堂、高等实业学堂、法政学堂及优级师范学堂。优级师范学堂作为高等师范与大学是平行的。根据1904年《奏定优级师范学堂章程》,其分类学科为四:(1)以中国文学、外国语为主;(2)以地理、历史为主;(3)以算学、物理学、化学为主;(4)以植物、动物、矿物、生理学为主。其中,第二类学科课程十二目:人伦道德、经学大义、中国文学、教育学、心理学、地理、历史、法制、理财、英语、生物学、体操。②其中,历史分中国史、亚洲各国史、西洋史。

辛亥革命后,1913年北洋政府教育部颁布了《高等师范学校规程》和《高等师范学课程标准》,规定高等师范学校以造就中学校、师范学校教员为目的,本科分国文部、英语部、历史地理部、数学物理部、物理化学部、博物部。高等师范分预科和本科,预科课程如下③:

科目	第一学期	第二学期	第三学期
伦理学	人伦道德要旨	同左	同左
国文	讲演、文法、作文	同左	同左
英语	讲演、文法、作文、会话、翻译、默写	同左	同左
数学	算术、几何	代数、几何、三角法	同左
论理学	演绎法	归纳法	方法学

①《北平师范学校一览》(1930),第14页。
②《中国近代教育史资料汇编·学制演变》,第416页。
③《中国近代教育文献丛刊·教育法规卷》第1卷,第264-265页。表格略作调整改动。

科目	第一学期	第二学期	第三学期
图画	临画、写生画	投影画法要略、透视画法要略、黑板书写练习	水彩画
乐歌	声乐练习及理论	同左	同左
体操	普通体操及游戏兵式训练	同左	同左

本科历史地理部课程如下①：

科目	第一学年			第二学年			第三学年	
	第一学期	第二学期	第三学期	第一学期	第二学期	第三学期	第一学期	第二学期
伦理学	伦理学	同左	同左	西洋伦理学史	同左	同左	中国伦理学史	同左
心理学及教育学	心理学	同左	同左	教育学	同左	教育史	教育史、教授法	教育史、教授法、学校卫生、教授法令
历史	中国史、东亚各国史、西洋史	同左	同左	中国史、东亚各国史、西洋史	同左	同左	中国史、西洋史、史学研究法	同左
地理	地理学通论、中国地志、中国人文地志	同左	同左	地理学通论、亚洲志、海洋洲志	同左	地理学通论、欧洲志	欧洲志、美洲志	美洲志、非洲志
法制经济				法制总论、公法、经济总论	公法、生产	私法通论、私法、交易	私法、分配、消费	国际法、财政
国文	讲读	同左	同左					
英语	讲读	同左	同左	讲读	同左	同左		
考古学人类学							考古学概要	人类学概要
体操	普通体操及游戏	同左	同左	普通体操及游戏、兵式训练	同左	同左	普通体操及游戏、兵式训练	同左

---

①《中国近代教育文献丛刊·教育法规卷》第1卷，第268–269页。

历史地理部以历史、地理为主干课程,其他法制、经济、国文、考古学、人类学等为相关课程。高等师范其他部的课程设置也类似,如国文部课程为国文及国文学、历史、哲学、美学、言语学,英语部课程为英语及英文学、国文及国文学、历史、哲学、美学、言语学。高等师范学校的课程以《高等师范学课程标准》为基础而略有所增益,如北京高师师范史地部预科课程为伦理学、论理学、国文、英语、日文、数学、中国史、西洋史、国画、兵式体操,乐歌。本科课程见下表①:

课程	课程说明
伦理学	
心理学及教育学	
国文	以补助史地课程兼练习关于史地之参考书并删改中学校国文为目的的,分讲读、作文、文法。 讲读授叙事文及史论文,每学期授十余篇。 作文练习作应用文叙事文及史论文,兼练习改文,每学期三四次。 文法指定陈曾则国文讲义为参考书,授以经史子集文体。
英语	以补助史地课程兼练习关于史地之英文参考书为目的,分讲读、翻译、文法。 讲读用欧洲名人传记(*Heroes of History by Wbitcomb*)作教科书,授以英文普通知识兼补助西洋史教科所未及。 翻译及文法俱于讲读时间内行之。
日文	以补助史地课程兼练习关于史地之英文参考书为目的,分讲读、翻译。 讲读用峰岸米造著师范学校用日本历史上卷为教科书,约二学期,以上授毕竟后仍选授以言文一致之日文数篇。 翻译于讲读时间内行之,课毕后仍指定学生笔译,由教员删润后付油印。
中国史	以发挥国粹兼养成爱国心为目的,自编讲义。 第一学年第一二学期授序论及上古史略,述三皇五帝之功业与唐虞夏商周盛衰事迹春秋战国之群雄角逐与上古文化史略。第三学期授中古史略,述秦汉二代盛衰兴亡事迹。 第二学年第一学期授秦汉两朝兴亡事迹与中古之文化。第二学期授三国两晋南北朝汉族与西北民族分离合并事迹与中古中叶之文化。第三学期授隋唐二朝盛衰兴亡事迹与中古末年之文化。

① 《北京高等师范学校十周纪念》(1918),第65-68页。表格略作调整改动,地学部课程说明从略。

东亚史	以证明历史上中国在东亚所占之位置及其对四围民族与四围民族各自相互间及其对西洋各民族之关系,兼养成爱国心与自觉心为目的,自编讲义。 第一学年第一学期授序论及上古史略,述东洋史之定义与东洋史上之人种地理及年代区分法。第二、第三学期授中古史略,述古代印度、西里亚、波斯、安息、大夏、大月氏、嚈哒、大食、匈奴、东胡、乌桓鲜卑、柔然、吐谷浑、契丹、高车、铁勒、突厥、薛延陀、回纥、氐羌、吐蕃、朝鲜、三韩、高句丽、百济、新罗、渤海、日本各国盛衰兴亡大略,并各民族间分离合并事迹及其各国文化史略。 第二学年第一学期授中古史,略述回纥、薛延陀、新罗、百济、高句丽、渤海、日本、波斯、大食、印度笈多乌苌两王朝、吐火罗、昭武九姓等国、吐谷浑、吐蕃与天山南北各路各国相互间及其对于中国与西方诸国之关系并各族之文化。第二学期授近古史第一二三期,略述黠戛斯、回纥、吐蕃、南诏、契丹、渤海、后高丽、林邑、占城、真腊、扶南、骠国、交趾大理、后理、女真、党项与海南诸小国相互间及其对于中国与西方诸国之关系并各族之文化。第三学期授东大食、西大食、南大食、波斯境内之Taher王朝Soffar王朝Samana王朝Buya王朝、波斯及中亚阿富汗印度境内之Ghozni王朝Seljuks王朝Ghor王朝、西辽、乃蛮、花剌子模、印度境内之奴隶王朝各族相互间之关系、蒙古之勃兴及其对于女真党项、乃蛮、花剌子模、奇卜察克、阿速、Arcasscs、俄罗斯、康里、Kermad、Heart、小亚美尼亚、Georgia Run、摩苏尔、不里阿尔、孛烈儿、马札尔、木剌夷、埃及、后理、吐蕃、安南陈氏、后高丽、日本、缅甸占城、爪哇、琉球与海外诸番国之关系并当时各族间相互间之关系及其文化。
西洋史	以证明欧美列强文化之起源为目的,用邬氏上古史(*Essentials in Ancient History* by Wolfson)及哈丁氏族中古近古西洋史(*New Medieval and Modern History* by Harding)作教科书。 第一学年第一学期略述埃及、巴比伦、亚述、腓尼西亚、希腊各国事略至雅典极盛时代。第二学期授雅典斯巴达之盛衰,马其顿王国之勃兴,罗马之建国及其初年之武功。第三学期授罗马势力之扩张、罗马之内乱、帝国之盛衰、蛮族之南下及基督教之胜利。 第二学年第一学期授上古史,略述希腊末年事迹、罗马领土之扩张内乱、帝国之盛衰、基督教之传播、西罗马之灭亡及日耳曼诸国之成立、罗马教皇与沙立曼帝国之关系等。第二学期授中古史,略述沙立曼帝国之成立及其瓦解、北蛮之南下、封建制度之盛行、教会之兴盛及教会与帝国之争权、十字军及中古之社会情状等。第三学期授中古史末季,略述西欧诸国之兴起、英法百年战争、中古末年之基督教、文艺复兴及宗教改革等。
地理学通论	
中国地志	

外国地志	
地理实习	
法制经济	
兵式体操	
柔软体操	

国民政府成立后,根据1929年的《大学组织法》,大学可设师范学院,或单独设立高等师范学校。师范学院通常设历史地理系或史地学组。师范学院的课程分基本分共同必修科目、专门科目、专业训练科目三大类。前两类同于非师范专业历史系,专业训练科目则有师范的性质所决定,由分科教材教法研究和教学实习所组成。

辛亥革命后全国设六大高师,分别为北京高等师范学校、南京高等师范学院、武昌高等师范学校、成都高等师范学校、广州高等师范学校、沈阳高等师范学校,高等师范教育繁兴一时。推行大学区制以来,"六大高师区,便根本动摇,南京高师开其端,沈阳高师踵其后,由是而武昌、广州、成都,如奔涛骇浪,大有莫之能御之概,此五高师者,逐一变而为大学矣……硕果独存之北平师大,砥柱中流,依然为全国中等学校师资之策源地"。①在二三十年代,高等师范式微。原六大高师仅北师大,新成立的或者是省立师范的史地系,或者是于师范学院、教育学院下设史地专业。1930年东北大学教育学院曾设公民史地专修科,1933年停办。②

1929年河北省立女子师范学院成立,最初只有国文和家政两系,1930年增设史地学系和英文系。史地学系"当设置伊始,聘请程国璋先生为本系教授兼主

---

①《北平各大学的概况》(1930),第54页。
②东北大学公民史地专修科毕业生有吴震华、丛德滋、王学曾、荆玉珩、夏雨田、孙义林、孙玉田、宋福源、寇绍华、金大庸、赵世昌、高文治、田永昌、马鸿德、观瑞珣、阎焕照、孙大昌、王毓文、赵嘉璞、陈文良、徐维沈、王今文、唐文钧、王大宗、金国范、单庆瞬、赵世清、孙求实、韩家珍、娄□林、郝鸣鹤、王峻崑、李芳辰。

任职务,凡课程之编制、章则之规定,皆所擘划,用立基础"。①程国璋之后由班书阁代理系主任。史地学系必修课程中史学类有中国上古史、中国中古史、中国近古史、中国近代史、中华民国史、西洋上古史、西洋近古史、西洋近代史、历史教学法。选修课程为中国文化史、西洋文化史、中国近世外交史、世界近世外交史、中国革命史、中国经济史、东洋各国史、东西交通史、远古人类史、中国史学概论、西洋史学概论、历史特别研究。②1930年组建广东勷勤大学,原广州市立师范学院改组为师范学院,下设文史学系、数理化学系、博地学系。文史学系分国文组和历史组,文史学系一二年级必修科目为党义、体育、普通心理学、教育概论、中国文字形义、中国文学史、中国通史、西洋通史、国文选读与习作、史学概论、教育心理学、教育学、中国文字音韵、目录学、经学通论、诸子概论,选修课程为文学概论、诗名著选、唐宋词、东洋史、英语、中国修辞学、中国学术思想史、近代文艺思潮、曲学及曲选、中国民族史。三四年级国文、历史分途,历史组课程为中国史学史、史学研究法、史部目录、教育史、各国教育制度,选修科目为专经研究、语言学、中国文学专著研究、史记研究、中国断代史研究、中国文化史、西洋近代史、专家诗研究、考古学、中西交通史。③上述高等师范历史类的课程大致上还是按照1929年《大学组织法》中必修科目、专门科目、专业训练科目来设置。

高等师范专修科学制为2—3年,因非四年学制,故课程设置相对简易。大夏大学高等师范专修科史地系1929年课程为中国文化史、西洋近代史、社会学、社会问题、经济学、政治学、公民教育、三民主义研究、统计学、史地教学法、社会心理学、中国外交史、西洋社会思想史。④其中关于历史、地理的专业课程甚少。到了1931年,师范学院专修科史地系课程为中国通史、西洋通史、中国文化史、

---

① 《河北省立女子师范学院一览》(1934),第63页。
② 《河北省立女子师范学院一览》(1934),第80–87页。
③ 《广东省立勷勤大学一览》(1937),第9–13页。
④ 《大夏大学一览》(1929),第14–15页。

欧洲近百年史、中国地理、外国地理、史地教学法、中国外交史、东洋史。①这样的课程设置显然更为专业、合理。

1939年,教育部制订了《大学各学院分系必修及选修科目表实施要点》,师范学院史地学系普通基本科目为党义、国文、外国文、社会科学、自然科学、哲学概论、本国文化史、西洋文化史,教育基本科目为教育概论、教育心理、中等教育、普通教学法,史地专业课程如下②:

必修	史学概论、中国上古史、中国中古史、中国近世史、西洋上古史、西洋中古史、西洋近世史、自然地理、人生地理、中国地理、中国区域地理、世界地理、中国历史地理、分科教材及教法研究、教学实习、毕业论文
选修	中国史部目录学、中国史学史或史学方法、国别史、专门史、史前史、考古学、传记学、中国文学专书选读、中国史学专书选读、历代文选、国防地理、经济地理、政治地理、地理实察、地图读法、天文地理、测量学、地形学、气候学、气象学、儿童及青年读物、中外教育家研究、训育原理及实施、升学及就业指导

高等师范学校史地系课程与大学之文学院历史系课程至此都由教育部作统一设置。西北师范学院史地系科目多有课程说明,史学类课程说明如下③:

课程	课程说明
史学通论	1.目标:使明了历史之真意义以确定史观,增进读史兴趣,并培养其治史能力 2.方法:编印纲要、讲述、笔记,介绍参考书 3.教材要项:史学通义,史观,史学之体制,史学之功用,史之改造问题
中国上古史	1.目标:使明了本国文化之来源及民族之发展。 2.方法:注重考证旧史料之真伪及新史料之发现。 3.教材要项:史前状况,上古传说,夏商各族之盛衰至周末。
中国中古史	1.目标:使了解本期历史之要旨。 2.方法:注重特殊事实之阐述。 3.教材要项:秦汉之中央集权,魏晋异族之分立及同化,隋唐之统一。

---
①《大夏大学一览》(1931),第28页。
②《中国近代教育文献丛刊·教育法规卷》第7卷,第210—213页。关于师范学院史地学系课程设置有很多讨论,参见《现代大学历史系概览(1912—1949)》下卷收录各文。
③《国立西北师范学院史料摘编》上卷,第417—420页。地理类课程从略。

西洋上古史	1.目标:使明了西方民族之发展及文化之演变。 2.方法:注重新史料之发现,及旧史料之补正。 3.教材要项:史前史,埃及,巴比伦,希伯来,波斯,希腊,罗马至西罗马亡。
西洋中古史	1.目标:使明了西罗马亡后欧洲局势之变化,及文艺复兴以前之状况 2.方法:讲演,指定参考书,讨论问题 3.教材要项:东罗马之稳定,美法德各邦之崛起,十字军之影响,及中世纪之贡献。
法国史	1.目标:使知研究法国史之方法,并理解其重要。 2.方法:讲述,指定参考书,讨论。 3.教材要项:蛮族入侵前之欧洲,法兰克王国之成立,三次共和政治至世界大战。
考古学	1.目标:使明了地下之发现,古物之鉴别,及文化之补正。 2.方法:注重现代考古方法,使就实物观察,并实地练习。 3.教材要项:地质变化,人种来源,上古遗迹及发掘指导。
中国史书专书选读	1.目标:使史学之基础知识,及研究高深史学之门径。 2.方法:就中国正史每部加以诠解,分源流、体例、注释版本三项,讲述批评并选定重要篇目令自读。 3.教材要项:取材于廿二史札记,十七史商榷,廿二史考异,及史通,文史通义等。

根据1938年《师范学院章程》,国立大学师范学院中的中央大学师范学院、西南联大师范学院、浙江大学师范学院、四川大学师范学院均设有史地学系,上述师范学院史地学系有的课程与文学院历史系合开,如四川大学师范学院史地学系课程,"有与文学院史地系合开者,多由文学院史地系教授兼授"。①

1948年教育部修订高等师范学院课程标准,统一设置师范学院课程。师范学院本科各系课程分基本科目、专门科目、教材教法研究与教学实习。高等师范共同必修科目为三民主义、国文、英文、中国近代史、哲学概论、教育概论、心理学、普通教学法、分科教材教法、教学实习、国际组织与国际现势、军训、体育。史地系专门必修科目为西洋近世史、地学通论、欧洲地志、亚洲地志、史学方法、中

---

① 陈陈刚:《本院现况》,《国立四川大学师范学院院刊》第1期,1945年。1946年,教育部修正师范学院规程,国立大学师范学院内设教育、体育两系,原国立大学师范学院下之国文、英语、史地、数学、理化、博物各系,均归并文理学院,以免重复。参见《第三次中华民国教育年鉴》(第441页)

国上古史、中国中古史、中国近世史、西洋上古史、西洋中古史、亚洲各国史、中国地理志、历史教材与教法。①

高等师范学院史地学系除共同必修课外，历史科目基本上与其他大学历史系相差不大，但因其为师范性质，故有历史教学法和教学实习，因之需要对历史教学法和教学实习稍作论述。

北平师范大学历史系历史教学法"讲述教授历史之目的、方法与取材，理论与实际并重，使学生明了历史教学之实况"，四川大学前身之一为国立成都师范大学，1931年国立成都大学、国立成都师范大学、公立四川大学合并为国立四川大学，师范类的课程亦有保留，由范祖淹讲授历史方法与教授法，教授法为"说明历史教学之要旨、教材之选择及教学时应注意之点，如持论、事实、图表之应用、练习、预习等"。②河北省立女子师范学院史地学系历史教学法"讨论历史教学方法之得失，比较中等学校通用历史教科书之优劣，并研究教学方法及编辑教科书之改进计划"。③

除了高等师范学校外，综合性大学的历史系也有历史教学法课程，如大夏大学历史社会学系历史教学法"讲述历史教学之方法，尤注意历史材料之搜集及整理等"。厦门大学史学系历史教学法以"历史一门，在中等教育中有非常重要之地位。但因教科书之不良及师资之缺乏，结果不佳。本学程为有志于中学历史教授者而设，于救济此种缺憾尤有特别意义。凡关于历史教学之特殊问题皆提出讨论，而于一般教授法则略焉"。④

历史教学法是以中小学历史教学为研究对象，以教育学的一般原理为指导，根据历史学的学科特点来研究中小学历史教学的学科。一般认为历史教学法是课程教学论下的一门分支学科。目前所见的最早的关于历史教学法的文献是

---

① 《第三次中华民国教育年鉴》(1957)，第275页。地学科目从略。
② 《现代大学史学系概览(1912–1949)》上卷，第150、384页。
③ 《河北省立女子师范学院一览》(1934)，第82页。
④ 《现代大学史学系概览(1912–1949)》上卷，第174、475页。

1904年发表于《教育世界》的《历史教授法》,论文分历史教授之目的、历史教授之材料、历史教授之方法和历史教授之沿革四部分。①最早的历史教学法专著是夏清贻《历史教授法》(1906),系上海龙门师范学校讲义。何炳松译约翰生《历史教学法》,在中学历史教学领域影响颇大。燕京大学历史学系历史教学法课程由洪业讲授,以何炳松译亨利·约翰生《历史教学法》为教材,"而讨论其于中国中小学历史课业教学之应用,并注意于各史课本及参考书之选择及批评"。②其他还有胡哲敷的《历史教学法》(1934)、郑鹤声的《中学历史教学法》(1936)以及李絜非的《历史教学法》(1945)等。③

1937-38年杨宽在广东勷勤大学讲授史学研究法、中国古器物学、历史教学法等课程,现存有《历史教学法纲目讲义》的部分内容,有六章之纲目:历史之目的与教学历史之目的;教材之选择与配置;传记之教学;通史之教学;西洋史之教学;历史教科书之选择与使用。④纲目讲义中所列相关参考书甚多。

金陵女子文理学院历史系主任朱溦讲授中学历史教学法,其讲义中述及教师的学程计划包括八个步骤:(1)良好的历史教科书;(2)地图;(3)重要的史事;(4)监督自修;(5)写作;(6)上课时的工作;(7)时事;(8)课外读书。朱溦所论述的基本上取自西方,有些显然是不适合中学历史教学,但却颇符合于大学历史教学,例如写作(Writing Work)一项,分四类:(1)札记簿,包括了参考书的摘要,记讲演,零星杂录,纲要,大事的时日表和人名表,各种图表,报章杂志裁剪的记录

---

① 金相成:《一篇难得的历史教学法文献——<历史教授法>研究札记》,《历史教学问题》1986年第4期。历史教学法的对象是中小学历史教学,但绝无大学历史教学法之类的著作。
② 《现代大学史学系概览(1912-1949)》下卷,第562页。
③ 其他尚有吴研因、王志瑞《小学历史科教学法》(1929),朱智贤《小学历史科教学法》(1930),马精武、范御龙《小学历史教师手册》(1948),张粒民《小学历史教学法》(1948),国立编译馆《高级小学历史教学指引》(1948)等学科教学法论著近似于中学教师教学手册,多偏向于教育学原理和方法,如介绍赫尔巴德(Herbart)五段教学法,克伯屈(Kilpatrick)设计教学法,莫里森(Morrison)单元教学法,道尔顿制教学法(Dalton Plan),文纳特卡制教学法(Winnetha)以及杜威教学模式等等。
④ 杨宽:《杨宽史学讲义六种》,上海人民出版社,2020年版,第489-517页。

等。(2)试验。(3)短篇史论,使学生发表意见,练习文字,培养史家决断力,养成史家精神;(4)长篇作品,用科学的方法与历史的材料,组织成长篇的作品。教学法则包括了讲演法、教科书法、用题目法、寻源法、解决问题法。①

各种历史教学法的讲义教材很多都取自于外国,尤其是约翰生《历史教学法》。约翰生是美国新史学派的代表人物,《历史教学法》渗透了鲁滨孙的新史学观,在何炳松大力输入新史学的同时翻译此书,在中国历史教学的理论研究和实践中均产生了较大的影响。②但从"中国化"的角度来看,则如胡哲敷所言:"十余年来,每欲得一完善历史教学法,以适合中国环境与中国学生,为教学凭式,乃企望连年,渺不可得"。③

和历史教学法有直接关联的是教学实习。教学实习是师范课程必不可少的环节。河北省立女子师范学院史地学系的教学实习五学分,先在各学期中进行分段练习,包括了姿态练习、教案编制练习、试教练习。教学实习步骤为:(1)由教务处组织教生实习指导委员会;(2)各系组织教实指分委员会,负责本系实习指导事宜;(3)编派实习时间表,指定教生分组表;(4)教实指委员会商同中小幼各部主任,定期举行教生实习介绍式;(5)教生按实习时间表分向任课教员及本系教学法教员,接洽教材及教法;(6)教生召集同组教生,讨论教案编制办法;(7)教生拟制教案,送请任课教员订正;(8)试教;(9)教生上请任课教员及其他指导员并同组教生,召开试教批评会;(10)教生将各项批评,登记于批评簿。④

国民政府教育部1944年颁布《师范学院学生教学实习办法》,教学实习分见习、试教和充任实习教师三部分内容。教学见习在教材及教法课内进行,试教在教学实习课内进行,有该课程教师担任指导。充任实习教师是在所有学校课程

①朱潋:《中学历史教学法》,《金陵女子大学校刊》第3期,1925年。
②朱煜:《中国近现代历史教育研究》,江苏人民出版社,2017年版,第107页。
③胡哲敷:《历史教学法》,中华书局,1932年版,第3页。胡哲敷《历史教学法》为其在劳动大学教育科的讲义。
④《河北省立女子师范学院一览》(1934),第261–262页。

完成后,由各师范学院会同所在区域内省市教育厅局,拟定实习学校和实习课程,上报教育部。实习教师教学时数与专任教师相同,并比照专任教员最低薪级领取薪俸。①

高等师范学校史地系亦十分注重于中小学历史地理教学方面的研究。南高师《史地学报》有不少关于中小学历史教学的讨论,有陆维昭《中等中国历史教科书编辑商例》(1卷3期),徐则陵《历史教学之设备及其解决之方法》(1卷3期),《中等学校西洋史参考书目》(1卷4期),徐则陵《历史教育上之心理问题》(2卷1期),柳诒徵《论臆造历史以教学者之弊端》(2卷2期),陈训慈《战后德意志历史教学》(2卷4期),徐则陵《高级中学世界文化史纲要》(2卷4期)等。南高师改组为东南大学后东南大学亦注重中小学历史教学问题,历史系曾对中小学历史教学问题进行研究,包括(1)分析现行教科书,发现教材之性质,统计字数页数,以见分量之适当与否;(2)确定选择历史教材之标准,其方法为分析社会活动,分析主要报告、公牍、私函及其他著作中所引史事故实,统计发见之次数,罗列本国史事若干条,函请国内专家名人指定最要者若干条,统计其同意之次数;(3)编订中学历史详细纲目,以应目前教学上之需要。②河北省立女子师范学院的任务之一就是研究师范及中小学之教材教法,包括研究中外教育家对于教学上之理论及主张;派员通信,调查本省外省或外国师范及中小学所采用之教材教法,作比较统计之研究;将研究之结果编印丛刊,以供各学校之参考或采行。③

第八节　授课讲义、教材以及教学参考书

教材,又称教科书,是将教学内容以课本的形式呈现。民国时的中学教材基

---

①王炳照、李国钧、阎国华:《中国教育通史·中华民国卷(下)》,北京师范大学出版社,2013年版,第144页。
②《南京大学校史资料选编·南高师与东南大学时期(上)》第2卷,第298页。
③《河北省立女子师范学院一览》(1934),第8-9页。

本上都是由相关的部门、机构或个人按照课程标准或教学大纲进行编写。民国时大学课程初置,学科建设处于起步阶段,除了外文教材外,最初大多都是由教师编写讲义,不断修订至较为成熟的则出版而为教材。

教师授课前必须要求编写讲义,不能信口上课、夸夸其谈。因为缺乏相关的参考资料,故编写讲义成为教师备课的主要方式,著名女作家苏雪林曾在武汉大学任教,根据其回忆:

> 学校叫我承担的功课,是中国文学史每周三小时,一年级基本国文每周五小时。文学史我从来没有教过,现在不但教,还须编讲义发给学生。发讲义比口授笔记难得多。只好常跑图书馆,搜寻参考材料,一章一章撰写下去。开始一年,讲义只编到六朝,第二年,编到唐宋。一直教到第六年止,我才将已编成的讲义,加以浓缩,每章限六七千字左右,自商代至五四,一共二十章,成为一部中国文学史略。①

大学的讲义一般来说没有固定的模式和规范,也并非如中学教材必须按照课程标准或教学大纲来编写,主要由教师根据课程内容来编写。张星烺在厦门大学讲授南洋各岛史,至清华讲授时印为《南洋史地讲义》。②钱穆在北大开设"中国政治制度史",为将"中国历代政治制度作一概括的研究,略分三类:(一)治权阶级之成立及转移:包括古代贵族世袭制及秦后历代王室来历及其体统,并其附属,如功臣、外戚、宦官等,并及历代之征辟、选举、学校、考试制度等;(二)政治权力之分配:包括古代封建制及秦后郡县之划分以及历代观之沿革等;(三)统治阶级之维系:包括历代赋税制、兵制、刑制等……求阐明各项制度演进之共同倾向,以指陈现代政治社会制度之来历及其历史上之真实意义"。③讲义未编撰成书,后有《中国历代政治得失》为其所授内容之简编。

教师的授课讲义多由学生抄录,但也有大学将讲义付印,以省学生抄录之

---

① 苏雪林:《我的教书生活》,《苏雪林文集》第2卷,安徽文艺出版社,1996年版,第88页。
② 《近代中国史家学记》下卷,第1038页。
③ 《现代大学史学系概览(1942—1949)》上卷,第72页。

劳。中央大学制订有《讲义印刷办法》，规定必须用讲义之课程，将其讲义汇送各学院，由学院转交出版组。教员需著明听课人数，按人数确定印制份数，并同时赠予教师数份。[1]中正大学制订了《国立中正大学讲义管理暂行办法》《国立中正大学学生领取讲义应注意事项》等章则，规定讲义分铅印、油印两种，铅印讲义由印刷所承印，按印价售予学生，油印讲义由学校油印室自行印刷，不收费。讲义印刷费预算为每月600元，公共必修课50%，文法学院和工学院各占25%，农学院10%。学生领取讲义时，须将讲义证交予讲义室职员登记。[2]钱穆在北大开设"中国近三百年学术史"，此前梁启超有《中国近三百年学术史》之作、钱穆自述"与梁任公意见相异，故特开此课程，自编讲义"。有学者曾以讲义中内容相询，按钱穆所记：

> 余答：'余之讲义，付北大讲义室，待下周去上课时，始领取分发，君何先知？'彼在电话中大笑，谓：'君此讲义人人可向北大讲义室预定。先睹者已群相讨论，君竟不知此事，可笑可笑。'亦可想见当时北平学术界风气之一斑。盖因余在任公卒后，竟续开此课，故群相注意。[3]

可见时人的知识产权、著作权意识较为薄弱，以致原创性的讲义在授课前已广为传播。但北大早年付印的讲义多不完整，"教员编译之讲义，向由学校镌印发给，但每届年终，讲义多未发齐，零编断稿，等于废纸，于功课系统之研究上，影响甚大"。[4]有的教授讲义甚至还被翻译成外文。柳诒徵在东南大学讲授北亚史，"主要根据《朔方备乘》和《西伯利亚记》两书来讲俄国在西伯利亚的发展，时间也是半年，讲得很好。北伐后有人把这讲义译成日文，日本人看了非常钦佩，

---

[1]《国立中央大学章则一览》(1934)，第61页。
[2]《国立中正大学教务处章则汇编》(1942)，第39–41页。
[3] 钱穆：《八十忆双亲·师友杂忆合刊》，第154页。
[4]《发展北大计划大纲》(1929)，第12页。

老一辈的人做学问和教书的精神实在很伟大"。①版权、稿酬之类的当然更是无从说起。

此外,较为特殊的课程——如文献导读、经典解析之类的,都以原始资料作为教材。陈寅恪在清华讲授佛经翻译文学,所用为《六祖坛经》,上课时"先把必要的材料写在黑板上,然后再根据材料进行解释、考证、分析、综合,对地名和人名更是特别注意。他的分析细入毫发,如剥蕉叶,愈剥愈细愈剥愈深,然而一本实事求是的精神,不武断,不夸大,不歪曲,不断章取义。他仿佛引导我们走在山阴道上,盘旋曲折,山重水复,柳暗花明,最终豁然开朗,把我们引向阳关大道"。②中央大学史学系春秋战国史,"教材以《尚书》之末二篇、《诗》之《国风》、《春秋三传》、《周官》、《礼记》、《周书》、《国语》、《战国策》、《论语》及先秦诸子,与《史记》周秦本纪、十七世家、李斯以前诸列传、十二诸侯及六国两表、八书中关于先秦诸记载为主要资料,而《世本》与《竹书纪年》真本之搜辑,亦为必不可少之从事焉。其时诸事迹异说纷纭,故应详加考证,凡汉以后关于先秦列国诸纪述,皆须搜罗而排比订定之"。③

讲义一般来说只在校内流通,但有些讲义的需求却并不局限在校内。将授课讲义编订正式出版即为教材,教材的使用范围相对来说就比较广泛了。从讲义编写到修订而成教材,需要在教学实践中不断地增补、修改、完善方能正式出版。郑鹤声1929年在中央大学和中央政治学校讲授中国近世史,"在公余之暇,赶编讲义,到了次年夏天,把初稿完成了。这部中国近世史讲义,从明季中西交通起,到民国初年止,分上下两编,约八十多万字(中央政治学校铅印,中央大学

---

① 郭廷以:《郭廷以先生访问记录》,第129页。日本留意中国高校教学情况应当是其文化侵略的组成部分。钱穆在北大授课,有日本学生前来旁听,"课后或发问,始知此辈在中国已多历年数……此辈皆日本刻意侵华前之先遣分子。并常至琉璃厂、福隆寺,各大旧书肆,访问北平各大学教授购书情形,熟悉诸教授治学偏好,以备一旦不时之需。其处心积虑之深细无不至"。参见钱穆《八十忆双亲·师友杂忆合刊》(第165页)。
② 季羡林:《回忆陈寅恪先生》,《追忆陈寅恪》,第123页。
③ 《现代大学史学系概览(1942–1949)》下卷,第651页。

油印)。当时要这部讲义的人还不少,但我总以为这是急就之章,不可以问世的。于是发了宏愿,向南京、北京、上海、杭州、武昌等处的书肆,搜买有关史料,把两个学校所得薪水稿费,全作为买书之用"。①南京沦陷后已修订好的稿子毁于一旦。后只能将《中国近世史》初稿八册中之前两分册正式出版。

民国时中学各科教科书的需求量远远大于大学教材,故出版界对大学教材不甚重视。到了三十年代,大学历史教材的出版以及编译外国的相关论著才初具规模,以商务印书馆的"大学丛书"最有代表性。"大学丛书"中史学理论有杨鸿烈《史学通论》,何炳松《通史新义》。通史、断代史、国别史有邓之诚《中华二千年史》,章嵚《中华通史》,夏曾佑《中国古代史》,陈恭禄《中国近代史》,周谷城《世界通史》,王绳祖《欧洲近代史》,何汉文《俄国史》。专门史有陈安仁《中国文化史》,郭绍虞《中国文学批评史》,罗仲言《中国国民经济史》,陈顾远《中国法制史》,马乘风《中国经济史》,潘天寿《中国绘画史》,冯友兰《中国哲学史》,胡适《中国哲学史大纲》,陈青之《中国教育史》,钱端升《民国政制史》。专题史有梁启超《清代学术概论》,钱穆《中国近三百年学术史》。译著有(美)桑戴克《世界文化史》,(英)韦尔斯《世界史纲》,(美)梯利《西洋哲学史》,冯承钧译《多桑蒙古史》,(意)马克勒兰《近代意大利史》,(英)卫布《英国工会运动史》,(英)屈勒味林《英国史》,(美)俾耳德和巴格力《美国史》,(美)莱丹《美国外交政策史》,(美)班兹《新史学与社会科学》等等。②

"大学丛书"中各书可作教材,亦可作为教学参考书。三十年代中国的大学教材稍具规模,有的大学在课程说明中将课程与教材一并予以说明,例如东吴大学历史系③:

---

① 《郑鹤声自述》,《世纪学人自述》第2卷,第9页。
② 参见上海图书馆编《中国近代现代丛书目录》(1979)。1943年又将钱穆《国史大纲》列入大学丛书。罗仲言即罗章龙。屈勒味林,即Trevelyan。章嵚《中华通史》内容体量甚大,因印资过巨而一直未能出版。商务印书馆编入"大学丛书"时章嵚已经去世。
③ 《私立东吴大学文理学院一览》(1935),第15-23页。

课程	教材
世界史	Hayes, Moon, Wayland合著 *World History*
中国古代史	王桐龄《中国史》
中国中古史	王桐龄《中国史》
英国史	Cheyney, *A short History of England*
美国史	Forman, *Advanced American History*
近世史	Hayes, Moon合著 *Modern History*
中国近世史	王桐龄《中国史》
中国近百年史	陈怀《中国近百年史要》,陆功甫《最近三十年史》
欧洲中世史	Stephenson, *Mediaeval History*
欧洲近百年史	Hayes, *Political and Cultural History of Modern Europe*
中国文化史	李继煌译《中国文化史》
中国民族史	王桐龄《中国民族史》
不列颠发展史	课本待选
俄国发展史	本科不用课本,用多种参考书
日本史	陈恭禄《日本全史》
朝鲜史	陈清泉译《朝鲜史》
印度史	课本为讲义
史学研究法	梁启超《中国历史研究法》
西洋文化史	Thorndike, *A short History of Civilization*
中国地理沿革	
中国美术史	叶瀚《中国美术史讲义》

在大学教材的使用中,很多大学还是比较偏向于本校教师所编的教材。中央大学中国通史以缪凤林《中国通史纲要》为教材,中国文化史以柳诒徵《中国文化史》为教材。金陵大学陈恭禄编《日本通史》、《印度通史》、《中国近代史》、《中国史》等众多教材。实际上就是授课讲义正式出版后运用于课堂教学。

1938年,教育部成立大学用书编辑委员会,初隶属于教育部,1942年后改属国立编译馆。1940年在重庆召开了第一次会议,决定先编各学院共同必修科目用书,次为各系必修科目用书,再次为各学系选修科目用书。编辑次序一为采用成书,二为公开征稿,三为特约编著。书稿经初审复审校订后提交大学用书编辑委员会常务委员会议通过,由教育部核定后付印,由商务印书馆、正中书局、中华书局三家出版社出版。至于1948年被选定采用的大学历史教科书为:缪凤林《中国通史要略(1-3)》(商务印书馆),金毓黻《中国史学史》(商务印书馆),黎东方《中国历史通论(远古篇·春秋篇·战国篇)》(商务印书馆),钱穆《国史大纲》(商务印书馆),萧公权《中国政治思想史(1-2)》(商务印书馆),蓝文徵《隋唐五代史(第一册)》,金毓黻《宋辽金史》(商务印书馆)。①

目前所见到民国大学授课讲义只是很小的一部分。有不少讲义交予出版社后未曾出版,郑鹤声曾有《中国史学史》稿子交予出版社。②但更多的是讲义在印刷、记录、讲授、流传的过程中,其价值并没有被充分认识,大多数都遗失或残缺严重。《赵万里文集》中收入赵万里在北大史学系《中国史料目录学讲义》,原讲义13章,仅第一章"总类"之前半,《清代史学书录》亦仅存第一章"辑佚"之前半。但也有一小部分保存在各大学的图书馆、档案馆、资料室以及极少数学生手中,孟森在北京大学讲授明清史,分两年讲授,第一年为明史,第二年为清史。至1937年方将其授课讲义印为《明史讲义》和《清史讲义》,只在少数学生中流传。

从抢救文献、学术研究以及教学参考诸方面综合来看,对民国时大学授课讲义的搜集整理出版有着非常重要的意义。《民国时期武汉大学讲义汇编》(国家图书馆出版社2018年)所收有史学讲义多种:李剑农《近代中国史》,刘秉麟《各国社会运动史》,周甦生《近代欧洲政治史》,李剑农《中国经济史讲稿·古代之部》,伍启元《经济思想史讲义》,刘秉麟《近代中国财政经济》,吴其昌《中国文化史》,蔡元培《中国教育史选读:三十五年来中国之新文化》,高践四《中国教育史选读:三十五年来之民众教育》,俞庆棠《中国教育史选读:三十五年来之女子教育》,何炳松《中国教育史选读:三十五年来之大学教育》,周书舲《中国教育史选读:书院

---

① 《第二次中国教育年鉴》(1948),第505-506页。
② 《王伯祥日记》第2卷,第761页。

制度研究》,罗伦《教育史》,游国恩《中国文学史纲要》,朱东润《中国文学批评史讲义》,方壮猷《中国史学史》,张西堂《春秋研究讲义甲种》,张西堂《春秋研究讲义甲种(又一种)》,张西堂《春秋研究讲义乙种》,刘异《春秋经》,刘捴藜《中国上古史略》,周贞亮《中国近世史讲义:魏晋南北朝》,周贞亮《中国通史讲义:魏晋南北朝》,刘捴藜《本国通史:隋唐五代史要》,谭戒甫《本国史》,方壮猷《金史讲义》,方狀猷《元史讲义》,方狀猷《元史讲义附录》,吴其昌《宋元明清学术史论丛》,郭斌佳《史学选读》,郭斌佳《西洋史学选读》,郭斌佳《远东近世史》,郭斌佳《西洋近世史》,郭斌佳《俄国史》。其中刘秉麟、伍启元为经济系,周甦生为政治系,罗伦为教育系,游国恩、朱东润为中文系,所著为交叉学科之讲义,其余均为历史学课程之讲义。上述讲义中有不少为通史、断代史之作,但因草创,故颇多粗疏,按周贞亮所言:"仿日本人著支那通史,编为教科书者,其简陋更无论矣,我校当局有鉴于此,于是有创制通史之议。其议以全史史迹,分数大篇,依新史编纂法……以伏案编纂之业,为讲堂教授之资,篇幅拘之,时间限之,仅能具通史之雏形,不得为通史之成箸"。①上述讲义中最为知名并且在学术界产生一定影响的自然是李剑农《中国近代史》和《中国经济史讲稿·古代之部》。

李剑农于1930-1938年间担任武汉大学史学系主任,讲授中国近代政治史、中国经济史、政治学等课程。②1930年出版了《最近三十年中国政治史(1898-1928)》。李剑农因在武汉大学授课的需要而将鸦片战争至甲午战争的内容补写了三章,即《近代中国史》。1940年受聘为蓝田国立师范学院史地系教授。因蓝

---

① 周荣主编:《民国时期武汉大学讲义汇编》第26卷,国家图书馆出版社,2018年版,第355-356页。
② 陈锡祺在武大就读时受李剑农影响很大:"他(李剑农)当时是武汉大学历史系的系主任,讲授《政治学》、《中国经济史》、《中国近百年史》等几门课。李先生所有的课程都讲得很好……课程材料丰富,分析细致,杂以亲见亲闻的事实,如教家常,引人入胜。李先生对辛亥革命,对孙中山怀有极身后的感情,学生于不知不觉中受到感染……我决定以教授、研究中国近代史为终生的事业,先师李剑农的教诲是重要的因素"。参见陈锡祺《学术自传:我这一生所做的最有意义的是为研究孙中山经过微力》(《陈锡祺自选集》,广东人民出版社,2007年版,第2页)。

田国立师范学院史地系同学的书籍不易购买,李剑农将其在武汉大学任教期间所编的自鸦片战争至甲午战争的讲义三章与《最近三十年中国政治史(1898-1928)》合印为《中国近百年政治史》。《近代中国史》讲义稿与《中国近百年政治史》的前三章相比,并不完全相同。有的是在表述上进行改动,如第一章鸦片战争之第一节"鸦片战争前中国对外一般的关系",两书的叙述差别很大,但表述的意思基本相同。有的是进行了若干增补,如《中国近百年政治史》多了"鸦片战争的意义"一节,第二章洪杨革命时代中对太平天国建置部分作了扩展。也有的是观点上的改动,如导论中"百年来中国政治变化的概要"一节,《近代中国史》讲义稿将近百年来的中国政治史分成"三大段中的十四个小段落,便是近百年中国政治史的总纲目"。①《中国近百年政治史》则改为三大段十三个小段落,差了中法战争。李剑农在武汉大学和湖南蓝田国立师范学院讲授中国经济史时,按其规划讲义分五编:西周以前为第一编,东周时期为第二编,西汉为第三编,魏晋南北朝为第四编,宋元明为第五编。《中国经济史讲稿·古代之部》为前两编殷周之际及周前期和周代之部。1948年《中国经济史》由武汉大学出版部印行。②1950年,邓嗣禹在美国印第安纳大学任教中国近代史,由于缺乏参考资料,便将李剑农《中国近百年政治史》译成英文 The Political History of China: 1840-1928。从教学的角度来看,邓嗣禹认为"该书既不太详细也不太简短。它没有包含太多不必要的人名。作者的观点中肯客观,不偏不倚,是一本理想教材"。③

---

① 《民国时期武汉大学讲义汇编》第5卷,第143页。李剑农《政治学概论》1934年已由商务印书馆出版。《中国近百年政治史》1940年由蓝田师范学院史地学会印行,1946年由蓝田启明书局正式出版,1947年商务印书馆再版。
② 李剑农《中国古代经济史稿》1957-1959年间由三联书店分三册出版,即《先秦两汉经济史稿》、《魏晋南北朝隋唐经济史稿》、《宋元明经济史稿》。后武汉大学出版社将其合为《中国古代经济史稿》(有一卷本,亦有三卷本)。
③ 彭靖:《邓嗣禹与英文版<中国近百年政治史>》,《家国万里:邓嗣禹的学术与人生》,上海人民出版社,2014年版,第243页。The Political History of China: 1840-1928 美国 D.Van.Nostrand 出版社1956、1962、1964出版,斯坦福大学出版社1956、1967、1969出版。

大学历史教师讲义并非一成不变,而是适应课堂教学和学术研究的需要不断在变化。现存有顾颉刚的三份中国上古史讲义:一是中山大学《中国上古史讲义》(1928),二是燕京大学《中国上古史研究讲义》(1930),三是云南大学《中国上古史讲义》(1939)。顾颉刚于1927年至中山大学,已排上中国上古史课程,选课学生人数已定,时间仓促,"只得不写讲义而专印材料,把许多人的零碎文字钞点出来,约略组成了一个系统",分五种:甲种(上古史之旧系统,以《史记》秦以前之本纪、世家为代表)、乙种(初意以《史记》本纪、世家所根据之材料入之,后乃并录真实之古史材料)、丙(虚伪之古史材料及古代之神话传说与宗教活动之记载)、丁(古史材料评论)、戊(豫备建立上古史新系统之研究文字)。所印均为已有之文章篇目[①],"这样地教了一年,搜集到的材料不能算少,但自问把这些材料系统化的能力还差得远,而且范围太大,一个人也不能同时注意到许多方面"。[②]到了燕京大学以后,计划改为甲编(旧系统的古史)、乙编(新旧史料的评论)、丙编(新系统的古史),因陆懋德有《中国上古史讲义》,与丙部相合而去掉丙部。燕京大学《中国上古史研究讲义》内容为:儒家以前的记载(《诗经》商周祖先和禹),汉以前的儒家记载(《论语》、《孟子》、《尧典》、《荀子》),战国秦汉间的非儒家记载(《史记·封禅书》五帝、《国语》、《楚辞·离骚、九歌、九章》、《楚辞·天问》、《山海经》、《史记·邹衍传》、《吕氏春秋》、《吕氏春秋》十二纪中的五帝、《史记·秦始皇本纪》、《史记·封禅书》封禅的故事、《庄子》、《淮南子》、《汉书·艺文志》),西汉时的儒家记载(《五帝德》、《帝系》、《世本》、《春秋繁露》、《史记》、《易传》),刘歆的历史系统(《世经》、月令等五帝五神、谶纬),有了世经和谶纬系统后,一般学者为调和

---

① 以戊部为例,收入了(1)梅思平《春秋时代之政治及孔子之政治思想》,(2)抗父《最近二十年中中国旧学之进步》,(3)翁文灏《近十年中中国史前文化之新发见》,(4)罗振玉《殷商贞卜文字考史》,(5)徐中舒《从古书中推测之殷周民族》,(6)王国维《殷周制度论》,(7)王国维《古史新证》,(8)程憬《商民族的氏族社会》,(9)顾颉刚《从<诗经>中看上周两民族的发展》,(10)顾栋高《春秋大事表序目》,(11)安特生《中华远古文化》。
② 顾颉刚:《中国上古史研究讲义》,《顾颉刚古史论文集》第3卷,第79页。《顾颉刚日记》中关于此门课程之备课授课之记录甚多。

各说而整理出的历史系统(孔氏尚书传序、《孔子家语》五篇、后期的三统说、潜夫论)。顾颉刚自认为《中国上古史研究讲义》还存有缺陷：多寡的不均；先后次序的不合；漏举了许多书籍；分别部类有疑问。云南大学《中国上古史讲义》则类似于专题研究或纪事本末，分为十一部分：中国一般古人想像中的天和神，商周间的神权政治，德治的创立和德治学说的开展，商王国始末，周人的崛起及其克商，周室的封建及其属邦，西周的王朝，渐渐衰亡的周王国，齐桓公的霸业，秦与晋的崛起和晋文公的霸业，楚庄王的霸业。此份讲义与中山大学《中国上古史讲义》和燕京大学《中国上古史研究讲义》截然不同。1936年，蒙文通从北大转入河北女子师范学院，河北女师印有《中国中古史》讲义，其中签署为《周秦民族移住考》仅存二章，分别为《周秦时代地理之形势》和《周秦两民族之对抗与东南徙》。从1938年任教于四川大学，川大讲义《中国沿革地理》前部分为河北女师之《周秦民族移住考》，又新加入论郦道元述济水之误诸节及《黄河初次改道与种族之祸》等内容。①

民国时的各种讲义教材主要是运用于教学，但亦不能忽视其学术价值。因为大学历史教学有别于中学历史教学，大学历史教育除了知识传授之外更注重学术上的研究与创新。朱希祖在北大讲授中国史学概论，讲义编于1919-1920年间，"既为急救之章，故无精深之见，虽皆自出心裁，不染抄胥恶习(抄胥有二，一就中国名著颠倒抄袭；一就外国名著片段抄袭，乾没其名，据为己有者)，然讲义之作，究不足以言著述"②，当为自谦之辞。但从总体上来看，民国时期所出版的各种大学历史教材数量不多，质量亦多参差。学生对各种讲义教材亦有不少意见，夏鼐评价马衡《中国金石学概要》系北大讲义本，"仅有第三及第四章分论铜器及石刻，铜器分论尚不及容希白著作，石刻部分亦不及叶昌炽《语石》之详尽，且大体即以《语石》为蓝本"③。又认为"张星烺先生编的讲义并不见佳，取材

---

① 《蒙文通先生学行简谱》，《蒙文通全集》第6卷，第256页。
② 朱希祖：《中国史学通论》，商务印书馆，2015年版，第3页。
③ 夏鼐：《夏鼐日记》第4卷，华东师范大学出版社，2011年版，第93页。

大致从《宋史》及《宋史纪事本末》,未经融会贯通,所采录屑细史实过多"。①

讲义教材虽然是教师授课的主要依据,但两者不能完全等同,因为教师授课决不会照本宣科地读讲义,在讲授的过程中常常掺入自己的各种见解、心得等。吕思勉上课之前总是先在黑板上写一段文字作为纲要,然后据此讲解,据其学生回忆:

> 我最感兴趣的,是第十三章《衣食》,和第十四章《住行》。关于饮食,诚之老师再黑板上写的纲要,其大意如下:
>
> 古人食料有:(一)草木之实;(二)鸟兽之肉;(三)鱼鳖。
>
> 草木之实,即素食,又称蔬食,由百谷,而九谷,最后以稻麦两谷为主;肉食,为贵者、老者之食,以六畜为最普通,其中,鸡、犬、豕为常食;鱼鳖,乃庶人、众人之食。
>
> 烹调方法的进步,饮食渐致奢侈,酒、茶、糖、烟渐次进入我国古人的生活。
>
> 在讲完饮食后,诚之老师曾作一简明的概括:寝至近世,我国人民的食料,姑且称之为'淀粉文化',而欧洲,不妨名之曰'乳脂文化'。同样,在讲完衣着后,亦概括成'木棉文化'和'羊毛文化'。②

吕思勉在讲授衣食住行时,将"淀粉文化"和"乳脂文化","木棉文化"和"羊毛文化"的东西对比作为授课主题的升华和提炼,既言简意赅又精辟独到,《吕思勉全集》中的各部通史、断代史、专门史都有大篇幅的衣食住行内容,但"淀粉文化"这些用语却不曾出现。但是也有教师在使用其他学者所编教材时,置教材于不顾,而另外有所发挥。辅仁大学中国近百年史,授课者为柯昌泗,所用教材为中华书局出版陈怀所编《中国近百年史要》,"柯先生不能阐发近百年史的要点,只喜欢大谈清末掌故,我当时倒是颇感兴趣,但并未学到多少中国近代史"。③

大学历史课除了课堂的教材讲义之外,还有指定教学参考资料和教学参考

---

① 《夏鼐日记》第1卷,第214页。
② 王玉祥:《怀念吕诚之老师》,《蒿庐问学记》,第158–159页。
③ 周一良:《纪念陈寅恪先生》,《魏晋南北朝史论集》,第564页。

书。教学参考资料为授课教材讲义之拓展，主要是在讲义教材的相关内容的基础上进行延伸，教学参考资料与教材讲义互为参看，以取得较好的教学效果。杜维运回忆姚从吾在讲授史学方法论时"经常印发辅助教材，如胡适之《校勘学方法论》，李万居译法国里赛著《历史与科学》，朱光潜译克罗齐《论历史学》，读者文摘节译英国杜兰特夫妇合著《历史的教训》等等，是经常油印给学生阅读的"。① 杜维运所回忆的虽然是姚从吾在台湾大学的授课，但在民国历史讲堂中印发教学参考资料应该也是较为普遍的。有时教学参考资料还被编印成册，雷海宗在讲授中国通史和西洋通史课程的同时还编印了《中国通史选读》和《西洋通史选读》两套完整配套的授课参考资料选编。1927年雷海宗从芝加哥大学毕业回国后，先后在中央大学、金陵女子大学开始以文化形态史观试图建构中国通史的宏观理论架构。雷海宗的中国通史引起多数学生极大的兴趣和好奇心，但也不是完全没有非议的。②1932年雷海宗回到清华大学任教后，"夜以继日编写中国历史教材，每天都要工作到深夜三四点钟，最后终于完成一部中国通史讲义"。该讲义作为"国立清华大学讲义"之一由校方铅印七册。③雷海宗所编讲义并不是严格意义上的教材，而是中国通史的文献选读本，《中国通史选读》共43章，除了各章节之名目以及各章开头之按语说明外，具体内容均取自于各种文献史料。雷海宗在中国通史的课堂讲授时以淝水之战为界来阐发其独到的中国文化两周说，但此说在《中国通史选读》中体现得并不明显。

  大学的教学参考书不同于中学教学参考书，后者主要依据教育部所颁课程标准，结合教材上的各知识点进行较为详细阐释说明，并且对课堂教学的内容、步骤、方法、评价等方面给出指导性的意见，供中学历史教师参考之用。

---

① 杜维运：《史学方法论·后记》，载《姚从吾先生全集》第1卷，正中书局，1977年版，第81页。
② 何炳棣：《读史阅世六十年》，第67页。
③ 雷海宗编，黄振萍整理：《中国通史选读》，北京大学出版社，2006年版，第2页。翦伯赞在六十年代主编《中国史纲要》的同时，曾与郑天挺合编《中国通史参考资料·古代部分》（八卷本）和二卷本《中国通史参考资料·近代部分》（上下卷）。

大学历史课的教学参考书大多为该课程研究领域中之最为基本的史料与研究前沿之作。顾颉刚在中山大学开设孔子研究课程,关于孔子的史料有限,但儒家的史料浩如烟海,顾颉刚所列为"最切要的参考书":《论语》、《论语余说》(崔述)、《孔子家语》(王肃伪作)、《家语疏证》(孙志祖)、《家语证伪》(范家祖)、《孔子集语》(薛据)、《孔子集语》(孙星衍、严可均)、《洙泗考信录》(崔述)、《洙泗考信余录》(崔述)、《孔子改制考》(康有为)、各史《儒林传》《道学传》《宋元学案》(黄宗羲、全祖望)、《明儒学案》(黄宗羲)、《理学宗传》(孙奇逢)、《孟子》、《荀子》、《庄子》、《扬子法言》、《文中子》、《韩昌黎集》。[①]张星烺在燕京大学、辅仁大学、北京大学、清华大学、北京师范大学等多所大学开设中西交通史课程,教学参考书除了其本人的《中西交通史料汇编》外,还有G.F.hudson, Europe and China: *A Survey of their Relations from the Earliest Times to 1800*, H.Yule, *Cathay and the Way Thither*, Richthofen, *China*,Ⅰ, F.Hirth, china and the Roman Orient, Albert Herrmann, *Die alten Seidenstrassen zwischen China und Syrien*, T.F.Carter, *The Invention of Printing in China and Its Spread Westwar*, P.Y.Saeki, The Nestorian Monument, A.C.Moule, *Christians in China Before the Year 1550 A.D.*, K.S.Latourette, *A History of Christians Missions in China*。张星烺为治中西交通史的权威,《中西交通史料汇编》前编为上古时代之中外交通,此后八编都是按地域分编,分别为古代中国与欧洲之交通,古代中国与非洲之交通,古代中国与阿拉伯之交通,古代中国与亚美尼亚之交通,古代中国与犹太之交通,古代中国与伊兰之交通,古代中国与中亚之交通,古代中国与印度之交通。每一编之下分若干的主题,在各主题之下辑录相应的史料,辑录史料均注明出处,史料中间有注释。张星烺从中国的正史、野史、游记、文集、笔记等274种文献以及英、法、德、日等42种书籍中抄录相关资料。《中西交通史料汇编》这一巨著比较全面系统地反映了中西交通史

---

① 顾颉刚:《孔子研究讲义》,《顾颉刚古史论文选集》第4卷,第31-32页。

之全貌,可以"省学子翻检之劳"。①外文参考书如赫德逊、亨利·玉尔、夏德、赫尔曼等人俱为该领域之名作。

教学参考书的重要性有时不亚于授课的讲义教材。钱穆在北京大学史学系开始中国近三百年学术史,"学程以有清一代之学术思想为主。上起明末诸老,下迄民国,列举对于学术思想上有关系诸家,分述其学术之大要,互为比勘发明变迁异同之迹。并求其因果,判其得失。一面可为中国已往学术思想史上最后之结束,一面可供开创以后学术新潮之暗示"。②梁启超先有《清代学术概论》,后又有《中国近三百年学术史》,钱穆列梁启超之作为参考书,同样亦可与其本人所授课程互为比勘发明。③柴德赓在四十年代在辅仁大学讲授清代学术史,讲义存有残稿,李瑚所录笔记尚存全稿。柴德赓《清代学术史讲义》虽由后人编成,但讲义却是继承了陈垣的治史方法和精神,并将其发扬光大。④

对于教学参考书,教师并不是仅仅开列书单了事,而是需要对各参考书之主要内容、优劣得失、撰述特点等进行评述,再指示参考书的具体读法。《齐思和史学概论讲义》共八章,每章之后均列参考书举要,齐思和对各章参考书均有解题提要式的说明。郑天挺指导学生学习近代史,"指定蒋廷黻《中国近代史》为必读书,以其精而简页。别以陈恭禄《中国近代史》、李剑农《中国近三十年政治史》为辅,蒋廷黻《外交史料》、左舜生《近百年史料》为参考"。⑤黎东方回忆刘崇鋐在清华大学历史系讲授英国史和日本史时,"指定奇奈(Cheney)所写的一本《英国简史》,作为我们的教科本,屈费利安(Trevelyan)的一本《英国史》,作为我们的主

---

① 冯承钧:《评<中西交通史料汇编>》,《地学杂志》第4期,1930年。
② 《现代大学史学系概览(1912–1949)》上卷,第72页。
③ 时至今日,依然还有不少学者在作梁启超和钱穆《中国近三百年学术史》同名著作的对照勘核研究。熊德基在国立师范学院史地学系授课以钱穆《国史大纲》为参考书,但其在课堂上讲的,都是驳斥钱穆言论的。参见《陶懋炳自述》(《世纪学人自述》,第6卷第148页)
④ 刘家和:《试谈研究史学的一些基本功——读柴德赓先生<清代学术史讲义>等的一些体会》,《史学史研究》2013年第1期。
⑤ 《郑天挺西南联大日记》上卷,第128页。

要参考书。我读书到今天,还不曾发现比这两本更好的一本英国历史。日本史的教科书,他采用藤泽直枝的一本,写过一篇对屈费利安英国史的书评"。①鄢远猷在武汉大学史学系讲授英国史,亦采用Trevelyan的一本《英国史》,此外还列出四部重要参考书:Oman 的 *A History of England*, Green 的 *History of the English People*, Macaulay 的 *History of England*, Gretton 的 *A Modern History of the English People*。欧曼、格林、麦考莱等人的均为名著。教师在开列参考书前显然是经过一番选择甄别的。

对于研究性课程来说,参考书则系该课程研究领域的基本史料,用于科研能力的培养和学术论文的撰写,如刘崇鋐在北京大学开设西洋近世史择题研究,专题研究有四:(1)约翰·弥尔(John Stuart Mill)之自由主义;(2)英国工党之兴起;(3)庚子联军各国之外交;(4)屠格涅夫(Turgeniev)六部小说中所表现之俄国社会状况与思想潮流。此研究性课程目标为"已曾读西洋近世史者作进一步之研究。各择一范围较小之题目,博览与题目有关系之文献,然后自抒心得,作一相当详尽之论文"。四个专题研究中关于约翰·弥尔的"主要参考资料为弥尔氏之哲学、政治、经济等著作,此种书籍不难得亦不难读"。②

教学参考书是选择典型的,有代表性的著作让学生课外阅读,以与课程教材相辅助。但学术研究则需材料齐全,已经超越了教学参考书的范围,就需要提供各个领域的研究书目。有的教师在讲义中胪列该课程内容的相关史料,如阎宗临《希腊罗马史稿》中将"关于希腊罗马史主要资料"作为附录。《史学年报》中刊载有齐思和《英国史书目举要》(2卷3期)和《美国史书目举要》(2卷4期)。

---

①黎东方:《平凡的我》第1卷,第185页。Trevelyan,今多译作屈威廉。
②《现代大学史学系概览(1912—1949)》上卷,第108页。弥尔(穆勒)的著作晚清已传入中国,严复将其《论自由》译作《群己界权论》。

第四章 学生就学

教学是"教"与"学"的统一,学生学习与教师授课相对。教学一般认为是以教师为主导,以学生为主体。教学是一种知识传播活动,但更是教师和学生之间的交往和互动。教师教学之外,学生就学是教学活动的另一方构成。

第一节 报考入学

1905年清政府废科举,推行新式的考试制度。辛亥革命后,教育部推行"壬子学制"。大学分预科和本科。根据1913年颁布的《大学规程》,大学本科的入学须预科毕业或具备同等学力。预科生须中学毕业或经试验具有同等学力者。大学预科的考试分初试和复试,大学文科各系预科考试科目为国文、外国文、数学、历史、伦理学、地理。1914年两江师范改为南京高等师范学校,预科试验科目为国文、英文、数学、历史、地理、理化、博物,其中历史为(一)古代文明之进化;(二)近世国势之变迁;(三)古今名人之言行;(四)教育实业美术之盛衰。①

1922年,教育部推行"壬戌学制",废除预科②,大学学制定为四年。招生工

---

① 《南大百年实录·中央大学史料选》,第79页。
② 1922年废预科后有些高校将预科改为附属高级中学。

作由各大学自行开展,招生前通常发布招生简章或投考规则,如《北京清华学校招考大学部学生规程》(1927)规定投考一年级者须有新制高级中学毕业或同等之程度,投考二年级者须有大学本科一年级修业期满之程度。一年级新生试验科目:一、国文(作文及常识);二、英文(作文及常识);三、历史地理(本国及世界);四、代数平面几何;五、高中化学和高中生物学(任选一科)。二年级插班生试验科目:一、国文;二、英文;三、大学化学和大学生物学(任选一科);四、大学中国史和大学西洋史(任选一科)。

命题是大学招生的核心环节。北京大学的招生与考试办法常为其他学校所仿效,1922年招生试题中之历史试卷如下:

中国史(作二题)

(1)晋代惩汉末州牧之割据,尽撤州郡武备,其结果如何?

(2)日本阴谋使吾藩国内讧,遂启党争,内乱不已,以致亡国,试述其大略。

(3)试述王安石所行新法。

外国史(作二题)

(一)埃及Egypt、美索不达米亚Mesopotamia、印度India、中国,均为世界文明古国。何以均发源于大河流地方?试言其理。

(二)欧洲近世之宗教革命始何时及何人?政治革命始于何时及何国?

(三)略述日俄战争之原因及其影响。[①]

民国时的考试较之晚清当然有了本质的进步,但同现代考试相比,还是显得较为幼稚和朴素。在管理上也存在不少漏洞,周一良回忆在"当时北平流行制造假文凭,琉璃厂的刻字铺兼营这个生意……一般情况下,北平的大学是不会费事去核实的,但是比较知名的五大学(北大、清华、师大、燕京、辅仁)情况有所不同。其中只有辅仁大学当时刚成立不久,制度很不严密,蒙混过关的可能性较大……

[①] 杨为学、王奇生、李里峰、杨春光主编:《中国考试通史·民国卷》,首都师范大学出版社,2004年版,第281—283页。

虽然辅仁比其他四所大学都省事,自然科学课程只考数学,对我仍然是不可逾越的鸿沟。北平学界又有绝招儿:找人替考。照相馆可以把准考证上的照片修版,使它看起来既像是甲,又像是乙,你中有我,我中有你,辨认不出捉刀人。我就是用这种方法……代人考大学当时司空见惯,我的爱人也曾替朋友去考过中国大学"。①

1928年国民政府成立后的大学招生大致上还是延续了此前的体制。高等学校招生考试还是以各个高校为自主进行。高校于校务会议下组织招生委员会,负责命题、阅卷、录取事务。考生自主选择报考学校并参加学校组织的招生考试。各校大都有报考简章报考说明,如《燕京大学文理科简章》(1928-1929),其关于历史科考试说明:"投考者宜知中国民族发达之概略。须于世界各种文化之背景,及现代生活中前代文明所遗留之势力,有相当之了解。并晓于历史与中学各项课程之关系。至历史之研究,于国民生活及促进世界大同之生活中有何价值,亦须有精确之信念"。指定历史考试参考用书为傅运森《新学制历史教科书》、陈衡哲《世界史》、金兆梓《本国历史》、赵玉森《共和国教科书本国史》、吕思勉《白话本国史》、李泰棻《中国近百年史》、孟世杰《中国最近世史》。②当时比较著名的大学都把招生考试的日期错开,使得考生可以有选择地报考两三个学校,即使考生被两三个大学同时录取也可以自主选择。

国民政府教育部比较注意从宏观上来调控各大学的招生情况。1933年,教育部颁布各大学及独立学院招生办法,规定了文理科的招生名额和比例。1937年教育部令中央大学、武汉大学、浙江大学、北京大学、清华大学试办联合招生考试。文科考试科目为中国文学、外国文学、哲学、心理学、历史、地理以及考生报考专业的考试科目。国民政府教育部主要从发展理工科的目的出发,在招生人数上鼓励报考理工科。有的大学则从师生比例设置来控制招生名额,据说燕京

---

① 周一良:《毕竟是书生》,《周一良全集》,第7卷第22页。
② 《燕京大学文理科简章》(1929-1929),第8-9页。

大学是师生比控制在1:3,以保证培养学生的质量。

国民政府教育部从1938年开始实行国立高校统一招生。此前各校独立招生,要报考清华、北大只能去北京,限于经济条件很多地方考生只能报考本省高校。教育部设立全国统一招生委员会,颁布了《国立各院校统一招生命题及评分标准的规定》,对命题和评分有了明确的规定。考试分笔试和口试,笔试科目为公民、国文、英文和本国史地,此为公共必试科目,其余按文、法、商学院各系,理、工学院各系,医、农学院各系三组命题,其中文、法、商学院各系科目为数学(代数、几何、三角)、外国史地以及物理、化学、生物任选一科。何兆武1939年考上西南联大,根据其回忆:

> 抗战以前,考大学、考中学都是各个学校分开考,各招各的,各考各的,比如你选定两三个学校,就到这两三个学校去考,不可能每个学校都报。我记得1937年还是分开考的,到1938年就改成统考了,也是分几个考区,贵阳考区、昆明考区,还有成都、重庆、西安、兰州、桂林,西部总得有七八个招生的点,东部被日本人占领了,像北京、天津、上海、南京就没有,也不可能设考区,很多青年学子后来都跑到后方上学,这也反映了青年的爱国热情……上午、下午各考两门,两天就考完了。那时我们也填志愿,和现在一样,按照分数入不同的学校。①

由于抗战时期客观条件的限制,全国性统一招生考试无法贯彻实施,从1941年开始对统招制度进行了调整,包括了单独招生、联合招生、委托招生、成绩审查四种,高校可采一种或兼采数种。

抗战胜利后继续实行全国统一招考。1946年兰州大学成立第一年招生,文理学院各系以招生40名为限,设兰州、西安、南京、北平、武汉、成都、广州七个报名点。笔试分甲、乙、丙三组,历史系招生属乙组,笔试科目为国文、英文、数学、中外历史、中外地理、理化、公民。

---

① 何兆武:《上学记》,第89—90页。

学生入学试中历史科答题情况普遍不佳,吴晗等人已经有过讨论。但另一方面大学之试卷命题也存在着很多问题,例如中央大学1928年入学试,缪凤林抄出西洋史世界史常识十题:

(1)欧洲大战何年开始?何年终结?

(2)欧洲大战期内,中国之外交发生何种重要变动?

(3)中国今日共有行省与特别区各若干?何名?行省与特别区外尚有何种领土?

(4)清朝末帝何人?其人今日尚在否?若尚在,其人在何地?其人于将来中国之历史上有否发生影响之可能?

(5)何谓清室优待条件?该项条件有否先例?今日仍否有效?

(6)明陵共有几处?在何地?吾人为何向来未闻有'元陵''宋陵''唐陵'等?

(7)何谓'旗人'?何谓'满人'?两词意义是否相同?

(8)所谓英伦岛国,共有几岛?何名?

(9)非洲有几个独立国?何名?

(10)亚洲有几个独立国?何名?

西洋史世界史考题中一半以上是有关中国的。帝王陵一题可见命题者对中国古代帝陵制度无所知。清朝末帝一题命题者当然不可能预见到伪满洲国,但以将来发生之可能性来命题实属可笑之至,"在昔科举时代,试题一字之不慎,主考者即负意外的责任。现在世界进化了,最高学府之入学试题,错误到这步田地,主考陪考监考的先生们,良心上根本不觉得有这么一回事。党国的制裁,更说不到了"。①

除了招考入学外,还有极少数的保送名额。郭廷以1923年南高师附中首名

---

① 缪凤林:《中央大学十七年入学试验西洋史世界史常识试题纠谬》,《史学杂志》第1卷第1期,1930年。

毕业,保送至南高师历史系。学生入学后转校、转学、转专业是常见现象。1927年北伐军占领南京后改东南大学为第四中山大学,曾行特别补考,考试科目包括通试和选试,通试科目(1)三民主义;(2)国文;(3);英文;(4)算学(代数、平面几何);(5)常识(公民、史地、理化、博物);(6)口试。选试就各学生原学习科目进行。①周一良1931年进入辅仁大学历史系,不满于历史系的教学而欲转学,"由于没有读过中学,所谓国立大学如北大、清华、师大等根本进不去,于是1932年转到私立的燕京大学,插入历史系二年级"。②傅乐焕同时考上了清华大学物理系和北京大学历史系,其叔傅斯年代其决定读文科。李埏初在北师大历史系,听钱穆授课后影响极深,而欲转学北大,因七七事变而未成,后报考西南联大研究生。

民国时有少数教会大学分主修、副修专业。钱存训在金陵大学主修专业历史,副修图书馆专业。主修专业修习了贝德士欧洲史、俄国史、印度史、日本史,陈恭禄中国近百年史、刘继宣中日交通史,副修专业修习了刘国钧的中国书史,李小缘和陈长伟的图书馆学课程,课堂作业《图书馆与学术研究》刊于1931年《金陵大学文学院院刊》第1卷第2期,毕业后被推荐至上海交通大学图书馆工作。按照钱存训的总结,"图书和历史二者的结合,对我一生的工作和研究都产生了很重要的影响。后来我能终生'坐拥书城',以及进修、教学、研究和写作,一直环绕在'书史'这一主题,也都和我在大学时代所修习的课程有关"。③

民国时大学中还有很多旁听生。如《国立北京大学旁听生规程》规定,当各学系有缺额时,得收旁听生。旁听生于各系选习课程,每周不超过二十小时,旁听生按规程入学并缴纳学费,以"北京大学旁听生"为名,不得称"北京大学学生"。④

在民国时期,学生招考入学后,学籍很不稳定,中途转学、转专业、休学、退学

---

①《南大百年实录·中央大学史料选》,第257页。
②周一良:《纪念陈寅恪先生》,《魏晋南北朝史论集》,第564–565页。
③钱存训:《留美杂忆》,《钱存训文集》第3卷,国家图书馆出版社,2012年版,第306页。
④《北京大学史料》第2卷第2册,第937页。

以及肄业者甚多。根据《北京大学史料》所载，北京大学因经济原因休学、学业不达标而留级，或违反校规被勒令退学者甚多。史学系有张福庭、缪锜、赵泉澄、张达、吴延缪、李荫生等休学。杨定邦代吴曼阳应试历史，两人都被开除学籍。千家驹也曾因脱课太多而被开除学籍。北大史学系学生宋邵文、王永安等被便衣侦探逮捕，不知所踪。①

因学籍不稳定之故，大学历史系学生的录取名录和毕业名录差别很大，以武汉大学史学系1930-1934年度学生人数变化为例：

录取年度	名录	毕业年度	名录	修完4年本科名录
1930（30人）	万先贤、徐维常、杨村、李治、江思清、刘致强、张寿南、胡养吾、汤澍其、方骥、宋延祥、贺芳云、周家曼、熊济民、曾宪华、王名元、张显丰、余锳、萧志陶、姚立予、陈宗岳、陆维亚、徐春塘、龚化龙、赵延年、陶元珍	1934（23人）	杨村、张寿南、周家曼、余锳、张再苏、陶元珍、李治、胡养吾、熊济民、胡作砺、张泽、邢道诚、江思清、汤澍基、曾宪华、陈宗岳、刘澛廷、杨耕经、刘致强、方骥、王名元、陆维亚、李松年	14人 杨村、张寿南、周家曼、余锳、陶元珍、李治、胡养吾、熊济民、江思清、汤澍基、曾宪华、陈宗岳、王名元、陆维亚
1932（4人）	叶熙谟、陈锡祺、聂家裕、彭绩炎	1936（9人）	燕麟、叶熙谟、赵延年、毕房、陈锡祺、商世辂、聂家裕、吴之汉、彭绩炎	4人 叶熙谟、陈锡祺、聂家裕、彭绩炎

---

① 《北京大学史料》第2卷第2册，第956-977页。

录取年度	名录	毕业年度	名录	修完4年本科名录
1933 (10人)	徐宽厚、马镇东、谭绳武、倪文穆、施应霆、毛淑清、唐道圣、方源流、宋名儒、康缵良	1937 (4人)	施应霆、宋名儒、毛淑清、方源流	3人 施应霆①施应霆曾对本班人员流动有过专门回忆:"徐宽厚兄自一年级下学期起,肺结核复发,回家乡扬州疗养无效,英年早逝。康赞良兄1934年暑假,回到江西吉安籍,应当地某中学之邀聘,担任历史教学,提前就业。谭耀武兄转学经济系,重读一年级,转系原因是自感弱于记忆,非治史之才……后与(唐)道圣失去联系……三年级下学期攻读热潮中,倪文穆兄突然不辞而别……多方探寻他的行踪、去向,而苦无所得,始终是个谜","祖国的神圣抗战开始,中华民族到了生死存亡的紧急关头,我们也面临决定毕生命运的关键时刻。马镇东、方源流、宋名儒三兄均做出选择,首先回家,然后各自考虑方向。毛淑清学姐打破一向的拘谨,主动告诉我有关她的行动计划,她的未婚夫吴相湘,湖南常德人,史北大史学系应届毕业生……淑清学姐决定即回长沙家乡,等候吴君归来,志同道合,互勉互励"。参见《我们1937级史学系》(《施应霆历史论稿与回忆实录》,第75-76页)。毛淑清、方源流

录取年度	名录	毕业年度	名录	修完4年本科名录
1934（13人）	刘樊、陈又新、赵婷、胡幸贤、林丕经、曾素英、侯成章、刘维幹、万寯、王慰权、马巨贤、颜子愚、王真谊	1938（8人）	胡幸贤、刘维幹、赵婷、张显丰、林丕经、万寯、侯成章、颜子愚	7人 胡幸贤、刘维幹、赵婷、林丕经、万寯、侯成章、颜子愚

抗战胜利复员后,大学历史系的人数变动同样很大。中国大学史学系1945年入学24人,其后逐年递减为19人、16人、14人。①这在民国大学中是普遍现象。

七七事变后各大学内迁,能够从平、津等地随学校西迁的学生只是少数,例如北京大学1937年至长沙组建长沙临时大学,1938年至昆明组建西南联大,期间学生变动甚大:根据北大史学会的统计史学系的人员变动如下②:

	七七事变之前原人员	长沙临时大学报到上课（1937.10-1938.2）	西南联大报到上课（1938.4）
1934年入学	王德昭、尹克明、李书箱、李迈先、何鹏毓、余文豪、金宝祥、高亚伟、高桂华、孙兴诗、张锡纶、郭殿章、曹盼之、杨志玖、赵春谷、郑逢源、卢玉泉	郑逢源、金宝祥、赵春谷、杨志玖、余文豪、王德昭、高亚伟、李迈光	郑逢源、余文豪、杨志玖、王德昭、高亚伟、金宝祥、李迈先
1935年入学	孔宪杰、仇申唐、李欣、吴承明、宋泽生、何佶、吕正都、林钧南、周鼎丰、高永徽、马士良、耿韵泉、张德光、张育璐、赵俊、赵宗濂、刘景春、樊肇芹、谵湘汉	李欣、宋泽生、张德光、仇申唐、王俊升、吴承明、孔宪杰、耿韵泉、林钧南	孔宪杰、张德光、仇申唐、王俊升、林钧南

---

① 于延方:《史学系1949班班史》,《中国大学年刊》,1949年。
② 《北京大学史料》第3卷,第486-487页。

	七七事变之前原人员	长沙临时大学报到上课（1937.10–1938.2）	西南联大报到上课（1938.4）
1936年入学	王玉哲、王宏道、王庭梧、王启兴、王业媛、王骥卿、牛步贵、田广运、陈庆华、李瑚、李书仁、李婉容、李梓荣、李善继、金灿然、马连捷、张国珍、张昭训、陈莹、彭建屏、贺家彦、喻存粹、游任逯、杨锡钧、杨翼骧、贾士俼、刘占文、刘景尧、刘雨华、刘熊祥、刘庆余、韩家骥、魏奉典	刘熊祥、彭建屏、喻存粹、刘景尧、魏奉典、葛君柱、李婉容、杨锡钧、王玉哲、马连捷、金灿然①金灿然于1938年4月来到延安，后任延安马列学院历史研究室研究员。刘庆余、李瑚	王玉哲、刘熊祥、喻存粹、彭建屏、李婉容、马连捷、王宏道

从长沙到昆明只能乘粤汉铁路到广州，出香港，经海路绕道越南至昆明，困难可想而知。刘崇鋐、姚从吾、郑天挺、张德昌、汤用彤、毛子水、雷海宗、容肇祖、罗常培等教师五十人将其学校津贴65元全部捐赠学生作为赴滇就学旅费。①当时还组织了三百多人的"湘黔滇旅行团"，从长沙步行至昆明。王玉哲曾记其步行情形：

> 由长沙西行直到贵州、云南，都是崇山峻岭，尤其是贵州境内，真是'天无三日晴，地无三尺平'，我们几乎天天处在万山环抱中。有的山岭高可参天，形势险峻。有时翻越一座山，上下就需要一整天……西南高山地带城镇稀少，为了解决三百多人的吃住问题，我们每天必须赶到较大的城镇住宿。因而，每日行程多少不定，但大多超过百里以上。师生都没有走过这么长的路，更没有走过这么崎岖的路，几天下来，人们的脚上都磨出了血泡，但大家都咬牙坚持着……在长途行军中，我们虽然经历了艰辛生活，但也领略了中国西南大自然的大好河山。尤其是湖南西部，风光极为优美，到处是浓荫葱郁的青山，衬托着山下潺潺作响的碧流，真是'无山不绿，有水皆清'。特别是雨后初霁，更显得山明水秀了。②

在1938年国民政府实行大学统一招生考试之前，异地学生报考大学往往要

---

① 《清华大学史料选编》第3卷下册，第114页。
② 王玉哲：《西行往事》，《联大岁月与边疆人文》，第186–187页。

承担车旅费、食宿费、报名费等费用。1938年实行统一招生考试后,不但免考生跋涉投考之烦,而且国立省立大学还免除学费。

根据叶文心的研究,民国大学的学费是比较昂贵的,能上得起大学的是少数人。20世纪二十年代大学生每年的开支为220-400元不等,当时北京大部分工薪家庭的收入每月在20元以下。相对而言,国立大学学费较低,二十年代北京大学每学年收费60元,清华大学收费一学年40元。当时私立大学的学费则比较昂贵,复旦大学和南开大学每年学费100元。国立大学对学费的拖欠比较宽松,私立大学则正相反。①私立大学各种杂费特多,如燕京大学正式学生学费40元/学期,旁听生费4元/学分,膳费35元/学期,寄宿费35/学期,其他还有实验费、音乐费、医药费、体育费、杂费、证书费等等,不一而足。②金陵大学每学期收费为:一为普通费,包括学费45元,宿费(东宿舍7元,西宿舍10元,预存费1元,损销费4元),膳费40-50元,杂费(普通生5元,寄宿生7元),体育费3元,医药费1元,图书费1元,校刊费1元,学生会费0.5元。二为实验费:生物学1-3元,化学10-15元,物理学5-9元,农林学1-3元。三为材料讲义费,视所使用材料讲义而定。四为特别费,包括新生报名费2元,新生保证金4元,逾期收缴罚金2元,旧生更改成绩1元,制服费(秋季15元,春季8元),学生证1元,徽章1元,毕业证书12元,毕业礼服租赁费2元,特别生每学期2元/学分,校外补读2元/学分。③黄永年原在苏州中学常州分校听吕思勉授国学概论和中国文化史,原计划报考吕思勉所在光华大学,但因光华私立学费太贵,转而报考不要学费的国立复旦大学。④

---

①叶文心:《民国时期大学校园文化(1919-1937)》,第133-135页。
②《燕京大学文理科简章》(1929-1930),第21-23页。
③《私立金陵大学一览》(1933),第35-36页。私立大学的研究生收费亦不菲,如燕京大学研究生每学期收费为:第一学年学费40元,第一学年以后学费20元,寄宿费(灯、炉、水等)20元,膳费(男生)约36-40元,医术费(不含药费)2元,体育费2元,杂费2元,毕业费(中文毕业证及印花,装订论文,借用毕业礼服等项)5元。
④黄永年:《回忆我的老师吕诚之(思勉)先生》,载《吕思勉全集》第15卷,第347页。据说吕思勉经常替光华大学缴不起学费的学生担保,学生毕业后担保的学费就成了坏账。

文、理科收费亦有差异,理科的实验费昂贵。李洵同时考取了辅仁大学化学系和北京大学历史系,但是辅仁大学学费、书费、实验费之高令人望而生畏,只能放弃理想中的化学专业而不太情愿地学习历史。①

就历史系而言,各大学报考情况也差异很大。北京大学史学系在全国大学里历史最为悠久,"陈援庵先生并且把他高抬在全国各大学史学系中的领袖地位",据说陈垣遇到一位中央大学的教授,"告诉他中大今年招生,只有二十个报考史学系的,结果才录取七人,那位教授的结论是:'投考史学系的人,大家都跑到北方去了,不愿意在南方,将来南方的史学系,恐怕难得发展了'"。报考招生人数较少的如华中大学,其历史系大概是华中大学人数最少的一个系。1947年报考仅有6人,"历史系似乎和那些飞黄腾达的大道并不相通,论出路的确太狭窄了,这大约也是本系一向不大垂青的理由之一吧? 本系的先生也和本系的同学一样,在学校中占着很小的数字"。②

历史系虽然不是未来人生飞黄腾达的捷径,但是也有不少志存高远、经世济民的学生直接报考历史系并且以此为终身职业。王觉非报考中央大学历史系,"所以要选择学历史,是因为我对现实社会感到悲观失望,许多黑暗腐朽的现象使我感到困惑,我想通过历史来了解人类社会究竟如何发展到这个样子的"。③据此可以推知,以范文澜《中国通史简编》为代表的马克思主义史学家及其史学著作得到广泛传播也是有深厚的其社会基础的。

民国时的大学均有奖助学金以及提供勤工俭学岗位。北京大学史学系的助学金,1934年为傅乐焕(80元),孙家骧(100元),高去寻(100元),孔广昌(80元),孙媛贞(100元),邓广铭(80元),周信(80元),李咏林(100元),王敬之(80元),王造年(80元)。1935年为邓广铭(80元),傅乐焕(80元),刘绍闵(100元),林占鳌(80元),傅成镛(100元),余文豪(100元),张基瑞(100元),王敬之(80

---

① 《李洵自述》,《世纪学人自述》第6卷,第128页。
② 《现代大学史学系概览(1912—1949)》下卷,第680、722页。
③ 王觉非:《逝者如斯》,第144页。

元)。1936年为王敬之(100元)、张育璐(100元)、张锡纶(100元)、刘景春(100元)、林占鳌(80元)、于泓淇(80元)、孙兴诗(80元)、尹克明(80元)、杨志玖(80元)。①燕京大学规定在校一年以上成绩优异者可得津贴,在校一年以上成绩良好者可申请贷金,毕业后以少数利息分期偿还。此外,"学生亦可以余暇,在校内外教读或在各办公室工作。略得报酬以资自助。但此种机会有限不能久恃"。②半工半读完成历史系学业者甚多,如吴晗在清华大学得胡适介绍了一个工读生机会,每月15元,另每月有10元左右的稿费,可以维持生活。聂崇岐1922年考上燕京大学,其时燕园搬迁荒芜,需要劳力整修,聂崇岐半工半读勤工俭学了两年。此后又在北京育英小学教书,攒够了学费,才又恢复大学学业,故推迟到1928年方才毕业。③吴天墀在川大求学的同时,不得不利用课余时间在敬业中学、南薰中学、中华女中等校兼历史课程,方得以补助费用。④

第二节　课业学习

历史系学生在四年制本科学制下,各个年级学生的知识积累、学习能力、接受程度当然各有所不同。一般来说,毕业班的学生已经学习了两门主干通史,并且接受了多门学科、课程教育的熏陶,这些都会对学习接受知识产生影响,所以课程的难度也会大一些。大学一年级新生还处于中学学习向大学学习的转变,其学习方法和思维方式也有转变的过程。⑤但是,对各个不同年级或层次的学

---

①《北京大学史料》第2卷第1册,第638、641、647页。1935年,杜呈祥、于泓淇、王德昭、徐世勋四人未获奖金,但亦因成绩优良而被通报表彰。
②《燕京大学文理科简章》(1929–1929),第24页。
③段昌同:《聂崇岐先生生平轶事》,《燕大文史资料》第三辑,第296页。
④吴天墀:《往事悠悠》,《吴天墀文史存稿》,北京师范大学出版社,2016年版,第35页。
⑤张铄:《大学历史教学》,第158页。罗荣渠在日记中记大四级会,"请教授先生来讲毕业论文写法。召开此会,从与系主任接洽,通知教授,借教室,定时间,邀同学到布置会场,打电话催人,完全是我一个人的事。到了四年级,都是老太爷了!同学们一天到晚根本就难得碰头,碰见了彼此表示得淡漠得很"。参见《北大岁月》(第376页)

生来说,在学习中,"同"的因素肯定远多于"异"的因素。本节所论历史系学生的课业学习也是基于"同"的因素。

历史系学生学习最主要的方式即是记录听课笔记,而听课笔记有时亦是考试的主要依据,例如杨人楩上课时的情形:

> 他上课,从来不带一张纸片或一本参考书,总是一手托着一个怀表,一手拿着一支粉笔,把怀表往桌上一放,便开始讲。先是高声朗诵一段,声音洪亮,速读则不快不慢,足可以使同学一字不漏的笔记下来,但并不重复第二次。在那种严肃的气氛中,你不会有勇气请他再说一遍,只好下课后再去参看别人的笔记。之后声音便低下来,娓娓动听的再略作解说或补充一些资料,这是不用笔记,也不可能记下来的。所以选他的课的人,有趣固然有趣,但应付考试则相当吃力。他对考试作弊是深恶痛绝的。①

据说将杨人楩上课时的内容一字不漏地记下,就是一篇非常漂亮的文章。其他如李絜非"讲课时常旁征博引,清析精核,唯有时材料太多,讲述太快,同学每以不能完全笔记为苦云"。②祝同曾"每升座授课,言解风发,引证繁复,诸生耳受笔追,苦不能尽"。③钱穆比较燕大、清华、北大三校学生学习情况,"燕大上课,学生最服从,绝不缺课,勤笔记。清华亦无缺课,然笔记则不如燕大之勤。北大最自由,选读此课者可不上堂,而课外来旁听者又特多"。④金毓黻曾将学生笔记收上一观,"颇有详瞻可观者,足征其听讲用心"。⑤

---

① 《近代中国史家学记》下卷,第966页。
② 《近代中国史家学记》上卷,第451页。
③ 《近代中国史家学记》下卷,第1202页。
④ 钱穆:《八十忆双亲·师友杂忆合刊》,第150页。
⑤ 《静晤室日记》第6卷,第4523页。新中国成立后,五十年代的大学历史系教材还是相当缺乏。张泽咸1952年入武汉大学历史系,其时在"同学中广为流传的口头禅'上课记笔记,下课对笔记,背笔记,考试默笔记'"。参见张泽咸《我与汉唐史研究》(《学林春秋》第二编下册,第591页)。1961年,由翦伯赞任全国高等学校历史教材编审组组长,开始系统编写大学历史系各门课程教材。

学生所记的听课笔记很多都属于教师的个人研究成果,亦有相当之学术价值。梁启超在清华时,指定学生姚名达、吴其昌、周传儒三人负责记录讲辞,《饮冰室合集》中收入梁启超晚年著作中约有半数为三人笔录。① 万绳楠将陈寅恪的听课笔记整理为《陈寅恪魏晋南北朝史讲演录》。杨联升保留有陈寅恪先生隋唐史第一讲笔记。石泉亦有1944年听隋唐史笔记一册。

教师授课前,学生还需要做好准备。河南大学史学系之课程,"采用课本,或自编讲义,均先指定范围,提出纲领,先由学生预修,一方多作个别指导,一方共同讨论问题"。② 傅斯年在执掌史语所的同时还在北大兼课。吴相湘回忆"傅先生讲课时如万马奔腾,上下古今,纵横千万里……同学们上课时都极用心听讲,且上课前必须有充分准备。因傅先生常于提及《书经》、《诗经》诸古籍某一段,突然指定某一同学:'下一句呢?'故当时我们对这几种经书颇下了一番工夫"。③ 傅斯年"上穷碧落下黄泉,动手动脚找材料"对学生也影响极大。

教师授课不是满堂灌,学生学习也不是机械的复刻,而是根据教师所授内容,结合自己的知识结构和所学基础,即所谓的"前见",互相融合,而能有所获益,例如杨殿珣上陈垣中国史学名著评论课程:

> 体会到先生经常从两个方面着手。一是资料引用的问题,一是书籍编制的问题。一部史学著作,总要引用若干资料,那么,在评论的这部书里,引用资料的情况是怎样的呢?是不是还有些主要资料没有引用?引用的是第一手资料多,还是第二手资料多?是不是有新发现的资料?是否引用的资料虽然是常见的,而为前人所忽略等等。一部著作,总是为了解决某个问题而作,所以每部书应有自己的特点和相应的编制体例,在评论的这部书里,说明了他要解决的问题没有呢?解决得好还是不好?应当怎样解决才比较

---

① 《近代中国史家学记》下卷,第984页。
② 《河南大学一览》(1930),第68页。
③ 吴相湘:《三生有幸》,第17页。

合理？在编制体例上有什么特点等等。①

大学除了正式生以外还有旁听生。旁听生须取达到相应的水平方得旁听，如南开大学规定大学预科毕业或高中毕业生英文程度能直接旁听者经许可后得为旁听生，旁听生之学费宿费实验费等须照正式生加倍缴纳。②当时北大最自由，选课者可以不听，旁听者不少。旁听之外还有偷听。根据何兹全的回忆："北大偷听生很多。北大红楼附近，住有很多不是北大的学生。他爱听什么课，就按时去上课，谁也不管。这些学生虽然不是正式生，却听课认真。一般都是岁数比较大，有社会经验，对社会对学科理解能力强，分析能力强，都学得很好。当时有一句话：'正式生不如旁听生，旁听生不如偷听生'。"③

对于学生来说，课堂讲授之外的学习才是至为重要的。姚从吾曾再三强调"大学里的教授只是负指导责任，用提纲挈领的办法给同学们一条线索一种门径，而基本工夫还是同学们自己去作。至于先生在讲室讲，学生在笔记，下课了，笔记本一扔，学生自己一点也不动手来作，那是一件索然寡味的事件"。④梁启超在清华历史学系所讲授历史研究法，"教师讲演大纲，学生在课内作笔记，课外参考中外书籍作报告及论文"。⑤历史研究法或史学方法论课程本来就要求学生进行实践。前引河北省立女子师范学院于教师规定指引之外，还规定了学生的学习状况和课外活动：

学习状况。学生学习状况，除注意听讲、讨论问题、整理笔记外，须有下列工作：

（甲）读书报告。教员在课堂指定参考书籍，学生阅览后，或摘录要旨，或笔记心得，须拟具报告书，使教员知其确已读过，并考其注意之点，是否扼要。

---

① 杨殿珣：《学而不厌，诲人不倦——励耘书屋问学忆记》，《励耘书屋问学记》，第120页。
② 《天津南开大学一览》(1923)，第16—17页
③ 何兹全：《爱国一书生》，《何兹全文集》第6卷，第2715页。
④ 《近代中国史家学记》下卷，第975页。
⑤ 《清华一览》(1927)，第77页。

(乙)专题研究。教员所示专题,学生须遵其途径,潜心研究,不特可得练习搜集材料与整理材料,集腋成裘,即为著述之技能,且可藉以博览群书,扩充眼界,即研究苟有未当,获益实亦良多。

课外活动。本系学生原有史地学会之组织,其规定大致如下:

(甲)轮流讲演。其讲演以告研究心得与介绍新书为宗旨,盖志在公诸同好,以便观摩。

(乙)讨论问题。同学遇有疑难问题,则开会共同讨论,如仍不能解决,再请教员加以解释。

(丙)社会观察。规定每两周举行一次,其时间以星期六下午,不误课程为主。视察地点,如工厂、局所、报馆、图书馆、陈列馆、学校、公署等一切有组织之团体,皆在其列。每次视察所得,须推举记录数人,作为有条理之报告,间或附以图表,用资印证。

(丁)津外参观。每年春假举行一次,地点临时公议,其作报告、制图表与社会视察同。①

学生在课堂之外的学习和研究完全都是依靠各人的自觉,庄为玑1929年考上厦门大学历史社会学系后就一直从事《晋江新志》的材料搜集、整理、编纂工作,1946年任厦门大学历史系讲师。《晋江新志》1948年出版,厦门大学历史学系主任罗志甫,教授叶国庆、林惠祥等纷纷为其题签作序。②陶元珍1930年考上武汉大学史学系,由吴其昌、李剑农的指导。1933年,陶元珍"特意跑到南京龙蟠里国学图书馆附近,租一茅草房住了一个暑假,目的是阅读该馆善本书。遇着有疑难的地方,马上向馆长柳翼谋先生请教。柳先生大为赞赏"。③

学生发表论文在民国时甚为常见。一则学生经常参与学术期刊的创办、组稿、编辑工作,再则就是教师的奖掖提携。何兹全在北大学习时发表的第一篇论

---

① 《河北省立女子师范学院一览》(1934),第70—71页。
② 《庄为玑先生杰构<晋江新志>已出版》,《厦大校刊》第3卷第4期,1948年。
③ 《近代中国史家学记》下卷,第778页。

文《北宋的差役与雇役》,刊于《华北日报》1933年11月22日和12月6日的"史学周刊",第二篇《中古时代之中国佛教寺院》刊于《中国经济》第2卷第9期。此后其师陶希圣主编《食货》向其约稿,陆续在《食货》上刊载了《三国时期农村经济的破坏与复兴》(1卷5期)、《质任解》(1卷8期)、《三国时期国家的三种领民》(1卷11期)、《中古大族寺院领产研究》(3卷4期)。周一良的第一篇论文《魏收之史学》,本科毕业论文《〈大日本史〉之史学》实际上也是沿用了前者的研究方式。谭其骧在辅仁大学和燕京大学讲授中国地理沿革,张家驹在学习该课后完成《宋代分路考》,通过梳理宋代文献资料,把两宋对行政管理的"路"一级的设置历史变化作了系统的总结和分析。《宋代分路考》获得了谭其骧的好评,连同谭其骧与张家驹的讨论信件都刊于《禹贡》。杨宽在中学时看到胡怀琛《墨子学辨》主墨学来自印度而引发了对墨子研究的兴趣,后在光华大学就读时发表了七篇《墨子》研究的系列论文:《墨学非印度辨》、《墨经宇宙论考释》、《先秦的论战》、《后期墨家的世界观》、《论墨学决非本于印度——再质胡怀琛先生》、《墨子各篇著作期考》、《墨子引书考辨》。

  从总体上来看,学生学习的重点同时也最容易出成绩的自然是中国史,包括毕业论文在内也绝大多数以中国史为研究方向。李飞生认为在中国研究西洋史是非常困难的:"第一是兴趣问题,大概一般倾向,遇着与己愈切近的事,则愈感兴趣,西洋史因为人种、社会、风俗、习惯等一切背景和中国太疏远、太不相同,尤其是那些古怪的人名和地名,难于记忆,为了这个缘故,不易使人得着明晰的概念而感兴趣;第二西洋史的头绪比较的乱,在同时要分头叙述好些国家的经过,错综复杂,不像中国史的那样简单,有个中心可以直叙下去,使学生脑中容易抓住时间与空间的整个概念;第三能应用的书籍太少,西史的善本在国人编得还不多见,译本也很少,而且译误与刊误亦是不胜枚举。在这种情形未改进前不能不读原本,读原本往往又有文字上的困难,不过真要研究西洋史,不通外国文是没办法的;第四,足资史书印证的实物太少,例如建筑、雕刻、木乃伊之类,在国外能在博物院、在各地方可以时常见到实在的东西,使学生感兴趣,在中国只可纸上谈兵,任你巧喻曲说,总不免流于空洞了"。①

学校或院系对学生学习优异者大多设有奖学金。武汉大学史学系获文学院奖学金的有陆维亚(1932)、陶元珍(1933),获史学系奖学金的有周家曼(1932)、陆维亚(1933)、陈锡祺(1934)、胡幸贤(1935、1936)、赵婷(1937)。②1940年,教育部公布全国专科以上学校学生学业竞赛办法。竞赛初试由各学校选拔,复试由教育部主持,每年举行一次。竞赛分甲、乙、丙三类,甲类为大学一年级生,分国文、外国文(英文、法文、德文选一)、数学考试,乙类文学院历史系系二、三年级学生考中国通史、西洋通史两门,丙类为应届毕业生之毕业论文。③历届获奖者为:第一届乙类历史学系李毓澍(中央大学),丙类文学院熊贵林(武汉大学),解毓才(武汉大学),丘陶常(中山大学),钟日新(中山大学),王利器(四川大学),赵兰庭(西北大学)。第二届乙类历史学系范乐善(武汉大学),丙类文学院董维(广东国民大学),严耕望(武汉大学),束延男(金陵女子文理学院),金兆昆(中央大学)。第三届乙类历史学系邵庆彰(福建协和大学),林汝楠(厦门大学),丙类文学院郭晋稀(湖南大学),邓振德(中山大学),雷保泰(华西协和大学),梅可城(中山大学),缪鸾和(云南大学),关履权(中山大学),许彦常(中山大学)。第四届乙类历史学系徐规(浙江大学)。

但是对民国大学历史系的学生课业学习情况也不能过高估计,学习情况都是因人而异的。陈垣曾记录选修校雠学课程学生的学习评语,1939年下半学期为:方守毅(太不用心,错漏全未校出,书名多未断句)、许德(进步甚速)、姬若瑟(进步甚速,字斜)、袁希安(极用功)、雷震霞(用功,但旁注太多,不如另写笔记。眉批悉斜右,何也?)、林少苍(较前进步,仍差。错字多在左,何也?)、董文隆(有进步,仍差)、周慕文(有进步,仍差)、陈宽明(极用功)、胡德夫(误字多未校出,书名则已标出)、王道安(字太生硬,墨太胶)、张炳蔚(错漏不尽校出)、杨让(平常、

---

① 《近代中国史家学记》上卷,第448页。
② 《国立武汉大学一览》(1937–1938),第475–480页。
③ 《第二次中国教育年鉴》(1948),第551页。

字劣)、吴怀赤(错少,然错漏未尽校出。字佳)、胡世圣(颇佳,但大错漏未尽校出)、郭时敏(佳,但每字必斜,亟应矫正)、师博德(字太潦草,书名标识不尽)。1940年上半学期为:吴怀赤(分评,各页半。研求字句,为己取法,任意批评,殊不自量。墨淡)、王道安(评分三段,二页半。字笔画轻重不匀,墨不匀)、袁希安(评页半。"乃就操求还取方",范从"方"字点句同)、胡德安(评页半,乱评一顿。墨淡)、郭时敏(评页六行。字大进步。为删十许字。墨不匀)、陈宽明(评半页,极佳)、师博德(分评,书四行,传半页墨淡)、胡士圣(分评,各半页。文句未通,多误字)、周慕文(评八行,句语通)、杨让(分评,五行、四行。白话)、方守毅(分评,三行、四行)、许德(评二行半,文未通。墨淡)、雷震霞(分写,墨不匀)、姬若瑟(墨不匀)、张炳蔚(不注卷数)、林少苍、董文隆(字黑白不匀。范《华佗传》末一行特另行,甚是)。郑长诚(墨淡。原提行空格者,应照提)。①陈垣的要求还是非常严格的,学生能得"极佳"评语者极少。

民国大学校园的学习风气并不上佳,逃课缺课现象还是大量存在的。北京大学曾规定"学生平时上课缺席至五分之一以上者,扣其该科成绩百分之五,至四分之一以上者,扣该科成绩百分之十,至三分之一以上者不得参与学期考试"。1933学年第一学期统计学生缺课情况,文学院学生425人,选课127120课时,缺席3963课时。故又实行点名制度,"厉行严肃管理,自开课之日始,即由各教授就学生随上课证缴进之临时名册,逐班点名"。②这种制度开始实行还比较严格,在教室里的座位上标上座位号,学生按号入座。查堂的人对着空座位标记旷课。但很快就不了了之,查课制度严格执行的时间并不长。

民国时期的大学也是革命的中心之一,青年学生的革命运动和爱国主义精神都是校园文化的组成部分。梁白泉回忆其在中央大学作为"左"倾的青年学生,"全副身心都投入到学生运动……上课都成了应卯,听课就形同敷衍,一如

---

①陈垣:《教材·校雠略》,《陈垣全集》第22卷,安徽大学出版社,2010年版,第502–504页。
②《北京大学史料》第2卷第2册,第989页。

《诗经》所说：'诲尔谆谆,听我藐藐'",对于韩儒林这位名师,"只存了'高山仰止'的态度,并无亲近他的行为,对于知识学问,似乎热情有余而理智全无"。①在国民党治下的大学里,还有一种谜一般的,带有神秘色彩的"职业学生"。这些职业学生,"表面上也生活在学生当中,穿着普通的便服,在某个系有他的学籍,偶尔在课堂上也能见到他们的身影。但他们对学习并无兴趣,既不怕降级,也不会被勒令退学。他们哪一年入学、哪一年毕业、学业成绩如何,这些都是'谜'。他们永远是新生中的'新生',老生中的'老生'……他们无限期地在学校里当'学生',有人定期为他们关饷、升官。他们偶尔出现在教室里,但并非真正上课,因而也不会考试;会议则逢场必到,发言不多,功夫则不浅,那双眼睛睁得大大的,两只耳朵抠得灵灵的。夜晚神秘地出出进进,'小报告'飞来飞去"。②

第三节 师生关系

师生关系是在教学过程中所形成的教师和学生之间的相互关系,师生关系可以说是一种特殊的社会关系和人际关系。民国时的教师通常从师生关系的角度被分成几种类型,"上等的类型"即师生间没有什么界限,"下等的类型"即对学生摆架子。③历史学家的日记、学记都涉及到了师生关系,绝大多数都属"上等的类型"。

师生关系并不局限于课堂上,教师在课外与学生有很多交往。郑天挺在西南联大的日记经常记到有学生来访:"学生李希泌来","学生李埏来","学生王玉哲、何鹏毓、赵俊、孔宪杰来","学生黄德全来。学生刘鹤年来","学生多人来","学生赵俊、耿韵泉来,谈论文事","研究生王栻、四年级生刘熊祥、黄德全先后来谈作论文事,王研究清代一二品大员之籍贯家世,刘研究戊戌政变前之学会,黄

---

①梁白泉:《韩师教我学习方法》,《朔漠情思》,第78页。
②薛明扬、杨家润主编:《复旦杂忆》,第122页。
③蔡尚思:《陈垣先生的学术贡献》,《励耘书屋问学记》,第61页。

研究台湾与中日之关系","学生莫家鼎来","学生王玉哲、刘熊祥来","学生穆广文来,谈论文事","王永兴来,询作业","有学生来请指导论文,几于舌敝口焦矣","黄德全来,谈作论文事"。①刘节在浙江大学任教时常有学生问学,日记中亦多有所记:"学生胡玉堂来,约请余于下星期三晚七时作一次演讲,余已允其请,题目为历史与历史家","学生王树椒、张效干、杨利普、施雅风、刘宗弼等来谈。诸生精神尚佳,所谈皆学问上事","学生中有以黄帝做指南车为问者,余答以此说甚晚。下课后,一查马氏《绎史》,始知出于崔豹《古今注》","有学生王树椒来访,携来谶纬笔记一文求正。少刻又有学生唐禧、张效干二君来访。皆用功之好学生也。张生提出京沪中国文化之出路一题为问","学生赵和铃来问研究开元天宝史料,回村后开成一单如次:新旧唐书、资治通鉴(下略)","学生有借去书籍者:唐禧借去中华二千年史二册,王爱云借去明史第三十三册,赵和铃借去明夷待访录一册","学生沈玉昌,请求今晚出席学生会所组织之读书报告会,又邀余月内在该会演讲一次","王树椒送书来,坐谈甚久,并抄赠余所作诸诗,树椒亦能作诗,智力在中上。读书甚用功,谅有成就也"。②

教师对学生来访问学基本上都是热情的、欢迎的态度,燕京大学"邓之诚是好客的,除了在他家上课,平时也会去拜访问学;洪业也很好客,同学来访,他就会拿出各色西点招待,给同学看美国的照片,一起谈美国电影。洪煨莲和邓文如的穿着是两个极端,可说是燕京大学的一道特殊风景线:邓穿灰布长袍,瓜皮小帽,永远布鞋而且扎着裤腿;洪则西服革履,一手执杖,一手端烟斗,全然西方绅士的派头"。师生相处的气氛也非拘谨、严肃,张家驹回忆在燕京时,"说起有一次邓之诚生病,他们便到他的家里去上课,学生围着先生,'好像在送终一样',说

---

① 《郑天挺西南联大日记》上卷,第138-139、178、212、220、250、322、394、507页。
② 《刘节日记》上卷,第147、158、165、168、174、177-179页。王树椒是浙江省毕业会考第三名,考入浙江大学历史系第一名,曾有《府兵制溯源并质陈寅恪先生》。

着,他也笑了"。①

与教师关系密切者可能以高年级居多,高年级学生入学积年,对学校环境和系中教师已经相当熟悉,和教师交往又往往涉及到组织学术活动、创办学术刊物、撰写毕业论文、升学就业等等。低年级学生就缺乏此等条件。周一良1931年考入辅仁大学史学系,系中著名历史学家陈垣、余嘉锡、伦明等人,一年级学生都无缘接近,更谈不到亲聆教诲了。②

北大历史系从朱希祖开始似乎就有系主任定期与学生交流谈话的传统,罗荣渠曾详细记录了郑天挺与学生交流的情况:

> 他(指郑天挺)先说了一番话,主要是提醒大家对毕业论文作准备,也就是要大家决定专搞哪一段历史,中国史抑是西洋史?其中又是哪一段?因为决定专搞哪一段似乎是必须一分似的,学问之境无涯,不得不划定范围。他说,这不但可使你们的研究有成绩,并且也是你们成名的最方便的捷径。
>
> 随后同学们胡乱地提出了一些问题。有的谈到他将来的毕业论文题目;也有的询问为什么不聘请一两位唯物史观的教授。问题中最紧要的是关于我们中古史开班的问题。他说下期一定得设法开班,并且下年还准备在国外聘请五位先生回国来任教。
>
> 我特别向他提到图书的事。我们的图书馆实在太不像话了,什么书都没有。这些,他说可以转向毛先生(指毛准)建议。
>
> 郑先生还好说话,不大打官腔,对人也顶和蔼的。听说他还常常与同学作个别谈话。这本来不算一件事,但是以他冗忙而尚能如此,较之其他系主任实在好到哪里去了!一切都是比较出来的。③

教师学生之间若有同乡故旧等关系则更得亲近。陶懋炳考入国立师范学

---

① 李培栋:《宋史学家张家驹传》,载《张家驹史学文存》,上海人民出版社,2010年版,第529、531页。
② 周一良:《纪念陈寅恪先生》,《魏晋南北朝史论集》,第564页。
③ 罗荣渠:《北大岁月》,第212—213页。

院,教师中有熊德基。根据陶懋炳的回忆:

>（熊德基）一上课便自我介绍,然后发给学生每人一块纸片,要大家填写姓名、籍贯,为什么要学史地等等。下课后,他喊住了我,微笑这说:'我跟你是同乡。'后又叫我去他住所谈谈……他嘱咐我读《资治通鉴》和《廿二史札记》,再三要求我要仔细读,一字一注都得细读。寒假期间,别的同学回家了,我留在学校里,熊先生叫我每天都到他房里读书,有时考我一下,答得不完全,便仔细指点。这学期,我名列全班第一,熊先生很高兴,但又告诫我说:'念大学不能只凭背笔记,那不会成才的。把底子打扎实了,去教中学,会是好教员。但是念大学最要紧的是学会研究方法,不学这一手,等于白念大学。'于是他要我读梁启超的《新史学》、《中国历史研究法》正、续编,后来又叫我读陈寅恪先生的著作。①

民国大学的学生活动很丰富,教师经常参与其中。沈阳高师国文史地本科有丽泽周会,吕思勉在丽泽周会演讲过"历史上的军阀""士之阶级""整理旧籍的方法""中国古代哲学与道德的关系""乙部举要"等,讲稿刊于《沈阳高师周刊》。②学生自发组织的迎新、毕业等活动,教师多有参加,1943年郑天挺参加历史系毕业同学公宴,"凡主人毕业生十九人,客教授七人。九时散,更至皇后照像馆共照一像"。③1947年北大历史系毕业欢送会郑天挺、向达、邓嗣禹、杨人楩、韩寿萱都出席,"向先生赠毕业同学三点意见:第一,不要立志做英雄,要立志做一个平凡人;第二,不要怕失败;第三,应多学一点玩意,因为这不但可使生命丰富,也可以使一个人在失意时得以慰藉。邓先生说:中国近百年来把外国的各样东西都搬回来实验过了,但是外国东西一到中国总是变了样子,弄不好。据他看来,原因是自私自利。韩先生说,他回国时曾向一个中国通的外国朋友询问中国不好的原因,那个朋友回答说:你们中国太聪明了。因此,韩先生劝同学们学习

---

① 《陶懋炳自述》,《世纪学人自述》第6卷,第148页。
② 《吕思勉先生年谱长编》上卷,第248页。
③ 《郑天挺西南联大日记》下卷,第704页。

傻的精神"。①

历史教师组织的学会团体活动,亦有请学生参加者。如吴晗曾组织过"史学研究会",到了昆明后又恢复活动。活动主要在吴晗家中进行,被称为"陋室小沙龙"。1939年年会,邀请当时还是学生的李埏、缪鸾和等加入史学研究会。

良好的师生关系对于推动教学来说意义重大。教师在课堂之外向学生讲述研究心得,传授治学经验,都属于课程教材之外的内容,但对学生而言则颇有参考和借鉴意义。陈垣很喜欢对学生讲他的治学经验,赵光贤回忆有一次在书斋中向陈垣求教:

> 先生谈起他写作《汤若望和木陈忞》、《语录与顺治宫廷》两篇的经过,从辨顺治的董鄂妃非董小宛起,谈到顺治出家的传说,如何在西郊某寺中得见康熙刻本木陈忞的《北游集》,又获得康熙本的《茚溪语录》,以及用《汤若望传》等书与诸和尚语录相印证,论述顺治宫廷内事,证明茚溪在宫内为顺治剃发,顺治确有意出家,但未遂而以患痘卒。有证明董妃及顺治皆火化。此类考证,看似小事,无关大体,但它说明考史必须广求资料,虽方外语录、教士传记皆不可忽略,而版本之早晚关系尤大,如《北游集》、《茚溪语录》、《玉林语录》等康熙以后刊本,皆不见董妃、顺治先后火化及顺子剃发事。举一隅反三隅,考证史事必要广求资料,更不可能忽视版本,这是我的一点体会。先生娓娓而谈,如数家珍,我听了如饮醇醪,醉而忘倦。真是听了一堂极高水平、非常有兴味的考证课。②

学生亦有对教师提出各种建议和批评,推动教与学的良性循环。谭其骧在暨南大学选修潘光旦的社会学基础和种族问题,经常与潘光旦探讨移民问题、血统与人口素质的关系、汉族与少数民族的交流和同化、江南的宗族、一些民族和地方人口的来源。谭其骧曾将一套《谭氏宗谱》送给潘光旦,成为潘光旦写《明

---

① 罗荣渠:《北大岁月》,第144-145页。
② 赵光贤:《回忆我的老师援庵先生》,《励耘书屋问学记》,第115-116页。

清嘉兴的望族》一书的资料来源。谭其骧考上燕京大学研究生,旁听顾颉刚"《尚书》研究"的课程,对西汉十三州问题和顾颉刚进行通信讨论,最后"顾颉刚认为主要问题已经得到解决。更加难能可贵的是,顾颉刚不仅虚心地接受了学生的意见,还将往返讨论的这四封信加上附说,作为讲义的一部分印发给全班"。[①]学生对教师授课提出疑义、商榷乃至反驳,都有助于教学质量的提高。1928年,光华大学学生詹文浒《评吕思勉先生的<男女篇>》,刊于《光华周刊》第2卷第9期。《男女篇》系吕思勉在光华大学讲授"中国社会史"所印发的讲义,根据WesterMark 和 Lowie 的理论批评古典的社会进化论,认为"社会进化论,虽不完全推翻,亦已体无完肤了,而吕先生竟引此以为《男女篇》的主纲,《男女篇》的立足点,未免建立在沙土之上了"。[②]刘节在浙江大学历史系任教,"学生中有问殷人尚白之说者,一检古籍,以吕氏春秋应同篇为最早,其次为史记封禅书。然刘歆世经列入黑统与颛顼同;此外如春秋元命苞之类皆源于刘歆。然刘歆之说出自天命玄鸟,冥勤其官而水死,契称玄王诸说而来。故知古史中之传说,无一事无来源。明其来源,则真相可见矣"。[③]

此外,大学历史系的师生还共同创办学术刊物,教师也很注重推荐学生论文发表。顾颉刚在燕京大学、辅仁大学、北京大学讲授中国疆域沿革史,顾颉刚联合此三校班上的学生创办了《禹贡》,最初主要刊载学生的习作。后来扩大了规模组织而成"禹贡学会"吸收了很多相关领域的教授学者加入。《大公报·史地周刊》由清华大学和燕京大学师生轮流负责,每期拨给史地周刊的经费一百元,稿酬每千字五元。对于学生习作中较有价值者,洪业便推荐至《大公报·史地周刊》发表。[④]1947年,吕思勉与光华同学集资创办《学风》,吕思勉除了撰写发刊词

[①] 葛剑雄:《悠悠长水:谭其骧传》,第19、28页。
[②] 《吕思勉先生年谱长编》上卷,第364页。
[③] 《刘节日记》上卷,第170页。
[④] 陈毓贤:《洪业传》,第196页。

外,还在学风上刊载《如何根治贪污》《中国人为什么崇古——史情》等文。[①]侯仁之在燕京大学毕业论文《靳辅治河始末》由洪业指导,在研究中发现靳辅治河得到了布衣陈潢的襄助,此人事迹史书上少有记载,便以"陈潢治河"为题写成专文,刊于《大公报·史地周刊》。吴相湘在北大最有兴趣、用力最勤的是陈受颐所开的中欧文化接触史研究。吴相湘在北平图书馆发现康熙时葡萄牙传教士徐日升(Thomas Pereira)《律吕纂要》内府藏本,《四库全书总目提要》关于此书解题错误颇多,而特作考证《律吕纂要跋》,很受陈受颐赏识,被推荐至广州《大光报·文史周刊》发表。抗战胜利后,翁独健兼任天津《益世报·史学副刊》主编,"燕大历史系有一个好的做法是学生选修有些历史课程,期末须写一篇专题论文交给教这门课的教授,教授即据此评定学生的学习成绩。凡是这样得了高分的学术论文,独健师都要拿去把它发表在这个副刊上"。[②]

民国时有的大学曾将师生关系制度化,便是推行导师制。导师制是在教师和学生之间建立导学关系,加强师生联系,密切师生关系,针对学生的个性差异,因材施教,指导学生的学习与生活。导师制与学分制、班建制为三大教育模式。

国民政府教育部于1938年颁布《中等以上学校导师制纲要》,提出"为矫正现行教育之偏于智识传授而忽视德育指导,及免除师生关系之日见疏远而渐趋商业化起见,特参酌我国师儒训导旧制及英国牛津剑桥等大学办法,规定导师制"。导师制规定中等以上学校每一级学生分成若干组,每组人5-15人设导师一人,"导师对于学生之思想、行为、学业及身心摄术,应体察个性,施以严密之训导,使得正常之发展,以养成健全之人格"。导师除了与学生个别交流外,还应充分利用课余时间举行谈话会、讨论会、远足会等形式。[③]在此之前已有高校推行导师制,如《山西大学推行导师制暂行办法规定》(1936)"为增进教学效能并使学

---

① 《吕思勉先生年谱长编》下卷,第829页。
② 丁磐石:《翁独健师的学术功绩和他的高尚思想情操》,《蒙元史暨民族史论集——纪念翁独健先生单程一百周年》,社会科学文献出版社,2006年版,第61页。
③ 《中国近代教育文献丛刊·教育法规卷》第6卷,第20-21页。

生于课外得到学问上之进益及个人之修养生活上之指导起见,对于全体学生施行导师制"。导师对学生的学业生活指导包括:(1)学术讨论;(2)专题研究;(3)个人修养;(4)精神讲话。指导方式可以定期集中指导,亦可不定期个别指导。①1935年北京大学历史系一年级导师姚从吾,二年级皮名举、三年级钱穆、毛准,四年级孟森、陈受颐。1941年西北大学历史系一年级导师辛勉,二年级导师杨向奎,三年级导师易忠箓、杨兆钧,四年级导师丁山、黄文弼。西北师范学院推行导师制要点为:导师与应导学生举行个别谈话;导师对于应导学生之有问题者个案研究;导师召集全体应导学生举行座谈会;导师率领全体应导学生举行参观或野外旅行。②除了学业导师外还有生活导师,金陵女子文理学院为纯粹女子高等学校,素来主张学校家庭化,学生在校即等于在家,故有讲师以上并且住校之女教员担任学生导师。③

教师和学生的关系并不仅仅存在于学生求学期间。陈受颐在北大开设中欧文化接触史研究,曾撰有《十八世纪欧洲之中国园林》、《十八世纪欧洲文学里的赵氏孤儿》、《好逑传之最早的欧译》、《鲁滨逊的中国文化观》等系列论文。吴相湘在求学时对陈受颐中欧文化接触史课程特别有兴趣,1949年去台湾后将陈受颐关于中欧文化接触史的各篇论文汇成《中欧文化接触史实论丛》,由台湾商务印书馆出版。④朱希祖与梁嘉彬关系颇为密切,梁嘉彬清华大学史学系毕业论文《广东十三行考》由朱希祖指导,后朱儁成婚时梁嘉彬曾送大银盾一匣,由罗香林、罗霈霖、邹启发、梁嘉彬四人具名。⑤有时学生之婚礼亦请教师参加。1945年李埏结婚时,闻一多、罗庸、雷海宗、吴晗、刘崇鋐、唐兰、蒋梦麟、姜亮夫、丁则良、任继愈、袁家骅、石峻、楚图南、汤用彤、郑天挺等都出席。⑥方国瑜1929年在

---

① 《山西大学规行章则摘要》(1937),第43—44页。
② 《国立西北师范学院史料摘编》下卷,第998页。
③ 《私立金陵女子文理学院要览》(1945),第11页。
④ 吴相湘:《三生有幸》,第14页。
⑤ 《朱希祖日记》上卷,第191页。
⑥ 《郑天挺西南联大日记》下卷,第1016页。

北京大学师从马衡攻读金石学,1936年至云南大学任教。1951年从昆明来北京时馈马衡云南火腿二罐。①马衡曾记有北大史学系学生名陈袆者,"向随宋哲元办事,宋故后又随雷鸣远来北方,为日人所捕,系狱数年。胜利后仍在国民军服务,解放后落魄,今已断炊矣。余假以千元,劝其归耕"。②对于历史系的优秀学生,教师时隔多年往往也都能忆起。1946年邓嗣禹任教北大,开设中国近代史和西史名著选读两门课程,中国近代史课程"记忆中的高材生有漆侠、田余庆、罗荣渠、潘铺、许世年、黄永荃、龙丽侠等,这些人都在小考大考得高分,算是我的幸运",西史名著选读"只能想起赵思训、向大甘、邓锐龄、周昭贤等"。③

民国时的师生关系也并不是完全融洽无间,敦睦亲善的。朱希祖任北大史学系主任期间因讲授中国近代史而抄袭了一个高中课本作为教材,惹得学生群起反对,发生驱朱风潮,坚持"朱氏来校授课,则一致不出席听讲",并谓其人"把持校务,黑幕重重"云。④朱希祖最后南下中山大学,由陈受颐接任系主任。北大文科研究所张敬为郑天挺之学生,罗常培与张敬过从甚密,以至流言蜚语。⑤

第四节 学术组织与活动

民国时大学历史系学生的学术组织最常见的就是组织历史学会。根据胡逢祥先生的研究,全国大学中最早成立历史学会的是北京高师和武昌高师。1915

---

① 《马衡日记》,第394页。
② 《马衡日记》,第86页。
③ 邓嗣禹:《问学谏往录——北大任教经历回顾》,《家国万里:邓嗣禹的学术与人生》,第42—43页。
④ 《北京大学史料》第2卷第2册,第1725页。民国学人对朱希祖颇多物议。杨树达曾言"(朱)逖先于教授外,以卖书为副业,收入颇丰。后在南京,以经营伪古物为士林所讥云"。参见杨树达《积微翁回忆录·积微翁诗文钞》(上海古籍出版社,2006年版,第24页)。金毓黻对朱希祖富于藏书但却秘惜自珍、吝于借阅颇有微词。金毓黻为朱氏弟子,尚有如此之感,他人可知。参见《静晤室日记》(第7卷第5600页)。
⑤ 《郑天挺西南联大日记》上卷,第203页。

年,北京高师和武昌高师的学生分别成立了史地学会。武昌高师史地学会宗旨为"联合同志,考求史地图书,增进学业"。1918年改为文史地学会,出版有《文史地杂志》。①北京高师和武昌高师之后,各大学历史系的历史学会纷纷创办,主要有:

南高师史地研究会。1919年南高师成立地学会,1920年发展为史地研究会。研究会以研究史学地学为宗旨,史学系、地学系以及其他专业有志于研究史地者皆得为会员。②史地研究会成员皆为学生,第一届会员62人,柳诒徵、徐则陵、竺可桢担任指导员。后改为东南大学史地研究会

北京大学史学会。1922年成立,蔡元培、朱希祖、蒋梦麟、胡适、马衡以及史学史同学40余人参加成立大会。韩树模为主席,委员为韩树模、魏江枫、姚揖让、王光玮、冯文启、李振郑、陈友揆、傅汝霖、杨汝璋、滕统昔、赵仲滨、刘濂、张步武、张国威、秦志壬、赵维桢。史学会第二次大会制订了章程,规定学会以研究史学为宗旨,研究范围分本国史、外国史、科学史、考古学等多种。蔡元培致辞,"希望诸君集合多数的力量,来整理数千年的历史,得寸进寸,得尺进尺,做些实实在在的事情"。③

燕京大学历史学会。1927年成立,会员有20多人,主席徐琚清,文书梁珮贞,财务兼庶务韩叔德,参观余宗武,研究李书春,出版齐思和。学会基本目的为阐扬史学,促进燕京大学史学系之发达,注重国史之研究,其他如课程、教授、教材、教法等,加以"建设的批评,善意的建议"。④

清华大学历史学会。1927年成立,学会为史学系、留美预备部以及国学研究院中同情于史学者组织。历史学会有教授6人,讲师4人,教员1人,助教1人,同学25人。宗旨(1)研究史学(2)辅助本系之发展。1930年总务委员兼编辑蒋

---

① 胡逢祥:《现代中国史学专业学会的兴起与运作》,《史林》2005年第3期。
② 《南京大学校史资料选编:南京高师与东南大学时期(下)》第2卷,第866页。
③ 《北京大学史料》第2卷第2册,第1729页。
④ 《历史学会之过去与将来》,《史学年报》第1期,1929年。

廷黻,组织云钺,总经理罗香林,事务梁嘉彬。①

河北省立女子师范学院史地学会。1931年成立,学会以研究学术,联络感情,练习服务为宗旨,史地系学员皆为会员,教师为名誉会员,他系有志于史地者亦得加入。学会分总务部(总务股、文书股、交际股),研究部(研究股、调查股、制图股、出版股)、演讲部、游艺部。会费每学期二角。②

厦门大学历史学会。1931年成立,学会的主要工作是将厦门大学的西史书目、西洋传记书目,以及所有中西文史学杂志篇目抄录,编制成论文索引,以为史学研究者之便利。③

中山大学史学研究会。1932年由系主任朱谦之,教师萧鸣籁、陈廷璠、陈安仁以及学生谭国模、戴裔煊、陈国治等组织成立,史学系各年级学生均为当然会员。④

武汉大学历史学会。1935年成立,以"联络感情,研究史学为宗旨"。在校学生为普通会员,毕业生为特别会员,教师为名誉会员。⑤

大夏大学史地学会。1936年由大夏大学文法学院史地系和师范专修科史地组学生组织成立,王成组、梁园东、王国秀、吴澄华等教师作为指导。史地学会侧重于西南地理民族文化及历史的研究。⑥

浙江大学史地学会。1938年成立,由全系学生的组织,史地系教师为特别会员。1939年第一学期主席王德昌,干事赵松乔(会计)、蔡钟瑞(事物)、刘宗弼(文书)、施雅风(康乐)、沈玉昌(研究)、王蕙(编辑)。第二学期主席沈自敏,干事施雅风(研究)、王天心(会计)、胡玉堂(编辑)、王蕙(调查)、王树椒(文书)、周恩济(事物)。后历任主席为赵松乔、陈述彭、李敦仁、管佩韦、谢文治、郑士俊、胡汉

---

① 参见《国立清华大学第二届毕业纪念册》(1930)。
② 《河北省立女子师范学院一览》(1934),第165—166页。
③ 《厦大历史学会会务概况》,《厦大周刊》第12卷第11期,1932年。
④ 朱谦之:《中大二十年》,《朱谦之全集》第1卷,第184页。
⑤ 爱庐:《谈谈历史学会》,《国立武汉大学欢迎新同学特刊》(1936),第31页。
⑥ 《史地学会成立》,《大夏周报》第14卷第6期,1938年。

生、王省吾、陈仲子。①

复旦大学史地研究会。1938年成立,分总务、研究、出版三部,主要工作为宴请专家讲演,搜集资料,出版刊物,举行座谈会读书会,以及考察旅行等。②

中央大学历史学会。1939年成立,朱希祖、金毓黻、缪凤林、郭廷以、朱焕尧以及史学系学生30余人参加成立大会。③

东北大学史地学会。1939年成立,其主要工作有学术讲演、论文比赛、三台附近史迹调查、发行专刊等。④

四川大学史地研究会。1939年成立,下设总务、文书、事务、交际、研究、中史、西史、西南民族、考古调查、地理、出版、编辑、发行各组。⑤

南华大学文史学会。1943年成立,初由文史学系主任何爵三领导组织会务,后由继任系主任饶宗颐负责。⑥

中国大学史学会。1945年成立,由系主任齐思和主持创立,王桐龄为会长,"定期讲演及郊外作初步发掘或参观古物等,凡具属历史性者我全体师生莫不奋然争往,与以探索继佐以断论"。⑦

当然也有的学生团体并不以历史学会为名。北京大学史学系学生曾组织过一个学术团体——潜社,成员有杨向奎、胡厚宣、王树民、孙以悌、高去寻、张政烺等,仿清华国学院《国学论丛》而出版过两期《史学论丛》。张政烺在《史学论丛》发表过《猎碣考释初稿》(1934)和《平陵陈得立事岁考证》(1935)两文。⑧

大学文科研究所成立后,又有研究生会成立。1930年北京大学成立研究所

---

①倪士毅:《播州风雨忆当年——浙大史地系在遵义》,《史地论稿》,第398-399页。
②《史地研究会》,《复旦大学校刊》第1期,1939年。
③《国立中央大学历史学会会务纪要》,《史学述林》第1期,1941年。
④《静晤室日记》第6卷,第4391页。
⑤《史地研究会将出定期刊物》,《国立四川大学周刊》第7卷第29期,1939年。
⑥《文史学会概况》,《南华学院院报》第1期,1947年。
⑦谭炳午:《史学系志略》,《中国大学年刊》,1948年。
⑧张政烺:《我与古文字学》,《学林春秋》初编上册,第295页。

同学会,靳德峻为主席,蒋天枢为记录,同学干事为文书张任政,徐景贤,交际靳德峻,刘淡云,财务侯植忠,研究方国瑜,编印傅振伦、蒋天枢、单士元、谢国桢。

此外,还有暨南大学史地学会(1931)、福建协和大学历史学会(1940)、山西大学历史学会(1944)、珠海大学文史学会(1947)、光华大学史学研究会、湖南大学史地学会、华中大学历史学会、金陵大学历史学会、金陵女子文理学院历史学会等等。当时大学创办各种形式学会甚多,历史学会也不例外。武汉大学初时有许多学生组织,"如江西同乡会,湖南一中同学会之类;有依学科底分类而组织的,如教育学会,数理学会之类。当时都非常活跃……而史学系独寂寂无闻,简直没有一点动静,相形见绌之余,很有些落漠之感。觉得史学系没有学会底组织,无从从哪一方面——联络感情,研究学问——讲,都不是一个很好的办法"。①

各大学之历史学会都有谋求加强联络、扩大交流的意向。南高师史地学会编辑会刊《史地学报》,"以近今学术必当合力分工,古于外界常图联络,互通声气。本学报分赠各机关,多得答书。北高之史地学会,来函表示联络之意向"。②燕京大学历史学会计划与北京大学史学会联系,金陵女子文理学院历史学会亦希望加强与金陵大学史学会交流。③1932年北京各大学历史系教授学生发起成立了北平史学会,到会者百余人。④但是交流有限,向达曾"提及北平各大学合组史学会,无结果而散"。⑤

除了专门的历史学会之外,还有一些综合性的学会。西南联大曾有一个学会叫"十一学会","十一"为"士",即"士子学会",由教师学生共同组成,专业有历史、哲学、社会学,甚至是自然科学,有丁则良与何炳棣召集,每两周聚会一次,轮流作学术报告。⑥

---

① 爱庐:《谈谈历史学会》,《国立武汉大学欢迎新同学特刊》(1936),第31页。
②《史地研究会第五届纪事》,《史地学报》第1卷第4期,1922年。
③《各学会动态·历史学会》,《金陵女子文理学院校刊》第139期,1947年。
④ 胡逢祥:《现代中国史学专业学会的兴起与运作》,《史林》2005年第3期。
⑤《夏鼐日记》第2卷,第134页。
⑥ 谢泳:《大学旧踪》,江西教育出版社,1991年版,第51页。

大学历史学会的成员通常是在校学生，教师通常是作为顾问或特别会员加入。也有大学历史学会成员也包含了历届校友中从事于历史工作者或其他校外人员，此种历史学会规模颇大。根据燕京大学历史学会1936年的会员录，校外会员为张天泽(商务印书馆，1926)，张立志(齐鲁大学，1931)，张维华(禹贡学会，1934)，张庆和(1921)，张熹(山海关田氏中学)，张汉臣(1932)，张德海(武汉女中，1928)，张耀琳(青岛市立女中，1929)，张家驹(1935)，赵恩德(1923)，赵振华(昌黎汇文中学，1929)，赵泉澄(北平研究院，1927)，陈克德(1925)，陈懋恒(北平培华女校，1933)，陈源流(南京水利委员会，1933)，陈垣(辅仁大学)，陈观胜(University of Hawaii，1934)，左德珍(武昌圣希利达女校，1931)，郑铭勋(汉口江汉关，1928)，郑德坤(厦门大学，1932)，钱穆(北京大学)，邱继绳(岭南大学附属中学，1933)，周一良(中研院史语所，1935)，朱衣仙(1924)，朱淑峤(1927)，曲鹏(1928)，瞿宣颖，钟嵘(1926)，方壮猷，韩叔信(重庆南渝中学，1931)，何振潮(1932)，侯振镛(北平崇慈女校，1925)，侯金耀(通州潞河中学，1928)，谢廷玉(岭南大学，1928)，徐琚清(1929)，许学谋(汕头聿怀中学，1928)，许地山(香港大学)，夏玉璋(1928)，薛澄清(福建洋州省立师范学院，1933)，胡启纯(1926)，黄庆福(天津中央通讯社，1930)，黄芹厚(北平女青年会，1928)，万振华(河南汝南县立简易师范，1926)，高鹏远(1927)，高爱梅(1929)，葛启扬(山西太谷铭贤中学，1931)，邝平樟(1935)，宫秀(北平京华印刷局，1933)，李崇惠(1929)，李子魁(1935)，李延增(北平交通大学图书馆，1935)，李庄(北平汇文中学，1925)，李远桢(1927)，李崇贞(1931)，李瑞德，梁愈(天津扶轮中学，1935)，梁佩贞(1929)，梁灿章(1933)，刘德元(1925)，刘志广(1928)，刘广志(山东泽县自助修道院，1931)，刘朝阳，罗荣邦(1934)，陆懋德，雷守廉(山东德州博文中学，1933)，栗庆云(汉口武汉女中，1927)，牟贵兰(1928)，孟世杰，卞文哲(天津中西女中，1930)，沈鸿济(青岛圣功女中，1930)，宋玉珍(1933)，孙英(1926)，孙守先(天津南开女中，1929)，丁广文(1927)，杜连喆(华盛顿美国国会图书馆，1924)，杜连辉(北平汇文中学，1932)，田庆年(1923)，田贵鉴(北平协和医院社会部，1927)，田继综

(1928)、曹亮(上海麦伦书院,1927)、曹诗成(通县潞河中学,1930)、王育伊(北平图书馆,1935)、王世栢(1926)、王宗元(1927)、王桐龄、王世富、翁独健(1935)、吴维亚(天津女青年会,1934)、杨昌栋(福州协和职业学校,1926)、杨实(1933)、杨毓鑫(1934)、姚家积(1935)、姚杏初(汉口博学中学,1935)、严星甫(1933)、叶国庆(厦门大学,1932)、于成泽(1927)、余协中(河南大学,1926)、余鸿庆(广州培正中学,1932)、尤文炳(泉州培元中学,1927)。历史学会会费1元,外地会员邮汇会费。在校学生、教师会员为安哈利、贝卢思、孙诚孙、张仁民、张玮瑛、张德华、张淑立、张印堂、张星烺、张国淦、张尔田、赵丰田、赵宗复、赵禔、陈絜、陈晋、陈霖、岑德美、程世本、程应镠、郑祯、齐思和、冀钟发、朱宝昌、朱南华、朱士嘉、王克私、冯家昇、韩儒林、韩庆濂、侯仁之、解树基、许纯鎏、徐素贞、黄培永、洪业、容庚、顾颉刚、龚维航、郭可珍、李宗瀛、李金声、黎秀伟、李书春、李荣芳、李荫棠、梁思懿、林蕴玉、刘选民、刘瑞隆、罗秀贞、陆钦墀、吕钟鉴、蒙思明、聂崇岐、牛文颖、潘令华、沈文飞、孙敏敏、汤瑞琳、唐理、谭其骧、邓之诚、邓嗣禹、王怀中、王伊同、王钟翰、魏湘宗、伍英贞、吴鸣岗。①

参加历史学会对于培养学生对于学科的学术兴趣,接受基本的学术训练有着相当的作用。南高师史地学会在近代史学发展史中占重要地位,按郑鹤声所述:"我校师长,宏览博物,实学讲贯,不殚艰苦,冀昌后学,士之模楷,国之桢幹。春风绛帐,受益不浅。其于斯会,赞理实多。承学之士,咸期准则。夫登高一呼,众山俱应。有所提倡,便易为力,学风养成,实由于是。长此以往,日进不已"。②中山大学史学研究会中著名者有戴裔煊、董家遵、朱杰勤、陈啸江、王兴瑞、江应樑、丘陶常、梁钊韬、彭泽益等。

---

①《历史学会会讯》,《史学消息》第1卷第1期,1936年。校外会员前为工作单位,后为毕业年份。陈垣、钱穆、瞿宣颖、方壮猷、许地山、刘朝阳、陆懋德、孟世杰、王桐龄、王世富等人曾在燕京大学任教职而入会为会员。其中侯仁之和张玮瑛,赵泉澄和陈懋恒,翁独健和邝平樟为夫妇。杜连喆,即杜联喆。
②郑鹤声:《对于史地学会之希望》,《史地学报》第2卷第3期,1923年。

大学历史学会的学术活动最常见的有讨论演讲、调查研究、举办展览、编辑刊物等。历史学会会员都缴纳会费,作为学会的活动经费。南高师史地研究会会费每学期二角,清华历史学会会费一元。会员会费作为历史学会的主要经费来源,基本上可以做到收支项等,1930年清华大学历史学会第一次会议,梁嘉彬报告收支相抵,不敷用者仅两元。①

教授讲演和学术讨论是史学会活动中最常见的形式。北高师史地学会1915举办讲演26次,包括北京二十年来风尚之变迁、地球之过去及未来、崇祀关岳之研究、西湖胜迹沿革考、渤海地域之研究、汉代天山祁连之见解及其混合原因、我国对外贸易考;1916年举办讲演27次,包括中国渔业史略考、辛亥武昌起义时见闻录、吉林乡土志略、回族杂居内地考、黄河流域古今地质之变迁及其将来之危机、吉林旧界变迁纪略;1917年举办讲演23次,包括国教问题之研究、滇缅勘界刱史、宁安县纪略、房山之航空铁路、文字源流考、内蒙古风俗纪略、柳河今昔变迁大势考;1918年举办讲演23次,包括诸暨县调查、宾县志略、黄河河道变迁纪略、京兰旅程记、近世湘淮两域人才之比较。②1920年南高师史地研究前三次集会分别由柳诒徵讲"研究国史之方法",竺可桢讲"月蚀之原理及其推算",徐则陵讲"典籍之搜集及史学研究方法"。第四次集会缪凤林讲"史学与哲学","大致以不知哲学不能讲史学,不知史学亦不能讲哲学"。胡焕庸讲"中国当用何纪元","大致以中国纪元史上皆称帝统更迭,读史日用并感困难,故为便利起见,不如认定西历推定纪元。胡君又以此问题大,并请众讨论。会员各发表意见,主张西历、中历之外,又有主张用埃及发明历法之年"。陈训慈讲"何谓史","分史之字原、史之起源、史之历史、史之真义四层演述",最后由柳诒徵、徐则陵发表批评。③1941年西南联大史学会代表许受谔约郑天挺和罗常培演讲,"毅生讲'研究历史应注意的几点',撷出叙永史地、就近举例,颇为动听。我(指罗常培)的讲

---

①《文献与记忆中的清华历史系(1926-1952)》,第42页。
②《北京高等师范学校十周纪念录》(1918),第275页。
③《南京大学校史资料选编:南京高师与东南大学时期(下)》第2卷,第658页。

题是'读书八式',共分涵泳自得、采花酿蜜、剥茧抽丝、磁石引铁、披沙拣金、郢书燕说、过眼云烟、挦撦饾饤。第一式为爱好文艺,或性近玄思的来说;第二式为铢积寸累,日知其所无,月无忘其所能的来说;第三式为钻研一题,逐渐深入的来说;第四式为学有重心,左右逢源的来说;第五式为信手翻检;撷拾精华的来说;第六式为穿凿附会,自欺欺人的来说;第七式为随眼滑过,不求甚解的来说;第八式为剽窃陈言,因袭堆砌的来说。这无非想指出几种念书的方法来,好教学生知道怎样抉择"。①1946年厦门大学历史学会请系主任谢兆熊讲"我为什么学西洋史",熊德基讲"我为什么学历史",欧阳灿讲"注重活的历史",李兆民讲"中国历史的光荣"。②

历史学会邀请教授讲演,当然以知名学者或社会达人最受学生欢迎。1922年北高师史地学会请梁启超讲"历史上之中国民族研究",南高师史地学会又请梁启超将"历史统计学"。梁启超的上述两文在中国民族史和历史统计学领域中均为开创之作,并且影响深远。

调查研究为史学会成员所从事的学术研究的实践活动。南高师史地研究会成立专门的调查部,曾调查史地教学情况,调查部拟定调查表格分发各会员,另出具介绍函件向各中小学调查史地教学情况。调查表格由徐则陵、竺可桢所拟定。调查部还努力征集志书。由会员归里者向本府县申请,除了持研究会专函外还有南高师之介绍信。③中山大学史学研究会以文化考察团的名义,经常组织学生到各处修学旅行,近者在广州附近参观名胜古迹,远者前往北京、西安,很受学生的欢迎。④燕京大学历史学会1936年发起调查国内各大学史学系概况,包括了各大学历史学系之设备概况、课程科目、教学人员、学生人数、毕业论文选

---

① 《郑天挺西南联大日记》,上卷第424—425。此为日记中所收入罗常培之《蜀道难》。
② 《学术团体消息·历史学会》,《厦大校刊》第1卷第8期,1946年。
③ 《南京大学校史资料选编:南京高师与东南大学时期(下)》第2卷,第669页。
④ 朱谦之:《中大二十年》,《朱谦之全集》第1卷,第183页。

题、发展规划等,"藉资观摩,以收切磋之益"。①

大学中的展览会多由博物馆或图书馆举办,但历史学会亦有举办展览会。1937年,燕京大学历史学会连同哈佛燕京社和家政学系联合举办中国古代服装模型展览会,包括唐代、明代、清代女装服饰。②

学生或学生组织团体编辑期刊在民国时颇为常见,通常是由教师挂名,学生负责具体的编辑事物。邓广铭等人常写一些书评或古籍评介之类的文章,向平津等地的报刊(例如《大公报》的《图书副刊》)投稿。由于投出的文稿往往都被压置很久方能刊出,"在进入三年级后,我同另外三数同学便立意由我们自己主编一个类似《图书副刊》样的刊物。我们几人联名写信给天津的《益世报》总编辑,居然很快得到回信,表示可以考虑,但必须有北大文史哲诸系的教授参加才可。于是我们首先到北大图书馆找毛子水馆长,请他担任主编,并请他去邀请胡先生、傅先生,我们则又分别去邀请了史学系的陈受颐、孟森、顾颉刚、钱穆、姚从吾,诸先生,以及中文系、外文系的罗常培、周作人、顾随诸先生,在编委会第一次开会时,胡先生就出席了,而且就编辑这个刊物的主旨提出了一些意见。取名为《读书周报》是报社的意见,刊头则是胡先生所写"。③钱穆在北大讲授"中国政治制度史",有学生欲编刊名为《通典》,与《食货》、《禹贡》鼎足而三,按学生的规划,钱穆仅挂名,具体编刊事务都由学生承担,但为钱穆所婉拒。④

大学历史学会所编史学期刊经费主要来自于会员会费和学校或历史系下拨经费之一部分。历史学会所编的史学期刊主要有:

北高师史地学会创办《史地丛刊》,1920年出版了2期,停刊后于1922年复刊出版第3期。北高师《史地丛刊》为中国最早出版之以"史地"为名期刊,但出版期数少,在学界影响也不大。

---

①《历史学会会讯》,《史学消息》第1卷第1期,1936年。
②《历史学会会讯》,《史学消息》第1卷第5期,1937年。
③邓广铭:《漫谈我和胡适之先生的关系》,《邓广铭全集》第10卷,第311页。
④钱穆:《八十忆双亲·师友杂忆合刊》,第162页。

南高师史地学会创办《史地学报》，1921年11月创刊，1926年10月出版地4卷第1期后停刊，共出版20期。南高师史地研究会至第三届方编辑《史地学报》，总编辑张其昀，编辑诸葛麒、缪凤林、邵森、谢群，书记陈训慈、景昌极、赵祥瑗、王玉璋、唐兆祥、王庸。《史地学报》刊载的文字，有论述当代时事者，有援引古事以为参考者。关心中国时势，也放眼世界局势。当前时势之分析与古史研究齐头并进，可说是《史地学报》的最大特色。①

燕京大学历史学会先有《史学年报》(1927)，后有《史学消息》(1936)。《史学年报》于1927年创刊，《史学年报》先后由燕大历史学会的齐思和、朱士嘉、翁独健、邓嗣禹负责编辑。《史学年报》持续了11年，是同类期刊中最长者。《史学年报》作为较为成功的刊物，"历载经营，规模粗具，其销售亦与年俱增。四期以后，均告绝版。国内无论矣，即欧美各大图书馆，并皆竞相订购。瑞典苏俄，近亦来函订寄"。②《史学消息》由燕大历史学会年度主席刘选民负责编辑，创办目的"在与国内外史学界沟通消息，提倡历史研究兴趣，介绍史学研究成绩，联络会员(燕大历史学会)感情，供本系同学练习编辑之用"。内容分为：(1)国内外史学消息，包括发掘、著作、人物、陈列等；(2)演讲录；(3)调查报告；(4)燕大历史系消息；(5)燕大历史学会会务；(6)燕大历史学会会员消息；(7)通讯。③

中山大学史学研究会因提倡"现代史学运动"，故刊名《现代史学》，其宗旨一为从历史哲学上认识历史的现代性，二是从史学方法论上认识现代史学方法，三是注重现代史与社会史、经济史、科学史的研究。《现代史学》初由朱谦之自费，后得史学系教师资助，从第三卷开始以史学研究会名义申请学校补助。

上海大夏大学史学会先后创办有《史地知识》和《新史地》。在1936年大夏大学史地学会成立之前，1933年11月已出版有《史地丛刊》，按发刊词所述，研究历史包含了三个条件：严正的理论为指引；熟练的方法技术以资运用；鸿博的材

---

① 彭明辉：《历史地理学与现代中国史学》，东大图书公司，1995年版，第90页。
② 佳吉：《史学年报回顾录》，《史学消息》第1卷第1期，1936年。
③ 刘选民：《本刊的内容》，《史学消息》第1卷第1期，1936年。

料以备探讨。在此目标下,"本校喜欢研究历史和地理的同学,大都愿意在这种企图下共同奋勉,在极努力的精神下,于短期间即欲有所表白,遂有这本刊物出来"。①史地学会成立后,1936年创办了《史地知识》,栏目有史地论著、参考资料、史地资料、史地讲话、国内外生活概况、历史小品、历史文艺录等。《新史地》1937年创刊,栏目有时事动向、论著、史地资料、史地文艺、介绍与批评、各地通讯等。第1期刊载王成组(王绳祖)《地理学之区域观念》,王国秀《西班牙战争的国内因素》,吴澄华《历史的科学性与价值》等。

武汉大学历史学会办有《历史学报》,1936年创为年刊,第1期刊有孟森《清高宗内禅事证闻》,吴其昌《渐亚村舍丛书本卫藏通志跋尾》,陈祖源《明代葡人入居濠镜考略》,陶元珍《张居正奏疏系年》,聂家桢《五季农村破坏之经过》,盛熙之《左氏春秋盟会》,刘樊之《殷商民族复国运动的失败及其意义》,施应霆《意大利的向外发展》等。

北平师范大学《历史教育》,1937年创刊,仅出二期。该刊目的在提倡历史教育之普及与改进,栏目有论著、漫谈、翻译、书评、消息、通讯、会讯等。

中央大学历史学会编辑出版有《史学述林》,1941年创刊,金毓黻之发刊词云:"违难以来,迁渝续课,本系爱有历史学会之组织,并因时与地之便利,从事巴蜀史迹之考察,甲骨文字之整理,同学诸子,交相勖勉,欲以研治所得,分期刊行,就正当时,而本系诸师,亦稍出所作,冠之篇端……命曰《史学述林》"。②

此外,北大史学会编辑《治史杂志》,由孔宪杰、刘熊祥等负责。史学会所编刊物主要刊载学生论文。厦门大学历史学会创办有《史学专刊》。钱穆曾读中央大学史学会所编刊物,黄少荃之文可为《先秦诸子系年》补缺。后黄少荃辞去中央大学研究生而从钱穆治学。③

大学史学会所创办的刊物,除了极少数如《史地学报》《史学年报》等,存在

---

① 《发刊词》,《史地丛刊》第1辑,1933年。
② 《静晤室日记》第6卷,第4629-4630页。
③ 钱穆:《八十忆双亲·师友杂忆合刊》,第245页。

时间较长,学术水平较高,在学术界的影响也较大。但其他的大多数刊物只出数期便告停刊,在创办过程中有很多困难是无法克服的,如《史地丛刊》"限于人少钱少书也少的困难上,力量是很薄弱的"①,《史地知识》同样也是"在人力财力的限制下"编刊的。②在当时的条件下,经济因素是限制学术期刊发展的根本原因。亦有部分期刊于1935—1937年间创刊,在民族危机严重之际充分发挥历史的资鉴功能,如《史地知识》刊载梁园东《南宋和战的问题的分析》,"在目前敌人的加紧侵略下,整个民族快要沦为奴隶的时候,希望读者特别注意这个问题(和战)"。③但很快七七事变爆发,这类期刊显然无法继续延续下去。

大学历史学会还有一些诸如送故迎新、庆贺节日等非学术的活动。中山大学史学研究会为师生联络感情的重要支柱,每年都有欢送历届毕业生和欢迎新生活动。④1937年,周一良与邓懿订婚,燕大历史学会会员多前往道贺。⑤

历史学会对于联络学谊感情、加强师生交流发挥了很重要的作用。厦门大学历史学会1947年举办师生的联欢会,"在鼓浪屿洞天酒楼的会场里,我们的感情发射出的热力,驱散了冬季的寒气,把场面的情绪鼓舞得活跃而有生气。在进餐前,各位顾问给我们亲热有力的谈话,使我们深信:本系师生的距离是最短的"。⑥

此外,各种同乡会、宗亲会、校友会等亦有与历史系及学术研究相关者。中山大学同学会中历史系毕业的有朱瑞梅、陈延襄、姚辰颖、黄国梁、张榕生、张滨源、冯少杜、谢茂润。⑦1916年沪江大学成立两广同学会,发起人徐松石、黄富强、黄乃麟、姚士宣,按"两粤人氏,省界观念素强,无论在任何地点,恒组织同乡

---

① 《发刊词》,《史地丛刊》第1辑,1933年。
② 《编后的话》,《史地知识》第1卷第1期,1936年。
③ 《编后的话》,《史地知识》第1卷第2期,1936年。
④ 朱谦之:《中大二十年》,《朱谦之全集》第1卷,第183页。
⑤ 《历史学会会讯》,《史学消息》第1卷第5期,1937年。
⑥ 《学生团体消息·历史学会》,《厦大周刊》第3卷第4期,1948年。
⑦ 参见《国立中山大学同学会员录》(1940)。

会,以联络同乡感情。本文之成立,未始非省界观念有以促成之也"。①两广同学会定期举行交谊会,亦有从事两广史地研究者。同学会中成员中从事于史学研究的有曾友豪《中华民国政治史纲》和《中国外交史上之基督教问题》,李锦论《伍廷芳博士传》。发起人徐松石《傣族僮族粤族考》曾获国民政府学术奖三等奖。

同乡会、宗亲会、校友会除了联谊外,学术活动与上述大学史学会活动类似,以纪念活动和学术讲演居多。1938年12月,西南联大借用云南大学会场,召开云南北大同学会和北大四十周年纪念会。罗常培演讲"不学则老而衰",勉励全体师生努力学问,免趋衰老。陶希圣演讲,主维护北大科学精神。结束后摄影并进茶点,晚间聚餐十二桌。②1939年12月为北京大学成立四十一周年纪念,纪念日又恰逢胡适四十八周岁生日,到者民八杨振声、罗常培、陈篯谷,民九周炳林、罗庸、郑天挺,民十一赵乃传、章廷谦,民十二赵淞,民十五陈雪屏,民廿三邵德厚,联名祝寿。③

但是,以学生为主体而组织的各历史学会还是存在不少问题。有的大学史学会设置重复,北京大学史学系除了史学会外还有史学读书会(1922年),由张国咸、王光玮等人发起组织,分本国史、外国史、科学史三组。史学系外,哲学、文学、政治、经济、法律等专业有志者均可入会。读书会"以自由研究之精神,整理国史,以贡献世界"。④北大1924年和1927年都成立有史学系同学会,凡史学系同学均为会员,同学会以"砥砺学行,联络感情,并改进系务为宗旨"。⑤厦门大学历史学会之外又有文史学研究会,系由文学院学生发起成立。⑥

①《沪江大学两广同学会十周年纪念刊》(1926),第2页。
②《郑天挺西南联大日记》上卷,第115-116页。
③《郑天挺西南联大日记》上卷,第221页。
④《北京大学史学读书会》,《史地学报》第1卷第4期,1922年。
⑤《北京大学史料》第2卷第2册,第1728、1732页。1949年前北大的各种学生社团估计不下上百个,但其中有不少均无疾而终。
⑥《文史学研究会成立》,《厦大周刊》第14卷第12期,1934年。

大学历史系的各史学会常常因为种种原因而使得会务经常停滞,北京大学史学会筹备《史学季刊》,对于史学及史学相关的人种学、人类学、考古学、社会学、语言学、历史地理学等均为刊载范围,但因研究基础缺乏,杂志筹备了好几年,最终未能出版。清华大学历史学会因为经费的困难,也不能出版独立的刊物。这也是当时历史学会创办史学期刊的普遍困境,"学术刊物如林,多如雨后春笋,即关于史学者,亦不乏其俦,要皆不数期后,即告停刊,而或能维持不坠,亦令人每况愈下之感"。①学会经常组织各种讲演,但每一次讲演约相当于教师多上了一节课,有不少学生亦感无趣。②南高师史地学会于1922年请陈衡哲讲"中国与欧洲交通史大纲",陈衡哲在芝加哥大学历史系硕士学会论文 The intercourse between China and mediaeval times(221.B.C-1367.A.D),从政治、商贸、宗教三方面对中西交通史上诸问题勾勒出历史线索,又在北大开设欧亚交通史。③此类演讲正如胡哲敷所批评的"教师多上了一节课"。

大学的历史学会本质上是学术团体,但大学里除了各种学术团体以外也有为数不少的革命团体。无论是北洋政府还是国民政府,对学生的爱国进步运动是极力控制的。大学的各种规章守则中对学生组织、学生团体及集会活动也有种种限制。复旦大学规定"学生组织团体,须于每学期注册后由五人以上负责发起,向训到处课外活动组领取申请书,逐项说明,请本校先人教授一人担任指导……送经训导处核准统治后,始得筹备进行",学生团体之集会"事先须商得指导教授之同意并填写申请书,注名开会时主席姓名,集会事项,向课外活动组登记,

---

① 佳吉:《史学年报回顾录》,《史学消息》第1卷第1期,1936年。
② 胡哲敷:《历史教学法》,中华书局,1932年版,第234页。
③ 李孝迁:《民国时期中西交通史课程设置》,《史学史研究》2012年第1期。罗荣渠记1948年史学会请齐思和讲"现代史学的新趋势","内容使我失望得很,只是些很空洞的'客观态度'呀,'科学精神'呀……我早就看过他在《燕大月刊》上写的一篇论历史价值的文章,内容与今天讲的差不多,但那是十几年前写的了,而十几年后竟然还是如此"。参见《北大岁月》(第262页)。

如请外人演讲登记时,亦须填明,经核准给予通知后始得举行"。①

第五节 学业考试与毕业论文

国民政府成立后,1929年教育部颁布了《大学规程》等,对大学学业成绩考试制度有明确的规定。《大学规程》将大学试验分入学试验、临时试验、学期试验、毕业试验四种。有的大学比较严格,则每学期又有月考、期考、小考、大考等名目。蒋相泽考入金陵大学历史系,金陵大学一个学期有三次月考,一次期考,一个学期要考四次。②邓嗣禹回忆1946年在北大任教,每次小考过后,对于成绩不理想者,"要来和我作个别谈话,找出背景,提出警告,以免大考不及格",按邓嗣禹的分析,成绩不理想的学生"多半是根底差,生活穷苦,要在外面打工,工资低,吃不饱,故进步迟缓"。③

民国高等教育受美国影响,普遍实行学分制。学业成绩考试通常还与学分相联系。南开大学规定学业成绩之计算:(1)以课程之学分数乘成绩之百分数为学分积;(2)学生所选个课程学分之总和,为总学分积;(3)各课程学分积之总和,为总学分积;(4)以学分总数除总学分积,为成绩总平均;(5)总平均之计算,包括不及格课程在内。④各大学也制订有考试的相关规程和说明,如《国立四川大学试验规程》(1933),分总则、试期、试卷、试题、试场及试场规则、监试、阅卷、成绩、附则九章,对考试各个流程的指引非常之详尽。学生大学四年学习期间,最为普遍的是学期试验,以百分制计算成绩为常见。学生成绩最后由教师交入注册组。

考试的题型则以名词解释和问答论述最为常用。夏鼐在日记中对所经历的

---

①《国立复旦大学一览》(1947),第98页。
②蒋相泽:《学术自传:我学习和研究历史的一点体会》,《蒋相泽自选集》,广东人民出版社,2007年版,第1页。
③邓嗣禹:《问学谏往录——北大任教经历回顾》,《家国万里:邓嗣禹的学术与人生》,第42页。
④《国立南开大学一览》(1947),第2页。

历次考试考题记载颇为详细:[①]

科目	试题
西洋十九世纪史	(一)比较Prussia(普鲁士),Austria(奥地利)二国在1815年后之国情 (二)解释 ①Rotten Borongh,②Peterloo Massacre,③Duke of Berry,④Spinning Jenny,⑤James Watt,⑥Bentham,⑦Zollverein,⑧Haller
中国近代外交史	(一)解释 ①Hoppo,②佛郎机,③苏瑞妈末,④林高,⑤李锦,⑥Weddell,⑦船钞,⑧Terranovia,⑨洪任辉,⑩大班 (二)十三行之沿革及其在通商史上之地位
西洋19世纪史	(一)试述英国宪章运动之①社会及政治背景,②目的,③经过 (二)解释 ①Reichsverveser,②Schwarzenberg,③Baron von Haynau,④Risorgimento,⑤National Workshops,⑥Mehemet Ali,⑦Krenzzeitung,⑧Party of Resistance,⑨Manin,⑩Custozza
外交史	(一)说明琦善在大沽及广州与英人交涉之经过。 (二)解释 ①Amaral,②James Innes,③Bilbaino,④Thomas Coutts,⑤Peter Parkes,⑥白含章,⑦黄恩彤,⑧吴彰健,⑨三元里,⑩余保纯
中国上古史	六题选答四题:(1)向戌弭兵运动之经过及意义,(2)郑国之兴起,(3)社之种类及地位,(4)殷周时代王朝之官制及其职守,(5)西王母、羲和、河神、禹、羿、夔——以上六神之性质及其故事,(6)试述大武舞之大概。
中国社会史	上二题任选一题:(1)论商鞅变法,(2)论王莽改制,(3)听讲半年之心得,写出两三点
西洋近百年史	五题任做四题:(1)毕斯麦所主持之三次战争,每次之外交预备如何?每次之结果与德意志之统一有何关系?除战争外毕氏是否曾用其他方法,以促进统一?(2)奥地利与匈牙利妥协之成立经过及条件如何?(3)说明英吉利第二次国会改革案之经过及内容?(4)拿破仑第三所标榜之拿破仑主义如何?拿氏何以能利用普选制以行帝制?(5)说明亚历山大二世时代俄国之内政改革

---

①《夏鼐日记》第1卷,第130—131、133—134、136、147—148、162—163、188—189、214页。

科目	试题
中国近代外交史	任做四题:(1)道光年间之中英战争是鸦片战争,还是通商战争?试说明其理由,(2)咸丰年间国人对于通商条约修改之感想如何?(3)说明天津条约与虎门条约之差别,(4)说明中俄尼布楚交涉之经过及尼布楚条约之内容,(5)咸丰年间中俄交涉与中英、中法交涉有何互相关系?
中国近代外交史月试	(1)试述马嘉理案之起源、经过及结束;(2)有人谓中法战争,中国固未失败,试讨论之;(3)解释①张光藻,②洪蔚,③竹进添一,④Garnier,⑤Giquel,⑥Gourbet,⑦Campbell,⑧Burgevine,⑨Yakub Beg,⑩Patenotre
西洋近百年史	(1)说明Kulturkampf之起源、方法及结束;(2)说明1905年英国自由党得权后之社会政策、财政政策及哀耳兰政策;(3)解释①Syllabus of Errors,②Le Libre Parole,③Oxford Movement,④George Mendel,⑤Parnell,⑥Prisoner of Vatican
外交史	(1)说明中英马嘉理案之起源、经过及结局;(2)说明中俄伊犁案件之起源、经过及结局;(3)甲午战前数月,李鸿章之外交若何?其军事之布置若何?(4)日俄战争之原因,关于高丽者若何?关于东三省者若何?(5)新法铁路问题之重要何在?
上古史	任做四题:(1)战国初期周室之变迁;(2)墨子思想;(3)商鞅变法之经过及其影响;(4)秦始皇焚书坑儒之原因及其意义;(5)秦汉时代政治日趋专制,试由各方面讨论之。
中国社会史	任做二题:(1)魏晋以后社会组织与两汉时代有无显明差别,试简言之;(2)论佛教发达之原因,及其与两汉时宗教之异点;(3)论东汉之士风。
西洋19世纪史	(1)俄国1905年革命之原因、经过与结果,言其概要;(2)19世纪英、俄两国在巴尔干半岛之势力,因何事生抵触?对于希腊革命(1821-1929)保加利亚革命(1875-1878)两国态度异同若何?(3)19世纪英国政治家有主张帝国勿再事拓展者,其所持之理由为何?至1870年以后帝国复盛何故?鼓吹提倡者多为何种人物?(4)法国于1830-1914数十年间所得非洲、亚洲属地,列举之;占领摩洛哥所引起之外交,言其梗概。(5)印度人对于英人之治印,有何严刻之批评?英国对印度独立要求,已让步至若何程度?有何问题足以达到独立之阻碍?
晋南北朝史考试	(1)试释"五胡十六国"一名辞之涵义;(2)试述北魏六镇之乱的前因后果

科目	试题
宋辽金元史	任选三题:(1)问宋太祖中央集权政策如何措施,对内对外利弊如何?试申述之;(2)问王荆公变法,关于教育事业,有何新设施?试详言之;(3)问五代分崩,群雄割据,有类今日,然五代时颇有孳孳为善者可略举数人否?其政绩若何?为何今代竟无一抱功德利民之心者?古今心理有何不同?(4)问西辽建国经过若何

上述考题都颇具相当的难度和深度,但考试管理有时似并不太严格。夏鼐曾记"考试西洋19世纪史。刘崇鋐虽不像昨天陶希圣那样自己跑开去,但在讲台上静坐阅书,大家都翻开讲义来抄,满室都是翻书的声音","他(指张星烺)的考试马马虎虎的,假使像蒋廷黻先生那么严厉,那便要吃苦了。"梁宗岱任法文课,"说今年(1934)法文不考了,依平时成绩批分数"。①何兹全回忆王庸的历史地理学考试容易得高分,因其出题"总是'你家乡的土特产'或是'你家乡的山川地理形势'之类。你总能答而且还可以得高分。老师也得益处,他都不出门,不用亲自去调查,年年出这类题目,积累起来,他就可以知天下自然地理、经济地理的大势"。②这样的考试方式显然是不负责任的。

学生考试作弊亦为常见,中央大学曾揭发"同学们在考前两三天,就在教室的后排贴条子,站好了坐位,以便抄袭,先生们也许知道,于是用功的同学的成绩不能及得上作弊抄书的人,这种情形是奖励同学走上消极作恶的道路"。③故考试作弊始终是为广大师生所反对的,皮名举曾郑重声明:"我生平最恨舞弊的学生,做学生考试舞弊,当大官就会把国家舞掉了。这种人格破产的学生,我可就对他不起。你们答不出,倒没有关系,我还可以对你们好的品性打个及格分数"。④

从学生答题情况来看,亦有不知所云甚至可笑者,郑天挺曾记清华留美公费

---

① 《夏鼐日记》第1卷,第189、214、242页。
② 何兹全:《爱国一书生》,《何兹全文集》第6卷,第2717页。
③ 《南大百年实录·中央大学史料选》,第449页。
④ 《近代中国史家学记》下卷,第636页。

生明清史试卷试题及其阅卷情况：

第一题,试述明太祖之开国规模及其对国运之影响。此题所重在制度与政策的影响,能述抑富恤贫者仅一本,且不完。能述卫所制度破坏由于屯田占夺及占役者亦一本,且未及番上。其尤怪者,谓刘基专权而太祖夺之以授胡惟庸,按察使由中央派往(巡按之误);太祖征云南,为因蛮族作乱;太祖逐元人、入北平后,始称帝改元;明地方制度为二直隶州及十三州;明代北方、西方无边患;皆不知所云。

第二题,明初建州所在,诸家考订不同,试分撮其要,加以论定。此题未作者三卷,知徐中舒之名者一卷,知箭内亘之名者一卷,均不能述其要点;和田清、池内宏之名竟未一见;知孟心史者亦不如知稻叶君山之多;知今日读书者,但翻检于教科书耳。此题定二十五分,得十三分者一本,〇分者私奔,二分者三本。。第三题,明中叶而后,谈武功者侈言三大征,试述其经过。此题盖问万历三大征,定十五分,得十二分者两本,〇分者六本,二分者二本。

第四题,清世宗严明英睿,深求治道,其于国计民生、吏治、边政设施若何,试分述之,并述其影响。此题余所注意,在潜更旗制、耗羡归公、改土归流、青海善后、丁随地起诸事,定二十五分。完备者二十五分一本,二十二分者一本,〇分者一本,二分者一本。第五题,咸同之间,内忧外患,岌岌不可终日,其时满人主政者有几,其识见若何,功罪若何。此题余所重在文祥。题中所用,亦《清史稿·文祥传》赞语也。而十五本中,述其文祥姓名者仅二本,述其文庆者一本,而官文、僧格林沁之名反三见。官文本汉军,僧王蒙古,且均未尝主政。恭亲王奕䜣知之者较多,然非二文佐之,亦无足称也。定十五分,得十四分一本,十分者二本,〇分者三本,二分者五本。①

对于成绩的评定和分数的给出往往比较严格。当时以百分制为常见。顾颉刚在日记对批阅试卷之成绩多有记录,如1924年7月阅卷216份,0分1人,十分

---

①《郑天挺西南联大日记》下卷,第780、782-783页。

以下2人,二十分以下5人,三十分以下30人,四十分以下49人,五十分以下53人,五十八分以下33人,60分23人,七十分以下19人,八十分1人。及格仅43人,不及格有173人。①钱穆通常"考试批分数,率谓分数无明确标准,仅以分成绩优劣,亦寓教育意义。不宜有劣无优,亦不宜有优无劣。优者以寓鼓励,但不宜过优,故余批高分数过八十分即止,极少在八十五分以上者。劣者以寓督劝,故余在一班分数中必有低于六十分者,以为分数不及格只补考一次即可,然常不在五十分以下"。②

有的课程是以论文习作和卷面考试相结合的形式来进行测试的。陈寅恪认为"问答式的笔试,不是观察学问的最好办法。学生们每要求他以写短篇论文代替大考。但陈师又谓:作论文要有新的资料或新的见解,如果资料和见解都没有什么可取,则做论文也没有甚么益处;最好各同学于听讲及研究后,细细的想想,到了学期结束,对教师每位提出一、二问题;自然,教师也是不能包懂的,但对学生能否提出适当的问题,也可以指导学生是否曾用过工夫,可以约略分出成绩"。③在清华大学的隋唐史是代表了当时最高水平的"重课",最基本的课外参考书是《资治通鉴》中的"唐纪",学生可以自选隋唐史中某一论题练习考证,也可以不选题撰文,期终直接进行笔试。何炳棣选了唐代唐代皇位继承问题,每周至少用两个半天反复翻检《旧唐书》《新唐书》以及唐代的政书之类的资料,是耗时最多的一门课程。最后完成论文《唐代皇位继承问题》,"挖掘出前人未曾论及的史实细节,似尚不无参考价值。因时间紧迫,事先未暇细检《全唐文》,以致将德宗贞元元年(785年)以后的神策军使都认为是宦官。陈师法眼,封页仅批12字:'神策军使,非必宦官,尚须详考。'分数:80。我对此文投入不少时间,对结果并不失望;因陈师评语中反映另一更重要事实:我在'处女作'中处理有唐三百年间

---

① 《顾颉刚日记》第1卷,第513页。
② 钱穆:《八十忆双亲·师友杂忆合刊》,第146页。
③ 罗香林:《回忆陈寅恪师》,《追忆陈寅恪》,第105页。

一个关键政治及制度问题并无大错"。①杨联陞《中唐以后的税制与南朝税制之关系》得分最高(87分),很快就发表于《清华学报》第12卷第3期(1937年)。②不作论文而参加考试者只有一题:武则天在唐史上的地位,成绩普遍较低。而对教师提问以判定成绩的考核方式则基本上无人采用。

毕业论文(graduation study)是学生就所学专业选定研究方向和题目,在该方向指导教师的指导下,由学生自行撰述,完成后提交审定评分。《大学规程》规定"毕业论文须于最后一学年之上学期开始时,由学生就主要课目选定研究题目,受该课教授之指导,自行撰述。在毕业试验期前,提交毕业试验委员会平定"。《大学毕业论文量的最低标准》规定"普通论文,约以二万言为标准,应用本国文字。又译书以洋译华为宜"。③毕业论文是要求学生综合所学的基础知识和基本技能,运用本专业的科学研究的方法,全面系统地搜集材料并用以分析解决所研究的问题,使学生得到本专业的基本学术实践和训练。

历史学专业论文的写作是循序渐进的过程。北京大学史学系课程一二年级偏重讲授,三四年级兼重研究,三四年级之中国分代史研究课程,学生"随教员常治之史,选择其一,共同研究。例如甲教员常治汉代史或唐代史,乙教员则常治宋代史或元代史,丙教员常治明代史或清代史,则三、四年级生选择其一,专攻两年,将研究成绩报告,方可毕业"。具体的次序为:(1)将某代史句读一过,以表明读完此史。(2)将某代史撰述源流及后人重修或考订之历史,编成报告。(3)将某代史有关系之参考书,及中外杂志上对于某代史之著述,编成一目。(4)将某代史之历史的地理,并其时代之政治、经济、学术、风俗及其他一切文化,分类研究,各择一类,撰成有系统的论文。(5)各时代史,各有特殊情形,其研究方法,由担任教

---

① 何炳棣:《读史阅世六十年》,第64页。陈寅恪的相关研究中涉及到神策军的也未必正确,参见何永成《唐代神策军研究》(台湾商务印书馆1990年)。
② 杨联升毕业论文《从租庸调到两税法》亦由陈寅恪指导,《中唐以后的税制与南朝税制之关系》为其毕业论文中之一章。
③ 《中国近代教育文献丛刊·教育法规卷》第3卷,第13、33页。

员自由指导。①各大学历史系中的历史研究法、史学方法论或专题研究等课程，其目标均为使学生最终能够撰写出合乎学术规范的具有一定学术水平的毕业论文而作。燕京大学历史学系有初级历史方法、高级史学方法、史学练习等系列课程，都由洪业讲授。初级史学方法包括了"史料之如何检寻、记录、批评及报告"，高级史学方法则"细论历史毕业论文选题之标准、考证之程序、解释之理论及编纂之格式，而尤注意于学术工具，如年表、日历、图谱、目录、引得、类书等等之应用"。②洪业还专门撰有《研究论文格式举要》(1938)一文，作为论文写作之指导。厦门大学史学系有专题研究课程，"由教授提出问题若干，学生自由选定后，分头从事研究。上课时则分别报告个人研究之心得，并提出各种问题，互相讨论。其旨趣尤在指示研究之方法，以为异日深造之基。其研究结果，作成论文，即作毕业论文"。③

民国时期各大学历史系创建阶段，师资不丰，尤其是世界史师资严重缺乏，故毕业论文基本上都偏重于中国史，而中国古代史又占了绝大多数，例如辅仁大学1942年度毕业论文：靳德祥《清代马政考》、丛克文《唐长安都市生活》、温恩元《二十二史札记考正》、贾震三《二十二史札记考正》、赵新田《二十二史札记考正》、马梦仙《唐女祸》、王崇光《二十二史札记卷二八、二九、三十考正》、王鋆《北宋禁军考》、何凤德《北宋之役法》、刘永长《宋金交聘考》、王希光《南明福王之活动》、孙炳荣《宋金和战与党争之关系》、黄文相《王西庄先生年谱》、宁春霈《唐代租佣调及两税制》、薛中《宋代市马考略》、王良《明代酷刑考》、陈天佑《唐代国内水运》、郭禹清《两汉吕后摄政之始末》、尹敬坊《北宋屯田考》、张文洋《补晋书释老志》、李迁舜《二十二史札记考正》、谢□《二十二史札记卷卅一至卷卅三考正》、

---

① 《现代大学史学系概览(1912-1949)》上卷，第52页。
② 《现代大学史学系概览(1912-1949)》下卷，第562页。
③ 《现代大学史学系概览(1912-1949)》下卷，第475页。燕京大学史学系历届本科毕业论文题目参见《本系历届毕业论文题目表》(《史学年报》第3卷第1期，1939年)、《历史学系近十年概况》(《燕京社会科学》第1期，1948年)等。

夏文淑《二十二史札记卷卅四至卅六考正》，狄乃兴《二十二史札记考正》，武宗儒《北京风俗与汴梁风俗之比较》，叶一琳《二十二史札记卷廿五至廿七考正》，王雪仙《永嘉乱后民族之迁徙》，马汝静《东汉妇女之风义》，薛蕴玉《二十二史札记卷七至卷九考正》，黄秀村《二十二史札记卷四至卷六考正》，□□英《宋金二史考选》，王□□《永嘉乱后之堡垒》，班湜《历代帝王之末路》，杨珍熙《二十二史札记卷十至卷十二考正》，张雅琴《清初满洲内乱之平定》，万心蕙《五代十国志迷信及僧道》，祝毓琏《宋代赛庙之情形》，王秀兰《宋放灯考》》[①]。上述毕业论文都是中国古代史的选题。1944年度毕业论文：牛继斌《中国历代战争与气候之关系》，茹国僧《东晋复兴之研究》，荣天琳《十七世纪中俄之冲突与外交》，单耕陶《明清交涉中之蒙古》，王文湛《金代猛安谋克之研究》，王兴志《宋初中央集权政制发展史》，赵家莹《太平天国失败原因》，谢德茂《<复兴之印度>述要》，解佑民《南洋华侨经济概况》，綦心平《山东省重要都市之研究》，宋寿峰《曾国藩之哲学观及其治术》，岛村修治《太平天国与乡勇》，唐皋林《历代帝王出身考》，林孝忠《红袄贼变乱始末》，杨学仁《清高宗平定廓尔喀始末》，王绍逖《北魏盛衰与政教之影响》，詹道楷《唐代蕃将考》，刘自新《元世祖之文治》，阎玉芝《汉高祖与明太祖之比较》，龚德华《明毅宗之研究》，刘瑞君《光绪出使西洋大臣述要》，陈锦望《唐代大旅行家玄奘事迹述要》，李燕来《南宋初士大夫对和战之态度》，李青萍《吴三桂事迹考略》，刘崇信《历代史记纂误汇编》，王之璞《全祖望之史学》，余敬尧《元代之财政》，马德敏《麦罕默得传》，张秀贞《北京天主堂及四堂述要》，其中中国近代史和世界史的选题只占极少数。[②]

学生毕业论文都有1—2名指导教师，北京大学1946年度学生毕业论文及指导教师为吴钟俊《孔孟政治思想》（张政烺、容肇祖），吴章弼《章实斋先生的史学》（邓广铭），胡邦定《东汉党锢之祸的背景及其经过》（张政烺），朱建邑《明太祖》

[①] 参见《辅仁大学年刊》（1942）。《二十二札记考正》由各人分卷进行，部分未曾注明所考之卷数，指导教师当是陈垣。
[②] 参见《辅仁大学年刊》（1944）。

(郑天挺)、朱士春《汉高祖》(张政烺)、张彤书《九一八事变》(邓嗣禹)、张敏贤《中国封建社会之概要》(张政烺)、张曼德《北宋岁时志略》(邓广铭)、张润瑛《戊戌变法之始末》(邓嗣禹)、杨宝贞《宋辽战守疆域考》(邓广铭)、翟明秀《慈禧太后年谱略稿》(邓嗣禹)、郝孚茫《袁世凯在洪宪前后》(邓嗣禹)、曹廷湘《为美国着想的一个现代外交政策》(邓嗣禹)、陈伯俊《司马迁及其史学》(毛准)、杨绍禹《日本古今史选译》(邓嗣禹)、于敦《建文传说辑略》(郑天挺)、王希龄《康有为的学术思想》(邓嗣禹)、王云轩《东汉末年的社会背景与黄巾之乱》(张政烺)、米继简《熙宁新法和新旧党争》(邓广铭)、刘俊英《清末革新运动》(邓嗣禹)、邓锐龄《捻匪之研究》(邓嗣禹)、吴运楠《马克思唯物史观考略》(吴恩裕)、程绥楚《二次大战中的中美外交》(刘崇鋐)。①

指导教师对毕业论文写作思路及研究方法亦都有所介绍。如1933年吕思勉在光华大学指导毕业论文四篇,指导论文的思路及方法有如下的说明:

(一)山海经疏证

此书昔多荒唐之言,近经欧西学者之研究,乃大显其价值。予谓此书当分两部分。其一部分,为汉时方士之书。此须专门研究古代宗教史者,乃能整理之。又其一部分,则为自战国至两汉时所得外国地理知识,海陆两道皆有,彻底研究,亦属不易。惟其中有与正史及其注相符者若干条,看《史记》、两《汉书》、《三国志》之外国传便可将与此有关之小经本文,作一疏证,检他日精密研究之基。

(二)貊族古俗考

貊族古代,大约居今河北、辽宁、热河三省之间,因燕开五郡,而东北走。其立国于今吉林省者为扶余,南下者为句丽、百齐。汉开四郡,多以貊为民,其文化在四裔中为最高,而尤与殷近。近人撰《东北史纲》,因疑殷民族来自东方,予谓似不如以貊族东北直绎为确。而东北古代,曾被殷化,则其事彰

---

① 《北京大学史料》第4卷,第517—518页。

彰也。予谓扶余之亡，实为东北一大事，盖东北民族有三：一肃慎，满洲之祖页；一室韦，蒙古之祖页；一岁貉，扶余句丽百齐之祖也。扶余已尝立国于吉林矣，使其寖昌寖炽，则朝鲜半岛之文化，早见于吉黑，而元清之祸，可以不作，更无论今日东北之变矣。试读两汉、三国、晋、宋、齐、梁、陈、魏、周、齐、隋、南北各史，将诸国文化，条分缕析，以类考之，确可证其出于我国者，下加考案。

（三）桑弘羊传

晚周生计学说，侧重平均地权者，儒家也；侧重节制资本者，法家也。后者之论，《管子》书最详，而实行者为桑弘羊。桑弘羊行事，殊不免剥下媚上，然其理论，则不可谓无根据。《盐铁论》一书，载桑弘羊与文学旗鼓相当，即儒法二家对垒，尤足以阐明其意义，而发扬其光焰。试据此二书（《管子》、《盐铁论》），并在史汉中考桑弘羊行事，为古代生计学家作一传。

（四）曹爽传

此君与司马宣王为政敌。此君为学者，为文治派，其同党于政治问题，极因改良。司马氏则武人，但因争夺权位而已。此君失败，司马氏成功，实为政治升降一大机键。盖武人无识，惟知争夺政权，政权既得，志得意满，一味骄奢淫逸，一切问题，皆不在意。然后有晋初诸臣之淫侈，武帝之趣适目前，而五胡之祸以作。使政权不在司马氏之手，必能豫为之虑。政治界之情形，亦不至如晋初之腐败，五胡乱华之祸，可以不作矣。故曰：曹爽与司马氏之成败，乃政治升降之一大机键也。此事真相，历史暗昧不明，试细读《国志》而钩求之，下迄晋初，以穷其果。[①]

学生毕业论文与平时训练习作一样要经过指导教师的批阅审核。邓锐龄听了邓嗣禹的中国近代史课程，以道咸年间皖北捻子运动为题，毕业论文打印了两份请邓嗣禹和向达请教，据其回忆：

[①]《吕思勉先生年谱长编》上卷，第419–420页。

当收到向先生退还的稿子时,吃了一惊,出乎意料,夹在稿内竟是些薄薄的短笺,其上先生写着工整的似唐人写经的小字,对此文应采用的总题,应调整的段落,应覆按的引文,以及应补上的漏印的字都一一指出。例如一个注释引魏源《圣武记·嘉庆川湖陕靖寇记》原文说:"计先后用兵九载,费帑几二万两。"先生正确地指出:"嘉庆时用兵三省,历时九载而只费帑二万两,何其廉也?魏默深所记恐非实录,应再查他书,以资参证。他书作二万万两,疑笔者录魏氏书时漏一万字,应查明改正。"显然先生把这篇初学者的文章逐字阅过,评语又写得如此委婉严谨,自上大学以来,这还是第一次一位老师给予如此多的帮助,让我感激莫名。①

但毕业论文毕竟系由学生独立创作,教师只是起了指导作用,故论文的观点与指导教师也不尽完全相同。吴相湘毕业论文《咸丰辛酉政变纪要》由孟森指导,若干结论与孟森见解不同。孟森也不以为忤并给予90分的高分。据说张荫麟在指导学生毕业论文时曾说:"在学问的总体上,你们青年现在不可能超过我们,但在某一点上,你们已经完全可以超过我们了"。②当时的毕业论文未必都是学术论文体例,其他如古籍校注、人物传记、翻译文章乃至于教科书编写等都可作为毕业论文。云南大学文史系缪鸾和的毕业论文《南中志校注》,"两年之间,他翻阅了许多书,写了许多笔记和卡片。用力之勤,朋侪中实少有其比……对人很少许可的方国瑜先生阅后,也不禁大为嘉许,评为最佳成绩"。③华中大学1941年刘荣生毕业论文为《初中外国史学生习作课本》(遵照民国25年颁布修正课程标准编辑)④,则系中学教科书。还有部分毕业论文为全英文写作,如燕京大学杜联喆毕业论文题目为《班昭:中国的女史学家》

---

① 邓锐龄:《忆向觉明师》,《向达学记》,三联书店,2010年版,第164页。
② 谢泳:《大学旧踪》,第51页。
③ 李埏:《缪鸾和同志及其遗著》,《李埏文集》第5卷,第139页。
④ 张晓明主编:《华中师范大学图书馆现存馆藏武昌私立华中大学历届学生毕业论文选集(1932—1951)》,武汉理工大学出版社,2013年版,第379页。

(Pan chao: the Chinese woman Historian)。①

此外,民国时期还有留学生考试。留学主要分公费和自费两种。公费留学生考试主要指教育部委派出国,由各省负担出国费用,即部派省费留学生。庚款留学生则有各国返还庚子赔款复旦出国留学费用。自费留学无需考试。公费留学生公开招考,公平竞争。清华公费留美考试影响最大。夏鼐曾记下了其参加清华公费留美考试的各科试题:②

科目	试题
国文	(1)"近年来吾国建设之成绩","论效率"(作文,二选一) (2)《左传·宣公十二年》"栾武子论楚非骄老"一段(译白话)
党义	(1)复决、创制、罢免之制度在欧美各国所用以补救民主政治之成效如何？民权主义之特色是否改普通选举权？复决、创制、罢免三种直接民权之采用,若另有其特色,试述其要,然后论民权主义中之四种民权之运用方式与德、美、瑞士所采用者之异同何在？ (2)试述中国贫弱之根源及其补救之方案
英文	Composition: Now I have prepared my special line of study or profession Translation(《中国评论家》中一段)
中国通史	七选六: (1)齐威王以后齐王之兴衰始末 (2)唐以前之统一首都多在长安,以后多在开封及燕京,何故 (3)宋代对外不振之原因 (4)明代宦官擅权之原因及概况 (5)秦之新设施有何种为汉完全接受,孰为完全放弃 (6)唐代治理外藩之政策
西洋通史	(1)欧洲文明是否将来广被全球,有何证据 (2)欧洲大战以终结战争为言,是否已达到目的,并叙证据 (3)意大利及日耳曼不统一之原因 (4)释名 Maid of Orlean(奥尔良女子-圣女贞德);Henry V(亨利五世);Michelangelo(米开朗基罗);Petratch(彼特拉克);Machiavelli(马基雅弗利),F.Bacon(培根);R.Darwin(达尔文);Abelard(阿贝拉尔)

---

①《史学消息·本系历届毕业论文题目表》,《史学年报》第3卷第1期,1939年。
②《夏鼐日记》第1卷,第255–257页。

科目	试题
中国上古史	四题选做三题(漏记一题) (1)中国先史时代 (2)殷墟文字 (3)释名(北京人,小屯期及仰韶期,毛公鼎,虢季子白盘,竹书纪年之今本古本,古文尚书及伪古文尚书,张三世正三统,职方氏,太初历,石鼓文)
西洋上古史	(1)上古史多争论之故 (2)西洋上古史终点有几,其意义孰最宜,何故 (3)释名 Champollion(商博良),Rawlinson(罗林生),Schliemann(谢里曼),Mommsen(蒙森),Weyer(迈耶尔) (4)罗马帝制初期之军事及政治较以前之进步 (5)汉尼巴之军事才干以外之志概识略 (6)Ionia在希腊史上之地位及Ionia thinkers在西洋文化史上之地位 (7)西洋上古史上之Semites People及其特殊贡献。
人类学	(1)Notable Physical appearance of child of Nordic father and Negritic mother at twenty years age (2)Give ethnographical account of five tribe.(Eskimo,Zulu,Aino,Inca,Iroquan etc) (3)Main type of Asiatic people and their serial classification (4)Define the term(corrade,coup de poing,sib,mestizo,Hesper pattern)

夏鼐所考试题基本可称平允,但有时遇见偏题怪题则难于应答。1939年陈寅恪为留学生考试中国通史命题,三题为:(1)评估近人对中国上古史研究之成绩;(2)评估近人对中国近代史研究之成绩;(3)名词解释:白直、白籍、白贼。第一、二题无可非议,但第三题"仅以至奇至俏之'三白'衡量试子的高下,甚至影响他们的前途和命运,其偏颇失衡实极明显"。①

清华大学1909-29年间考取赴美留学生历史学专业的共有24人。1934年,清华大学历史系助教杨绍震考取第二届留美公费生美国史,原报美国史的夏鼐则改为考古学。1936年朱庆永考上第四届留美公费生东欧史(俄国史)。1940

---

① 何炳棣:《读史阅世六十年》,第131页。陈寅恪的考试命题经常引发争议,如1933年清华大学国文入学试题,其一为"梦游清华园记"作文,其二为"孙行者"对对子。但在命题背后体现了陈寅恪本人的学术倾向和教育思想。

年吴于廑考取清华大学第五届留美公费生第一名,进入哈佛大学文理科研究院攻读研究生,平均82分是历届最高分。①1944年何炳棣考取第六届留美公费生西洋史(注重十六、十七、十八世纪)门。

清华大学留美公费生之外,其他大学也有组织招考公派外国留学生,如北京大学制订有《史学系派遣学生学习史学、地理学办法》(1921),派遣毕业生赴德留学,科目为历史学、历史兼考古学、地理学,考试科目为外国文(默写、速读、会话、翻译、作文)、国文、历史(中国历史、外国历史)、地理(中国地理、外国地理)。②

但是清华留美考试也引发过不少争议。北京大学学生会曾为清华留美考试舞弊发布宣言,谓清华招考委员会根本组织不当,任意改变标准,"既由清华招考,清华之助教学生皆可与考,根本不应由清华方面一手包办,以免试题之舞弊,试场之不公,以及取决之徇私"。具体表现有二:一是机会不均等,"清华教授与学生,平时共授受于一堂,学生对于教员之心理者与癖性,已有相当认识,对于教员出题,可以捉摸,此种特别机会,只有清华一校独享。甚者此次试题中,有为清华平时试验所出过者,如国际公法、政治思想史等题目。清华学生一挥而就,外校考生,百索难答";二是试题不公,"清华教授出题,多限于清华所用课本范围内,甚而只在一定页数范围内,而且所出题目,如政治思想史试题中之Levellers,Man Versus State等,多是狭隘烦琐之题目,全靠机械记忆,外校学生措手不及,而清华学生则已素稔"。③

自费留学以及保送则无需经过考试,孙毓棠清华大学历史系毕业,家境优越,自费赴日本帝国大学攻读国史,回国后任教于西南联大。齐思和从南开中学

---

① 参见《清华大学史料选编》第2卷下册第679—680页和第3卷上册第234页。吴保安(吴于廑),东吴大学历史学系1935年毕业,报考前曾任东吴大学苏州附中历史教员,南开大学经济研究所经济史组研究,指导员方显庭、周枚荪、陈岱孙。成绩为:党义及格,国文90,英文75,经济思想史87,经济史78,经学原理73,西洋史95,经济地理84,研究及服务成绩80,平均分82.88。
②《北京大学史料》第2卷第1册,第687—688页。
③《北京大学史料》第2卷第3册,第2438页。

保送至南开大学历史系,当时任教的范文澜建议其转学北京,燕京大学历史系毕业后保送至哈佛大学继续攻读历史,回国后历任北平师范大学、燕京大学、北京大学等校教授。①

第六节 学生就业

民国时师范院校或综合性大学中教育学院的史地专业的培养目标很明确,主要是为培养中学历史教师。但在综合性大学历史系的培养目标是为培养学术型人才和教学型人才兼而有之,如燕京大学历史学系之宗旨在"使主修历史之学生明了已往之大势,精通史学之方法,俾能:1.应用科学的方法以研究历史(尤注重中国史);2.在中学、大学教授历史"。②学术、教学之外当然也不排除历史系毕业生其他方面的就业途径。蒋廷黻曾经回忆:

> 我在清华时期,并不鼓励学生读历史。因为我深虑历史系的学生没出路。历史系毕业生虽然可以到中学去教书,但是待遇低,图书设备差,不利进修。学习历史以备从政之用,此一见解倒是深获我心。在过去,部分中外许多历史学家均能身居政府要津即其适例。一旦有学生申请入历史系,我都给他们浇冷水。我提醒他们读历史一定会受穷很久。我也要他们晓得研究历史除非发现真伪,不会成名。另一方面,虽然清华历史系一直没有很多学生,但,我很高兴,少数优秀青年我都鼓励他们进了研究院,研究中国学者一向忽略的问题。③

蒋廷黻在这里指出了历史系毕业生的三个去处:到中学教书、从政、进行学术研究。历史学工作者从政,蒋廷黻本人倒是最为典型,但毕竟为数甚少,政治系更加专业。其余两者即中学教书和学术研究应该是历史系毕业生最主要的出

---

① 《齐国樑文选集》,天津古籍出版社,2012年版,第265页。
② 《现代大学历史系概览(1912-1949)》下卷,第519页。
③ 蒋廷黻:《蒋廷黻回忆录》,第174-175页。

路。武汉大学史学系在迎新活动中就谈及了历史系毕业生的两大前途和使命:"我们来学历史,至少应该抱着两种志愿:第一,我们毕业之后能在中学里做一位不能歪曲史实的教员,尤其需要将此种正确知识,应用于阅读书报和观测现势上;第二,我们必须担负起学术的使命,融会科学进步的理论,钩稽辨析,建设新的史学方法,精治通史,以求完成划时代的著作"。①此外,还有从事文化工作,"史学系的学生毕业后就绝对与他的本行没有关系的职业者可以免论外,其余则大部分为中小学校史学教员,其次则为国史馆、地方通志馆、各书局里的编纂"。②胡适曾专门论及毕业就业问题,认为"只要个人学业有成就,不愁出路有问题,成绩优良,更会有人抢着要"。③

关于民国大学历史系毕业生就业情况的资料不是太丰富,但可以从相关团体所编各种同学录、校友录中窥见一斑。如《清华同学录》(1933)所载毕业生就业情况如下:

姓名	年级	工作单位
王信忠	新31	清华大学
王耘庄	国研27	白马湖春晖中学国文教员
王庸	国研26	北平图书馆编纂委员会兼舆图部主任
王国秀	专21	大夏大学历史学系主任
王国钧	旧15	申报英文北京导报及财政部关务署
王静如	国研29	北平北海中央研究院历史语言研究所
王赓	选11	
方壮猷	国研26	北大师大等校教授
史椿龄	国研26	盐山县立中学校长
田世英	旧25	
皮名举	旧28	留美研究
朱延丰	新29	清华大学研究生

---

① 冶人:《史学系丛谈》,《国立武汉大学欢迎新同学特刊》(1936),第8页。
② 郑师许:《大学历史系课程分配之商榷》,《学术世界》第1卷第10期,1936年。
③ 牟润孙:《悼念吴晗》,《海遗丛稿·二编》,中华书局,2009年版,第200页。

姓名	年级	工作单位
朱葊	新31	
何士骥	国研26	中法大学文学院讲师北平大学女子文理学院讲师
何永吉	旧24	北京大学教授
何基	新32	清华大学研究生
李飞生	旧20	国立师范大学教授
李惟果	旧27	武汉大学史学系教授
李济	旧18	中央研究院历史语言研究所考古组主任
沈铭书	旧22	
吴其昌	国研26	武汉大学教授
吴宗儒	旧21	身故
吴金鼎	国研27	中央研究院助理研究员
吴宣易	新30	北平图书馆
吴国桢	旧21	汉口市市长
汪袁世庄	专16	苏州女子中学及振华女中教员
汪逢栗	旧28	留美研究
余永梁	国研26	
宋迪夏®蒋廷黻在回忆录中专门提到此人，但却是人才培养中较为失败的例子。	新31	山东济宁中学教员
杜乡	旧19	已故
杜钢百	国研26	
门启明	国研29	临沂山东省立第五中学
周培智	新29	留学牛津大学研究考古
周传儒	国研26	北平师范大学教授
花藻芬	新31	江苏省立南京中学教员
胡文传	新31	
姚名达	国研26	暨南大学历史社会系教授
姚薇元	新31	清华研究院肄业

姓名	年级	工作单位
侯堮	国研27	北平大学及燕京大学讲师
姜亮夫	国研27	上海大夏大学持志大学中国公学教授
徐中舒	国研26	中央研究院历史语言研究所研究员
徐景贤	国研29	中央大学文学院
梁思永	旧24	中央研究院历史语言研究所
梁嘉彬	新32	
凌达扬	旧15	清华学校教员
马鸿勋	国研28	
马庆㦤	国研28	已故
高亨	国研25	东北大学教育学院
高镜萍	国研25	
唐绿蓁	专25	
张大东	新30	山东泰安第三中学教员
张国辉	选11	外交部秘书兼中央法庭审判长
张贵永	新29	德国柏林大学研究
张杰民	旧21	东北大学英文系代主任
张道宏	旧19	鄂岸盐务稽核处税警局长
陈之迈	旧28	留美研究
陈石孚	旧22	南京中央政治学校
陈守实	国研27	安徽大学教授
陈拔	国研26	海门县私立海门中学高级部国文教员
陈衡哲	专14	北京大学教授
陆坤一	旧26	
陆侃如	国研27	
郭斌佳	专29	留美研究
许世箴	旧12	天津协和贸易公司
康精彩	新32	
曾友豪	专25	
冯国瑞	国研27	皋兰中山大学教授
冯德清	国研26	

姓名	年级	工作单位
云钺	新30	外交部欧美司
杨筠如	国研26	山东青岛大学
杨凤岐	新37	清华大学历史系助教
杨鸿烈	国研26	云南东陆大学师范学院文科主任
雷海宗	旧22	清华大学历史系教授
葛天民	国研28	吉林第一中学教员
贾幼慧	旧25	
贾问津	新32	四川达县绥属共立中学教员
闻惕	国研26	湖北省立高级师范教授
刘纪泽	国研26	安徽大学
刘崇鋐	旧10	清华大学历史系教授
刘节	国研27	北平图书馆编纂委员会兼金石部办事员
黎东方	新26	清华大学讲师
蒋天枢	国研29	北平市第一中学教员
蒋廷黻	津贴1915–17	清华大学历史系主任
蒋传官	国研26	湖南柱阳县立师范学校高级部国文教员
卢明德	旧29	留美研究
钱端升	旧19	清华大学教授
卫聚贤	国研27	暨南大学教授
蓝文徵	国研29	青岛市立女子中学国文教员
薛崇远	新32	四川大学敬业学院历史系讲师
钟道铭	新30	
戴家祥	国研27	浙江省立高级中学教员
谢念灰	国研27	已故
谢星朗	国研26	四川万县县长
谢国桢	国研20	北平图书馆
储皖峰	国研26	国立浙江大学教授
颜虚心	国研27	
罗香林	新30	汕头兴宁植基学校
罗根泽	国研29	清华大学国文系讲师

姓名	年级	工作单位
顾复	旧12	江苏省立教育学院教授

1933年编的《清华同学录》中信息并不完整,如余永梁、杜钢百、唐绿蓁、陆侃如、曾友豪等都曾在大学任教,或在历史学领域有过建树。此外,还有著名历史学家如王绳祖、梁方仲、徐子明、张荫麟、陆懋德、夏鼐、张忠绂、汤象龙、汤用彤、赵光贤、萧公权等人毕业于政治、经济等系科,并非是从历史系或国学研究所毕业。

师范学院史地学系毕业生的就业相对而言比较固定,就是在中学或中等师范学校担任教职,试以国立女子师范学院1944、1945两届毕业生为例①:

1944	周钰境	捍卫中学	汪惠桢	
	李淳		郭秉萱	中央大学附属中学
	周志琏	县立女中	张必恪	兴隆电气厂
	刘景芳	西泉中学	赵玉贞	中华女中
	朱光楣	巴县县立中学	王碧云	国立女子师范大学附属中学
	何冬荣	捍卫中学		
1945	陶春辉	文德女中	吴芳隆	国立社会教育学院附属师范
	张清如	懿训女中	孙淑贞	国立社会教育学院附属师范
	冯一吾	省立中学	王仲义	县立中学
	钱素德	西南中学	李治琴	县立乡师
	周本恺	剑南中学	谢毓文	
	郭贤焘		莫先敏	国立女子师范大学附属中学
	谭玉凤	战区学生第三进修班	白汉贞	实验中学
	张兆璟	新本女中	朱凌容	县立乡师
	张碧兰	陪都补习学校	吴世玮	辅仁中学
	王彦才			

民国时普遍重视理科。七科之中有三科者得为大学,而三科之中须得有理学院。中小学亦是如此。中等学校视数理化为主科,史地几近赘疣。历史学在

---

①参见《国立女子师范学院五周年纪念特刊》(1945)。

中学教学中亦不甚受重视。

从教学的角度来看,当然需要提高教学质量和培养水平,最好是"希望历史学系毕业生将来都成为历史学家",但从就业的事实来看是绝对无此可能。故此,雷海宗就认为大学"历史系本科的目的是要给学生基本的知识,叫他们明瞭历史是怎样一回事,叫他们将来到中学教书时能教得出来,叫他们将来要入研究院或独自做高深的研究时,能预先对史学园地的路线大略清楚,不致只认识一两条偏僻的小径。即或将来也不教书,也不继续研究,最少叫他们毕业后回想起来,还能指导人类已往发展的步骤与情形,可作他们应付人生的一种助力。至于训练专家,那是研究院的事"。①

但相对于其他学科而言,历史学始终是属于"冷门"学科。从1904年《奏定学堂章程》推行癸卯学制以来,"英、算、国文、理化,轮流地做过了吃香的主科,史地却始终是冷门。广大无垠的山原沃野,丰富隐藏的金银煤铁,美富悠久的文化,多年数不清的古迹名胜和文献资料,始终不被全民所知悉,甚至于大学毕业生都不很闹的清楚"。②显然,历史学作为"冷门"学科导致其专业毕业生就业一直以来都不甚乐观,"学文史一类的人,生活与职业问题是非常严重的,如果为了出路的方便,读完四年后也许使你失望"。③张家驹燕京大学研究生肄业后半年,才找到广东省长途电话管理委员会文书工作。

从课程设置来看,大学历史系的课程恐怕也很难与社会现实的需要发生直接的关联。范文澜在北京大学讲授"古历术",应该是一门"颇为高深的学问",但是范文澜回忆"某次讲完了一个麻烦问题,好像是记得春秋月食问题吧,学生某君问我:'我们学了这些有什么用?'我窘了,我说:'学校教我教这门功课,我按照这门功课该讲的讲,到底有什么用,我不知道,我想学校也未必知道。'这是一个

---

① 雷海宗:《对大学历史课程的一点意见》,《独立评论》第224号,1936年。
② 《近代中国史家学记》下卷,第1016页。
③ 《北大院系介绍》(1948),第29页。

好学生"。①令历史教师窘迫的"历史学有什么用"这个问题是普遍存在的,某些大而化之的回答也是难以令人满意的。

从总体来看,大学历史系毕业就业并不乐观。金毓黻在1940年教育部史地教育委员会第一次会议上提交了"提议增设历史研究所以提高历史教育案","查自抗战军兴,外汇奇涨,大学毕业生已不易觅得留学欧美之机会……兹为提高历史教育计,为觅求历史人士出路计,为助长研究历史兴趣计,应于现有历史系之各大学,增设历史研究所,俾大学毕业生,得有深造之机会"。②金毓黻说得很清楚,为解决"历史人士出路"是增设历史研究所的原因之一,将毕业生的就业问题予以延缓。而对历史系毕业生来说,从事学术研究似更优于在中学教学,根据童书业的观察,"各大学的史地学系往往是人数最少的一科,而史地学系毕业出来的人,高的多走向研究的路上去,不肯当中学史地教员"。③

相应的,学生就业情况实际上也会影响到学校招生,也并不独历史系为然,何兆武考上西南联大,根据其观察:"外文系的人最多,大概一级总有二十多人吧,像中文系、历史系每年招十几个人,哲学系人最少,每年只有两三个人……上过政治系两年课,知道他们一年也就六七个人,法律系基本上也是这个数字,只有经济系的人比较多,一年总有四五十人。我想这大概和将来就业有关系,学经济的毕业以后出路好一点……理学院里数学系人最少,我们43级那一届只有三个人,物理系一年有八九个,多的时候有十几个"。④

正因为历史系毕业生就业不理想,故有很多教师都很热心为学生谋取职位。陈寅恪曾向主持史语所工作的傅斯年郑重推荐劳榦,又为梁嘉彬介绍至中央大学罗家伦处,罗不能用。朱希祖又为其介绍至重庆私立庆益中学。后陈寅恪又

---

① 范文澜:《从烦恼到快乐》,《学习》第5卷第1期,1941年。
②《教育部史地教育委员会概况》(1941),第18页。
③ 童书业:《谈谈当前的史地教育》,《童书业杂著辑存》,商务印书馆,2018年版,第513页。
④ 何兆武:《上学记》,第105页。

为介绍其至国立浙江大学。[1]谢兴尧与邓之诚关系颇深,1931年北大毕业后,邓之诚介绍其至北平大学女子文理学院任史地系讲师,讲上古史和魏晋南北朝史两门课。[2]1935年,朱希祖介绍中央大学毕业生徐肇骏至天津南开中学,后改至南通中学,后又介绍柳诒徵之女中央大学毕业生柳定生去南开中学。[3]

---

[1] 梁嘉彬:《陈寅恪师二三事》,《追忆陈寅恪》,第113—114页。
[2] 《谢兴尧自述》,《世纪学人自述》第3卷,第148页。
[3] 《朱希祖日记》中卷,第521页。

第五章 研究生培养

研究生(Postgraduate)是高等教育的一种学历,大学本科教育完成以后继续攻读。研究生按培养计划完成学业,通过答辩而取得学位。研究生培养亦是民国时期大学历史教学的重要组成部分。研究生按阶段分为硕士研究生和博士研究生,民国时所培养的基本上为硕士研究生。①

第一节 民国大学的文科研究所史学部和史学研究所

中国的研究生教育肇始于教会大学。在晚清,以圣约翰大学为代表的西方教会大学在中国推行过研究生教育并曾授予过相关学位。②1903年清政府颁布《奏定学堂章程》,将高等教育分为三级:高等学堂或大学预备科三年,大学堂三至四年,通儒院五年。在大学阶段之后的五年通儒院学制,表面上看约当于研究生,但与现代学位制度相去甚远。

---

① 1980年颁布了《中华人民共和国学位条例》,规定学位分学士、硕士、博士。1983年授予中科院、中科大、复旦大学18人博士学位,为新中国第一批博士。
② 王战军、周文辉、李明磊、陈雁:《中国研究生教育70年》,中国科学技术出版社,2019年版,第1-2页。

辛亥革命后北洋政府教育部公布《大学令》和《大学规程》，《大学令》规定"大学为研究学术之蕴奥设大学院。大学院生入院之资格为各科毕业生或经试验有同等学力者"。①《大学规程》规定"大学院之区分为哲学院、史学院、植物学院等，各以其所研究之专门学名之"。②学生在大学院之研究得评议合格者可以授予相应的学位。

民国早期的研究生教育最值得一提是清华大学研究院，亦称清华国学院，创办于1925年。按其创办缘起："学问者一无穷之事业也。其在人类，则与人类相始终；在国民，则与一国相始终；在个人，则与其一身相始终。今施之高等教育专门教育者，不过与以必要之预备，示以未来之途径，使之他日得深造而已。故东西各国大学，于本科之上更设大学院，以为毕业生研究之地……因念大学院之成立尚需四五年，乃设立研究院，先开办国学一门，延名师，拓精舍，招海内成学之士，凡国内外大学毕业者，与现任教育事业，或闭户自修，而有相当之学力者，入院肄业，分门研究，冀于世界文化有所贡献"。③

清华研究院初创时教授王国维、梁启超、陈寅恪、赵元任，讲师李济，助教陆维钊、梁廷灿、章明煌，主任吴宓。各人均有指导之学科范围与研究方向，王国维为经学（书、诗、礼）、小学（训诂、古文字学、古韵）、上古史、中国文学；梁启超为诸子、中国佛学史、宋元明学术史、清代学术史、中国文学，赵元任为现代方言学、中国音韵学、普通语言学，陈寅恪为年历学（古代闰朔日月食之类）、古代碑志与外族有关系者之研究（如研究唐蕃会盟碑志藏文阙特勤碑志突厥文部分，与中文比较之类）、摩尼教经典回纥译文之研究、佛教经典各种文字译本之比较研究（梵文巴利文藏文回纥文及中央亚细亚诸文字译本，与中文译本比较研究）、蒙古满洲书籍及碑志与历史有关系者之研究，李济为中国人种考。

根据《北京清华学校报考研究院学生规程》，报考需具备（1）国内外大学毕业

---

① 《中国近代教育文献丛刊·教育法规卷》第1卷，第341页。
② 舒新城：《中国近代教育史资料》，人民教育出版社，1981年版，第658页。
③ 《清华大学史料选编》第1卷，第375–376页。

生或是具有相当程度者。(2)各校教员或学术机关服务人员具有学识及经验者。(3)各地自修之士学有根柢者。入学考试科目(1)普通国学(2)作文一篇(3)选考六门,具体为:经学、小学、中国史、中国文化史、中国上古史、中西交通史、史学研究法、中国人种考、金石学、中国哲学史、儒家哲学、诸子、宋元明学术史、清代学术史、中国佛教史、佛经译本比较研究法、中国文学史、中国音韵学、中国方言学、普通语言学、东方语言学、西人之东方学、中国音乐。

1925年清华国学院录取首届学生为吴其昌(宋代学术史),王镜第(宋元明清书院考),何士骥(部曲考),程憬(上古哲学思想的唯物观),姚名达(章实斋之史学),冯德清(诸史外国传之研究),李绳熙(诸史外国传之研究),王庸(中西交通史),周传儒(中国近世外交史),方壮猷(诗三百篇之文学的研究),刘盼遂(诗经状词通释),罗伦(诗经中民情风俗志研究),杨世恩(诗经国风诸篇之体裁),高亨(诗骚连绵字辑释),余戴海(荀子学说之比较),史椿龄(荀孟之教育学说),闻惕(古文字学),余永梁(古文字学),李鸿樾(古文字学),徐中舒(古文字学),孔德(说文之会意字),黄淬伯(说文之会意字),王竞(说文之会意字),杜钢伯(佛家经录研究),镏纪泽(目录学之研究),汪吟龙(左传之研究),陈拔(颜李之研究),谢星朗(春秋时代之男女风纪),蒋传官(春秋时代之男女风纪),王国忠(中国田赋之沿革及现状),赵邦彦(说苑校正),杨筠如(尚书)。清华国学院采取的是旧中国的书院制和英国牛津大学导师制相结合的教学方式,上课的时间并不多,学生和导师见面交谈的机会也不多,师生都分别做自己的研究工作。按清华研究院毕生生周传儒的概括,研究院之长有六:知道中国典章、文物、思想、学术之由来及其范围;掌握历史资料,纸上的及地下的所在及其内容;对于中国文化、中国历史,登堂入室,探其宝库;学习治学的方法和途径;继承乾嘉以来三百年学术的成就,从事发扬光大的伟业;接收所谓新学说、新方法,在经史子集之外,另辟蹊径。①

---

① 《周传儒自述》,《世纪学人自述》第2卷,第355页。

大学研究院初时多以国学为名,清华大学为国学研究院,北京大学为研究所国学门,按1922北京大学研究所组织大纲,研究所分自然科学、社会科学、国学、外国文学四门,实际成立的只有国学门。国学门下设编辑室、考古学研究室、歌谣研究会、明清档案整理会四个部门,1928年语音乐律实验室自中国文学系并入。①国学门创办《国学季刊》,编校丛书,整理档案,搜集古物,并且招收研究生。

除了清华国学院和北大研究所国学门外,其他大学也创办有研究所。金陵大学中国文化研究所有徐则陵、于登、王钟麒、李小缘、吕凤子、汪孔祈、贝德士、杭立武、徐益棠、陈登原、商承祚、黄云眉、黄玉瑜、刘国钧、刘继宏。研究所的任务之一为研究中国文化并教授有关中国文化之课程,史学类有商承祚(商周文化)、陈登原(周季迄秦代文化),贝德士(中国一统政治之形成),徐养秋(两汉文化),徐益棠(中国外来民族之文化),商承祚(古史探源·甲骨文字及金文研究),徐养秋(古史探源·隋代以前史籍考),徐益棠(中国考古学史)。②中国文化研究所很多都是专职研究,不承担教学工作的。商承祚在北京时忙于教书,不能专心致志地从事研究,应聘金陵大学中国文化研究所后专搞科研,而不必上课。

中山大学语言历史研究所成立于1928年,傅斯年为主任,后由顾颉刚继任。语历所聘任马衡、赵元任、顾颉刚、商承祚、高本汉、史禄国等,出版有《中山大学语言历史研究所周刊》(余永梁主编),《民俗周刊》(钟敬文主编),并出版考古学丛书、史料丛刊、民俗丛书等数十种。语历所下先后设民俗学会、考古学会、语言学会、历史学会。民俗学会以调查搜集及研究本国各地方种族之民俗为宗旨,一切关于民间之风俗、习惯、信仰、思想、行为、艺术等,皆在调查搜集研究之列。考古学会根据遗物遗迹,研究古代之风俗、制度、文物、艺术等。语言学会以调查并研究本国各地方及本国同语族之语言为主旨,同时并搜集关于此项语言之文献。历史学会以整理本国史及研究外国史为主旨。1931年,语言历史研究所改为文

---

① 《国立北京大学五十周年纪念》(1948),第1页。
② 《私立金陵大学一览》(1933),第42—43页。

史研究所,隶属文学院。①

1929年,徐炳昶任国立北平大学第二师范学院(女师大)院长,1930年设研究所,自任所长,设工具之学、语言文字学、史学、地学、哲学、教育学、文学、民俗学八组。1931年并入北京师范大学,研究院设历史科学门和教育科学门。②

1928年国民政府颁布《大学组织法》规定"大学得设研究院"。1929年,国民政府教育部公布《改进高等教育计划》,规定在大学中设置研究所需符合四项条件:每年经费一百万元以上;图书、仪器、标本等充实;教授对于某种学科有特殊贡献;学生学习程度较高。1934年,教育部公布《大学研究院暂行组织规程》,提出"大学为招收大学本科毕业生,研究高深学术,并供给教员研究便利起见,得依大学组织法第八条规定,设研究院"。③研究院下设各研究所,分文科、理科、法科、教育、农科、工科、商科、医科。有三个以上研究所得设研究院。各研究所依其本科所设各系分若干部,文科研究所下设史学部或历史学部。

1935年,教育部又颁布了学位授予法,规定学位为学士、硕士、博士三级,曾在公立或私立大学或独立学院之研究院或研究所继续研究两年以上,经该院所考核成绩合格者,得由该院所提出为硕士学位候选人。根据教育部学位授予法,各大学都改组了研究院,并修订关于研究生教育的各种管理条例。国立大学研究生通常按照教育部规定给予公费待遇,另有奖学金及生活补助。

1946年,教育部修订了大学研究院暂行组织条例,将研究所与相应的院系打成一片,依照学系来命名研究所,即称史学研究所或历史学研究所。研究所主任由系主任兼任,系中教授、副教授、讲师、助教均为研究所工作人员,不另支薪水。大学研究所多创办于1937年以后,"因抗战以来国外留学之机会极少,提高

---

① 《国立中山大学文学院概览》(1933),第137-139页。
② 北京师范大学史地研究科毕生生有王燮阳、吴琬、孟宪章、孙耀华、高荣魁、崔士杰、汤学庸、钟瑞、罗驭雄、王邨、李树峻、邱朝注、徐鸿逵、高淑芳、高拱宸、冯光荣、曹荃荣、杨惠田、楚中元、赵章云、刘瑛、鲍冠英、韩镜明等。
③ 《中国近代教育文献丛刊·教育法规卷》第4卷,第129页。

学术研究,除入国内之学术研究机关,别无他途,于是大学研究所之设置,更为切用而必要……大学文学院各系毕业生日渐增加,亦应予以深造机会,应可供求相剂"。①根据教育部的统计,1941年和1947年各大学史学研究所情况如下

大学	1941年度	1947年度
中央大学	文科:史学、哲学	史学研究所
西南联合大学③1946年以后,清华大学、北京大学、南开大学复员,北大、清华分设史学研究所。后栏1947年即将三校分别统计。	文科:中国文学、史学哲学、外国文学	
中山大学	文科:中国文学、史学	史学研究所
浙江大学	文科:史地	史地研究所
金陵大学	文科:史学	史学研究所
燕京大学	文科:史学	史学研究所
辅仁大学	文科:史学	史学研究所
东北大学	文科:史地	史学研究所
武汉大学		史学研究所
清华大学		史学研究所
北京大学		史学研究所

文科研究所史学部和史学研究所是培养研究生的单位,各大学具体情况如下:

北京大学。1932年,北京大学正式设立研究院,原研究所国学门改为研究院文史部,另设自然科学、社会科学两部。1934年按教育部所定大学研究院规程改组,分别改为文科、理科、法科三科研究所。1937年后研究所迁至昆明,继续工作,直至1945年胜利复员。②史学部毕业的研究生有王维诚、吴丰培、李光信、周国亭、桑恒康、单士元、赵何日、赵泉澄、郝瑞恒(1932)、焦步青(1932)、唐景

---

① 《南大百年实录·中央大学史料选》,第406页。
② 《国立北京大学五十周年纪念》(1948),第1页。

崧(1935)、陈晋(1935)、张鸿翔(1936)、盛代儒(1936)、商鸿逵(1936)、赵卫邦(1936)、韩镜清(1936)。①西南联大期间招收研究生有汪篯(1939),阎文儒(1939),杨志玖(1939),汪篯(1939)、桑恒康(1939)、王明(1939),王永兴(1940),李埏(1940),王玉哲(1940),程溯洛(1941),魏明经(1941),杨向森(1941),方贵龄(1942),胡庆钧(1942),余培忠(1943),傅乐淑(1943),刘焕生(1943)等。毕业论文有王明《合校太平经导言》(1941),杨志玖《元世祖时代汉法与回回法之冲突》(1941),王玉哲《猃狁考》(1942),魏明经《唐宋间理学的先导》(1944),阎文儒《唐代西京考》(1944),方贵龄《元朝建都及时巡制度考》(1945)等。

东北大学。1938年东北大学迁四川三台。1940年设立东北史地经济研究室,金毓黻为主任,下分历史语言组、地理地质组、社会经济组,分别由杨曾威、萧一山、吴希庸负责。1942年改东北史地经济研究室为文科研究所史地学部,下分历史、经济、地理三组,史地学部导师有金毓黻、蓝文徵、萧一山、李光忠、郑资约、吴希庸、陈述、樊哲民。1947年文科研究所史地学部改为史学研究所。研究所历年毕业的硕士研究生有张亮采(补辽史交聘表,1943)②、李符桐(1943)、孙绳祖(1943)、隋觉(1944)、单演义(商周群狄考,1944)、史亚民(补魏书职官志,1945)、金铄(近代东北国际关系研究,1945)、赵齐光(1946)、孙希中(1947)、王学曾(1948)、刘增祥(1948)、陈喜炎(1949)、戴鹿鸣(1949),王惠民(东北币制研究)等。

辅仁大学。1937年辅仁大学成立文科研究所,主任沈兼士,史学部主任张星烺。史学部导师有沈兼士(初期意符字之形态与性质),陈垣(清代史学考证法),叶德礼(日本文明史),胡鲁士(西洋文明史),雷冕(宗教之起源及其发展,人

---

① 参见《国立北京大学历届同学录》(1948)。
② 张亮采在金毓黻指导下主要从事宋辽关系方面的研究。《补辽史交聘表》五卷十多万字收入金毓黻主编《辽海丛书》,还是当时搜集资料时的副产品。参见张亮采《补辽史交聘表》(中华书局,1958年,第1页)以及金毓黻《静晤室日记》(第7卷,第5074–5075页)。1911年商务印书馆出版张亮采《中国风俗史》,两人当为同名。

种学及史前史研究法),司徒资(西洋史学方法概论),余嘉锡(文章著作源流),史禄国(俄国膨胀史、亚洲东北史地)。辅仁大学史学部研究生有丰浮露、陈祥春、赵卫邦、刘厚泽、叶德禄、赵光贤、蔡思客、葛信益、张永崙、高婴齐、蔡文焕、高成、周长海、许棣芬、谢斯骏、林传鼎、佟肇勋、周长海、陈宗祥、刘景春、陈奇猷、高福曾、张克强、张瑄、王业猷、乔明顺、李维棻、李家琳、徐道龄等。

金陵大学。1936年金陵大学设置文科研究所史学部,史学部以培养史学师资造就高深人才提倡史学著作及促进史学研究为宗旨,由文学院院长刘国钧,中国文化研究所主任徐养秋,史学系主任贝德士为委员,拟定章程,设置课程,公布招生简章。抗战后西迁,由刘国钧、王绳祖、陈恭禄、徐益棠、李小缘为委员,决定以本国史为研究基本方向,从1940年开始招生。历年毕业之研究生为:汤定宇(东汉尚书制度考略,1947),张继平(叶水心先生研究,1948),刘骏(唐代赋税制度史述论,1947),程天赋(东晋南北朝之经济开发及平民生活,1947)。

清华大学。1925年清华大学设国学研究院,于国学之中注重于历史研究,四大导师中梁启超、王国维、陈寅恪均为著名史家。国学研究院中辍后,1930年清华大学另设立研究院,研究院文科研究所下设历史学部。历史学部"为指导已有相当程度之学生,作独立切实之研究,俾其本人得充分之治史训练,而于中国史学,亦期微有贡献。研究范围暂限于中国上古史、中古史及清史诸门"。①历史学部专为研究生所开课程为中国上古史专题研究(雷海宗),中国中古史专题研究(陈寅恪),清史专题研究(张荫麟),其他与本科课程共同选修者为史学方法(雷海宗),史学名著选读(雷海宗、孔繁霱、刘崇鋐),中国地理沿革史(谭其骧),中国上古史(雷海宗),隋唐史(陈寅恪),晋南北朝隋唐史研究(陈寅恪),中国近代外交史专题研究(邵循正),罗马史(噶邦福),欧洲中古史(孔繁霱),欧洲近代史(孔繁霱),蒙古史(邵循正)。清华大学文科研究所历史学部历届研究生及毕业论文为:邵循正《中法越南关系始末》(1933),朱延丰《突厥考》(1933),王信忠

---

① 《清华大学史料选编》第2卷下册,第594页。

《中日甲午战争之外交背景》(1934)，马奉琛《八旗兵制考》(1935)，张德昌《清代鸦片战争前中西海舶贸易之研究》(1935)，姚薇元《北朝胡姓考》(1936)，王栻《清代汉族大臣之出身与世家》(1940)，吴乾就 The Mussulman Rebellion in Yunnan Province during Ching Dynasty, 1821-1874(1942)，欧阳琛《火器考》(1945)，蒋相泽《清初内阁考》(1946)。①抗战胜利复员后，又招收研究生万绳楠、艾天秩、王寿华、余绳武等。

武汉大学。1942年，武汉大学设文科研究所，文学院院长刘颐兼所长。文科研究所下设文史学部，分史学门（组）和文学门（组）。1946年李剑农任文科研究所文史学部主任。1947年按教育部规程改为武汉大学历史研究所。1942年，文史学部招收研究生赵君恺、缪琨、袁琼玉、谭英华（唐元明三代对藏关系考）、林丕经、吴润芝、郭守田（濊貊源流考），1943年史学门研究生彭泽益、沈苏美、周春元，1945年史学门研究生胡孝瑞。②

燕京大学。燕京大学历史学系从1924年开始招收研究生。1931年正式成立文科研究所历史学部，费宾闰臣、洪业先后担任历史学部主任。导师洪业讲授远东近世史、史学研究法、年代学、目录学；王克私(Philippe de Vargas)讲授西洋史、基督教史；容庚讲授考古学、金石学；张星烺讲授辽金元史、中西交通史；顾颉刚讲授中国上古史、经学史、中国地理沿革；邓之诚讲授明史、清史、中国政治经济制度沿革；张尔田讲授中国中古史、中国文学史、中国佛学史。燕大毕业研究生及论文如下：杜联喆《读史名人生卒表》(1926)，杨昌栋 Plan for Study of "Some Contribution of Christianity to Europe in the Middle Ages"(1927)，张天泽《西王母考》(1928)，李崇惠《石达开日记之研究》(1929)，张立志《康熙帝之研究》(1931)，朱士嘉《中国地方志综录》(1931)，谭其骧《中国内地移民史（湖南篇）》(1932)，叶国庆《东闽十八洞研究》(1932)，陈懋恒《明代倭寇》(1933)，陈源远《唐代驿制考》

---

①《清华大学史料选编》第3卷上册，第103-108页。此外，经济所梁方仲《明代田赋史》(1933)，施子愉《唐代科举制度及其对于文学之影响》(1946)等为专门史之毕业论文。
②涂上飘：《民国时期的武大研究生教育》，https://alumni.whu.edu.cn/info/1043/7978.htm。

(1933),邱继绳《春秋时代交通》(1933),薛澄清《张燮及其东西洋考研究》(1933),严昌甫《五胡乱华考》(1934),张维华《明史佛郎机和兰意大利亚三传注》(1934),陈观胜 The Growth of Geographical Knowledge concerning the West in China during the Ch'ing Dynasty(1934),冯家昇《辽史与金史新旧五代史互证举例》(1934)。邝平璋《唐代公主和亲考》(1935),梁愈《明初控制东北考》(1935),李子魁《汉代郡县考》(1935),邓嗣禹《唐宋元明清中枢官制之研究》(1935),李延增《汉代官制研究:宰相之部》(1935),王育伊《宋徽宗至孝宗时代宋金之国交》(1935),翁独健《元代政府统治各教僧侣的官司和法律考》(1935),姚家积《明季遗闻考补》(1935),张诚孙《中央滇缅界问题》(1937),张玮瑛《清代漕运》(1938),赵丰田《晚清五十年经济思想史》(1938),邓选民《清代漕运》(1938),陆钦墀《英法联军之役史》(1938),蒙思明《元代社会阶级制度》(1938),葛启扬《六书说考》(1939),曹诗成《诗经中蔬菜植物考》(1939),侯仁之《天下郡国利病书:山东部分》(1941),王钟翰《清代则例与政法关系的研究》(1941),王伊同《五朝门第》(1941),刘开荣《唐代小说研究》(1946),陈增辉《犹太人归化考》(1946),程明洲《张文襄公传稿》(1946),戴德森(Marcy L. Ditmanson) A History of the Lutheran Mission Churches in China(1947),许大龄《清代捐纳制度》(1947),陈舒永《伲佬话的纪录和分析》(1948),万秋芳《巴黎和会》(1948)。

浙江大学。1939年浙江大学设文科研究所史地学部,张其昀任学部主任。史地学部分4组:史学、地形学、气象学、人文地理,张荫麟、叶良辅、涂长望、张其昀分任四部主任。1946年迁回杭州后改为史地研究所,增设人类学组,吴定良为主任。毕业研究生及论文为:刘熊祥《清季联俄政策》(1941),王爱云《贵州开发史》(1942),余文豪《元初汉军考》(1942),胡玉堂《古代雅典民主政治与雅典帝国》(1943),徐规《宋代妇女的地位》(1944),袁希文《唐代税法之嬗变及其因果》(1944),孙守仁《后金汗国社会经济与政治》(1944),倪士毅《赵宋宗室中之士大夫》(1946),程光裕《茶风与唐宋思想界》(1945),宋晞《士大夫势力下宋代商人的活动》(1946),文焕然《秦汉时代黄河中下游气候之蠡测》(1946)等。

中山大学。1927年中山大学设置语言历史研究所,分考古、语言、历史、民俗四个学会,1932年更名为文史研究所,开始招收研究生。1935年按教育部规程成立研究院,下设文科研究所,分中国语言文学部(分语言学组和文学组)和历史学部(分是史学组和人类学组)。文科研究所主任杨成志,历史学部主任朱谦之,教授陈安仁、黄延毓、胡体乾、容肇祖,助教梁受安、雷镜鎏,毕业研究生及论文为:陈国治《中国中古经济史》(1937),潘蔚《两汉西域志》(1937),江应樑《云南僰夷研究》(1938),王兴瑞《海南岛黎人研究》(1938),区宗华《中国税务司史》(1940),黄福銮《南洋华侨革命史》(1940),梁钊韬《中国古代巫术——宗教的起源及其发展》(1941),戴裔煊《宋代钞盐制度研究》(1942),王启澍《贵州东南部苗族之历史及其现状》(1943),丘陶常《中国思想方法论史》(1944),萧维元《岭南古迹考》(1945),李肇新《中国古礼研究》(1945)等。

中央大学。1926年东南大学通过《研究院简章》,规定大学本科毕业生经本系教授会推荐及高等学位委员会认可,可攻读研究生,成绩合格者,可成为文科、理科、教育科、农科、商科硕士。1939年中央大学设置研究院及文科研究所,历史研究所主任贺昌群,后历史研究所改为历史学部,由楼光来、金毓黻为主任。[1]历史学部毕业的研究生为曾祥和(两汉匈奴史表,1943)和魏煜孙(1943)。

此外,还有一些属交叉学科和专门史的研究生专业方向,如经济史。1927年成立南开大学社会经济研究委员会,1934年改为经济研究所。研究方向之一为战时社会经济史之研究,属区域性的研究包括:四川省之粮食运销;四川省之手工棉纺织业;西南之交通;西南各省之合作;西南各省之经济开发。属全国性的研究包括:中国经济之研究;中国战时经济之研究;中国战时通货膨胀研究;中国之战时财政;战时中国棉纺织业之进展;中国战时之交通。[2]经济史方向的研究生有袁永懿(第二班),王毓铨(第二班),吴于廑(第三班),陶大镛(第三班)。

---

[1]《南大百年实录·中央大学史料选》,第211—212、396—397页。
[2]《南开大学经济研究所一览》(1941),第6页。

陈序经任西南联大法商学院院长兼南开大学经济研究所主任,与吴于廑谈过一次话后就决定收其作研究生。①

新中国成立后,要批判旧的教育制度,研究生教育被暂时停止了。漆侠1948年考上北大研究生,在邓广铭指导下以《王荆公新法研究》为题,但未能按期答辩。②

民国大学的文科研究所历史学部和史学研究所实际上负有研究高深学术和培植高级专门人才两大职责,"大凡研究所之组织,不外两种目的:一为大学毕业生有志作高深学理研究者,谋深造之便利;一则纯为特殊问题之探讨,含有超越一般教育之意味"。③历史学部和史学研究所除了研究生培养之外,对于学术研究也非常重视。东北大学史地经济研究室创办《东北集刊》,完成专著有金毓黻《东北通史》、《东北文献征略》、《东北系年要录》、《千华类稿》、《东北要览》、《东北文献零拾》、《东北古印钩沉》、《辽海书征》,陈述《辽史补注》、《辽国闻见杂录》、《金国闻见杂录》,张亮采《补辽史交聘表》等。1942-1944年间举办东北文物展览会三次,尤以第三次规模最大。展出品包括东北现代资料、东北文献、东北图表、东北研究论文、东北风土照片、东北实物、东北关系印刷品七项,参观人数每日达三千多人。④中山大学文科研究所历史学部以西南边疆少数民族为研究重心,先后赴西康、云南、广西、贵州、广东等地进行史地调查。学部还出版"民俗学"丛书,包括崔载阳《初民心理与各种社会制度之起源》,杨成志《民俗学问题格》,顾颉刚《孟姜女故事研究》,容肇祖《迷信与传说》,钱南扬《谜史》,钟敬文《民间文艺丛论》,杨成志、钟敬文《印欧民间故事形式表》,钟敬文《楚辞中的神话与传说》,魏应麒《福建三神考》,顾颉刚、刘万章《苏粤的婚丧》,娄子匡、陈德长《绍兴故事》,姚逸之《湖南唱本故事》,钱南扬《祝英台故事》,赵景深《民间故事丛

---

① 吴于廑:《自传》,《吴于廑文选》,武汉大学出版社,2007年版,第450页。
② 漆侠:《我的学习路程》,《漆侠全集》第12卷,河北大学出版社,2008年版,第668页。
③《国立东北大学东北史地经济研究室概况》,《东北集刊》第1期,1941。
④《东北大学校志》第一卷上册,第660页。

话》,清水《海龙王的女儿》,刘万章《广州民间故事》,吴藻汀《泉州民间传说》,萧汉《扬州的故事》,黄绍年《孩子们的歌声》,刘万章《广州儿歌甲集》,章乾昌《梅县童歌》,陈元柱《台山歌谣集》,谢云声《闽歌甲集》,魏应麒《福州歌谣甲集》,王翼之《吴歌乙集》,娄子匡《绍兴歌谣》,叶德均《淮安歌谣集》,白翼《开封歌谣集》,丘峻《情歌唱答》,谢云声《台湾情歌集》,刘万章《广州谜语》,王鞠侯《宁波歌谣》,白启明《河南谜语》,钟敬文、刘乾初《狼信情歌》。学部专刊有胡光炜《甲骨文例》,朱邦彦《庄史案辑论》,陶成章《教会源流考》,杨成志《云南民族调查报告》《广东江北傜人调查报告》《粤北乳源傜人调查报告》《人类科学论集》。学部出版发行的期刊有《中山大学语言历史研究所周刊》《民间文艺》《文史研究所辑刊》《文史研究所月刊》《语言文学专刊》《史学专刊》《民俗》等。①北京大学复员后,文科研究所分四室:古器物整理室、金石拓片整理室、明清史料整理室、语言乐律实验室。古器物整理室所藏如甘肃彩陶、孟津本器、洛阳彩佣、灵宝画砖等已编号陈列,定期公开展览。拓片整理室中藏艺风堂拓片、北平志千唐志等拓片,整理后做好编年排列。明清史料整理室将历史要件选出陈列,以供参考,其他如题本、奏本、揭帖、朱谕、敕谕、墨谕、诏书、贡表、贺表等,按件摘由,录写卡片,缮造清册。②

第二节 研究生招生与培养

大学历史系本科培养目标和研究生培养目标有着根本上差异:"就史学应有之常识,务求设备完全。至于得此常识以后,欲专研究人类全史,以成所谓世界史或普遍史;或专研究一国史,如本国史及英、法、德、俄、日等国史;或专研究学术史,如政治史、经济史、法制史、宗教史等,则任各生之志愿。此则大学院或研

---

①《国立中山大学现状》(1943),第43页。
②《北京大学史料》第4卷,第563页。

究所之责任,非本系四年内所能谋及"。①在四年本科学习的基础上,再进一步作世界史、专门史、断代史的进一步深入研究,则是研究生阶段的任务。

1928年国民政府成立后先在大学设研究院,研究院下设研究所,历史学专业为文科研究所史学部。1946年改为史学研究所。文科研究所史学部和史学研究所得以运行的前提当然是经费,以东北大学1942年度史地经济研究室为例②:

科目	全年	一个月	备考
第一款 研究室经费	70240	5853.34	
第一项 俸给费	26880	2240	
第一目 俸薪	14160	1180	主任兼研究员480元/月。研究员2人,分别支340元/月和140元/月,助理员100元/月,书记2人,各支60元/月
第二目 研究生生活费	11520	960	研究生8人,120元/月
第三目 工资	1200	100	工友2人,各支50元/月
第二项 设备费	20000	1666.67	
第一目 图书费	16800	1400	
第二目 器具费	2000	166.67	
第三目 房屋费	1200	100	
第三项 研究费	21120	1760	
第一目 出版费	18000	1500	
第二目 采访费	3120	260	
第四项 事物费	2240	186.67	
第一目 文具费	1040	86.67	
第二目 杂费	1200	100	

根据1934年《大学研究院暂行组织规程》,"招收研究生时,以国立省立及立案之私立大学与独立学院毕业生经公考考试及格者为限。并不得限于本校毕

---

① 《现代大学史学系概览(1912–1949)》上卷,第40页。
② 《东北大学校志》第1卷上册,第655–656页。

业生"。①各高校的史学研究所或学部也都制订有招生通考或研究所简章,对研究生招生考生培养等有详细的规范说明。

研究生在民国时都指硕士研究生。招生对象为本科毕业生,历史学可以跨专业报考。金陵大学规定"凡国立省立及经教育部立案之私立大学文学院或独立学院文科毕业生以史学与中国文学为主辅系者或者其他各系毕业生,愿研究史学而毕业成绩在中等以上者,皆得应本部研究生之入学试验"。②一般来说报考研究生都需要在大学修习相关专业的成绩或证明文件。

研究生报考的流程为先初审报考资格,经笔试阅卷面试口试诸环节后,由研究所开会讨论录取。研究生考试科目试卷都由各大学自主命题。考试科目通常为语言和专业科,如金陵大学史学部招考科目为(1)国文;(2)中国史(通史及断代史);(3)西洋史;(4)第一外国语(限英文)。浙江大学史地研究所招考科目为(1)英文(2)中国通史(3)西洋通史。北大要求报考研究生时提交论文,根据提交论文来命题招考。郑天挺记1939年西南联大报告文科研究生10人:桑恒康、杨志玖、陈三苏、马学良、王丰年、逯钦立、詹锳、傅懋勣、周法高、汪篯。8月5日笔试,"八时至十一时笔试,就各研究生呈缴之论文分别出题……饭后试英文,一作文,一汉文译英文"。录取史学专业桑恒康、杨志玖、汪篯,语言学专业傅懋勣、陈三苏、马学良,文学专业逯钦立。又拟补招王明、王叔岷、任继愈、翁同文、刘念和、阎文儒、阴法鲁。口试时,"以膺中(罗庸)发问为多,立厂(唐兰)次之,莘田(罗常培)又。余仅问王明以《论语·为政》'子曰;书云孝乎惟孝,友于兄弟,施于有政'之经读,及《白虎通义》《后汉书》《三国志》之以'友于'为词,《熹平石经》包咸注'孝乎'之作'孝于'数事,盖王君论文谓'孝友'一词先于'孝弟',而引此句为证,似其有所未知也。问之,果皆不能答"。备录取阎文儒、任继愈、刘念和、周法高、王明、阴法鲁。1940年招考时,邓衍林论文为《清同文馆考》,试题为:一、同

---

① 《中国近代教育文献丛刊·教育法规卷》第4卷,第130页。
② 《南大百年实录·金陵大学史料选》,第229页。

文馆未成立前,明清两代有无同文馆之设置?其名称若何?组织若何?隶属若何?兴废若何?贡献若何?试详述之。二、有清一代,外交事务、外商贸易统计若何?试述其沿革。三、作者谓"郭嵩焘对西洋之认识远在李鸿章之上",试就郭氏言论行实,证以当时情势,以明其说。四、鸦片之役,后世史家论议不同,试检当时史实,以证先后在事诸人——林则徐、琦善之功罪。邓衍林口试由郑天挺主问,"就其论文试卷中隙陋矛盾浮浅处询之……所答均不切实,几于十问九不知也"。①1940年录取王永兴、李埏、陈三苏、董庶,备录取施子愉、王玉哲。

研究生招考命题和阅卷工作各高校自主进行,但似并不规范。1933年中山大学史学系拟招收研究生秦汉史一人,魏晋南北朝史一人,隋唐五代史一人,宋史一人。后招收研究生四名:陈国治、葛启扬、潘祃、陆永恒,备取二名:曾了若、朱杰勤。招生考试科目及阅卷:国文为朱希祖、朱谦之,英文为张葆恒,国史为朱希祖、萧鸣籁,外国史为周谦冲,中外地理为蔡源明,日文为张伯豪。朱希祖曾记阅卷情形:

> 朱谦之不慊于黎东方因余所荐,积恨于心。盖彼抱定主义为无政府主义,借历史哲学以文饰之、鼓吹之,此主义上之壁垒也。黎为清华大学史学系出身,而又留学法国专习史学,朱则仅在北京大学哲学系肄业,仅至日本一年,宜其忌黎而必欲排斥也。黎则校长主张延聘,余不过从旁吹嘘以助其成。然朱则衔恨于心,借阅卷时分数多寡、主张不同即悖悖然曰:'余不愿意阅了。'即拂衣疾行而去,同阅卷者为之愕然……朱谦之本为史学系主任,理应阅历史卷,然彼实不知历史,自荐阅国文卷,余不知心怀叵测也。乃写信于彼,剖明黎之来历,并露不堪侮辱将欲辞职之意。②

各大学都制订了一系列的关于研究生教育的规章制度,保证了研究生教育工作的开展。如东南大学《研究院简章》,金陵大学《金陵大学文科研究所史学部

---

① 《郑天挺西南联大日记》上卷,第175、188、299—300页。
② 《朱希祖日记》上卷,第310—311页。黎东方本介绍朱希祖担任中山大学史学系主任,1932年10月朱希祖至中山大学时系主任已由朱谦之担任。

暂行简章》，中山大学《研究院章程》，中央大学《大学研究院暂行组织规程》、《研究生章程》，浙江大学《国立浙江大学史地研究所规程》、《本所研究生指导细则》、《本所招考研究生简章》等，试举东北大学《研究生服务章程》为例：

第一条 本室研究生，系按所习科目分配各组从事研究工作。

第二条 研究生应服从研究员之指导，以从事本室指定之工作。

第三条 研究生于指定工作之外，得就研究所得，自行提出论文，但论题须先得本组研究员之同意，并请随时指导之。

第四条 研究生对于指定工作能努力从事，而所提之论文，亦系确有心得者，经本室审议，得给予相当之奖金。

第五条 研究生工作不力，或成绩不佳，得酌量减给生活费，或停止之。

第六条 研究生请假，须经本室主任之许可，但无特殊理由而请假至一个月以上者，得停给其生活费。

第七条 本室研究特殊问题，得派遣研究生至其他各大学借地研究，其期以一年为限。

第八条 凡本规程未经规定事项，而载在本大学各项章则者，本室研究生亦有遵守之义务。①

研究生的课程设置和培养方案由各学部和研究所制订。中山大学历史学部课程为：文化人类学、史学理论及方法、专门史、断代史、史料整理法、人类学理论及方法、体质人类学、民族学专题研究、文化史专题研究、民族史专题研究、史前考古学、历史考古学、中国边疆研究、社会起源。②有的大学研究生培养计划与课程设置也实行学分制。例如金陵大学史学部研究生课程分学程和研究工作，各20学分。学程分基本学程和专门学程，基本学程为研究生必须学程，注重史学知识、史学方法及史料之搜集与鉴别等，专门学程分五组，研究生选择一组为

---

① 《东北大学校志》第一卷上册，第676页。
② 《国立中山大学现状》(1943)，第42页。

主修范围,五组为:(1)国史组,包括中国通史、断代史、专史及历史地理等;(2)中国思想史及文化史组,包括历代之学术思想、文学美术、宗教哲学、氏族制度等各方面之历史的研究;(3)考古学及东洋古物研究组,包括考古学方法、古文字学及甲骨钟鼎瓦陶碑碣等古器物之综合或个别的研究;(4)东洋史组,包括亚洲各国历史之研究,特别注重于中国接壤之各国各民族如日本、朝鲜、安南、印度及南洋等;(5)西洋史组。研究工作规定研究生入学后第一学期内拟定研究计划,包括了(1)协助教授之研究工作,借此方法上之训练(4学分);(2)自力研究但仍须受教授之监督与指导(16学分)。研究结果于学期结束时写成论文,以审核成绩即为研究生之研究论文。①

民国时大学本科阶段半工半读、勤工俭学者甚多,但到了研究生阶段则完全不同。朱希祖认为在研究生阶段做学问不是旦夕可以收功,要研究生长期安心研究,必须使他们在生活上得到安定的保障。中山大学语言历史研究所改为文史研究所,招收研究生,除了免除一切学杂费之外,每人每月有八十毫洋的生活费,约相当于中山大学助教的薪俸。1934年教育部《大学研究院暂定章程》规定研究生不得兼任校内职务,研究生成绩优异者得给予奖学金,保证了研究生能够有充分的时间精力以及经济条件投入到学术研究中去。实际上就是将朱希祖在中山大学的做法以法规的形式推行于全国各大学的研究所中。朱希祖在任中山大学文科研究所主任期间特别主张研究生专攻断代史。朱希祖认为学术无涯而人生有涯,应该以有限的精力从事于某局部问题的研究,用力既专,日积月累,自见工夫。断代史"如两汉史、南北朝史、隋唐史、宋史等等,然后分别开列各朝代的文献目录,自正史以至笔记杂录无不具备,要他们按照日程循序读下去。一面读,一面做札记,非至材料完备,不许下笔为文。先生以这种硬扎硬打的治学方法教人,故当时出先生门下的如陈啸江(国治)、朱杰勤诸兄都能卓然有成"。②

---

① 《南大百年实录·金陵大学史料选》,第229页。
② 王兴瑞:《朱先生与国立中山大学》,《文史杂志》第5卷第11、12期,1945年。

研究生学习期间亦有考试环节。1935年,燕京大学根据教育部学位授予法,限制设立研究课程之学系;更严格地进行研究生入学考试;规定研究生修学年限至少为两年;于研究生入学时举行基本学识考试;研究生毕业时须经口试和笔试;研究生不必随堂听讲。学年结束前有中西史初步综考(comprehensive)。王伊同、王钟翰、何炳棣同考取邓之诚的研究生,王伊同修魏晋南北朝史,王钟翰、何炳棣修清史,主要的工作就是各自去摸索史料再研究选题。综考西洋史由齐思和出题,中国史由邓之诚出题,题目因人而异,何炳棣回忆"二王皆高分通过。我的考题全部有关清代史料,尤其要较系统地说出清三通编纂的经过;问题之较专狭者,甚至仅涉及某晚清学人的笔记。我几乎完全无法作答,久久不能动笔……我仍是交了白卷。一周后他另出了些明清史实制度方面的题目,如明代内阁和宦官,清代康、雍、乾之治等,我总算过了关"。①西南联大文科研究所研究生有年度考试。王永兴导师为陈寅恪和向达,其试题为:一、姚崇与张说年事相差若何,二人之家世、起家及历阶若何,史称说素与崇不平,其事若何,亦有所考求否;二、唐代府数诸书所记不同,后世考订之者有几家,其书若何,试分述之;三、都兵之义若何,唐代官名以都称者此外更有几,与此有无不同;四、试就平日考求所得说明开元时兵费。清华大学研究生毕业时学分成绩、毕业考试成绩、毕业论文三者各占一定的比例,以第一届毕业生邵循正和朱延丰为例②:

	邵循正	朱延丰
学分成绩25%	学分:第一年14,第二年22,第三年10 平均成绩:1.107 按25%计:0.277	学分:第一年18,第二年10,第三年12 平均成绩:1.08 按25%计:0.27

---

① 何炳棣:《读史阅世六十年》,第123页。
② 《清华大学史料选编》第2卷下册,第644、647页。

毕业考试25%	考试委员：蒋廷黻、刘崇鋐、陈寅恪、钱稻孙、噶邦福、孔繁霱、雷海宗、冯友兰、萧公权、燕召亭 应考学科：清史 评定成绩：上，1.1 按25%计：0.275	考试委员：蒋廷黻、刘崇鋐、陈寅恪、孔繁霱、钱稻孙、噶邦福、雷海宗、冯友兰、朱自清、张奚若 应考学科：晋南北朝隋唐史 评定成绩：上，1.1 按25%计：0.275
论文考试50%	考试委员：蒋廷黻、刘崇鋐、陈寅恪、孔繁霱、钱稻孙、噶邦福、雷海宗、王化成、张奚若 考试题目：中法越南关系始末 评定成绩：上，1.1 按50计：0.55	考试委员：袁复礼、蒋廷黻、陈寅恪、钱稻孙、雷海宗、杨树达 考试题目：突厥事迹考 评定成绩：上-，1.075 按50%计：0.538
总成绩	1.102	1.083
第二外国语	及格	补考及格

陈寅恪评价朱延丰的毕业论文"资料疑尚未备，论断或犹可商，请俟十年增改之后，出以与世相见，则如率精锐之卒，摧陷敌阵，可无敌于中原矣"。①

研究生学习和本科生不同，课堂知识的传授和学习并不占主要地位。汪籛1939年考上西南联大文科研究所研究生，指导教师为陈寅恪。在三年研究生学习期刊，"尽管与陈先生见面的机会不多，头一年只讲过一句话，但他能虚心学习，悉心钻研陈先生的《唐代政治史述论稿》等论著"。②方贵龄在西南联大随姚从吾、邵循正习蒙元史，姚从吾"指定我通读《元史》及其他有关元代文献典籍，规定每星期四下午向先生汇报一周来读书心得，并呈验读书笔记，乘时讲学论道，问难决疑"。③浙江大学史地研究所规定研究生指导教师一人，每两个星期定时与导师谈话一次。学制2年，必要时可延长一年。研究生专题研究从第一学年第二学期开始。研究生每学期除专题研究外，由导师开列阅读书目，每学期终进

---

① 陈寅恪：《朱延丰突厥通考序》，《寒柳堂集》，上海古籍出版社，2020年版，第144页。
② 吴宗国：《汪籛传略》，载《汪籛汉唐史论稿》，北京大学出版社，2017年版，第591页。
③ 方贵龄：《我和蒙元史研究》，《家学与师承——著名学者谈治学门径》第2卷，广西师范大学出版社，2007年不能，第169页。

行笔试。研究生完成规定课程,成绩达到要求方可毕业。宋晞浙大本科毕业后继续跟随陈乐素习宋史,"除了听课外,就是撰写读书报告,每隔数周向其请教一次,因此师生接触频仍,受益良多"。①

研究所师生集体学习或谈话以及野外考察活动亦属常见。燕京大学研究院历史学部经常组织导师和研究生的集体谈话会,设于历史学部主任洪业之私宅,到会的有导师顾颉刚、邓之诚、张尔田、容庚以及全体研究生,"会中话题不出史学及出版界范围,并由洪先生备有茶点,以助谈兴"。②1939年金毓黻曾带领与东北大学研究生张亮采、李符桐、隋觉、金铄考察史迹,一洞石刻云:"淳熙丁未孟春,岩房复华,浚都赵静之既为之记。是月中幹携家来游,时蒙恩将移节武信,倦此岩居之胜,裴回竟日"。此与《宋史·宗室传》互证,果有所得。③

研究生的成果亦有不少发表于学术期刊,如何炳棣《张荫恒事迹》载《清华学报》第13卷第1期,《翁同龢与百日维新》载 Far Eastern Quarterly。杨志玖1941年在《永乐大典·站赤》中发现了一条记载三位外国使臣的名字,与《马克·波罗行记》中所记三人相吻合。《永乐大典·站赤》条中的记载是马可·波罗到过中国的重要旁证。杨志玖以《关于马可·波罗离华的一段汉文记载》为题,交由顾颉刚主编的《文史杂志》,傅斯年将此文推荐给中研院评议会,获名誉奖。东北大学隋觉《太平天国女馆考》,金毓黻认为其文材料新颖,介绍至《文史杂志》发刊。

研究生的研究方向专长与导师未必一致,有时则需另外请人指导。如东北大学史地经济研究室研究生李符桐研究蒙古语言文字,金毓黻曾为之介绍重庆西陲文化研究院,黄文弼曾一度居于此,作为东北大学派遣之学生请为指导。④

毕业论文是研究生阶段的集大成。1944年,石泉考入成都燕京大学。《甲午战争前后之晚清政局》为陈寅恪所指导的唯一一篇近代史论文。石泉记陈寅恪

---

① 宋晞:《抗战时期的大学历史教学与史学研究》,《民国以来的中国史学论集》,第117页。
② 《本系消息》,《史学消息》第1卷第3期,1936年。
③ 《静晤室日记》第6卷,第4396页。
④ 《静晤室日记》第6卷,第4680页。

指导其毕业写作的具体经过：

> 某夜，陈师问及毕业论文拟写作何题？我率尔答称：对中国近代史感兴趣……陈师当时之主要研究领域乃魏晋南北朝隋唐史。不料陈师竟予首肯，认为此题可作，并告知：'其实，我对晚清历史一直很注意的，不过我自己不能作这方面的研究，认真作，就容易动感情，那样，看问题就不客观了，所以我不作。你想要作，我可以指导你。'聆听之下，不禁喜出望外。此后即逐步搜集史料，但由于种种原因，实际上直到1947年春，始正式撰写。历时年余，终于完成。写作过程，进行每一章之前，皆曾向陈师说明自己的初步想法，经首肯，并大致确定范围后，始着笔。每完成一大节或一小章（各章各节大小不等），则读与陈师听，详细讨论后，定稿。陈师对史料之掌握，极为严格：首先必须充分占有史料，凡当时闻悉并能见到者，皆须尽力设法搜集、查阅，不容有丝毫遗漏；而选用于学位论文时，则有尽量筛炼，力求精炼。其次则尤注意史料之核实，同一史事，尤其是关键性的记载，彼此有出入者，必须认真加以鉴定，确定其某一部分为史实后，始得引以为据。在观点方面，则持之尤慎，必以史实为立论之基础。论文中每有分析性之论点提出，陈师必从反面加以质询，要求一一作出解答，必至穷尽各种可能有的歧见，皆予澄清之后，始同意此部分定稿。其高度谨严之科学精神，对我此后一生的治学态度、途径与方法，皆有深远影响。①

研究生毕业论文最后必须经过答辩环节。清华研究生王栻题目为《清代汉大臣之出身与家世》，答辩委员为冯友兰、潘光旦、雷海宗、噶邦福、邵循正、刘崇鋐、张荫麟、郑天挺，傅斯年和陈寅恪未到，"余（郑天挺）所问以清代典制为多，尤注意于八旗制。考试成绩平均分数为八十二分半，余所拟为八十分"。②王玉哲毕业口试，到场委员唐兰、闻一多、雷海宗、罗庸、毛子水，"成绩甚佳"。③

---

① 石泉：《自序》，《石泉文集》，武汉大学出版社，2006年版，第2—3页。
② 《郑天挺西南联大日记》上卷，第275页。
③ 《郑天挺西南联大日记》下卷，第668页。

研究生的学位论文还要请校外专家评审。浙江大学陈乐素指导徐规硕士学位论文《宋代妇女之地位》,送中央大学贺昌群、姚从吾评审,姚从吾评语为:

> 本论文取材广博,论断亦精,足证学有心得。文中所引史料,大都采自原书,实事求是,尤见功力(阅者曾查对原书约四分之一,均皆符合)。唯择题稍嫌笼统,只能泛论宋代妇女在社会上之地位,而不易作专题深入之研究,微觉美中不足(就题目而言,似为宋代通史、社会史或文化史之一部或一章)。准许及格,并给玖拾分,以示优异。①

校外专家评审通过后又送呈教育部复核,由教育部先请一位专家复评,再提交教育部学术审议委员会常委会审查,经审查投票通过,再授予硕士学位。

总之,民国时期的文科研究所史学部和史学研究所在研究生培养方面颇有成效,在研究生的招生、培养、毕业各环节都严格把控。严格控制招考名额,提高入学门槛;制订较为完备的培养计划;做好毕业生的论文审核和答辩工作。②

---

① 徐规:《我和宋史》,《学林春秋》第二编上册,第31-32页。
② 王传:《民国时期史学研究生培养体制的演变》,《史学月刊》2015年第11期。

第六章　民国大学历史教学的时代意义

中国古代有着悠久的历史教育传统,在传承和发展人类文化,培养和弘扬民族精神,涵养和提高个人素质等方面发挥了巨大的作用。但是中国传统的历史教育在学科化、制度化方面的缺陷是非常明显的,从学科出发来推动史学发展更是无从谈起。1903清政府《奏定学堂章程》推行癸卯学制,方才实现了历史学在学科化、制度化上的根本性变革。从1903年《奏定学堂章程》至1939年教育部《大学各学院分系必修及选修科目表》,大学历史系的课程设置逐步走向成熟,建立完备的历史课程体系,甚至也在一定程度上影响到了新中国的大学历史教学。

将民国大学的历史教学置于史学发展的大背景下,可以对这一时期的史学史有着更为深入的认识。十月革命后马克思主义在中国广为传播,大学历史系也成为了介绍宣传唯物史观的重要阵地。在民族危机不断加剧之时,历史教学更发挥了其阐扬民族精神、增强民族自信的作用。

第一节　史学史视野中的大学历史教学

史学史(Historiography),简单来说就是历史学发生发展的历史。中国史学发展到了20世纪初出现了革命性的变革,即是梁启超所提倡的"新史学"。梁启超在《中国史叙论》、《新史学》等文中对中国传统史学进行了全面彻底的批判,在中国史学界产生了极为广泛而深远的影响。

与"新"相对应的自然是"旧"。"新"与"旧"的对立在大学历史系中表现得特别明显。大学历史系中守旧者不在少数。马裕藻曾一度主张复古,提倡国粹,写字要写篆字,说活也要恢复古音,甚至于穿衣也要效仿古仪。[1]张尔田"早岁愤梁启超辈,异说惑世,因撰《新学商兑》一卷。晚尤笃信孔孟,有犯之者,必定大声急呼以斥之,虽亲旧无稍假借。谓人心败坏至此,必有沧海横流之祸,屡有论述,归本礼教,欲为匡救"。[2]以张尔田为代表的晚清以来的传统史家,或者说是"老派"史家多数在大学讲台上不是太受欢迎的。夏鼐曾回忆:"下午去听张尔田的《史学概论》课。疏疏的胡须,乱杂的头发,进课室来毕恭毕敬地鞠一躬,然后坐下来。微微摇着头说话,苍白的唇间可以看出两列黄牙,中间已落下几粒了。用两只手做着姿势来加重语气,使得坐在头一行的女性,掩口作吃吃笑。他越发得意了,以为是学生们听得有兴味而笑了。越发高兴说他自己是想造就几个人而教书,却不知道这下面一大堆人都是为学分而读书。"[3]就是章太炎在青年学生中也已不甚受欢迎,夏鼐听章太炎讲演《今日最切要之学术》,"没有去年胡适讲演的号召力。去年胡适来讲,可容百余人的103号讲堂竟嫌太小,后来改到可容纳七八百人的大礼堂,依旧是挤满一堂,连外国教授也来听讲,可见章氏的时代是已过去了"。[4]

从二十年代开始,一些较早创办的大学历史系逐渐开始在教师中实现更新换代工作。北京大学史学系主要是由国史馆改组而成,"任教的不是从前的翰林,就是从前的进士,他们对于中国史固然是很熟的,对于研究史学的方法也完全是采用中国固有的不科学的方法。学校当局有鉴于此,故欲派遣学生前赴西

---

[1]《近代中国史家学记》下卷,第595页。
[2]邓之诚:《张君孟劬别传》,《燕京学报》第30期,1946年。
[3]《夏鼐日记》第1卷,第31页。
[4]《夏鼐日记》第1卷,第103页。

洋学习欧洲人所谓治史的方法,以期把西洋的史学研究法介绍到中国来,作中国人研究历史的一个借镜"。①据说1917年北京大学成立中国史学门,其时陈独秀任文科学长,据说赞同新文学者入中国文学门,反之则入中国史学门。北大史学系的更新换代是逐步进行的,朱希祖在担任系主任时,"耆儒新进,皆所延聘。通儒如陈伯弢汉章、叶浩吾瀚、陈援庵、马叔平、邓文如之诚诸师,硕学如李大钊、陈翰笙、李璜、王桐龄、孔繁霱、李季谷诸先生,咸来讲学,一时称盛。盖无分派系,兼容并收"。②朱希祖去职,陈受颐继任后,史学家中的"老派"便逐渐减少。胡适任北大文学院院长,聘请陈受颐任历史系主任便是一重要革新,陈受颐岭南大学毕业后留学美国,为芝加哥大学哲学博士,主持北大史学系史为实现"博古通今闳中肆外"之目标,而不仅仅局限于线装书。③为了传播介绍西方史学,北大最早派遣姚从吾、毛子水等人赴外国留学。陆懋德初掌清华历史学系时强调"中国现时急宜输入西方史学知识,并急需改造中国史书,故史学人才,实有预备养成之必要"。④蒋廷黻1929年担任清华大学历史学系主任,根据其回忆:

> 我在清华,一开始,想找一位能教汉代历史的学者,当我提出此一拟议时大家都认为杨先生(杨树达)是最适当的人选,因为他是伟大的汉史权威。他晓得各种版本的前汉书和后汉书。他对各种版本真伪的鉴定,以及章句解释可以说无出其右者。他是这两本古书的最高权威。但他教了一年以后,如果有人问他:'杨教授,你能给学生和我正确扼要的讲一讲汉代四百年间都发生过什么事,汉代重要政治、社会和经济变化如何吗?'他会说:'我从未想过这些。书中没有讨论过这类问题。'……人们变成为研究版本而研究版本,为研究古籍而研究古籍了。此种研究历史的方法在现在已经落伍,不能再继续下去。我们不能再把时间继续浪费在这方面。渐渐的,我认为我

---

① 《近代中国史家学记》下卷,第976页。
② 傅振伦:《先师朱遏先先生行谊》,《文史杂志》第5卷第11、12期,1945年。
③ 吴相湘:《三生有幸》,第14页。
④ 《文献与记忆中的清华历史系(1926—1952)》,第9页。

应该放弃这批旧学者。我要把他们当作我个人的老师。我希望他们能在我身边,以便请教,另一方面我希望能有一批新人来教历史。在教书时,他们能够告诉我们中国从什么地方发源,又向何处发展,最后定居在什么地方。我不声不响地引进一批年轻教授代替原来的老教授。一点麻烦也没有。①

在新、旧史学交替的过程中,余英时特别提到了在燕京大学洪业和顾颉刚:"在近代中国史学的发展历程上,顾先生和洪先生可以说是代表了史学现代化的第一代。尽管他们都继承了清代考证学的遗产,在史学观念上他们则已突破了传统的格局。最重要的是他们把古代一切圣贤经传都当作历史的'文献'(document)来处理。就这一点而言,他们不但超过了一般的乾嘉考据家,而且也比崔述和康有为更向前跨进一步。"②顾颉刚和洪业都生于1893年,顾颉刚1913年入北大预科,洪业1915年赴美留学。顾颉刚和洪业都属于尚小明先生所划归的第三代史学教授群体,接受了现代大学教育的洗礼,又或是有过海外留学经历。以顾颉刚、洪业为代表的这一代史学家不但在治学方法和路径上较乾嘉诸老更上一层,更重要的是其在学科体制下按照现代大学学科的教育模式来培养史学研究的专门人才,又源源不断地补充到大学历史系中。

在新旧史学交汇碰撞的过程中,学生总是趋新的,接受马克思主义史学的学生也不在少数。师生之间也难免会出现各种歧见、摩擦甚至是鸿沟。刘起釪在中央大学师从缪凤林,缪凤林"示意我从他走,毕业后即到他史地系任教。他笃信古学,与我承祖训所习相合,因而常谈得来,且过年过节常招我到他家去。但渐渐觉得他过于抱残守缺,对稍具新意的他都反感。而我接触新的领域越来越广,觉得他所坚持的与我所要追求的渐难相合,不过我在情谊上始终尊重他"。新、旧之间歧见在教师中同样也有所体现。刘起釪在中央大学史学系受影响最大的是缪凤林和丁山,但缪、丁二人不合,"不知为什么丁先生对缪先生常有一种

---

① 蒋廷黻:《蒋廷黻回忆录》,第165—166页。
② 余英时:《顾颉刚、洪业与中国现代史学》,《文史传统与文化重建》,三联书店,2004年版,第408页。

敌忾之情一样的情绪,对我动辄诋斥缪先生。缪也常'目无余子'似的轻视丁先生这些人。有时感觉到不只是他两人之间的对立,而是另有两种不同气氛之间的对立,我夹在缝中常感到为难"。①缪凤林固然"笃信古学",但丁山却颇能利用西方社会科学方法来治史。

到了三四十年代,大批往届历史专业的毕业生、研究生以及外国留学生进入到大学历史系中,更加速了历史系更新换代的进程。但相比之下,出身于旧式体制下的学者,除少数外在新的社会环境下的境遇并不甚佳。1931年顾颉刚主持燕京学报社招考一名书记,"报名者百余人,有大学毕业者,有曾作科员者,有在前清进士馆任事者,有但求吃饭不须薪金者。翻览一过,殊觉世上可怜人之多"。②

但是,对于史学发展过程中的新老交替现象也不能过于绝对化。二十年代以后,很多学界老辈学人也进入大学,教授弟子,陈衍入北京大学、厦门大学,袁嘉谷入东陆大学,姚永朴入安徽大学,高步瀛入北京师范大学、北京女子师范大学、辅仁大学,朱师辙兼课辅仁大学,李详入东南大学。任鸿隽掌川大时,文学院长张颐,中文系龚道耕讲三礼,林思进讲史记,周癸叔讲词,向楚讲楚辞,祝同曾讲资治通鉴,李植讲说文,李蔚芬讲庄子,赵世忠讲广韵,彭云生讲杜诗,庞石帚讲文心雕龙,萧参讲诗经,曾宇康讲文选,向宗鲁讲校雠学,陈季皋讲汉书。有相当一部分后学对老辈学人并不排斥,而是亲自问学,受业传承,有的老辈学人与青年学生的关系也颇为融洽,与五四时期新旧学术的截然对立完全不同。③

梁启超之后,倡言"新史学"者甚多,甚至连马克思主义史学也曾一度以"新史学"为名,其中值得注意的是美国历史学家鲁滨孙所著之《新史学》,由何炳松翻译。朱希祖任北大历史系主任时,"颇思以欧美新史学改革中国旧史学,曾聘

---

① 刘起釪:《我和<尚书>》,《家学与师承——著名学者谈治学门径》第2卷,广西师范大学出版社,2007年版,第150-151页。刘起釪所说的史地系为中央大学师范学院史地系,缪凤林为系主任。
②《顾颉刚日记》第2卷,第591页。
③ 桑兵:《晚清民国的学人与学术》,中华书局,2008年版,第200-203页。上述老辈学者入大学之中国文学系甚多,在历史系者较少。

西洋史教授翻译新史学及唯物史观等书,从事鼓吹……有何炳松、陈翰笙、李璜诸先生来为教授,介绍欧美新史学"。①何炳松1917年自美回国后大力提倡美国的"新史学",在北高师创办《史地学刊》,南高师也有《史地学报》,"北京、南京之外,其他各地的新式学校亦莫不以西方史学为现代史学的指标"。②在课程设置上,除了外国史的课程外,更有传播介绍西方史学的诸如史学通论、史学方法论、外国史学名著导读、西洋史学史等,大学历史系成为西方史学在中国传播的至关重要场域。朱谦之以中山大学为中心,提倡"现代史学",将"现代史学运动"与"南方文化运动"相结合,"现代史学"实质上也是新史学。③

1902年梁启超发表了《新史学》,举起了"史界革命"的旗帜。梁启超对以帝王将相为中心的旧史学进行了严厉的批判,批判旧史学的"六弊""二病""三恶果"。旧史学与新史学之间的区别在于"前者史家不过记述人间一、二有权力者兴亡隆替之事,虽名为史,实不过一人一家之谱牒;近世史家必探索人间全体之运动进步,即国民全部之治乱及其相互关系","前者史家不过记载事实,近世史家必说明其事实之关系与其原因结果"。要改传统的政治史为"国民发达史"。④

梁启超的上述新史学思想在大学历史教学中得到了清晰的体现。大学历史系在课程设置上要符合新史学的要求,蒋廷黻就倡言"清华的史学课程想要培养一种新史学……我们希望各种课程,除授内容外,同时也是新史学的一种具体表现"。⑤梁启超倡导"民史"更得到了积极的响应。朱希祖北大讲授中国史学概论,讲义为《中国史学通论》,其中《国史》篇,论史家因正统偏霸之成见,而蔑弃国内外之史材多矣,此亦足破千古之谬见,盖史家应高自位置,不为政治家之仆

---

① 朱希祖:《北京大学史学系过去与将来之希望》,《北京大学卅一周年纪念刊》(1929),第67页。
② 汪荣祖:《在西风下省思中华史学的走向》,《读史三编》,上海人民出版社,2019年版,第7页。汪荣祖认为中西史学传统殊异,无条件地植入西方史学并非长策,中西史学应以互补为上。
③ 刘小云:《学术风气与现代转型:中山大学人文学科述论(1926-1949)》,三联书店,2013年版,第200页。
④ 梁启超:《新史学》,《饮冰室合集·文集》第九,第7-11页。
⑤ 《现代大学史学系概览(1912-1949)》下卷,第746页。

隶,方足以称史职。他如今后之史学,不应专重国史,而须提倡民史,盖国史决不能发露真情也。凡此诸端,已足矫正旧史钜弊,可以丕变史风"。①以大学的中国通史教学而论,"民史"突破了传统以政治为中心的框架,"眼光向下"而延伸至各个领域。吕思勉认为"'一部二十四史,只是帝王将相的家谱。'这一类的话,在今日,几乎成为口头禅了。这些话,或言之太过,然而偏重政治的弊病,是百口莫能为讳的",因此除了政治史之外,还应注重社会史,"且如衣、食、住、行,是人生最切要的事,读某一时期的历史,必须对于这种生活情形,知道一个大概,这是无待于言的了"。②吕思勉的通史和断代史以《文献通考》中的"治乱兴亡"和"典章制度"为区分,恰对应了政治史和社会史。卫聚贤拟编中国通史,完全不用朝代划分,而专以类相从,拟编部类为:史学史、史籍目录及解题、历史研究法、历史概念、社会史、工具史、生活史、民族史、文化史、政治史。③姚名达在中正大学讲中国通史,另创名为国史综析,从上下古今综析贯通以研究,分门别类,各成系统,"他以为中国历史都是讲帝王生活、朝代更替及贵族家事,所以他特别注意讲国计民生及一般社会情况,以为这些才有最真正的历史意义"。④吴其昌认为中国通史的讲授,"必须折衷于重点与全面之间,并能上下脉络连贯一气,与断代史有别,与专门史有别。应该侧重中国文化史和制度史。具体说,应摘要讲解学术思想、宗教信仰、政治制度、国计民生、风俗习惯等等"。⑤卫聚贤、姚名达、吴其昌都毕业于清华国学院,学术思想当然与梁启超一脉相承。

从历史学分科及研究领域的角度来审视,大学历史教学对于史学分科的推动主要有二:外国史和专门史,前者是研究领域的拓展,后者是研究的深入和细化。

---

① 朱希祖:《中国史学通论》,第1页。
② 吕思勉:《历史研究法》,《吕思勉全集》第18卷,第56页。
③《近代中国史家学记》下卷,第843页。
④《近代中国史家学记》下卷,第988页。
⑤ 马同勋:《传道授业典范,教书育人楷模——怀念恩师子馨吴其昌教授》,载《吴其昌文集》第5卷,第367页。

传统的史部目录以《四库全书总目提要》为集大成，但是《四库全书总目提要》史部的分类中没有外国史的专门分类。晚清以来的各种译书目录中收录了大量的史志类著作，《东西学书录》和《译书经眼录》"史志类"中的"专史"收录外国史著作。范希增《国立中央大学国学图书馆书目》新增了外国史门类。外国史的分类在传统的目录学中并不起眼。但是在大学历史系的课程设置中，外国史却是非常重要的门类。清华大学历史系把外国史提到和本国史同等重要的地位，其他大学的外国史课程设置也为数众多。1938年教育部将中国通史和世界通史这两大通史作为文学院以及理学院、法学院、师范学院的共同必修课。北大、清华等大学历史系选派留学生的初衷之一也是为了外国史的教学培养师资。蒋廷黻在任清华大学历史系主任时，在课程方面注重开设"普通的课程"，非史学系的学生需要有必备的历史知识，历史系的学生也并非都以历史学为终身职业，因此诸如中国通史、西洋通史、日本通史、俄国通史等课程都是提供最基本的知识。20世纪的中国已经到了中外文化汇流的时代，"我们中国行民治，讲宪法，则我们不能不知道希腊、罗马的民治试验，中古城市市民的参政，阶级会议的经过，以及近代英、法、美各国对宪法及民治的贡献。其他经济、思想、科学各方面，我们都受西洋的影响"[①]，要了解中国之外世界历史的普通知识，在课程设置上中外并重。这一时期的外国史在课程设置、教材编写、人才培养、学术研究等诸方面都取得了相当的成绩。

从《史记》和《汉书》开始，在中国史学史上就有通史和断代史之分。20世纪初专门史兴起后，专史甚至在某种程度上要越过了通史、断代史。从史学发展的趋势来看，"现代史学和现代的科学一样，已经走到集体工作的阶段上，没有和以前像司马迁、刘知幾等震耀一时的名星了。各专门范围之内，皆有主要的领导者"。[②]专门史的课程设置至少体现了两种倾向：学术分科细化与学科交叉融

[①]《现代大学史学系概览（1912—1949）》下卷，第746页。
[②]齐思和：《近百年来中国史学的发展》，《燕京社会科学》第2期，1949年。

合。前者使得历史学的研究领域不断析分,不断缩小,以某一领域为对象,不必如通史一般需要面面俱到,学者易为其功劳。后者使得历史学出现了跨学科的趋势,历史系可以"为他系之补助课程,如政治、经济、文学各系,不习历史,无以知时代之背景,及古今之变迁"。①

关于历史学的科学属性,西方学界自18世纪就开始讨论了。将Science译作"科学"是日本留荷学者西周。大约在甲午战争后就有国人使用"科学",大约1900年前后,"科学"一词取代了"格致"在中国学术界得到了普遍的使用。20世纪中国史学的"科学化",已是一个不容忽视的历史事实。②

史学的"科学化"在大学历史系中主要表现是"社会科学化"。1919年北大历史系"废门改系",史学门改称为史学系,将史学从文科中独立出来。史学被定位为社会科学之一种,而与政治学、经济学等其他社会科学并列。周予同就认为"历史是社会科学之一"。③20世纪以来,社会科学影响历史学都是大势所趋,"至少当欧美仍然方兴未艾之际,崇尚西学的国人很难不为左右。而且这一趋势对于冲击旧史学确有颠覆性作用,又能很快建立大体上自圆其说的新架构,填补旧的解释系统崩溃后留下的真空。史学在中国从来不仅是学术,还是道德伦理的重要体现,因而须臾不可少"。自20世纪二十年代中期开始,中国的大学在量的方面出现迅猛增长,后起的大学史学系纷纷朝着社会科学化的方向发展,步伐较北京大学更加积极。各大学的历史系的课程纷纷跟进,以顺应新潮。④

国民政府成立后历史系都是隶属于文学院的,但是在课程设置方面则较为突出地体现出历史学与政治学、经济学、社会学等社会科学之关系。朱希祖认为"社会学、政治学、经济学等社会科学为史学基本知识,列于必修科,此虽为学术上当然之途径,然使史学一改其研究史学之心理,不致专以多识史事为史学,此

---

① 《文献与记忆中的清华历史系(1926—1952)》,第9页。
② 朱发建:《20世纪上半叶中国史学"科学化"问题研究》,第7页。
③ 周予同:《开明本国史教本》,开明书店,1931年版,第1页。
④ 桑兵:《晚清民国的国学研究》,第79页。

亦可为特纪之事。盖由今观之，实为寻常，在当时则视为异常也。凡此设施，皆思以文学的史学，改为科学的史学"。①北京大学历史系要求一年级和二年级学生必须先将与史学相关的基本科学先行修完。按北大史学系之课程指导书："学史学者，先须习基本科学。盖现代之史学，已为科学的史学，故不习基本科学，则史学无从入门。所谓基本科学者，即生物学、人类学、人种学、社会学、政治学、经济学、法律哲学、社会心理学等等……先行学完，乃可以言史学"。②岭南大学历史政治系下设历史、政治、社会三科，强调"历史是研究政治、社会的基础，亦是中外文学的背景"。③

对历史学科学化可以从很多方面来理解，其中至为重要又被广泛认可的是用科学的方法来研究历史。历史的任务是求真，科学的方法则是实现求真的途径。科学的方法在多数情况下指西方的史学方法，陆懋德在筹办清华大学历史学系时强调"宜注重西史方法以广传习也。西国自十九世纪以来，历史一门，久成科学，近时多谓之历史科学 Science of History，德法史家，尤称深造。盖研究上古史者，必赖人类学、考古学、地质学、语言学、宗教学之结果，研究近代史者，又必用地理学、政治学、社会学、经济学之解释，而其审择材料，组织成书，又须严按科学方法。吾国学者每多文史并称，而文亦无不以史家自命，辗转遗误，自不待言。今须力矫前人之弊，认定历史为专门之学，而望其根本改造，自必赖西国方法"。④蒋廷黻认为"研究一切社会科学，必须注重其历史背景，历史是一切社会科学的基础"。⑤朱谦之在中山大学提倡史学的社会科学化，重点研究社会史、经济史、科学史。

但是，历史学是否为科学在西方始终有争议，屈威廉直接以"一位缪斯"来命

---

① 朱希祖：《北京大学史学系过去与将来之希望》，《北京大学卅一周年纪念刊》(1929)，第67页。
② 《现代大学史学系概览(1912–1949)》上卷，第17页。
③ 《文理学院概况》，《岭南周刊》第12卷第13期，1938年。
④ 陆懋德：《筹办清华大学历史系计画书》，《清华周刊》第25卷第16期，1926年。
⑤ 《文献与记忆中的清华历史系(1926–1952)》，第275页。

名历史女神"克丽奥"。20世纪上半期虽然大多数大学的历史系都强调了历史学的社会科学化倾向,在课程设置时一方面与政治学、社会学、经济学等社会科学贯通,另一方面重视史学方法的训练,但是还有少数的学系并不认同此倾向。1933年华西协和大学通过教育部立案,文学院下设各自独立的历史系和哲学系,1935年历史系与社会系合并为史社系,1940年历史、哲学两系合为哲史学系。哲史学系在全国大概仅此一见,"学历史的人不能不研究哲学,学哲学的人不能不以历史为依归。有哲学修养的人方足认识历史,有历史智识的人方足以体会哲学。哲学与历史在本身上即有至为密切而相互牵涉的关系,二者的结合成功实在有非常重大的意义。在国内,这种结合尚是创举,这实在是一个杰作"。①哲学是高度抽象思辨的,科学是具体的、实证的,两者大概可以对应"形而上"和"形而下"的区别,将哲学和史学合为哲史学系,显然是对历史学科学化道路的背驰,尤其是1946年姜蕴刚任哲史学系主任,姜蕴刚主历史艺术论最力,开设历史艺术论课程,哲史学系显然是脱离当时学术主流的存在。

20世纪以来大学历史系的发展当然不能与历史学学科的发展完全画上等号,但是两者关系之密切是不言而喻的,中国古代的"史官"和"史家"两者几乎都可以归并到大学历史系中去。20世纪以来的历史学家与大学历史系完全不发生任何关系的几乎没有,白寿彝回忆自己曾有着"著名的历史学家""民族史学家""教育家""社会活动家"等各种头衔,但不管是什么家,白寿彝只谦承为"不过只是一个普普通通的史学工作者,一个新中国的教书匠"。②

就"史著"而言,20世纪上半期的很多史学名作的最初形态都是大学授课讲义。授课讲义亦即是研究成果。吕思勉的史学著作甚丰,除了通常所说的两部通史、四部断代史、五部专门史之外,《吕思勉全集》中所收在光华大学授课讲义有《吕著中国通史》、《中国近代史讲义》、《中国近世史前编》、《中国社会史》、《中

---

① 《现代大学史学系概览(1912—1949)》下卷,第716—717页。
② 白寿彝:《我在燕京的学习生活》,《白寿彝文集:历史教育·序跋·评论》,第491页。

国政治思想史十讲》《史通评》《文史通义评》,在沪江大学讲授中国哲学史的讲义为《理学纲要》,沪江大学的一系列文字学课程讲义《章句论》《中国文字变迁考》《字例略说》《说文解字文考》等,各部讲义都有着很高的学术水平。授课讲义较为通俗,《中国社会变迁史》后用文言改写成《大同释义》,两书的内容观点是一致的。陈恭禄在金陵大学编写了一系列授课讲义:《日本全史》(1927)、《印度通史》(1928)、《中国近代史》(1935)、《中国近百年史》(1936)、《中国史·第一册》(1940)、《中国通史讲义·第一册》(1944)、《中国史·第二册》(1947)。讲义的范围涵盖了古今中外。

授课讲义以及教材编写同样也体现了新史学的要求,以新思想、新观点、新方法为指导来进行编写,冯友兰比较胡适《中国哲学史大纲》与其本人的《中国哲学史》:

> 无论写哪一种专史以至通史,都有这两层难处。第一种难处是材料,第二种难处是写法。写一种中国的什么专史以至通史,必须掌握封建历史家所掌握的那些材料,还要有能力对于这些材料,做精密的审查,严格的取舍,取精用宏,这是第一层。第二层需要掌握方法,不是和封建历史学家那样,选抄编排,而是要分析史料,并将分析所得,综合地叙述出来。就这两层说,这是资产阶级历史学的要求。至于马克思主义的历史学,还要求在散漫的历史事实之中找出规律性的东西来。①

大学历史系对史学发展最重要的贡献自然是人才培养。洪业在燕京大学时,"在课堂上随时留意可栽培做历史工作的学生。他要求学生头脑清楚,而且有作学术探讨所需的独立精神。发现这样的学生他便刻意加以奖励,教他们怎样抓住学术问题的要点,不受细节的困惑,大胆地作假设,再试试看假设经不经得起考验;并怎样有条理地、有说服力地提供结论。洪业严格要求他的学生用第一手材料,出处必须一一备注。对特别可造就的学生,洪业则鼓励他们学习外

---

① 冯友兰:《三松堂自序》,《三松堂全集》第1卷,第185页。

语,帮助他们出国深造。他的目标是培养一群具世界观的中国历史家,寄望这新一代的学者能对庞大的中国文化遗产有所发现,把该保存的东西保存下来"。洪业的历史人才的培养是很有计划性的,重在断代方面,其中郑德坤研究考古,齐思和研究春秋战国,瞿同祖研究两汉,周一良研究魏晋南北朝,杜洽研究唐代,冯家昇研究辽代,聂崇岐研究宋代,翁独健研究元代,王伊同研究南北朝,房兆楹、杜联喆夫妇和王钟翰研究清代,其他如治佛教史的陈观胜,治方志的朱士嘉,治海上交通史的张天泽,治制度史的邓嗣禹等。①

师生之间的学术传承不但包括了史学思想、治史方法等学术的方面,还包括了课堂授课、指导学生等教学的方面。宋晞在浙大历史系大三时选定以宋史为研究范围,浙大历史系张荫麟、陈乐素均治宋史,宋晞自述:

> 当我撰写《北宋稻米的地产分布》为毕业论文时,进图书馆看书与借书的机会比较多。以便条纸来摘录史料,就是那时候开始的。我要定期晋谒乐素师,报告研究进度,他会指示应该阅读那些书籍。有时候,看完一部书,却找不到一条相关的资料,向他陈述时,他会安慰我:'你看完那部书,没有你需要的资料,就是你的收获。'事后想想,不无道理。乐素师讲课很有条理,扼要而且切题。我记笔记算是有一手的,譬如'唐史'、'宋史'与'日本史'等,笔记还保留下来。相隔多年,自己在大学里教书,事先作充分准备,讲授时有条不紊,学生反应良好,这都是受乐素师的影响。②

但是民国大学的历史教学毕竟是处于初创阶段,存在的问题也有不少,诸如报考人数过少、毕业失业等等。1932年顾颉刚曾感叹"本年选课者特少,大约因予课太专门,又无兴趣之故。而时势之刺戟,使人不安于故纸堆之生涯,亦一大原因"。③选课者为张维华、邓嗣禹、李子魁、李晋华、黄席群、王育伊、罗香林、高仰山、谢国彦、翁独健、栾植新,上述诸人中有不少日后都成为知名史家。1934-

---

① 陈毓贤:《洪业传》,第194-195页。
② 宋晞:《对乐素师教学风范之感念》,《民国以来的中国史学论集》,第259页。
③ 《顾颉刚日记》第2卷,第684页。

1935年间,教育部曾对各大学的教学情况进行检查,发现不少问题,比较有普遍性的如北京大学"文学院学生人数,较他院为特多,招生应注意紧缩",北平大学女子文理学院"教员缺席,学生缺课,已相沿成习,迟到早退更为常事。该院经费,教职员薪俸,占86%,殊属不合,会计账目,异常复杂",清华大学"专任教授中,尚有一部分兼任他校功课,仍宜酌加限制",中央大学"文、法两院教授讲师尤形过多,各院系助教118人,显逾需要"。具体到历史系的如北京师范大学"地理系、历史系、生物系教学成绩欠佳,应彻底整顿",华中大学"政治、经济、社会、历史等课,应酌量增聘本国专门学者讲授",暨南大学"史地系并应注重南洋史地之研究"。①

第二节 大学唯物史观及相关课程设置与马克思主义的传播

众所周知,在中国早期传播马克思主义最有贡献的当然是李大钊。自意大利拉布里奥拉之后将马克思主义引进课堂后,第二位在高校中系统开设马克思主义课程的便是李大钊。1920年的《北京大学史学系课程》中有李大钊的唯物史观。从1920年开始,李大钊在北京大学的史学系、经济系、法律系、政治系以及北京女子高等师范学校等五所大学开设唯物史观、国际工人运动、史学思想史、社会主义与社会运动、现代政治等有关马克思主义的课程,并留下唯物史观讲义目录和史学思想史讲义目录。唯物史观讲义目录为:(1)唯物史观在现代史学上的价值;(2)马克思的经济历史观;(3)物质变动与道德变动;(4)原人社会对于文字书契上之唯物反映;(5)中西文明根本之异同;(6)由经济上解释中国近代思想变动的原因;(7)中国古代经济思想之特点。史学思想史目录为:(1)史观;(2)今与古;(3)鲍丹的历史思想;(4)孟德斯鸠的历史思想;(5)韦柯及其历史思想;(6)孔道西的历史思想;(7)桑西门的历史思想;(8)马克思的历史哲学与理恺

---

① 《中国近代教育文献丛刊·教育法规卷》第12卷,第255—314页。

尔的历史哲学；(9)唯物史观在现代史学上的价值；(10)唯物史观在现代社会学上的价值。上述讲义中的很多内容都以单篇论文的形式刊于《新青年》等进步期刊上。①

在早期传播马克思主义和推动革命运动方面和北大齐名的是上海大学，有"北有北大，南有上大"之称。1922年成立的上海大学有很多共产党人在此执教，邓中夏任校务长，瞿秋白任教务长兼社会学系主任，陈望道任中国文学系主任。社会学系教师有瞿秋白、施存统、蔡和森、安体诚、周建人、周颂西、曾杰、火贡达、冯子恭、何世桢。瞿秋白制订了上海大学的章程。瞿秋白还编译了布哈林《历史唯物主义》，改名为《社会科学概论》。李季讲授政治经济学时最早将《资本论》、《反杜林论》等经典译成中文，又将《资本论》改编成《通俗资本论》，作为执教班级的指定教材。其他关于社会主义的著作如安体诚《社会科学十讲》，李达《新社会学》，漆树芬《帝国主义铁蹄下的中国》，熊德善《科学社会主义》等，在学生中影响很大。②

北平师范大学历史系亦开设有唯物史观课程，根据其课程说明，唯物史观"研究之内容为：(一)唯物论在马克斯学说中之地位，(二)生产力与生产关系，(三)各社会形态之发展与唯物论，(四)唯心论与唯物论之异点"。③开设此门课程的当为侯外庐。1932年，侯外庐在北平大学法学院任教。法学院院长白鹏飞肯于容纳信仰马克思主义的学者，该校教授中有李达、陈启修（豹隐）、陈翰笙、许德珩、王思华、李光忠等马克思主义者或进步学者。侯外庐任经济系教授，在经济学课上讲授马克思主义政治经济学，在社会学课上讲授唯物史观。侯外庐同时还在师范大学和中国大学兼课，根据其回忆：

> 在师大，我讲的是唯物史观，也很受学生欢迎。由于不便公开亮明唯物史观的旗帜，课程最初定名为'历史哲学'，讲的内容是社会存在社会意识，

---

① 韩水法主编：《北京大学哲学学科史》，商务印书馆，2014年版，第234页。
② 叶文心：《民国时期大学校园文化（1919-1937）》，第105页。
③ 《现代大学史学系概览（1912-1949）》上卷，第152页。

社会的基本矛盾——生产力与生产关系、上层建筑与经济基础及其辩证关系、阶级斗争、国家与革命等基本原理。学生们对'历史哲学'这个课程的题目越来越感到不满足,纷纷要求亮明唯物史观的旗帜,学校当局一再犹豫不决,但在学生强烈的要求下,最后不得不同意作出名副其实的更改。在中国大学,我作为兼职讲师,担任的课程不多。我在逸仙堂作过一次关于亚细亚生产方式的讲演,这是我第一次向公众表明自己的亚细亚生产方式观点。那次讲演受到许多师生的重视。"①

北平师范大学历史系除了唯物史观外还开设苏俄研究,内容包括"一、国家资本主义,二、军事共产主义,三、新经济政策及第一、第二五年计划等"。②

西北大学历史学系的课程设置为(1)基本课程,有哲学概论、地理学、考古学等;(2)理论课程,有历史哲学、历史方法论、唯物史观等;(3)中国史;(4)外国史。其中特别值得注意的便是唯物史观。按历史学系课程设置,唯物史观课程四学分三四年级选。讲授唯物史观的可能系罗章龙。罗章龙自1934年起任河南大学、西北大学经济学系教授。按西北大学对其介绍:"本校经济学系教授罗仲言先生,主讲中国国民经济史,蜚声国内"。③

抗战爆发后中国马克思主义史学有延安、重庆两个中心,在重庆汇集了一大批马克思主义史学家,其中有的在大学任教。吴泽在重庆复旦大学"从事高校教学和学术研究,在青年学生中和学术界师友间共同深入开展抗日爱国的宣传教育和社会活动,以及深入开展马克思列宁主义基本理论教学和理论宣传,并揭示抗战胜利后新中国建设的社会主义道路",以唯物史观为指导完成了《中国原始社会史》、《中国历史大系·古代史》、《中国历史简编》等。④

抗战胜利北京大学复员后讲授唯物史观的还有吴恩裕,1936年入伦敦政治

---

① 侯外庐:《韧的追求》,《侯外庐著作与思想研究》第1卷,长春出版社,2016年版,第29页。
② 《现代大学史学系概览(1912—1949)》上卷,第152页。
③ 《国立西北联合大学档案史料选编》上卷,第562页。
④ 吴泽:《我的治学历程和史学观》,《史学家自述——我的史学观》,第217页。

经济学院,师从英国著名的马克思主义学者拉斯基。吴恩裕博士论文 *The Evolution of Marx's Social and Political Ideas with Special Reference to the Period 1840-1848*,后以《马克思的政治思想》(1944)为名出版。回国后历任中央大学、北京大学政治学系教授。吴恩裕在北京大学讲授唯物史观,编有《唯物史观精义》(1948)讲义,"根据唯物史观的本义参照近今的实际情况做些'推论'或'阐释'外,对本书各章所提出的问题的基本观念,都是马克思自己的。我并没有逾越一个'解释者'应有的限度"。唯物史观(The Materialist Conception of History)即历史的唯物论(Historical Materialism)是一种历史理论而与唯心史观、宗教史观、道德史观等相区别。吴恩裕先从唯物史观的基本含义入手,认为唯物史观最核心的两个概念分别是"生产方法"(mode of production)和"生活方法"(mode of life),前者是来说明一切历史及社会的构成及其演进的过程,后者是说明个人的活动及思想。这样,唯物史观既能解释历史或社会,也能解释个人。唯物史观解释历史或社会,即认为:"任何一个社会,都必须先有一个生产方法,以制造及分配人类生活的必需品,俾可维持人类的生活或社会的存在。它又认为:一个社会有了某种性质的生产方法,便必然地会有某种性质的社会上层建筑——即政治、道德、法律、哲学、美术、宗教等"。唯物史观解释个人,即认为:"任何一个人必须先有一种维持其生活的方法,而后才能有旁的活动。例如政治、道德、法律、哲学、美术、宗教等。它又说:他这种维持生活的方法的性质,也必然地决定所有上述旁的活动的性质"。①《唯物史观精义》在基本含义的基础上依次论述了唯物史观的政治论、道德论、人性论、计划社会论、永久和平论,上述各论都从唯物史观既能够解释历史或社会,又能够解释个人的双重角度来加以阐发。李大钊从日本学者河上肇处引入了"唯物史观"这一概念。在二十年代译介了很多以"唯物史观"为名的著作。《联共(布)党史简明教程》中收入了斯大林《论辩证唯物主义和历史唯物主义》一文,在三十年代末《联共(布)党史简明教程》传入中国后,斯

---

① 吴恩裕:《唯物史观精义》,《吴恩裕文集》第3卷,商务印书馆,2019年版,第177、186–187页。

大林所确定历史唯物主义理论体系在新中国成立后一直沿用。显然,吴恩裕《唯物史观精义》以"生产方法"(mode of production)和"生活方法"(mode of life)分别对应社会和个人,从政治论、道德论、人性论、计划社会论、永久和评论五个方面建构了唯物史观的理论体系,与《论辩证唯物主义和历史唯物主义》中的阐释完全不同。

抗战胜利后,不少马克思主义史学家都受到当时主流大学的邀请担任课程。1948年,侯外庐在北京大学开设中国思想史,这门课程是将中国社会史与中国思想史熔于一炉。①燕京大学历史学系在1949年聘请翦伯赞担任唯物史观之历史哲学课程,"大为同学热烈欢迎"。②邹衡回忆1949年初,很多民主人士自香港汇聚北京,北京大学请了郭沫若、马寅初、侯外庐、翦伯赞等来讲课,"我都认真地听讲和记笔记"。③1949年,北大史学系邀请郭沫若、范文澜、翦伯赞、侯外庐、杜国庠等马克思主义史学家出席座谈会,北大史学系10人出席,分别是郑天挺、向达、杨人楩、朱庆永、张政烺、余逊、邓广铭、胡钟达、汪籛、杨翼骧,胡钟达意外成了主角。

在民国大学讲台上公开传播唯物史观有时也要承担一定的风险。李则纲在讲授三四十年代讲授唯物史观,没有撰写讲义,只有讲授大纲,学生根据其口述作了笔记,后整理而成《历史形态的研究》。但在安徽大学和安徽师范学院讲授时两次被学生告发宣传"反动思想"。④

1930年周谷城出任中山大学社会学系主任,请了杨东莼教历史唯物论,自己教社会发展史,在学校颇有影响。朱谦之在民国时以信仰多变著称,但在上海暨南大学讲授唯物辩证法的时候,也曾一度成为了辩证法唯物论者。⑤复旦大

---

① 张岂之:《我与中国思想史研究》,《学林春秋》第二编下册,第418页。
② 《历史系一年概况》,《燕京社会科学》第2期,1949年。
③ 邹衡:《我和夏商考古学研究》,《学林春秋》第二编下册,第382页。
④ 李则纲:《历史形态的研究》,《李则纲遗著选编》,安徽大学出版社,2006年版,第367页。
⑤ 朱谦之:《一个哲学者的自我检讨》,《朱谦之文集》第1卷,第91页。

学在重庆北碚时,法学院院长张志让除了讲法学外,还讲授辩证唯物论和历史唯物论课程。①

唯物史观和历史唯物主义是同义语。斯大林《论辩证唯物主义和历史唯物主义》提到"历史上生产关系有五大类型:原始公社制的、奴隶占有制的、封建制的、资本主义的、社会主义的"。②这是对五种社会形态的最经典的表述。社会发展史是历史唯物主义的主要内容,这两个概念曾合在一起,称"社会发展史-历史唯物主义"或"历史唯物论-社会发展史"。艾思奇多次提到"好好的把社会发展史-历史唯物主义再读一遍,认真弄清楚什么是劳动创造世界、阶级斗争的思想以及马列主义的国家学说","学习了社会发展史-历史唯物主义,知道了劳动创造世界的思想,知道历史首先是劳动者的历史,而人民是创造历史的动力","由于学习社会发展史-历史唯物主义,经过一些自己反省,就会发现自己的思想与马克思主义的基本观点有着许多矛盾"。③可见,社会发展史是唯物史观的基本内容之一。在1939年《联共(布)党史简明教程》被译成中文之前已经有了一批以社会发展史或社会进化史为名的论著,如萨可夫斯基《社会进化之铁则》、马哲民《社会进化史》、黄菩生《社会进化史》、王子云《社会进化史》、陆一远《社会进化史大纲》、库斯聂《社会形式发展史大纲》、邓初民《社会进化史纲》、刘莹《人类社会发展史》、臧进巧《社会进化简史》、波卡诺夫《唯物史观世界史》等等。④社会发展史及相关课程在大学中亦多有开设。

1922年,蔡和森先后在上海平民女子学校和上海大学任教,讲授社会进化史。并编写《社会进化史》(1924)。《社会进化史》的主要观点是基于恩格斯《家庭、私有制和国家起源》。《社会进化史》内容分三篇:家族之起源与进化;财产之

---

① 薛明扬、杨家润主编:《复旦杂忆》,第121页。
② 斯大林:《论辩证唯物主义和历史唯物主义》,《斯大林选集》下卷,人民出版社,1979年版,第446页。
③ 艾思奇:《从头学起——学习马列主义的初步方法》,《艾思奇全书》第4卷,人民出版社,2007年版,第63-65页。
④ 杨艳秋:《马克思主义社会形态理论与中国史学》,《史学集刊》2021年第4期。

起源与进化;国家之起源与进化,恰对应了《家庭、私有制和国家起源》中家庭、私有制、国家这三个关键词。蔡和森《社会进化史》在上海大学作为社会革命史课程的教材。

暨南大学历史地理学系的社会进化史课程,按其介绍:"本学程讲述人类社会进化之一般现象,务使学者对于人类历史获得正确之概念。其内容分为:一、绪论,二、人类社会之起源,三、原始社会,四、氏族社会,五、奴隶社会,六、封建社会,七、资本主义社会,八、社会主义社会之出现"。①按三十年代前期在上海暨南大学讲授社会进化史的当为邓初民。大革命失败后,邓初民在上海组织左翼社会科学家联盟,并且在暨南大学、法政学院、艺术大学和中国公学等校任教,讲授社会进化史。邓初民《中国社会史教程》首章绪论,余下四章为原始社会、氏族社会、奴隶社会、封建社会、半封建社会。1933年被暨南大学解聘后赴广州中山大学,继续讲授社会发展史,编成讲义《中国社会史教程》。《中国社会史教程》分先史时代的中国社会(原始社会、氏族社会)和正史时代的中国社会(奴隶社会、封建社会、半封建社会)两编,实际上就是按照马克思主义社会形态理论来编写中国社会史。作为一部课程讲义,在章、节之前冠以概说,在概说中指出章、节中要叙述的特点,在章、节之后殿以问题研究,"因此,它虽不能算是什么权威著作,但对于初学诸士女,或者不至全无帮助"。②

除了唯物史观、社会发展史的专门课程之外,大学的历史、哲学、经济以及社会科学等相关课程中也有涉及到唯物史观的内容。

梁园东早在1924年就加入了中国共产党,大革命失败后任教于上海劳动大学,根据徐懋庸的回忆:"教过我们世界史的梁园东,他教世界史用的是唯物史观的观点。"③周谷城是著名的"红色教授"。1921年北京高等师范学校毕业后在长沙第一师范任教,后在衡阳、长沙的农民协会和农民运动讲习所工作,与毛泽

---

① 《现代大学史学系概览(1912—1949)》上卷,第290页。
② 邓初民:《中国社会史教程》,河南人民出版社,2016年版,第1页。
③ 徐懋庸:《徐懋庸回忆录》,人民文学出版社,1982年版,第60页。

东结下了深厚的友谊。大革命失败后,周谷城运用革命理论为指导分析中国历史,完成了《中国社会之结构》、《中国社会之变化》、《中国社会之现状》三篇。1930年出任中山大学社会学系主任,开设社会发展史与社会科学名著选读课程,后者主要就是选读马列著作,所选的有摩尔根《古代社会》,恩格斯《家庭、私有制和国家起源》,将《共产党宣言》改了题目选读。1932年到上海暨南大学,讲授并编写了《中国通史》。《中国通史》出版后,"反动的系主任竟说我的书有马克思主义嫌疑,而不让教,指定我改教《世界通史》和《世界史学史》。当时,南京中央大学的教授诬蔑我写的《中国通史》是拿了俄国人的卢布写的"。①1942年进复旦大学即教世界通史,并编写了《世界通史》教材。吴晗在西南联大讲授中国通史,将翦伯赞、邓初民的著作作为重要参考书,还有《新华日报》《联共党史》等读物。吴晗在当时被认为是"一位以新观点(强调历史的人民性)与新方法(唯物论辩证法)的明史权威……他否定了过去的记载,而以新观点、新方法研究中国断代史中最被人曲解、最骗人厉害的《明史》,他把《明史》重新估价,他把朱元璋重新估价"。吴晗"每年讲课的笔记总是从'石器时代到''抗战建国'十二个大题目。史实的叙述侧重在每个制度形成的动机和失败的原因,常提到农民的痛苦生活和暴动反抗。他很少说到英雄帝王的事迹,但对王莽和王安石给了很大的赞美。黑板上的字迹很挺拔,讲课的声音宏大而急促"。②马非百在河南大学担任世界经济史、中国经济史两门课程,前者用的是熊得山译山川均《唯物史观经济史》为教材,后者以本人《中国民生史》讲义为基础,参考了郭沫若《中国古代社会研究》而编写。③

自十月革命后马克思主义传入中国,大学校园是马克思主义传播的重要阵地。唯物史观及相关课程在大学课堂上是最受欢迎的,在师生中影响极大。朱希祖任北大系主任时,"聘西洋史教授翻译新史学及唯物史观等书,从事鼓

---

① 周谷城:《自传》,《周谷城全集》第6卷,第511页。
② 《近代中国史家学记》下卷,第861、851页。
③ 《马非百自述》,《世纪学人自述》第2卷,第115页。

吹"。①吕思勉曾回忆"马列主义初入中国，予即略有接触，但未深究。年四十七，偶与在苏州至旧同学马精武君会晤，马君劝予读马列主义之书，尔乃读之稍多。于此主义，深为服膺"。②顾颉刚亦倾向于唯物史观，"（何）定生劝予接受唯物史观。此事予非不愿，予亦知许多历史现象，非用此说明之不可。然予现在无法研究，若不成熟而惟取宠于人，则'画虎不成反类狗'，内疚神明矣"。③马非百回忆在河南大学时，"学生对我的信任也越来越高。甚至不断发生学生会不通过教务处，擅自挂牌通告：某课缺席，几点钟全体在大礼堂集合，听马老师讲'辩证法'或'唯心主义与唯物主义'等等"。④戴家祥在南开大学经济研究所"有机会看到马克思、恩格斯有关剩余价值、唯物史观的学说和列宁的帝国主义理论，初步认识到旧中国的统治者是不会长久的"。⑤在北大讲授哲学史的冯友兰也在一定程度上接受了唯物史观，"随着马克思主义在中国的传播，在历史工作中，唯物史观也流传开了。对于中国社会史、中国经济史的研究，正在展开，各方面不同的意见，开始论战……唯物史观的一般原则，对于我也发生了一点影响。就是这一点影响，使我在当时讲的中国哲学史，同胡适的《中国哲学史大纲》有显著的不同"。⑥

唯物史观作为一门课程在学生中影响甚大，北大图书馆保存有1923年学生贾廷珊的试卷题为《试述马克思唯物史观的要义并其及于现代史学的影响》，上有李大钊的批阅，并给予95分。⑦吴恩裕在北大所开设马克思和社会主义思想课程属选修课，"但是听课的人很多"。⑧吴恩裕并指导学生吴运楠的毕业论文

---

① 朱希祖：《北京大学史学系过去与将来之希望》，《北京大学卅一周年纪念刊》(1929)，第67页。
② 吕思勉：《论学丛稿·三反及思想改造学习总结》，《吕思勉全集》第12卷，第1222-1223页。
③ 《顾颉刚日记》第2卷，第600页。
④ 《马非百自述》，《世纪学人自述》第2卷，第115页。
⑤ 戴家祥：《戴家祥自传》，《戴家祥文存》，第34页。
⑥ 冯友兰：《三松堂自序》，《三松堂全集》第1卷，第186页。
⑦ 韩水法主编：《北京大学哲学学科史》，第234页。
⑧ 《北大院系介绍》(1948)，第44页。

《马克思唯物史观考略》。严耕望曾回忆李则纲倾向社会主义和民主运动,但非共产党,"我由于李先生的引导与(童)长庆的联系,看了不少社会科学书籍,也略涉一点唯物史观的理论,对于我后来的史学观念,影响也极大"。①安徽大学中文系丁兴广毕业论文《文字学上中国古代社会钩沉》,"是篇本唯物史观探文字构造之源,以求吾国古代初民社会之遗迹,凡榛莽至荒渺,石器铜器之演进,氏族之萌芽,渔猎牧畜农耕之演进,无不勾稽参证,得其隐微。不独文字学上未有之局,亦足为治古史者有所取资也"。②陈旭麓在贵阳的大夏大学就读,阅读了《论持久战》《资本论》《联共(布)党史简明教程》等,"被这些书中的辩证法、唯物论的观点强烈地吸引……开口就是'否定之否定'、'对立统一',闭口就是'生产力'、'生产关系'。这些在今天已是习惯用语,在当时还是相当时髦的新名词。于是同学们给他起了个绰号——牛克斯"。③陶懋炳在国立师范学院的师长中有熊德基,但是当时却未多请益,"把再向前迈一步就接触马克思主义历史科学的机会白白丢掉了"。④钱穆、傅斯年等所共同排斥的,一是晚清以来"认空论为实事"的"史论",一是"先横一理论于胸中",再拿史实以填充的"史观",在二三十年代被视为"京派"学者的标志。傅斯年所提倡的"一分材料出一分货,十分材料出十分货",与唯物史观显然是背道而驰,中国社会史论战、唯物史观等基本上与以史料、考证为尚者绝缘。"京派"学者的史料、考证的学术倾向与青年学生的需求之间的距离相差不可以道理计,这样也就注定这群学者势必要让青年学生失望了。⑤

抗战胜利后,很多历史系的师生都投身于爱国民主运动。李埏任教于云南大学,参加了中国共产党领导的"新民主主义者联盟",为地下党刊物《新云南》撰

---

① 严耕望:《治史三书》,第256页。
②《安大第二届毕业纪念刊》(1933),第2页。
③ 熊月之:《陈旭麓先生传略》,载《陈旭麓文集》第4卷,华东师范大学出版社,1997年版,第610–611页。
④《陶懋炳自述》,《世纪学人自述》第6卷,第149页。
⑤ 陈建守:《燕京大学与现代中国史学发展(1919–1952)》,第236–237页。

写稿件。1949年12月,云南和平解放后被选为云南大学教授会第一任主席。兰州大学历史系助教魏郁长期从事地下工作,于兰州解放前被秘密处决。

马克思主义在中国的传播过程中,还有不少错误的、荒谬的观点夹杂于其间,如在二三十年代的中国社会史论战中,托派、新生命派都口口声声以马克思主义为指导,但其理论、方法、结论等都与真正意义上的马克思主义相差甚远。新生命派的代表人物陶希圣在三十年代曾在北京大学讲授中国社会史、中国经济史等课程,"将唯物史观活用到中国历史上,在他也时时免不了有困难"。①杨人楩在北大史学系据说是最"卖座"的教授,在西洋通史、法国革命史等课上经常常提到辩证法和唯物论,"虽说辩证法和唯物论拆开来讲是不构成罪名的,当年吴稚晖也是大叫过唯物论的,但对于那些'打不通上下关系'的人,'唯物论'、'辩证法'到底是危险的东西。正因为杨先生爱说这一套东西,他勾引了好多学生的注视……那时有个学生预备和他辩论,因为据那个同学说,他所了解的历史唯物论和杨先生所说的不大相同"。②从观点来看,杨人楩所说的并不是真正意义上的唯物辩证法。有的学生虽然也接受了唯物史观,但却并非主流。罗尔纲考入上海大学本科三年级社会学系,"读的教本是《资本论》、《政治经济学》、《社会学》等等。我还去旁听陈望道《修辞学》、胡朴安《文字学》、周建人《生物学》等课。我受的是马克思主义的启蒙教育,是我一生得到最新的、最丰富的新知"。③吴晗同样反思"由于时代的激荡,马列主义学说多年来广泛地在学校传播。1930年以来,我无条件地接受了历史唯物论,企图应用这新观点、新方法来研究中国历史,这二十年乱写了四五十篇专门论文。但由于思想没有搞通,不会运用辩证法,更由于受了胡适之极深的影响,治学钻到考据的牛角尖里去了,也就自然不

---

① 《近代中国史家学记》下卷,第762页。
② 《近代中国史家学记》下卷,第964页。
③ 罗尔纲:《生涯六记》,《罗尔纲全集》第20卷,社会科学文献出版社,2011年版,第41页。

会有什么好的成绩了"。①但在罗尔纲、吴晗等人早期的学术生涯中,始终还是受胡适实验主义的影响为大。

第三节 大学历史教学与民族精神的阐扬

古今中外大多数的历史学家都十分重视历史学的教育功能,历史学对于激发民族精神、发扬爱国情怀起着重要的作用。20世纪的中国历史教育丰富和发展了中华民族精神,使其能够成为推动中国历史发展的重要精神力量。②这一点在任何语境下都是正确的。本节所论是在20世纪上半期民族危机日益加剧的特殊背景下,大学历史教学之于民族精神的意义。

民国以来的大学历史系在课程设置、学术研究等方面都注重紧扣时代主题。在课程设置方面,专门史中重视中国近代外交史,外国史中则尤注意于日本史。

外交是指国与国之间的交往,古代外交和近代外交差别极大。中国古代涉及到国与国关系的一般都名之为中西交通史。现代意义上的中国外交是在鸦片战争以后,与西方国家发生外交关系后才真正开始出现的。③与中国外交相伴随的是外交史研究,清代道光、咸丰、同治三朝编修《筹办夷务始末》,王彦威、王亮父子抄录军机处光绪、宣统外交档案,编成《清季外交史料》。辛亥革命后,学术化的外交史逐步实施,外交研究机构和报纸杂志纷纷设立,高校中也开设了中国外交史的相关课程,有北京大学的中国近代外交史(蒋廷黻),北平师范大学中国外交史,大夏大学中国外交(曾琦、杨栋林),东北大学中国外交史,辅仁大学

---

① 吴晗:《我克服了"超阶级"的观点》,《吴晗全集》,中国人民大学出版社,2010年版,第9卷第51页。
② 尤学工:《20世纪中国历史教育研究》,中国社会科学出版社,2014年版,第210页。
③ 朱梅光:《近代中国外交史学研究》,黄山书社,2012年版,第17页。有少数中国外交史的著作以1689年中俄《尼布楚条约》作为中国外交之始,但大多数的外交史著作还是以鸦片战争为开端,与中国近代史的开端相一致。

近世中国外交史(刘彦),岭南大学中国近代外交史①,清华大学中国外交史和中国外交史专题研究(蒋廷黻),中山大学中国近百年外交史(何襄明),山西省立教育学院中国近世外交史,厦门大学中国近代外交史,中央大学中国外交史等。上述外交史都是历史系开设的,但也有不少高校法学院政治系也开设中国外交史,如武汉大学法学院政治经济系近代中国外交史课程,"讲授自西欧东亚直达航路发现后(约1516年)至最近时期之中国外交史。分为四期;(1)1516年葡人初来至1793年马嘎尔尼使节来华;(2)略述近代中国外交史之背景(1793年至1860年英法联军入北京),注重此冲突时期内丧失之国权;(3)讲述此时期内国权之继续丧失(1860年至1918年欧战终止);(4)讨论此时期内国权之收复(1902年马凯条约至最近)",以教师自编之讲义为课本。②

中国外交史课程基本上都是多边的,国际关系史课程则多由政治系开设,两国双边外交史课程极少,如清华大学历史学系近代中日外交史(王信忠),"讲述中日近六十年来之外交关系,除使读者得一系统的概念外,拟使领会中日外交史研究之门径"。③

刘彦曾在北京大学、清华大学、朝阳大学、辅仁大学等兼任中国外交史的课程。刘彦在晚清时曾留学日本,1911年毕业于早稻田大学。刘彦在日本留学期间完成了《中国近时外交史》为中国近代外交史领域的奠基之作,1911年初版,1914年再版,1921年出第三版。初版叙至清末,再版增补了民国成立后之外交两章。1914以来的重要外交事件全为中日之交涉,故刘彦另作《欧战期间中日交涉史》。刘彦认为中国近时外交实起于鸦片战争,但其在辅仁大学所兼课程为近世中国外交史,起于1689年之《尼布楚条约》,终于1931年九一八事变后日本占领东三省,在外交史的断限方面不同于《中国近时外交史》。

---

①岭南大学还有中国古代外交史,内容为汉代至明末中外关系。但汉至明并非是真正现代意义上的外交,应以中西交通史为合理。
②《国立武汉大学一览》(1932),第63页。
③《现代大学史学系概览(1912—1949)》上卷,第344页。

蒋廷黻于1923—1929年在南开任教,以马士(H.B.Morse)的《中华帝国对外关系史》(International Relations of the Chinese Empire)为主要参考书,而事实上马士之作确为该领域的标杆著作。蒋廷黻认为马士其书并不尽如人意,"该书是依据英国蓝皮书和美国对外关系丛书写成的。就英、美两方资料说,莫斯的书是无懈可击的。但事实上,仅凭两国资料是写不出杰出的外交著作的。因此,莫斯的观点是片面的。他对参加鸦片战争及英法联军和谈的中国人士的描述是模糊不清的。这些人当时对问题的看法究竟如何?他们提出过意见吗?十九世纪中国的外交观点如何?这些问题当我在南开开课时都令我感到困扰。我想根据中国书面资料,来研究中国外交史"。①1929年蒋廷黻转任清华大学历史系主任,在清华大学、北京大学等校讲授中国外交史课程的同时,在故宫博物院抄录军机处外交档案,编成了《近代中国外交史资料辑要》。②蒋廷黻没有外交史方面的专著,《近代中国外交史资料辑要》可视为其在外交史领域的代表作。

马克思主义史学家亦在中国外交史领域有所建树。钱亦石从1930年开始在上海暨南大学和法政学院讲授中国外交史,《中国外交史》为其授课讲义。钱亦石以中国社会的半殖民地半封建性质为基本出发点。从中国方面叙述中国外交史当然是片面,更要从资本主义、帝国主义侵略的角度来叙述中国外交史。帝国主义对殖民地、半殖民地国家的侵略又是国际帝国主义体系的重要组成部分。《中国外交史》主要从资本主义发展到帝国主义的视角来分析其与中国外交史的关系,"从帝国主义间及帝国主义与中国间的相互关系中,去把握我们研究的中心——中国外交问题,就是这本书的最大特色。它绝然不是其他记载着一堆史料的史书所能比拟,是可以想见的"。③

此外,张忠绂从1929年开始先后任教于东北大学、南开大学、北京大学政治

---

① 蒋廷黻:《蒋廷黻回忆录》,第127页。
② 《近代中国外交史资料辑要》计划编三卷,上中卷专论中日战前历史,材料专采自中国,下卷为下关条约以后的历史,材料由中外兼收。
③ 金枫:《读物批评介绍·<中国外交史>》,《读书月报》第1卷第1期,1939年2月。

系,开设中国外交史,完成了《中华民国外交史》这一断代外交史著作。万仲文于1939年开始在广西大学政治系讲授中国外交史,在讲义纲要的基础上扩写而成《中国外交之史的分析》。

外交史有其重要的学术意义,钱穆在谒见章太炎时曾询及国史馆及国史编修问题,钱穆问新国史与传统之二十五史有何不同,章太炎认为"列传与年表等当无何相异。惟书志一门,体裁当有大变动。即如外交志,内容牵涉太广,决非旧史体例可限"。①蒋廷黻亦批评《清史稿·邦交志》根本不解现代外交为何物。大学外交史课程的开设以及编写相应的教材专著,对外交史这一专门史而言意义重大。

除了学术意义外,外交史更能彰显其时代意义。鸦片战争以来中国屡遭失败,除了战争的失败外更多的是外交上的失败,故中国近代外交史更受关注,很多以中国近代史、中国近世史、中国近百年史为名的教材或著作,主要内容基本上都是围绕着近代外交史而展开。刘彦怀着强烈的民族情感而完成《中国近时外交史》,"以绍介我国外交失败之历史于国民为主眼,故凡有国际重大交涉,其源委曲折,及其变迁,均不厌详细述明,俾国人知国家演成今日现象之由来"。②吴相湘1933年入北京大学,"时值国难当前,故我特选修张忠绂教授在政治系开设的中国近代外交史课程"。③

日本明治维新以后黄遵宪即开始研究日本,甲午战败后刊行了《日本国志》。此后国人对日本的愈加关注。在大学历史系课程中亦有不少日本史课程。

岭南大学日本近世史"研究明治维新期之变革与法制之进步,及其外交关系,尤注重其与中国关系所在及日本如何成为世界列强之一","日本明治维新后社会及经济之进展,及明治以来之政治与外交状况",日本之文化及民族性"研究

---

① 钱穆:《八十忆双亲·师友杂忆合刊》,第174页。
② 刘彦:《中国近时外交史》,河南人民出版社,2016年版,第1页。
③ 吴相湘:《三生有幸》,第43页。

日本文化之起源,及其演进,与中国及其他各国文化比较"。①厦门大学史学系日本史课程说明:"日本与吾国关系最切,近日以侵略手段施之吾国,吾人遭其毒害,遂痛恨之。然日人之于吾国各事皆研究甚详,而吾国学者,则于日本史普通知识亦缺乏。昔契丹主谓我于宋国之事纤悉皆知,而宋人视我国事如隔开十重云雾。何其事之由类也"。②中央大学刘继宣也开设过日本史和日本近世史课程。

陈恭禄在金陵大学任教时编写了一系列教材,陈恭禄的外国史讲义教材主要是《日本全史》和《印度通史大纲》,在编写过程中均得到系主任贝德士之指导和襄助。《日本全史》共二十四篇,"第一篇详言日本之地位,第二——六篇略叙民族之由来,社会之演进,帝权之扩张,大化之改革,外戚之专横,武人之消长,耶教之盛衰,其中关于中国交涉,蒙古征伐,丰臣侵韩,多详载之,或补本国史之缺憾。第七——十一篇,分述江户幕府之制度、文学、通商、武士,及其归政之原因。第十二——二十四篇,记载维新后之内政外交,首述归政后之政策,立宪之运动,宪法之内容,内阁议会之冲突,海陆军之扩充,工商业之发达,经济之状况,外交之政策,及中日战争,次载战后藩阀政府,内政发达,外交胜利,日俄交涉及其战争,继叙明治末年国势之膨胀,侵略南满,兼并朝鲜,亲善俄国,及其日美问题,末言最近时期内之内政外交,及国内之重要问题"。③

周一良本科毕业论文《〈大日本史〉之史学》由洪业指导。周一良受邓之诚影响颇深,专攻魏晋南北朝史,以日本史作为选题,主要原因是"三数年来,逼于日本侵略之日甚一日,时势所趋,于是研讨彼邦当代史事者蔚起。虽然,头痛医头,脚疾医脚,因其今日之侵略乃消极地为补救计,孰若积极地研究彼富强之由来,所承受于其先民之遗业为何如,历代治乱兴衰之迹为何如,对之有系统的认识,然后能制彼而不制于彼也……为救亡图存计,日本历史之研究固今日当务之

---

① 《私立岭南大学一览》(1932-1933),第152页。
② 《现代大学史学系概览(1912-1949)》下卷,第476页。
③ 陈恭禄:《日本全史》,中华书局,1927年版,第1页。

急矣"。①

鸦片战争前后,由于民族危机的加剧而兴起了西北史地研究。九一八事变后,在爱国救亡和富国强民的双重推动下也兴起的边疆研究,在三四十年代达到了高潮。边疆、国防等都成为大学历史教学和研究的主题。

大学历史系开设有关于边疆的课程。大夏大学的西北史地课程,"西北一带,在近代几成为硗瘠荒凉之境;然自上古至元代,实为中西交通之枢纽。其土地肥饶,文化优美,史册间有记载,而今人则甚昧之。近日考古学者,在西北发掘,时有所得。本学程取古代典籍及近人研究互相参证,庶学者能知西北一带对于文化之关系"。②中央大学开设有蒙古史和西藏史,前者内容为(1)蒙古之地理环境,(2)蒙古民族之定居及最初部落之状况,(3)成吉思汗之事业,(4)蒙古之征略及蒙古帝国之建立,(5)蒙古帝国之瓦解与其民族衰落之原因,(6)清之征服蒙古,(7)俄日之侵略,(8)最近之蒙古问题,其中于东西洋交通之局及最近日俄在蒙古之势力讲述尤求详尽。后者内容为(1)西藏之地理环境,(2)西藏之民族,(3)西藏之宗教与政治,(4)明以前居西藏之民族及其与中国之关系,(5)清之征服西藏及其设施,(6)英人之侵略西藏,(7)中英西藏交涉始末,(8)西康设省之经过与康藏近况,(9)最近西藏之讨论。③金陵大学史学系有"边疆问题课程",包括中国边疆概论、边疆史地专题研究、西南边疆史地研究、东北边疆史地研究、西北边疆史地等。④东北大学迁三台后由卞宗孟开设边疆史地研究和东北史地研究,卞宗孟分边疆问题为三部:一是东北问题;二是西北问题,以蒙古新疆为主;三是西南问题,以康藏滇桂为主,并及川黔。其方法为"先从地理上探讨其横的关系,次从历史上探讨其纵的关系,再从史地相互之关系,为综合的研究。如是

---

①周一良:《〈大日本史〉之史学》,《周一良全集》第4卷,第3页。
②《大夏大学一览》(1929),第23页。
③《国立中央大学一览·文学院概况》(1930),第60页。
④《私立金陵大学文学院概况》(1936–1937),第77页。

之研究,无教科书可采,先研究纲要,再就相当之参考书,分别稽考"。①卞宗孟为东北史地专家,将东北史地研究作为单独课程开设。西北师范学院设西北边疆建设科目,包括(1)黄文弼的西北边疆史,讲授中国西北边疆之变迁史,开发西北边疆之经过。(2)张云波的蒙古史,讲授蒙古族之发展。(3)周适儒的西北边疆地理,讲授西北各省之区域地理。②

在课程之外的教学以及相关活动中也有很多以边疆、国防为主题。清华大学留美同学会有鉴于边疆问题之重要,捐出美金423.35元作为奖励边疆问题的研究基金,以利息作奖金,每年奖励关于边疆问题之佳作。③大学中各种边疆研究的团体和研究会也纷纷成立。张其昀1937年4月在浙江省教育厅辅导会议讲演中国历史上的国防区域,分为二十个区域:(1)塞北,(2)河套,(3)河西,(4)西域,(5)河陇,(6)关中,(7)秦岭,(8)巴蜀,(9)金川,(10)西藏,(11)滇黔,(12)两粤,(13)闽浙,(14)江淮,(15)荆湖,(16)中原,(17)山东,(18)燕晋,(19)关东,(20)松黑。其目的在"述历史上各区域战争之得失之故,及其与国势隆替之关系,彰往察来,藉供今日言国防教育者之参考"。④

除了在本科课程外,还有高校专门设置了边疆研究所,在研究生培养之外还以边疆为研究对象。1940年东北大学设立东北史地经济研究室,按其设置旨趣:

> 设置目的有二:一则为集中本大学之教师、学生研究东北问题之各方面,以其结果贡献于国家,一则为本大学毕业生及其他大学毕业有志研究东北问题之学生,设深造之研究机关,以造就畅晓东北问题之专门人才……顾十年以来,斯区久经沦陷,高等教育完全停顿,普通文化备受摧残,乃至篡改历史,变更语文,民族意识消沉已极。逆料收复之后,疮痍满目,元气亏损,

---

① 《东北大学一览》(1939),第73页。
② 《国立西北师范学院史料摘编》下卷,第853页。
③ 《国立清华大学一览》(1930),第162页。清华边疆问题研究会在《华北日报》设一副刊版面,由梁嘉彬负责,出版一份边疆周刊。
④ 张其昀:《中国历史上之国防区域》,《史地杂志》创刊号,1937年。

欲使其精神上返于祖国,更非提高其文化水准,鼓励其学术兴味,示以中华民族之伟大不可。斯乃治本之策,须未雨绸缪,而非可以临渴掘井者,此则本大学创设东北史地经济研究室之旨趣也。①

东北史地研究室研究项目有古代东北民族之研究、鲜卑史之研究、契丹史之研究、女真史之研究、蒙古史之研究、东北文献之搜辑、近代东北史之编纂、东北沿革地理之研究、东北现势地图之编纂、东北地理之研究、东北社会经济之研究、日本侵略东北之研究等等。1943年西北师范学院成立西北边疆史地研究会,成员有陆懋德、邹豹君、张云波、黄文弼、何士骥、王心正、林占鳌、张建侯、吴宏中、李存禄。

九一八事变后,傅斯年曾提出一个问题:书生何以报国?"讨论的结果之一,是编一部中国通史……'书生何以报国'这一句话始终留在国人的人心,激励着大家来工作"。②在20世纪上半期,大学历史教师所承担的并不仅仅是历史知识传授的工作,而是以历史为载体,充分结合时势,发挥历史学"致用"功能,主要体现在以下几个方面:

一是古今对照,借历史比照当下。九一八事变后,戴家祥1934年受聘于南开大学经济研究所,主讲大学一年级中国通史和明清经济史专题讲座。1935年中国通史停开,另开近现代学术代表人物的讲座,其所讲的是"明末清初学术代表人物"(顾炎武、黄宗羲、颜元、李塨),"我从明朝政治腐败讲起,朱家王朝在内忧外患中走向灭亡,同时也批评顾炎武的狭隘民族主义……建州卫女真大都在历史的发展中与汉族融合,这同现在的敌人大不一样,不但文化高于我们,而且统治的机器也更加厉害,统治的手段更毒辣。指出这些本质区别,最后我从全国官方报纸搜集到当时的腐败现象与明末的情况作一个对比:'中华地向城边进,外国云从岛上来!''看哪!我们祖国的大好河山,如今是日旗飘飘,白浪滔滔,一

---

① 《国立东北大学东北史地经济研究室概况》,《东北集刊》,第1期,1941年。
② 傅乐成:《傅孟真先生年谱长编》,文星书店,1964年版,第39页。

条秋水长天愁多少。我们该是速谋出路,还是等待着做新朝的顾、黄、颜、李?'"①1941年山西大学迁至宜川,马非百作了"二千三百年前的山西大学——子夏石室"的公开讲演,"有意识地借子夏可以在当时的秦魏战争前线韩城石室讲学,来和我们今天的山西大学迁到中日战争的前线宜川相比,并指出子夏在石室只有他一个人,竟能培养出来如段干木、吴起、禽滑厘之流许多了不起的人才;我们今天有文、理、工、医、法五个院,又有各方面的专家多人,也一定会造就初比他更多的人才来"。②这种以古例今的做法在民族危机严峻之际有其积极的现实意义,但从根本上来说,却是反历史主义的。

二是弘扬民族传统,厚植民族自信心。钱穆讲中国通史,开场白不是讲课程说明,而是将"祖国历史有其独特之处;作为一个中国人,应感到它是可敬可爱的;大家读史治史应取的正确态度(不应当以古非今,也不宜厚今薄古;不可崇洋,也不可自大);应认识统一和光明是中国历史的主流,分裂和黑暗只是中国历史的逆流(若非如此,中国历史岂能绵延数千载而不绝)……回忆先生作此讲演时,感情是那样的奔放,声音是那样强而有力,道理是那样深切简明。那是正是国难方殷,中原陷没,学校播迁甫定,师生们皆万分悲愤之际。因此,先生的讲演更能感人动人,异乎寻常……从先生的讲授中,学生们不惟大大增加了国史的知识和兴趣,而且强化了爱国主义思想和民族自信心。有的人受历史虚无主义和全盘西化等思想的影响,对国史不甚重视,听后也有转变而大异往昔。这样的课堂讲授,岂止是授业解惑而已"。③钱穆《国史大纲》出版于抗战之后,"读者很容易发现是书自开始至终篇都充满热和力。事实上:钱先生在北大讲授时,真是用全身热和力来口讲手写"。④

---

① 戴家祥:《耳闻目睹话当年——我在南开大学时期的片断回忆》,《戴家祥文存》,第726–727页。
② 《马非百自述》,《世纪学人自述》第2卷,第119页。
③ 李埏:《昔年从游之乐,今日终天之痛——敬悼先师钱宾四先生》,《李埏文集》第5卷,第103页。
④ 吴相湘:《三生有幸》,第17页。

三是客观地、科学地看待近代以来中国的落后。中国自鸦片战争后屡遭列强侵略,先进的知识分子开始向西方寻找救国救民的道路。对中华民族辉煌灿烂的过往和半殖民地半封建的现实,都需要理性地来看待。皮名举一直主张不学中国历史不知道中国何以伟大,不学西方历史不知道中国何以落后,学习中外历史的立足点始终都在中国。许渊冲曾回忆:"皮先生讲课生动有趣,令人再听不厌……他提纲挈领地把西洋史分为五个时期:一、根源时期(公元前X世纪起);二、萌始时期(自公元后四世纪起):迁移、开化;三、滋长时期(自十个世纪起):封建、教会;四、革变时期(自十四世纪起):专制、世俗;五、扩大时期(自十九世纪起):族国、科学。比较一下中国历史,根据《诗经·大雅·公刘》中的记载,我国周民族的迁移早在公元前十八世纪就开始了,开化时期比西方要早二千多年,由此可见古代中国多么伟大。再看封建时期,中国也比西方要早二千多年,而宗教神权的干扰,却比西方要小得多,由此可见古代中国多么先进。直到革变时期,西方世俗的力量才开始取代宗教力量,这才开始赶上中国。到了扩大时期,西方发展科学,中国就落后了。由此可见,中国应该取西方之长,补自己之短,同时发扬自己的优势,这样才能对世界文化作出新的贡献"。①

　　第一次世界大战以后,德国作为历史教育发达的国家,片面提倡狭隘的国家主义和狭隘的民族主义,最后走上了法西斯军国主义的道路,这对历史教育来说是很重要的警醒,中国史家对德国的这种历史教育现象非常关注。故此在提倡历史教育以激发爱国主义情感的同时也要避免其走向极端化,"一件事情走到极端就往往产生坏的的结果,狭隘的国家主义或民族主义是有害的"。②至于仿效德国普鲁士学派,臆造历史来进行教学,更是为历史学家所反对。

---

① 许渊冲:《逝水年华》,第38—40页。
② 苏沉简:《论历史教育》,《历史教育论》,上海古籍出版社,2020年版,第343页。

附录：民国大学历史系毕业生名录[①]

安徽学院

1945

李膺白　祁光珍　周传觉　凌唤莹　张文媛　刘振武　刘士侠　叶琨林
许培新　朱幼臣　马良图　董　膺　乔俊峰　徐康龄　刘效禹　王亚枢
武　涛　刘雨田　张满镜　方任远　杨心乔　胡益成　刘访溪　章惠仁
高维岳　李善良　崔贤智

1946

刘琨文　刘中乔　吕逊闾　吕业捷　韦国鑫　杨　信　倪祖海　张继纯
高　煜　姜济善　汝建国

1947

马继业　马叙业

[①] 由于种种原因，此名录并不齐全，错误亦多。笔者所依据的毕业生名录以及各种通讯录、同学录、会员录等书写不一，难于校勘。姑将此大学历史系毕业生名录置于附录，俟日后修正。个别大学所录为入学名录。大夏大学、东吴大学、光华大学、金陵女子文理学院、岭南大学等校毕业生名录不分专业学系，或只录为文学士，无法逐录于此。七七事变后沦陷区伪北京大学、伪中央大学等校历史系毕业生不收录。

北京大学

1913

陈汉章　史　鼐　袁其绂　伦　叙　刘鹗书　胡　靖　冯肃恭　郑恒庆
殷　珍　蒋乃曾　田世谦　郭步瀛　李云锦　张达琭　高凤岐　李宝贤
梁鼎元　闫孟祺　闪钦辰　杨桂山　韩路卿　葛会沣　张焕文　齐国荣
李浚瀛　韩友泽　田良显　万锡璋　张彭贤

1920①

胡之德　陈　棩　刘　敌　张价㾄　李济淮　姚从吾

1922

许时行　李正奋　郭树桂　张瑞图　李春兰

1923

姚揖让　韩树模　郭怀璋　张国威　汪荣荫　袁庆清　陈友揆

1924

邢寿彭　张庚乾　张松涛　赵维桢　何　亢　刘儒林　李振郑　刘　浚
秦树棠　杨东泽　王嘉珍　张步武　郭　瑾　冯文启　韦奋鹰　安作武

1925

安世徽　孙惟全　许　治　卢政鉴　李丕让　杨丰沛　吴鹄云　王祝庆
王师曾　魏江枫　常守信　黄金铭　傅汝霖

1926

舒傅轼　夏德仪　刘庆瑄　王鸿德　郑振夏　王之纶　靳作梅　伍家宥
李世传　赵冲滨　李振声

1927

朱相尧　聂开维

---

① 根据《国立北京大学毕业同学录》(1920)，1920年毕业生为丘耀芳、吴希伯、李士贤、李济淮、何邦瑞、林应运、胡之德、胡琼、程焕琮、夏昌治、夏镜澄、陆钜恩、陈综彬、黄欣、叶士良、雷遇春、刘敌、关达权、庞天籁、萧鸣籁、谭植棠、萧鸣皋。

1929

凌杏明　罗廷蓂　王　炜　王遵义

1930

钱　升　傅振伦　曹　烈　武　镐　翟　烈　阮德鐏　苏康甲　石恩波
孙芳芩　李松生　王遴绩

1931

余　逊　陈宗仗　许预甲　王　桂

1932

劳　幹　戴匡平　师茂材　王鉴藻　周光颐　申庆桂　单绍良　谢兴尧
施忠义　方定一　杨守智　赵守勤　刘官谔　文艺陶　杨华云　吕庆铎
鲁　琨

1933

张汉升　赵君胜　胡先晋　王荣俊　吴玉麟　瞿起模　薛致乾　张基立
李崇德　高业茂　高维辰　杨　锴　王玉璋　阎焕延　张效籍

1934

白维翰　焦蕴栯　刘荃堂　白进彩　章骏仪　张联元　李树新

1935

孔广昌　全汉昇　孙媛贞　常自乾　暴绳武　许道龄　李梦华　杨向奎
刘庆荣　陈虞璞　齐国梁　佟本仁　程维新　孔庆邦　李树桐　赵振江
张致恭　张秉礼　高去寻　吕亨义　武鹤飞　姬勤谨　葛承绪　周　信
何兹全　周志远　王祖澄　孙家骧　杨效曾　闵繁荫　毛劭身　宋劭文
萧炳离

1936①

邓广铭　王毓铨　杜呈祥　李惟乐　傅成铺　程百让　刘绍闵　常承德

---

① 1937-1945年参见西南联大，下同。

附录：民国大学历史系毕业生名录 | 357

张公量　王造年　白宝瑾　廖世雄　胡毓瑞　曹玉芳　胡德煌　李得峰
向志民　武　镛　郭汉三　范振声　刘金章　吴澜滨　傅乐焕　张政烺
王崇武　李梦英　王树民　苏　迪　崔得清　王瑞芝　孟广第　张履坤
王毅斋　刘斗魁　杨　钰　吴庆辰　温雁影　施寿庆

1946

吴钟俊　向大甘　牟有衡　李　玲　吴章弼　余世光　胡邦定　马复高
朱建邑　朱士春　俞联珠　张彤书　张敏贤　张曼德　张润瑛　杨淑安
杨宝贞　翟明秀　郝孚茌　曹延湘　陈伯俊　程传珊　杨绍禹　潘　镛
于　敦　王希龄　王云轩　米继简　刘俊英　邓锐龄　吴运楠　程绥楚
钱念屺

1947

殷作彬　尹　落　王宗哲　吕　铮　何　杰　冯远程　蔡显福　漆　侠
承　炎　李开宗　程远泉　熊石冀　汤桂仙　段荣昌　吴天南　张竞敏
吕学忠　刘中丽　周昭贤　张金水　吴中正　贺子云　张志俭　刘曾泽
赵思训　雷罗青　张守常　张寿曾　张丕安　万瑞兰　谢蕴慧　张克俭
赵新月　宋国柱　黄咏荠　段恩溥　李恺悌　杨谨诚　车　铭　李如金
彭庆遐　黄锡九

北京师范大学

1916

张大鈢　陈朱虬　杜秉义　金传珩　袁藩夏　周　梁　卢书勋　俞肇康
赵夔龙　冯祖铭　孟世杰　高秉纲　陆承贽　郑定谟　张宗良　陆承贾
林乃腾　曹鸿文　赵俊明　章微颖　高荣魁　林　幹　傅绍曾　丰桂丹

1917

练　璋　刘渭广　卢广镕　董庆性　盘　璧　张重书　毛保恒　武学易
杜丕功　林翰儒　许　毅　房玉辉　夏建寅　张羡东　徐懋秩　姚裕源
许锡安　林时学　夏光南　秦儒杰　孙宝贤　孙耀华　李泰荣　赵　铸

郭　翊

1919

程国璋	王金绂	张森祯	徐鸿逵	楚明善	苏从武	王继儒	张润芝
庄尧午	殷祖英	魏继祖	曾善祥	薛荣周	周汝华	刘裕康	熊梦飞
董成昭	张兴礼	张景贤	孙尔昌				

1920

米增兆	曲灿文	高文敏	施俊霖	钟　瑞	刘　爽	武庆云	王　价
郎宗林	高鸿威	蔡祖成	杨逢时	王维升	王德本	王希禹	曹葆清
赵鸿钧	吴相如	赵　贵	孙成东	刘　勍	叶明辉	范光珺	柳报青
邹日昆	张佩铭	杨蕙田	方庆尧	曹树坚	叶尚宽	卢成章	常乃悳
李永清	郑霆昇						

1921

萧　澄	韩兆鹗	李树峻	刘殿魁	吕士熊	宋仁龄	彭德芳	罗齐鹭
魏凤标	王耀卿	丁颂卿	陈春阳	丁镇华	邬翰芳	赵　炳	崔士杰
江以玙	乔长汉	王　晁	刘广震	刘百衡	李逢源	李荫清	郑朝楹
李全义	杨秀峰						

1923

丁声玉	于炳祥	王　邺	王燮阳	宋志刚	李铭文	周传儒	邵　庈
梁绳筠	侯毓春	徐作樑	庄观澜	张培伦	黄肇吉	盛叙功	曾纪堂
童裕恩	杨玉如	董寝滋	贾逸君	邹宗儒	楚图南	赵东济	蔺植春

1924

丁　裕	王鸿度	王恩爵	王　迥	王云瞿	元汝琳	古　典	任成德
谷凤池	李新河	李郁文	李骐年	狄观图	李钟骥	胡治陈	高拱宸
袁守泉	张元凯	张荣春	张　桐	宋文藻	冯世称	冯光荣	杨桂林
杨如桐	钟　岚	钟存荣	韩致温	苏荫楠			

1925

王钟鹏	王作宾	王振江	汪汉宗	姜松年	姚长龄	翁　德	徐晋沄
孙绳祖	梁　杰	章条昌	曹荃荣	陈　圣	张明德	张莆沺	张登魁
逯义芳	贾俊奇	楚中元	杨田政	郑资约	蒋崇谦	韩镜明	

1927

朱元铭	吕鹏龄	李玉华	李文典	李荣官	宗家瑞	徐兆民	耿光汉
殷宗甲	张炳垣	张鸿翔	张锦光	张　震	杨新声	陈　圣	曾湘彦
刘家芝	刘垂萱	苏玉琢					

1928

丁知之	王绪兴	尹梦笔	任子男	周　右	张景澜	张淑良	乔照然
赵吉元	甄　波	铁　铮					

1930

王锦福	朱淑先	任立和	仲崇文	张景汉	肖　藩	金小琴	周国亭
孟庆兰	高敦粹	孙梅承	张鸿翔	郭庚午	刘士驹	阎敦一	

1931

王德华	王　辉	王治熙	王九如	朱国珊	朱　棣	朱　强	伍芬芝
杜凤鸣	何竹淇	李梦龄	原树敏	许凝生	徐成达	路传芝	焦庭训
彭婠容	张广顺	张淑洵	张　泌	张仲清	温毓甫	赵尚忠	郑学畋
欧阳恭	盛代儒	杨万钟	陈　封	钱瑞智	蔡　芝	德玉珍	刘　舫
刘培浚	刘宗源	韩绍曾					

1932

王诗韫	王国桢	左秀芝	向凤鸣	伍芬芝	丁士选	王拱端	桂心颐
李郁雯	李名章	沈桂如	吴德馨	胡成玉	英毓良	周勤学	黄毓甲
黄现璠	徐芸昕	席生厚	段裕义	晏文谦	赵　霞	樊景贤	陶敬诚
张春麒	张恒寿	郭思鲁	张锦芳	雷达霈	卢永铨	钟肃仪	刘桂月
刘　镛	魏锡璋	戴　振	龚宝廉	龚芷秀			

1933

丁桂英	王殿臣	王兰荫	邢晋英	邢国琳	何慧明	李昭源	李维典
高增泉	高　鑫	孙培钦	孙文淑	袁士桐	陈树梅	雷　震	郗若桢
贾凤翔	杨占三	杨淑秀	经天禄	刘洁瑶	韩植厚	罗家英	元恒庆
李焕绂	李炳玉	柴德赓	郭一沾	张金轼	韩松桥	黄元起	王书田
王世芳	李世平						

1934

王　炳	王立言	王凤岐	王今文	石景岳	石　珏	田鸣鹤	祁明堂
李祖耀	高自谦	徐嗣山	徐振文	彭荣纶	郭庆龙	童若莲	黄光京
孙子芳	孙贻芳	张正祜	张兆熊	张哲民	张志钧	张瑞昌	杨瑞华
万九河	解树椿	贾占豪	廉立之	赵蓝田	赵尚忠	蒋益明	蒋基傅
蔡得琪	霍庆丰	刘　辉	韩振江	韩松桥	苏秉琦	王永琛	李永元
李育品	孙迪民	郭允文	杨效曾	蔺喜德	杨经元	周瑞萱	刘　樾
王绍颜	陈应平	李永富	骆凤和				

1935

王少廉	王天民	王凤芝	王拱端	王纪贞	王鸿恩	王慎楼	王显琳
王敬模	申修德	任肇贤	李　中	李　旭	李育品	吴　钧	吴宏中
吴炳勋	何春云	吕淑芳	沈卓英	尚遵范	周秉志	武静淑	胡信琪
孙迪民	孙博渊	孙魁第	高俊修	高佑民	徐　峥	徐文华	梁化之
郝腾龙	张曾瑚	张仿良	张廷极	张煜昌	张骏检	陈　述	陈　珍
陈颖若	陈斯庚	郭升魁	崔新甫	梦傅星	冯肇元	冯健文	程菊生
程富淇	杨德修	刘九哲	刘雅琴	刘蕴贞	刘庆廉	刘瑞华	潘　奇
潘俊英	滕祥声	阎　全	卢永筠	鞠清远	魏元起	蓝家瑛	谭继贤
韩学修							

1937

| 王秀芳 | 尹炎农 | 李岫文 | 李文治 | 李彩章 | 李忻膺 | 汪淑琇 | 姚玉香 |

| 孙俊英 | 郭庆云 | 郭瑞兰 | 郭鼎元 | 曹国智 | 曹鹏翔 | 寇　青 | 智体洁 |
| 乔介林 | 万福增 | 樊文哲 | 韩克敬 | 滕宗汉 | 洪哲根 | 李祖伟 | 任佩璋 |

1938

| 王景佑 | 王仁忱 | 石文瑞 | 史文明 | 孙克刚 | 张鸿寿 | 陈泽云 | 逢庆祥 |
| 黄肖兰 | 章人钧 | 萧远健 | 安吉人 | 赖　云 | 张循祖 | 杨　贻 | |

1939

| 杨崇英 | 邵辅周 | 郝家修 | 李天佑 | 杨其超 | 刘德仁 | 杨连英 | 阎应清 |
| 郭亚雄 | 周之藩 | 李方仁 | 杜葆春 | | | | |

1940

| 荆允中 | 黄学钟 | 杜光简 | 雷挺生 | 鲍廷忱 | 徐作霖 | 张家麟 | 王挺梅 |
| 苏琬华 | 王敬堂 | 季世民 | 马寿山 | 魏洪顺 | | | |

1941

| 周锡贤 | 朱际鉴 | 周春元 | 朱子方 | 韩　宾 | 吴日仁 | 朱维基 | 侯　健 |
| 任　慧 | 姚德仁 | 武丕璋 | | | | | |

1942

高文鸾	黄素一	王之燕	陈毓庄	田宝璜	贾玉兰	赵瑛阶	刘琳棑
白淑贞	张志秋	刘芝城	张玉华	罗文芳	袁书玉	赵贞元	卢念能
董益蓉	张桂珍	张鸿珍	秦家遨	焦　谦	张淑敏	马瑞芝	阎丙辰
刘春麟	陈黛莉	王　敬	郭正和	朱学郭	方　钊	陈桂光	温　刚
张作楫	罗应绂	雷大年	任惠明	贾锡庆	孙　瑜	曹尔驹	冯毅然

1943

王维民	王震义	王铎章	任君实	周肇锐	袁重华	姚子舜	戚式循
陈克爽	曾德荃	万芳琼	张良珠	刘思诚	董文朗	赵汇泽	韩梅芬
谭文印	宋孝璋	卓天祺	魏凤璋	李开镜	魏炳先	兰毓华	袁树勋
耿锡林	杜元本	张基成	易作桢	傅耕野	李丕基	左　郢	任凌霄
邹远鹏	李增城	马成龙	武惠吉	和景山	陈茂萱	周　琬	陈树亭

张腾凤	郝宝贞	应成祥	王文彬	鹿怀清	吴敬敏	吴砚华	李文秀
寿纪佺	何泽定	安桂芝	阎月秋	乔淑璋	邢玉轩	孙素志	李淑瑛
陈洪文							

1944

胡敬主	杨友蓉	马英莪	马福善	孙兰芳	翟弘毅	刘显仁	耿福冒
李效纲	郭效良	刘承五	梁鹤鸣	孙崇吉	龙 章	杨茂修	王彦信
王之政	张玉珩	刘朝贵	赵 铭	张慕虞	陈建康	张景煦	张鸿诗
任化鹏	赵宗颐	孙兆兰	程维岳	李宝宗	李 端	张有生	赵伯云
牟 琦	唐云起	关成芝	董乃生	俞 敏	尚树芝	杨荣竹	白桂琴
刘晶葳	刘鸿志	宋玉珍	戴玉贞	盛兆琦	刘瑞荣	冷淑贞	樊曼君
李蕴华							

1945

田淑贞	乔森茂	赵宝俊	赵以庄	尚世英	段宗三	张允衡	王学谟
李书田	冯泰鑫	陈英坡	王廷琳	刘仲夫	刘寿林	牛振业	李根固
封中定	史承斋	王学斌	徐永章	朱仵梓	樊化南	黄瑞贤	周静荃
余大陶	赵文敏	刘玉芝	张声琰	冯与诗	鹿 熺	王希博	王湛云
王荣甲	庚镇戌	王文增	徐 士	尚履武	段荣廷	时沂之	王长清
曹用渭	陈彦麟	宋之瑞	滕卷晁				

1946

谢锦章	王润苍	孙效康	陶立范	杨允宁	朱同先	李玲善	李荣淦
刘朝贵	王宏业	毛天喜	邱 生	张贻宝	陈连任	曾 珣	杨宗汉
杨金铭	葛芳芬	贾国政	齐秀文	刘旺华	卢士林	钱家骊	

1947

黄 铎	王观杰	马永福	张恒渤	庞锦龙	李庆典	魏登晋	郭柏年
张国潘	铁鸿鹄	何汝璧	屈希哲	徐五福	张作模	李园林	申致敏
吴岳泰	程敬箎	李秀琴	李景曜	李为善	乔曾瀛	刘德生	李玲善

1948

王仕禄	丁巧和	刘淑琴	周汉光	王希桢	王宗先	张天敏	高维章
吴福禄	王仲杰	贺玉梅	周尚吕	黄鹤仙	罗世义	王中佐	张秉鉴
雷煦华	张兴甲	张万荣	崔绿峰	孙桂舫	董雪	刘维民	武继贤
李宗芳	包光悟	钟鉴明	常辑成	白增如			

1949

黄一欧	孙立璋	尚铭轩	陈佩玖	郑学思	崔淑鸾	赵廉方	阎长荣
常鹤清	雷树梅	朱熥	王彦卿	魏玉文	魏景滨	张毅生	刘祥麟
吴维训	王勋臣	谢光洁	刘文生	杨金铸	王质朴	宋友梅	雷允中
白鉴清	于天义	于月萍	陆荫仁	朱聪颖	张呈瑞		

北平女子师范大学

1925（女高师）

孔繁钧　申士模　李知良　李悫　高淑芳　汤佩芬　隋廷政　刘瑛
谭瑶　谭蕙青

1931（女师大）

丁少兰　田广春　阮淑谨　段瑾思　齐淑容　赵冰鉴　萧淑英

北平大学女子文理学院

1929

孙志行　曹励予　苏同文

1930

陈宗静

1931

李忠浩　胡琨　徐瑞芝

1932

戴邦伟　张灵凤

1933

关新梅　徐尔光　张重英　王玉苓　孙秀英　屈贞信

1934

李凤清　王润民　全振寰　史佩春　李继福　丁淑蓉　郭振坤　陈和秀
池际怡　李葳君　张静华　邢玉洁　徐克娴　蔡黛梅　陈素兰　王彦慧
黎抚英

1935

李白珩　王敏素　王琳卿　石素真　黄　珮

1936

李凤英　张晋媛　王启鑛　王遵充　董乃贞　郑　桢　雷彬如　李瑞绮
黄伯媛

1937

郭立诚　陈儒蕙　虞绍祖　程季随　毕庆琏　萧日康　刘廷芳　刘灵子
许慕贞　唐启南　李在淑　何默萍　苏鏸铃　欧阳明玺

1938

韩允德　李维苓　钟秉朔　邵净凡　范秉如　沈蕴芳　刘玉璧　潘明娟
程　瑗　王蕙生　谈　素　刘尚志　薛世昌　王玉清　杨婺辉

东北大学

1938

宋仁厚　赵启祥　汤晓非　赵世奇　李庆泽　邢万庚　贾国平　张殿魁
王树声　吴文宗　马崇德　陈鹏飞　杨天培　赵文海　王国栋　许文清
朴壮华

1939

阎文儒　孙祖绳　萧振泽　王国安　高英如　朱文宣　田威春　杨有家
马国春

1940

张亮采　满颖之　李符桐　高福珍　谷涧秋　任东山　侯锡恩　赵声光

附录:民国大学历史系毕业生名录 | 365

金　铄　袁世武　唐哲生　董纯缵　曹淑济

1941

史亚民　赵精荓　李兴齐　隋　觉　卢体育　纪文达　杨志永　郜　英
王　藻　刘静芳　孟文鉴

1942

杜中和　彭先埙　周介廉

1943

李树青　王兴周　林　暄　陈怀全　袁守煊　冷　昭　马　益　孙守任

1944

邵明阳　石芳苓　方　涛　孔宪周　马毓亮　陈希荣　刘舒天　常　程
孙巧兰　夏宝祥　张富之　张培林　聂荣禄

1945

刘增祥　李鸿基　齐仲文　周庆之　段鹏飞　许嘉本　李　葳　董　克
杨纯榜　李季昂　郭一帆　李秀剑　张顺祖　刘圣时　李广林　罗　麟
董芳兴　何竞时　荣绍章　梁　端　郑本贻

1946

吴　滨　安克燕　陈乃义　邓姝佳　吴福章　程为桥　赵幼湘　易　斌
邓石澜　张华燊　朱钦美　王俊臣　赵　凯　朱汇源　刘典修　何　平
石铁单　郭辛白　毕　敏　孟昭良　韩荫诚　齐家纬　于鸿霖　刘　勃
丁淑媛　曹嘉言　吴国礼　郭育人　孙锡本

1948

张凤珠　冯慧媛　刘俊一　赵馨如　戴鹿鸣　管伯友　关　浚　金理华
崔尔兰　饶华桐　张吉清　曾昭鸿　何家昌　杜　宁　侯保衡　陶纯一
关　耀　田景华　应春时　林恒炎　杨瑞峰　金在镕　张天祥　张存兴
姚　凛　李英贤

1949

彭惠德　胡汝骏　陈汝霖　王雨滨　高　阳　冯绍言　李向文　孔宪富
岳朝富　田泽笠　常联奇　关敬山　赵铁石　梁文玺　张惠珍　郭淑和
王思齐　曹玉林　于振阳　金国华　张蕴琦　杜永喜　杨　黛　赵　治
马钦民　安育民　欧克纯　金素兰　安全梓　李仲元　韩树勋　孙鸿洲
巴尚奇　刘永信　朱　骥　张显中

福建协和大学

1935

李章成　林同铄

1937

梁孝翰　杨树芳

1938

林世英

1939

林祥麟　游叔有

1940

温　曜　黄良瑜

1941

陈长城

1942

柯在实

1944

郑能瑞　邵庆彰　陈鼎载

1945

邓家才　黄和端　邓泽民　崔光武　吴品超　刘贤立

1946

韩振华　汪土星　魏在勤　陈冬生　许承遐　周凤泉　谢道芬

1947

许丽丽　刘　锋　张赞唐　黄光甲　汪求亨　吴金龙　黄甲梁　郑大同
徐祖德

1948

陈灵章　张亮兵　茅以中　郑有权　郑崇德　吴　琳

1949

徐　谦　卢兆荫　杜润沽

辅仁大学

1930

英纯良　叶德禄　陈学谦　许作新

1931

刘秉钧　郭振汉　董世祚　李一欧　刘书圣　郭晏廷

1932

黄苏元　宋宗善　王沐西　何裕恩　陈　均

1933

陈大经　马国华　张之桢　邢翰臣　陆俊光　赵忠衡　顾焕章　马伯寰
陈　晋

1935

张大瀛　楚登昆　冯先恕　侯书栋　许衍梁　李祥懋　李文统　刘宗敏
段臣彦　杨振丰　于锦文

1936

关善普　曹秉乾　张树棻　徐宝相　胡钟万　苏毓昌　王衍爵　张帜范
赵一匡　钱宝煜　瞿昭旗　贺伯年　徐家楣　黄达敏　李维唐　史念海
王本正　许基午　杨德铨　张继先

1937

王涤非　师新民　赵　彬　罗世泮　袁洗琴　陈鸿儒　王基庸　籍承绪
王必宝　柴景仁　王立政　于维欧　马兆钧　郭文煊

1938

程文化　范新澄　屠　朴　霍志清

1939

乔明顺　周维侯　李家琳　丁德勋　曹树人　王贞慧

1940

陈光棣　周长海　仇金阁　贺嘉彦　李闿东　李英俊　刘冠文　佟硕勋
王启兴　王建秋　王绍祯　王守纯　苑汉卿

1941

陈光棣　周长海　仇金阁　贺嘉彦　李闿东　李英俊　刘冠文　佟勋硕
王启兴　王建秋　王绍祯　王守纯　苑汉卿

1942

张　浔　张豫恭　张云超　成庆华　邢子疑　高光耀　李绍仪　刘秉岗
刘世济　刘　鼎　刘幼峰　满贵辰　米华和　牛占琼　白子全　刘绍章
张月明　胡松筠　唐　昀　孙德宽　司复兴　郑定成　胡瑞芝　关葆贞
李希鸿　卢英华　王　竞　王瑞玉　王其睿　赵蕴祥　程铭懿　富学玉
刘桂荣　刘乃龢

1943

张　浔　张豫恭　张云超　成庆华　邢子疑　高光耀　李绍仪　刘秉岗
刘绍章　刘世济　刘　鼎　刘幼峰　满贵辰　米华和　牛占谅　白子全
孙德宽　司复兴　邓定成　王其睿　赵蕴祥　程铭懿　富学玉　胡瑞芝
关葆贞　李希鸿　刘桂荣　刘乃和　卢英华　王　竞　王瑞玉

1944

唐皋村　宋寿峰　阎玉芝　马德敏　詹道楷　牛继斌　刘瑞君　杨学仁

张秀贞　荣天琳　余敬尧　解佑民　王之璞　谢德茂　茹国僧　李燕来
陈锦望　綦心平　单耕陶　刘崇信　汪明赓　王兴志　王绍逖　刘自新
林孝忠　鄂宝钧　李青萍　王文湛

1945
司精一　吴魁斌　侯桂五　张嘉瑞　石峻山　王　敷　魏晋涛　丛治晰
吴　骥　高际新　杨学礼　赖家度　王世钟　陈继昌　唐中元　孙继祖
许大龄　费楚瑞　马毓良　王大兴　张绍仪　许德芬　邰贵生　金家瑞
王鸣桐　李　开　刘鸿熹　许宝钧　曹家瑞　秦树青　唐念伦　李家麟
岑玉书　李志张　曹凤舞　陈家根　阎振兰　李志远　张建勋　林开鉴
谭大彰　贾振伦　沈恩岩　王炳昌　陈桂英　牛孟娥　赵菊生　张钟璘
赵芝训　阎玉静　吕成璧　姜其丽　佟亦非　张慧贞　张淑贞　吕宝楣
张书勤　俞文杰　胡纯义　孙步珍　张世淳　阎毅然　许道溶　牛毓英
张育敏　王承光　江衍芬

1946
许润珠　周庆基　来新夏　刘慧真　王淑芳　李嘉容　荆其慧　刘淑石
张钟璘　周琬华　万秋芳　赵菊生　姜其丽　牛孟娥　高哲华　沈恩岩
黄治安　陆凤哲　王毓真　陈作哲　常人骧　冯奕光　许宝钧　谢钧生
张炜基　张习孔　陈孝祖　林开鉴　陈馥芝　陈家振　郑祥祉　吴广荣
刘国双　乔维麟

1947
张景懿　石寿椿　石寿萱　赵亦民　汤美华　吕学敏　姜若兰　董绍瑜
刘德明　高宝玲　尚　钗　张伯英　董式荃　冯育坤　张玉如　王菊芳
卢启明　陈于春　韩天平　王传英

1948
张柄权　张永志　张武魁　张　琮　张彭年　张伯华　陈洪江　陈宗濂
赵树经　周昭良　周　赞　郑树民　金则良　邱汉杰　迟维任　宗怀德

何嗣珑　何魁超　许幼豪　徐保厘　胡广业　高　庸　高学海　高志坚
李士行　李永泉　李德芳　刘清湖　刘光锐　刘蔚石　娄学宽　马文星
马友民　南文枢　孙均岛　董芝灵　郑　珂　蔡孝浚　王慎之　王敦恕
王建勋　吴雨生　吴子林　于鸿图　贺允清　贺锡德　陈玉清　郑树瑛
程宗明　高幸秀　罗丽生　马敬英　牟敦兑　曹慧麟　王华文　王瑞苓
王　彬　王玉莲　杨　瀛　叶惠兰　施惟易

1949

王淑芬　王志亨　王禄庆　王燕春　王宝祺　李秋睿　李树明　李　瑚
周树琦　吴葆树　吴广明　孙志农　高士哲　周增楣　寇淑玖　孙运龄
孙种勇　陈绸章　陈志道　陈芝芳　张文润　郭兰圃　郭慕华　张宝山
赵璞珊　叶淑芳　刘立三　刘翰屏

甘肃学院

王化风　陈　琮　李昇农　杨仲文　张廷玮　文廷科　王正魁　李　源
张作文　高凤翥　牟本植　张学孝　魏　铎　王弗大

贵州大学

1945

曾昭毅　黎棣棠　唐树本　高　敏　严泰刚　段煜庆　彭秀英　杨世琼
林　洪　刘厚仁　项秀珍　沙赛兰　林均成　王荫夺　何敦彦

1946

季道文　萧舜华　王道渊　□树勋　张君实　张喜麦　刘　富　岑荣兴

1947

宋国玺　苏蓉金　谭言罗　郑会岳　万松筠　廖极孝　曾繁昌　伍华均
龙正学　萧升冰　王新邦　黄振强

1948

黄玉璋　方阁绪　韦德芹　罗世豪　冉胜坤　李茂森　余启慧　罗茂心

1949

冉崇实　郭必最　冉光仑　王荣凡　钟基齐　胡克敏　谢振东　周启翔
庭永棻　石国樑　伍英华　龚　淳

国立师范学院

1938（入学名录）

曹植福　桂多生　黄杰民　金全中　萧兰瑞　陈国曾　雷伯龄　林克勋
马梓材

1939

丁益吾　段湘藩　郭崇望　黄维周　何业恒　李维亮　李兴汉　刘仲廉
马志琳　莫汉炎　欧阳果　谭两宜　熊茂生　薛祚奎　曾宪根　蔡月爱
黄轶谷　王邦桢　杨意慈　邢远德　沈惠君　何士能

1940

梅焯昭　王礼隆　吴永淦　谢国勋　徐舜宗　许道辉　颜长珏　曹典礼
范　群　胡元楷　黄孝盼　李卜宴　刘心印　刘君慧　柳荣煦　吕枕华
邢远德　梁亦迈　罗谦六　严行健　刘　砥　潘　必　易孙华　刘集凤
陶升阶　詹行熙　童华年　邹家骅　吴光宗　向岳生　刘辛汉　文元珏

1941

刘年鸿　杨毓湘　龚　垲　张友松　郭嗣胤　周惠连　刘必劲　谢　渭
张荷英　张先阶　李锦秀　梁瑞祥　刘启熙　倪鸿诰　谢植材　陈周爽
孟　涛　贺恒信　田仲英　许志海　黄文渊　杨　琼　李荣福　喻焘勋
刘伯志　袁家瑞　刘维淑　张有于　陈　周　黄俊荣

1943

王椿梧　文炳南　何钟岳　徐成钧　易尚伊　袁大中　袁祖植　张　忠
周春红　陈绍棠　田荣楣　萧砥生　杨　松　谭淑文　方实文　李杏仙
彭会贞　贺楚森　聂学森　陶懋炳　龙靖寰

1944

| 刘慈娥 | 阮策勋 | 王启民 | 王松柏 | 卢景秀 | 周湘一 | 邹留媛 | 李厚民 |
| 袁义贞 | 李若川 | 李干桢 | 刘如圭 | 刘渭仲 | 罗教训 | 唐郁华 | 何 奇 |
| 王永康 |

1945

| 成贵琚 | 李宦海 | 莫任南 | 张佑琦 | 邹立斋 | 胡约翰 | 欧阳峨 | 谢正祥 |
| 王锄经 | 席子蓉 |

1946

王瑞琰	文立群	吴若虚	谢孝骞	熊树梅	郑伯魁	宁 斌	徐元涛
周焕荣	刘欣森	钟清照	宋增珏	刘芳芸	胡 刚	王人信	罗启校
李克安	程先施	黄启华	李逢春	傅辰生	张志诚	梁惠民	龙惠群
肖 斌	陈 瑾	贺炎年	王超群	黄存家	陈桂才	庄端秀	陈建国

1947

马志瑞	聂继业	陈建国	刘继源	游明章	刘镇扬	贺中孚	刘泗英
周 川	黄基仁	陆金秀	朱中极	蒋汝珍	彭大礼	庄端秀	黎成山
孙兴诚	李邦良	唐英豫

1948

| 李寿彰 | 王向天 | 熊清泉 | 周学舜 | 彭谟臣 | 黄诚信 | 汤玉泉 | 赖兆三 |
| 王惠生 | 李仁傅 | 王玉竹 | 李毓琼 | 严文焕 | 刘乐泮 | 张述尧 | 刘兆骠 |
| 赵鸣剑 |

河北女子师范学院

1934（入学名录）

| 田 园 | 李 菊 | 佟振华 | 袁仁书 | 郝佩兰 | 孙静贞 | 张同春 | 陈遇芳 |
| 盛桂秋 | 曹毓风 | 童逸君 | 程慧华 | 杨振东 | 董启容 | 黄学书 | 李俊芝 |

1935

| 梁国敬 | 李寄馨 | 孙伯荣 | 梁玉辰 | 崔润桐 | 燕蕊芳 | 王淑梅 | 王贵德 |

曾傅清　步仲蕖　张蕴华　李宝贞　张有兰　胡文毅　马振杰

1936

王光祥　王国权　金桂芳　李飞雄　李蓉芝　李蕴华　刘学超　万松桢
纪承敏　刘　泽　丛毓娴　樊洁清　孙文绍　邢馨荃　郭生玉　张静堂
汪秀英

1937

苑邦志　杨杏珍　杨毓节　郭锦章　林　英　任秀卿　赵淑贞　王爱民
殷淑慧　关之兰　王鸣凤　李翠敏　姚秀龄　贾丕华　彭芳姿　曲桂英
裴秀儒

河南大学

1929

张礼贤　尚国干　王福田　黄延星　武承利　张珩玉

1930

姚生春　石立朝　史国昌　谢维亚　韦传鼎

1931

赵百旅　赵顺昌　侯镇涛　任亚英　李步云　李三希　杜鸣治　王镇黄

1932

张青峰　常庭禄　许悦昭　禹金声　刘恒钧　刘国藩　石璋如　宋文炳
杨树芳　于凤岗

1933

乔靖华　霍本直　李耀德　刘葆恩　刘东任　刘让禄　马垣暄　裴省三
王源藻　于凤至　刘静庵　沈延年　祝长瑞

1934

戚公田　高正桐　郭毓杞　刘德岑　李舒芬　李鉴昭　苏建极　王祥生
王道彰　王立本　王新章　朱维清　胡　鑫　侯德远　王长福　鲍宗文

1935

丁明道　翟化鹏　梁维屏　孟灿瑜　彭振国　段启俊　杜辰怡　李运彰
燕守仁　刘　玠　杨耀曾　孟昭勤

1936

王子新　王象之　王蔚荣　王济中　安化龙　吕式昌　吴孝韩　李家驹
周鼎芳　张亚先　张聘之　张鸿年　张怀珍　康序五　常汉年　黄体廉
杨保水　赵志楷　裴鸿泽　将建中　魏中原

1937

马役吾　刘弟忠　牛磊若　荣铭新　王晏如　邵　嵩　和金策　罗　塘
张秉仁　阎浩敏　孟志昊　王志庭　赵协理　郭维新　张琴堂　陈宣化
王雨尘　崔道荣　赵　俊　孙伯育　张东阳　赵书勋　丁屿之　王克勤
蔡勇民

1938

刘寿昌　杨植道　王达德　王万箱　王俊杰　高仲英　刘星灿　张光选
卢荣昌　马培枢　刘宝民　沈文蔚　马冬之　王希圣　孙永昌　高春林
王汝卫　陈泽长　赵吉良　徐永冰　胡渭西　郎其昌　王培谦　蒋天格
南西光　邢乐林　许金珠　周影菊　张　昂　张伟侠

1939

党文鼎　赵鸿勋　王　信　吕兴仁　荆焜煊　邹永则　赵天吏　路百占

1940

崔登科　杜　达　胡鸣凤　郭玉堂　卢维桢　邢治平　房希美　张淑珍
杨蔚亭　罗培锋　杨绳会　段震东

1941

温绎之　张承浚　刘希洲　韩梅英　郭海长

1942

黎全信　孔宪荷　刘彦纯　任毓芬　王凤翼　李瑞生　朱树珪　时光源

智伏寅　杨仲和　赵　禔

1943
金生麟　桂秉钧　李德彰　梁安民　王志明　李　庆　魏贤昌　牛永茂
张　重　张逢澍　徐世莹　胡银生　吴本昭　史苏苑　朱荣钦　张传芳
赵鸿恩　谢天职　朱安善

1944
范作民　赵怀德　傅子良　阎有富　杨廷寓　姚永敏　吴希圣　刘凤珍
宋景昌　王善道　常日睿　李光一　石体彰　牛佩珍　丁士昂　吴书馨
张海林　赵其玉　许冠英　李书坤　周　宸　李治平　龙毓武

1945
宋学宗　阎听鸣　王振溪　李天存　吕天照　刘　一　王清爵　王象光
李效泌　阎秋亚　高发林　王启勋　张　绚　张尔琬　姚荣杰　龚　兆
戴二祥　宋应贵　苗天庆　支乃忠　黄仰度　王初复　王子静　时从周
徐永藩　曹世昌　马云亭　祁铭箴　赵云堂　于步云　魏自修　胡廷忠
姚景韶　孙广法　白朴林　姚秀兰　徐书阁　刘世明　李照淑　李慰民
薛景昂　欧阳俊卿

1946
孙芳藻　张　翼　王万春　郭树德　郭荣增　吉永林　朱　炜　史良岑
张资明　刘家骥　刘寿琰　杨海清　王　珺　王松茂　孙季喆　吴其敬
刘持节　刘希文　李叔英　郝立本　周　樟　姚星吾　张本立　田中义
赵冰清　马廷扬　刘天玉　何英杰　尚　圭　谭景阆　方本善　王定邦
杨守约

1947
姚荣俊　王景宾　屈履侠　张先哲　许生义　方文笈　汪宗尧　梁凤金
任玉来　赵仁斋　李守孔　李家麟　姚瀛艇　许延瑞　何　江　刘治功
王肇瑞　武濂波　陈怀德　王治华　杨振兴　张　杰　尚俊仁　汤登峰

张敬铭	朱伯福	武爱民	张梅先	段佩恒	易淑恺	丁 量	郑秉权
王耀槐	米无尽	张锡堂	耿元瑞	王励雍	杜国才	李中峰	白鹤亭
任世阜	叶瑞兆	黄遗民	刘黎明	肖焕复	申明经	牛金镛	褚金栋
谢毓秀	孔 羽	吕荣甲	张言应	史振京	胡汝涛		

1948

周庆渊	田炳喆	杨历青	郑 临	宣玉麟	蓝振国	武 源	张问忠
徐磨棱	杨崇蔚	庄世玉	张俊英	魏庚年	马庆登	尤克文	姬脉勋
刘士超	马鸿滨	李福明	王 尧	马绍骞	熊荣轩	罗景唐	别聘轩

1949

张徒瀛	张景遥	刘乃玉	沈莲承	吴至震	蓝 林	胡世铭	武振元
蒋乐贤	赵振海	胡启福	刘家升	王志元	张振坤	王超人	邓民铎
王璧君							

华北文法学院

1946（入学名录）

刘诗惠	张遵铭	任良壁	樊 瀛	赵 彬	杨嘉荫	伉淑珺	吕学书

1947

杨若仙	蒋旨辽	刘金章	岳玉缓	胡汝珍	张玉基	王毅修	王庆善
高震程	唐邦奇	陆桂龄	成 怡	高崇烈	阎慧英	刘铁龄	王元恒
康世芬	李文灿	吕振声	谭英华	马向达	夏宝伦	李琳昭	李贤淑

1948

齐开诚	王自力	殷秉璋	陈大奇	宁开田	李成仁	刘守谦	薛耀堂
刘国钧	王佩琴	王艳春	吉荫洪	董智辉	徐克谦	王绍孔	姚友华
罗幼安	李朝栋	赵鸿儒	孙宏远	李国捷	张星明	杨志杰	王继文
魏明林	孟建业	王启超	赵克瑶	寇玉书	罗蕴娜	杨栋林	梁 华
张桂馨							

华南女子文理学院

1928

钱卓英　许引明　陈　锦　陈怡香

1934

陈锦祥

华西协和大学

1933

蒙思明

1943

程田赋

1944

彭塞

1945

王克永　蒋种元　刘盛舆　王学哲　蒙绍章　郭志琴

1946

陈忠猷　曾元福　胡师谟　唐礼藩　李　礼　周永昌　寿　康　毕承烈
龚光廷　蒋炎午

1947

张光铣　张定华　吴福临　陈能芳　周宇澄　贺令名　杨安全　刘承烈
章国秀　史接云　徐汉烈　张冈龄　陈　可

1948

刘秉礼　刘中安　韦固安　裴广铎　马富春　方信瑜　郑　鸿　薛汉生
邱焕纹　李勋华　童宣登　刘志钅齐　魏竞琦　郭孟钧　戴传福　谢邦媛
南敦敬　刘克俊　胡乃铺　杨正莲　张淑慧　熊崇德　李尧东　樊启烈
丁幹廷　吕如端　孟　宇　郭荣良

华中大学

1939

翁平章

1941

刘荣生

1943

温道荣

1945

陈家才

1947

王孝伟　杨贞富

1948

范麟章　沈其侯

1949

符明魁　白如雪　刘卉允

暨南大学

1929

谭其骧　赵文祥　陆燕诒

1930

沈　宁　骆介庵　王　虎

1931

刁焕国　许震球　陈源远　江应樑　马宪模　童慧屏　戴世桢

1932

陈孚同　张宗俊　叶秀文　吴报锦　翁旭升　苏乾英　陈子平　王寿田
白泽光　朱惠章　胡文修　胡最芳　刘玉泉　司徒蔚　叶金印　连韫仙
黄承官　杜邦俊　徐先鹤　贺德府

1933
周振渤 欧阳馥 赵荣光 许德群 苏先知 魏　霖 夏治身 朱鸿禧
吴铁峰 何孟华 罗忒士 林焯钧 王隐芬 李伟诗 黄其楣 张慕渠
徐安贞 周玉麟 龚训庭 童婉如 陈寿康 郑锡祥 齐国屏 饶祝华

1934
谭士伟 李　灿 林春城 刘葵秋 徐铁群 张锦帆 袁祥文 林新业
吴荣铨 郭蕃图 葛韵琴 杨世祥 许　权 邓蔓青 杨世海 方继勉
陈金连 赵有成 翟贵权 王玉书 黄兆松 钱曼予 林炎西 陈景球
盛广智 黄中英

1935
潘正兰 楼夏操 汪之泰 王会科 萧启德 黄泽权 仓弼敦 吴鸿业
周初人 左诵芬

1936
涂时雨 宁超民 王希槐 胡之骥 王英材 李炳念 童伯璋 林锡畴
叶克绳 王培燿 周佐升 杨世瑞 陈季明 仝毓嵩

1937
陈世训 高宗靖 张宪慈

1938
卢锡恒 刘金林 张其溁 李　伟 周渭光 施志刚 陈嘉珍

1939
许学良 徐国会 顾贵先 沈明璋 邹　良 王九如

1940
闵乃杰 贡火生 钱景雪 林仁基 胡贤坤 刘世芳 任德庚

1941
周　霞 陈步青 王立昌

1942

郑钟声

1943

柳泽萃　沈根源　杨春燊

1944

余乃鈢　翁史伦　周光歧　余　晋　李焕华　陈祖礽　陈鼎铭

1945

范　群　王金坝　王　驾　洪河洲　王正平　郑英杰　吕同泰　卜新贤
马君权　郭占颐　陈芳辉　周震东　林大厦　许甫如　吕国芳

1946

吴希逸　吴友铭　曾远踪　黄明义　林钧祥　苏忠琴　黄几植　叶孟麟
魏　忠　陈　壁　徐华三　许天用　黄右铭　钱国屏　朱桂秀　王天俊
陈忠斌　苏寿桐　施复元　陈奋清　刘睦文　叶学信　张　械

1947

王多样　仇笑春　杨德基　黄述文　杨家耀　孙以绣　余亚平　张邦英
方旭初　蓝林川　叶味真　殷　杰　洪伯铿　陈蕴淑　林瑞英　俞瑞森
姚启安　郑志彬　陶秀文　刘连生　顾祝耕　杨之鹏　郑金发

1948

章生道　易锡桥　徐声恕　邵传德　周靖馨　蔡乃焕　马湘泳　杜　衡
何友冰　施　影　方开智　李小莹　孙凌莉　徐作溪

江苏学院

1945

蒋猷龙　叶庆炳　还振方　罗裕全　王剑飞　吉　士　何良培　吕凤英
沈驾鳌　李汉莹　胡雅庶　曹知行　张鸿湘　黄天福　华祝彭　詹文玲
杨方中　杨卓然　杨静贤　薛于凤

1947

王庆国　叶维恭　宁汝燕　周　熙　尤文贤　毛蓉影　徐培林　何荣生
徐涤元　吴柔曼　郑銮园

金陵大学

1929

郭思练　鲍必荣

1930

陈铁民　江文汉

1931

黄席群　翟怀泰　吴徵铸　鲁学瀛

1932

周其恒　周荫棠　韩荣森　高炳丰　李　范　钱存训　徐贞铭　徐瑞祥

1933

戴　均

1934

吴继祖　陈仁全　吴耀华

1936

胡若愚　刘绍先　陶瑞芳　吴威生　余文豪

1937

王文漪　王永芬　吴金鉴

1939

谢庆巽

1940

蒋相泽　朱国勋　王祖寿

1941

朱金声　胡德姜

1945

吴天威

1947

祝源远　宣世贤　郭熙畅　郭子良　窦瑞荫　杨锦涛

兰州大学

1946（入学名录）

李生华　何步芳　刘广毅　李肇墡　周天年　张令瑢　梁振基　费耀普
王德成　焦学诗　何永福　贾继周　续　炜　张自勇　辛毓南　耿靖宇
叶永元　梁志祥　甘棠泽　王金印　张绍祖　祁全学　丁维善　杨水林
金　堤　马万里　董保藩　赵鸿祥　姜连尚

1947

辛仲勤　薛云鹏　吴启业　王之超　李潜宝　史文同　魏　钧　李忠民
赵　鹏　田定民　刘永培　李打更　杨世昌　安宏图　张怀明　靳咏楫
时善民　张秀升　张怀书　寇义升　田兆吉　石钟秀　赵联级　王宝琴
张树勋　杨景发　宫桐发　李汉英　刘辅卿　丁家荣　徐自解　马　伟
苏俊梧　金士英　曹笃仁　张映波

1948

王可武　李儒珍　程向皎　刘仕元　何光铣　王世义　陈志德　安亨通
马步青　彭瑞年　马　葆　谢建中　黄先瑛　刘远来

1949

张奇竹　李　普　陈振中　乔德俊　谢继周　张春荣　陈守信　徐乐三
甘　澍　佟淑严

清华大学

1929

张贵永　周培智　朱延丰

1930
张 善　张大东　钟道铭　罗香林　吴宣易　云　钺　周振鹤

1931
朱 莽　胡文传　花藻芬　杨凤歧　姚薇元　王信忠

1932
宋迪夏　梁嘉彬　薛崇远　康精彩　何 基　贾问津

1933
张 杰　张金钺　徐声涛　徐敦瑜　谷霁光　李殿桐　陶 音　朱庆永
向 仲　姚 潜　孙毓棠　杨绍震

1934
郭秀莹　陈 箧　夏 鼐　许亚芬　吴春晗　颜承周

1935
李裕源　张凤阁　易仁荄　李鼎芳　施其南　王祥第　王 栻　吴乾就
陈 超　陈 锹　姚 鉴　袁永懿

1936
郭清寰　张以诚　张宗和　张延举　邢其淹　黎列明　刘玉衡　沈 鉴
刁鸿翔　王明纶

1937
刘 讷　王映辰　张启亮　徐先麟　李 俊　孙作朋　王文杰　吴 瀚
钱庆焘　黄绍湘　林 恕　刘金宝　区宗华　戴振辉　汤定宇　王通远

1947
卞慧新　张鸿绪　谢靖亚　魏湘宗　李尔纶　邓哲夫　陈彰远　孔令仁
宋增禹　沈嘉润　黄咏棠　张景巧　夏潜蛟

1948
郝清涛　余绳武　程杭生　萧庆年　贾维诚　裘昌淞　高大为　国德华
萧英恩　周悌闻　马 政　赵振海　杨春曜　刘 梅

1949

顾小华　伍菡卿　张寄谦　宋　眉　陈今麃　褚继善　齐世荣

山西大学

1939–1949

宋成文　张　华　刘　芳　马兆丰　王登泰　王　涛　林浩南　李吉麟
李隆贵　胡谦益　郭斌才　孙若吾　兰崇高　赵乃斌　裴　彦　任淑静
李文玺　苏建然　孙　洁　何自答　党迪达

武汉大学

1933

王良斌　方仪正　刘　归　张辅隅　杨敬藻　韦　兴　彭　年　高晓山

1934

杨　村　张寿南　周家曼　余　锞　张再苏　陶元珍　李　治　胡养吾
熊济民　胡作砺　张　泽　邢道诚　江思清　汤濬基　曾宪华　陈宗岳
刘濬廷　杨耕经　刘致强　方　骥　王名元　陆维亚　李松年

1935

刘人炯　刘祚周　易曼晖　漆经诗　萧和玉　万先贤　刘任亮　黎子耀
黄济泽　韩光第　宋延庠　姚立予　赵立权　曹　弼　刘　恺　贺芳云
黄宾书　成本俊　倪慎仪　阮学伊　晏勋齐　曹廷藩　游本徽　萧志陶

1936

燕　麟　叶熙谟　赵延年　毕　房　陈锡祺　商世铬　聂家裕　吴之汉
彭续炎

1937

施应霆　宋名儒　毛淑清　方源流

1938

胡幸贤　刘维幹　赵　婷　张显丰　林丕经　万　隽　侯成章　颜子愚

1939

倪文穆　严恩纯　项英杰　孙毓秀　汤绚章　许学良　陈又新　谭英华
孙启田　黄景旸　徐国会

1940

邓人撰　黄家毂　孙秉莹　解毓才

1941

钱树棠　郑昌淦　闻立勋　严耕望　黄曦光　叶庆溶

1942

吉　祥　刘遵震　蒋炎林　彭智慧　李纵横　鲁　诚　陈清海　赵　茵
张继平　王博文　宁寿南　杨遇培　朱一珑　张成智　赵宰平

1944

胡钟达　黄经畹　陈邦幸　黄俊杰　王道隆　徐允明　姚定国　凌凤翔
黄　锐　刘　梧　王禹生　方继成　吴希圣　王鸿业　杨存富　刘继祖
吴振潮　赵宰平　熊佩瑯

1945

郑绍华　童心绰　叶盛玉　刘燿能　王之文　常绍温　胡孝端　蔡伏三
李肇英　任常彬　杨得珉　李希文　杨宗淑　骆家骏　王玉静

1946

朱秀松　陈文林　黄家乐　万永范　刘守德　苏　云　曹协中　施云鹏
李万洛　梁淑莹　张宝锵　萧银娥　刘继兴　张绍仪　黄授书　邱凤霞
陈长高　辜燮高　赵民三　李光文　邓春阳　方任德

1947

王伯善　何重仁　徐亦昌　刘祖尧　郭祖斌　舒中恩　王振德　张秉文

西北联合大学

1938

王惠生　郝家修　李天祐　杨其超　阎应清　周之藩　李方仁　刘德仁

郭亚雄　邵辅周　杨连英　杜葆春　杨崇英　张爱英

西北大学

1940

刘　骏　张庆云　杜光简　鲍廷忱　王挺梅　徐作霖　陈瑜熙　姚玉栋
黄秉钧　雷挺生　张家麟　黄学钟　郭锦蕙　段淑贤　马培英　周桂金
荆允中　苏琬华　李世民　王敬堂　魏洪祯　马寿山

1941

朱维基　陈济民　吴日仁　任　慧　窦如珍　姚德仁　王葆仁　周锡贤
朱子方　陆玉菊　刘志纯　孙希贤　武丕璋　侯　健　吕兴义　朱际镒
周春元　李静贞　刘尚志　韩　宾

1942

丁卜一　王宗桂　王振新　王睦钤　王　墀　史纪钧　江广恕　朱安仁
向玉梅　宋广祥　杜永馥　步玉如　周　敏　周南燕　马超凡　唐克藩
陈企峰　陈耀州　陈贤如　高维岳　揣得为　靳爱鸾　张　经　张傅梓
赵卓立　刘子陵　刘艺堂　谢元璐　严兰庆　乔浚哲

1943

于守琨　王绣章　王锡霈　王瑞明　朱端伦　朱洪涛　周敬人　李廷举
底霖三　唐承庆　汪流霞　莫望曾　满开茹　徐德孚　陈树勤　阎蕙涵
刘　磊　傅　璨

1944

徐富文　刘增山　舒贤颂　张子澄　石松性　张　鐩　侯忠汉　相连城
张国宪　卢思豫　尚国栋

1945

张金人　马义德　段永发　王祖斌　颜景泰　尹良煦　马植杰　强华儒
尹　钜　孙尔慧　张绪东　李录勋　吴弘毅　张梦平

1946

| 鲁承科 | 白尚勤 | 王绮珍 | 张　述 | 郭修慧 | 吴傅璋 | 李鸿度 | 段　刚 |
| 安　仁 | 褚　灏 | 李尚佳 | 赵允让 | 孙锡本 | 段钟汾 | 范守正 | 路　旭 |

1947

张维熙	宁　瑜	饶国鼎	李必蕃	高魁勋	高景亮	李登科	苑志初
王春台	戴玄之	孙炳南	程昭善	吴振华	徐鸣惊	倪祖佩	潘云祥
李咸中	闵君治	孙凤安	傅家读	陈钟灵	曹　禹	葛树楷	李季森
史鸿宾							

1948

| 马志恒 | 马玉麒 | 黄　烈 | 王象山 | 刘元琚 | 王世馨 | 张文治 | 葛世民 |
| 郑自修 | 李树仁 | 曹碧真 | 张翼翔 | 劳云龙 | 李英贤 | | |

1949

| 刘成荣 | 李之勤 | 孙玉霖 | 王浩德 | 王忠民 | 盖友风 | 张士杰 | 刘燿华 |
| 谢福芩 | 王怀成 | 刘子愚 | 马　启 | 赵毓杰 | 杜鸿厚 | | |

西北师范学院

1943

| 王维民 | 王震义 | 王铎章 | 任君实 | 周启锐 | 袁重华 | 姚子舜 | 戚式循 |
| 陈克爽 | 曾德荃 | 万芳琼 | 张良珠 | 刘思诚 | 董文朗 | 赵汇泽 | 韩梅芬 |

1945

田淑贞	乔森茂	赵宝俊	赵以庄	尚世英	段宗三	张允衡	王学谟
李书田	冯泰鑫	陈英坡	王廷琳	刘仲夫	刘寿林	牛振业	李根固
封中定	史承齐	王学斌	徐永章	朱佳梓	樊化南		

1946

| 谢锦章 | 王润苍 | 孙效康 | 陶立范 | 杨允宁 | 朱同先 | 李玲善 | 李莹滢 |
| 刘朝贵 | | | | | | | |

1947

黄　铎	王观杰	马永福	张恒渤	鹿锦龙	李庆典	魏登晋	郭柏年
张国藩	铁鸿鹄	何汝璧	屈希哲	徐五福	张作模	李园林	申致敏
吴岳泰	程敬箴	李秀琴	李景曜	李为善	乔曾瀛	刘德生	

1948

王中佐	雷煦华	张秉鉴	罗世义	庞锦春	孙桂舫	张兴甲	董　雪
张万荣	刘维民	崔绿峰	白传心	于天义	王仕禄	武继贤	包光梧
李宗芳	钟鉴明	陈树生	党辑成	钟　催	任增如		

1949

卓英哲	陈法淳	周衡范	贡承先	安秉章	孙少川	陆荫仁	朱聪颖
郗吉庆	高镇远	唐　戈	张呈瑞	尚铭轩	何定涛	褚继良	陈佩玖
孙瑞祥							

西南联合大学

1938

北大

余文豪　杨志玖　王德昭　李迈先　金宝祥　郑逢源　高亚伟

清华

| 陈孝昆 | 朱延辉 | 胡佳生 | 胡宛善 | 黄明信 | 高本乐 | 郭守田 | 林　霞 |
| 白冲浩 | 丁则良 | 汪　篯 | 刘广秋 | 郭见恩 | 欧阳琛 | 何炳棣 | |

联大

刘福如

1939

北大

张德光　仇申唐　何毓鹏　孔宪杰

清华

景慧灵　邵景洛　张　洵　季　平　刘文雅　翁同文　李应潜　孙永庆

王丰年　张之毅　史国衡　黄曰马+间

1940①

北大

吴承明　宋泽生　耿韵泉　王玉哲　李婉容　马连捷　彭建屏　喻存粹
刘熊祥　赵　俊

清华

王永兴　董凌云　汪顺贵　王寿华　任孝逴

南开

郭则拱

联大

程应镠　蒋文生　钟清芳　黄德全　李宗瀛　李　埏　邓畹兰　段文新
侯定远　徐祖慧　旷　琴　孙孟君　唐盛琳　许志致

1941

北大

魏奉典　王宏道　何　佶　赵春谷　孙兴诗

清华

穆广文

南开

傅梦肇　刘效韫

联大

张经谋　何承璧　解树基　程溯洛　李　鹏　殷　达　俞　欣　邓显清
钱重慈

---

① 社会系毕业生陈霖、江雪、车溢相、萧庆萱、郭士沅、李为宪、罗振庵、杨志、李权、孙蕙君、张宗颎、刘绪贻。

1942

北大

李继善　王恩治　杨翼骧　游任逵

清华

李海明

联大

霍焕明　胡志文　司徒彦　段蕙仙　傅央卫　汪积曾　丁则民　刘海滨
缪景湖　许令德　汪书有　陆智周　张清湘　刘桂五　李希泌　王履常
傅乐淑　方贵龄

1943

清华

冀钟环　靳广濂

联大

赵友琴　陈锡荣　房鸿机　李定一　丁名楠　吴佩兰　于鸿图　余培忠
罗翠玉　戚志芬　涂厚善　陈安励　姚成玉　张世彝　何兆武　姚服生
李道揆　刘焕生　高训锱　凌　仁　陶佩霞　屈　容　库春熙　邹文靖
孙经垣

1944

联大

谭法君　陆宝钧　王富贞　张鹤轩　李春辉　石　钟　马元鹗　黄丽生
吕笃周　陈定昌　赵　鸿　卢少忱　孙阳谷　董振球

1945

北大

姚廷芬　刘振鹤

南开

许寿谔

联大

陆极明	钮均义	阎昌麟	沈　镒	黄伯申	张怀礼	张洪海	吴大年
梁国维	李挺先	姚秀彦	张定华	王家栋	张光琛	李　晓	袁九如
唐树尧	汪槐龄	傅乐成	杨芬波

1946

清华

张镇邦

联大

施载宣	颜利民	武　焜	潘振严	傅发聪	许　铮	何　纲	蔡其岭
陈雪君	马岱华	叶利芬	林清泉	陈耀昆	吴仁寿	雷永明	李文彦
林文彪	孙桂巍	赵广润	赵书真	韩克平	徐尧琴	黄　清	马如瑛
王树勋	杨炳焜	董修民	常得志	朱尚锦	万绳楠	王功炳	杨诗浩
帅宪之	袁　方	胡肃秋	陈庆华	王鹤昌	李国智	王汉斌

师范学院史地学系

1942

| 杨宗幹 | 熊德基 | 周简文 | 朱蕙艻 |

1943

| 阎修文 | 赵　湄 | 赵伯礼 | 朱鉴荣 | 刘世琮 | 赫连钜忠 |

1944

| 冯英华 | 王立本 | 屠婉瑛 | 王　岫 | 李世荣 | 张立诚 |

1945

邱新民

厦门大学

1926

林惠祥

1929

龙纫华　薛澄清

1931

陈春木　颜乃卿

1933

庄为玑

1934

陈世平　张　英　周绍勃　傅家麟　曾　省

1935

叶世稀　何幼卿　杨伯埕　林从周　屈宗原　康备升　蒋惠溥

1936

叶　进　陈华璠

1937

雷泽光

1938

庄受福　李兆铭　郑其琛

1939

叶孝义　沈汉祥　郑伟珠

1940

陈礼锐

1941

叶鸣凤　吴景宏　陈文琳　陈诗启

1942

邓爱英　林必瑛　林仲麟　邱　炳　钟庆三　徐光仁　上官世富

1943

王华东　林汝楠　邱丽琼　胡寄馨

1944

王化成　朱昭仪　李廷龄　杨文生　周国钧　黄长椿

1945

吴丽英　钟家润　黄尔珍　曾秋圆　韩国磐　戴秀廷

1946

吴纫芳　陈兆璋　郭成九

1947

余文礼　吴璇玑　陈庆祥　张根基　林群瑞　罗纯良　黄典权　董　琳
潘金顺

1948

朱汝安　彭驾骍

1949

吴清云　杨笠笙　林炳煌　康建勋　康连图

燕京大学

1921

张庆和

1922

张　惠

1923

赵恩德　田庆年

1924

朱衣仙　杜联喆

1925

陈克德　侯振镛　李　庄　李崇惠　刘德元

1926

张天泽　张印堂　钟　铄　胡启纯　孙　英　万振华　王世栢　余协中

1927
高鹏远　栗庆云　李远积　刘锡嘏　田贵銮　丁广大　曹　亮　王宗元
尤文炳　于成泽
1928
张德然　郑铭勋　朱士嘉　曲　鹏　韩庆濂　侯金耀　夏玉璋　谢廷玉
许学谦　黄勤厚　李荫棠　刘志瓒　牟贵兰　潘令华　田继综
1929
张耀林　赵振华　朱淑裔　徐琚清　高爱梅　李书春　梁佩贞　孙守先
1930
黄庆枢　卞文哲　曹诗成
1931
赵丰田　陈懋恒　齐思和　冯家昇　韩叙信　葛启扬　李崇贞　刘献曾
刘广志　左穗珍
1932
张汉臣　张克丞　何振朝　李延增　沈鸿济　邓嗣禹　杜连辉　翁独健
余鸿发
1933
宫　秀　雷守廉　梁灿章　宋玉珍　杨　实
1934
罗荣邦　吴维亚　杨毓鑫
1935
张家驹　周一良　刘选民
1936
侯仁之　姚杏初　赵宗复　龚维航　王伊同
1938
张德华　张仁民　郑　桢　郭可珍　李金声　王钟翰

1939

程世本　杜　洽　程明洲　许纯鎏

1940

劳同霞　陈　瑜　徐素贞　刘淑珍　罗秀贞　汤瑞林　陈　洁　林树惠

1941

梁季同　黎秀伟　张述祖　姜渔清　谢国振　何怀德　刘士鉴　吴宗澄

杨思慎　赵　时　田运广

1943

成恩元

1944

刘　适　段昌同

1945

宣兆鹏　王晶垚

1946

李陶钦　李惠英　王守义　卫永清　徐绪典　戚国淦　訾学谦

1947

吴鸣岗　陆峻岭　王之均　王椿茂　马健行　谢　桢　缪希相

1948

周　恒

1949

李远勋　韩维纯　刘惠珍　杨逸民　石荣年　时宗本　张子云

云南大学

1940

赵继曾　谢云仙　左逢吉　李为衡　张秀昆

1941

苏　湖　王萼华

1942

李俊昌　缪鸾和　冯瑞莲　李淑贞

1943

梁慧如

1944

朱春甲

1946

杨守笃　李绍蒙　刘行高　马开樑　孙汝焱

1947

赵鼎盛　马忠民　杨允中　李培宣　赵　橹　吴世荣

1948

陈以寅　李亦照　张昌明　赵汝楫　廖必本　刘自良　罗文渊　吴盛莲
杨显川　刘建勋

1949

温治安　张竞遐　尹襄国　李润芬　施守纲　杨宪宗　吴进仁　王友宁
马鹤鸣　和运祺

浙江大学

1931

宋钟岳　蔡继贤　陈蒸民　方震乾　陈子戍　顾文渊　赵凤涛

1932

陈梁生

1939

沈玉昌　戎文言　雷功俊　王德昌　王爱云

1940

沈自敏　周恩济　杨怀仁　谢觉民　胡玉堂　邓永璋

1941
施雅风　赵松侨　于震泽　张效乾

1942
卢湛高　毛汉礼　徐　规　范易君　何重恒　管佩韦　许福禄　许蔚文
余守清　唐义溱　蒋以明　沈　健　庄　严　周家乾　邹含芬　祝修麟

1943
沈能枋　王省吾　沈雅利　赵廷杰　阚家蕡　刘尚经　王　蕙　王连瑞
郑士俊　戴贞元　江乃萼　张幼勤　姚懿明　姚国水　文焕然　欧阳海
谢文治　倪士毅　程光裕　胡汉生　傅文琳

1944
王　度　叶文培　赵昭昺　宋　晞　厉良敏　束家鑫　王嘉福　陈耀寰
陈吉余　史以恒　夏　源

1945
严刘祜　李孝祖　满时彬　徐　先　张元明　曹梦贤　申　勉　桂永烈
王鹤年　蔡崇廉　杜学书　吕欣良　张韵秋　叶华勋　贺忠儒　马光煌
司徒巨勋

1946
胡金麟　张则恒　李景霞　冯　坚　李赓序　刘克恭　杨予六　孙济平
许道慧　陈凤珍　游振泰　熊第恕　薛兴儒

1947-1949
江继荣　莫续刚　陈正元　吴清融　毛保安　张治俊　刘君恒　王来棣
蒋天祐　鲍映澜　曹毓麟　宋　玉　王徙廉　翁景田　陈汉耀　陈龙水
丘宝刚　范运钧　潘明友　向　容　胡福寿　陈大钧　张德新　黄盛璋
樊家蕙　孟钧昭　孙祖琛　周峻壁　卢婉清　许孟英　阮国卿　熊美华
金陈廉　周克惠　毕敖洁　张飞鹏　叶宗琮　汤梦樵　杨　琨　陈晞崘
梁赞英　毛昭晰　黄锡畴　邬正明　郑邦贤　张永世　杨映清　王传琛

左大康　刘伯华　王明业　黄小箴　周品英　郑人慈　洪昌文　吴汝祚
金钦贤　郑家祥　陆　倩

师范学院史地学系

1942

宋铭奎　张汉松　孙盘寿　陈述彭　吴华耀　蔡钟瑞　钱　炜　詹溶友
杨利普　刘宗弼

1943

黄　化　何春华　张世烈　李敦仁　李青贵　游天池　黄子才

1944

陈光崇　陈平章　殷汝庄　阮文华　罗昭彰　蒋铨元　程蕴良　李昌文
周忠玉　吴章斌

1945

阚纫琼　刘应中　萧俊云　杨培源　李传贵　龙秉衡

1946

蒲德华　桂柏林　刘德荣　黄光京　戎渭之　何慧研　陈济沧　晏一清

中国大学

1948

田玉英　祖兰舫　袁汝珊　陶享娱　李毓敏　邵君定　姜淑玉　朱安如
陈传德　李景莲　李艳亭　孔宪龄　王政祥　谭炳华　李荣环　李　瑄
王世达　何勋昭　安志敏

1949

于延方　王海瀛　王竹梅　李钟濬　徐耀华　常柏华　董继舒　张静琳
赵如志　赵　松　刘炳坤　韩素媛　魏炳谦　苏学诗

中山大学

1926

戴德辉

1927

黎光明

1928

黄善声

1929

陈人鸿　方卓然　刘定安　谢彦华

1930

刘焕堃　钟泽保

1931

葛毅卿　蒋孙菁　赖世琫　姚辰颖　余祖康　朱瑞梅

1932

黄　松　谭国模　刘崧毓　唐灿明　徐琪章　庞应庚

1933

徐思道　陈延襄　陈国治　张翼然　戴裔煊　王充垣　王辑生　张华痕
洪钟璧

1934

谢富礼　李中纯　郑以镛　韩一英

1935

冯少杜　刘达梅　周封歧　陈　兴　戴博荣　方惠民　方履文　何培生
胡显文　黄宝璇　黄光泰　黄思仁　李开琼　王兴瑞

1936

陈丽香　陈香生　邓程汉　顾映明　黄国梁　黄洪佑　赖兆云　李秋云
刘淑珍　刘伟民　罗比宁　丘耀南　王启澍　王荣辉　许淑庄　朱朝观
邹如玉

1937

谢仰虞　张硕彦　张宪慈　黄宽荣　张腾发

1938

| 陈光宗 | 宋兆联 | 陈国恩 | 黄福銮 | 蒋玉麟 | 刘概华 | 麦雁秋 | 叶素璧 |
| 赵粮勋 | 赵天俊 | 郑吉祥 | 梁钊韬 | | | | |

1940

| 陈翊湛 | 陈梦云 | 陈效乾 | 谢以荣 | 黄雪云 | 石国熙 | 李德礼 | 李崇威 |
| 容洁英 | 卢炽辉 | 熊兴生 | | | | | |

1941

| 陈培驤 | 陈天奋 | 黄莹珍 | 关履权 | 黄龙惠 | 李本定 | 梁国璋 | 刘伯奎 |
| 刘静荣 | 梅修伟 | 彭泽益 | 王 泰 | 辛 米 | 余喜娥 | 郑家霖 | |

1942

| 黄念华 | 潘新熹 | 钟贤滨 | 韩侃周 | 侯德兴 | 黄承祯 | 黄庆华 | 黄玉葵 |
| 蓝其煌 | 李荫农 | 罗宝萱 | 苏宪璋 | 苏燕海 | 吴澄鸾 | | |

1943

| 王昭远 | 周翠云 | 陈昌渤 | 陈德智 | 陈贵瑶 | 李瑞莹 | 梁 镜 | 林泽芸 |
| 刘应昌 | | | | | | | |

1944

| 冯质义 | 陈 淳 | 李 琪 | 廖 锋 | 罗广良 | | | |

1945

刘伟华	刘琨基	卢怡浩	唐仁亨	詹力泰	江斯度	李佐权	梁庆湘
梁仕雄	罗谋昌	魏麟岩	温纯生	巫绍宁	谢训祥	杨淑馨	曾一萍
张作仲	宁乃梁						

1946

陈 希	陈东平	邓奇芳	邓轩宇	胡美贤	黄林泰	黄妙娴	凌友智
彭景超	屈维炯	苏秉昌	余新琼	喻同升	张俊文	诸兆祥	陈 敦
陈 玄	陈本善	陈莲芳	陈仁卿	陈泽群	何福燕	何国俊	黄林太
黄慕兰	黄绍阶	黄伟儒	黄心莹	蒋 埙	黎振波	廖晨光	林达文

| 林妙如 | 林荣坤 | 林黻章 | 刘傅瑀 | 罗少衡 | 欧裕榕 | 徐汝竑 | 杨开森 |
| 杨礼信 | 杨启琬 | 杨卓幹 | 张金平 | 张周沫 | 郑纪章 | 周伯昆 | |

1947

陈妙君	陈勋宏	邓德裕	樊漪楼	赖定民	潘明星	唐秀文	王光景
谢遵岐	余伯涛	余富陶	周佩金	蔡尧廷	崔 法	邓美兰	董圭勋
何 杰	黄光景	黄华中	李焕南	林思敬	潘懋勋	谭仕壬	谭斯河
吴菅素	谢鼎熙	杨绍松	张伟枢	郑碧珠	周荣伟	周松楷	周灼华

1948

蔡翰生	陈 亮	陈汉人	姜君羊	李惠芳	李可琛	李子飞	梁作幹
林柏华	林正武	刘傅源	刘兴元	刘筠秀	马遥华	丘质尧	沈已尧
宋碧霞	谢以华	俞仲达	曾国恩	郑健柏	钟廷柱	蔡韩生	陈徽祖
戴玉英	赖广佐	赖正桡	李 霏	李志达	阮子珍	谭尚文	王德周
叶临川	周蕙芬						

1949

| 黄炯文 | 许群为 | 郑捷声 | 吴爱敬 |

师范学院史地学系

1941

| 梁 雄 | 叶卓霞 | 周 钊 |

1942

| 陈超英 | 何吉苏 | 梁玉文 | 吴 均 | 杨社尧 | 张寿祺 | 陈越英 | 黄吉瑞 |
| 蒋贞珉 | 赖世泽 | 李卧石 | 李子饶 | 梁钜杰 | 林秉常 | 周兆存 | |

1943

| 陈植森 | 杨树华 | 梁匀淑 | 潘光辉 |

1944

| 王友农 | 谢 易 | 许健骏 | 袁理淑 | 赵凤箫 | 周宏年 | 陈德义 | 胡青青 |
| 林爱爱 | 罗鉴林 | 魏祖荣 | 杨敏学 | 钟 铮 | 资 容 | | |

1945

陈　康	方志武	刘清涛	卢国雄	罗尉英	夏棣华	杨东桥	杨兆源
张金杏	张文照	陈福云	何国霑	胡朝勋	梁镇文	罗绍孝	谭贻生
霞棣华	杨钟昌	袁惠慈	郑惠川				

中央大学

1919（南高师和东南大学）

黄　洧	陈燮勋	陆鸿飞	姚流砥	何振瀛	范冠东	彭蠡汇	刘著良
冯　策	吴　崑	赵鸿谦	相菊谭	毕宏谟	陈钟庆	陈　纲	涂闻政
颜宝琛	林尚贤	殷懋仁	徐　翱	计　诚	王名骥	胡兆洛	胡祖功
孙　毅	陈　周	黄观艺	金　桂	颜　焕			

1920

钱石麟	纪乃铨	丁遐龄	冷德龙	胡　喆	王崧生	王瑞书	蒋锡昌
陈鸿祥	薛　竞	李施权	李庆曾	凌树勋	陈益谦	施之勉	金宗华
吴履贞	李一龙	苏毓棻	陈　敬	濮齐政	李殿黄	蔡心仁	韦润珊
曾　约	王　纶	严　俨	张元启	丁大镛	史浸声	江焕之	高　超
黄承勋	赵培基	龚励之	程保和				

1923

夏崇璞	袁鹏程	陈训慈	向　达	徐启铭	陈鸿国	盛奎修	张其昀
景昌极	黄英玮	张廷休	杨　楷	赵鉴光	刘文翮	钱堃新	诸晋生
诸葛麒	缪凤林	罗会澧	仇良虎	王　庸	王学素	王锡宾	方培智
王玉章	田耀章	何惟科	阮　真	周光倬	胡焕庸	范希曾	姜子润
唐兆祥	徐震堮	孙士栋	徐景铨	高国栋			

1924

黄应钦	周　悫	芮九如	陈兆馨	宋兆珩	马继援	王焕鏞	陈人文
江圣環	沈庆佽	陈　旦	赵祥瑗	田少林	王福隆	李慰祖	王　觉
邬德恩	龙文彬	束世澂	陈诛洙	胡翼成	谢　群		

1925

孙留生	姚寅宝	邵　森	赵世盛	谢焕文	陆祖爵	洪瑞钊	翁之镛
徐尔信	萧宗训	刘启文	方应尧	沈孝风	郑鹤声	陈继钊	郑宽裕
沈思璜	闵毅成	曹松业	刘作舟	邓光禹	杨克增		

1926

许仁章	庞树家	吴文照	李莹璧	黄昌鼎

1928（中央大学）

王致敬	朱起凤	孟　晋	封岳崧	姚公书

1930

张其时	黄贻江	周　超	徐芳田	李效冉	何继存

1931

李承康	张凤城	余俊生	陆元浩	程彭龄	罗家桂	闵镐增	赵镜元
吴和铃	崔储青	蒋君章	桑　镐	武承尧	周宗溪	许寿摹	沈熙龄
杨锡龄	吴穆之						

1931

孙济川	张　鄷	严寿昌	唐自泉	刘景崇	冯宗麟	沈仲龙	方汝宁
黄　元							

1932

李絜非	江元鼎	黎定难	冒寿全	陈湘茝	桂秀君	路云容	马呈祥

1933

张开滇	熊协梦	蒋百幻	孙尚忠	杜品嵘	黄公辅	万泽长	孟谦之
沈嵩华	方时英	李德谦	周鉴颐	仇维赓	罗孝芬	谢名杰	

1934

唐陶华	郭　任	朱焕尧	张思明	刘毓璜	项本善	王云滋	胡淑成
谭　俊	唐秉辰	吴志慎	吴杰人	马　湘	丁鸿宾	欧克明	张飞腾
龚定煦	杨兴高	胡英楣	章　巽	李庆坤	冯志强	刘次平	彭承恺

朱民生　唐传基　刘礼泽　余　镛

1935
柳定生　袁凤书　唐　华　徐肇骏　董正谊　楚宪曾　张玉庆　许绍光
倪　镇　夏亚鼎　吴先培　杨筠清

1936
蔡　璞　郭时川　刘庆科　姚学敏

1938
郭即述　陶元甘　刘守曾　刘芝秀

1939
黎济泽　吴振芝　刘新渼　易叔平　陈士骧

1940
孙吉涛　周轼贤　何德铭　张　熙　李锦钟　左景权　魏煜孙

1941
王　铃　苏诚鉴　黄少荃　曾祥和　邵则云　窦宗仪

1942
王聿均　李毓澍　李绍定　朱光庭　旁曾濂　孙家山　陈思定　曹定一
罗成琨　杨宗珍　王家祥　钟武雄　丑泽兰

1943
邵　增　唐德刚　王慕贤　陈祺庆　李英华　屈元兴　张孝慈　甘斗南
黄彰健　罗诗珵　李毓瑄　刘保三　王殿杰

1944
张葆华　吴毓灵　欧阳炜　马仲冰　陈俊杰　巫静华　张文源

1945
汤季芳　李纯武　谈运泽　邹吉烨　潘天桢　周镇湘　金华光　姚廷华
傅尚志　陈仰成　周学肇　胡　迟　昌彼得　伍法礼　张书生　彭校昭
刘乃济　赵宏宇　陈键夫　刘起釪　蔡守堃　陈　琏　王金名

1946

左　维　焦伯荣　高元直　李永芳　张隽生　楼学礼　曾庆冠　任彝玺
易漱泉

1948

叶尚池　李淑君　李建安　杨琼志　赵广祥　高文鹤　纪宏君　夏竹村
苗启正　王维新　马世杰　王其榘　张立名　颜次青　高甘霖　王国庆
刘传珍　吴哲夫　黄承汉　程心敬　李淑慧　徐海洲　章　琨　徐葆初
张　铠　原孝遗　王觉非　吴驯叔　杨　静　陈宗庄　汪勋兰

师范学院史地系

1943

张同铸　徐兆奎　刘贻恩　王宏志　王增俊　易代墅　刘仁成　许桐声
苏鸿炯

1944

孙浣姝　蒋国豪　龚汉新　王显模　王绍芝　莫德华　唐克伸　孙志侠
余泽泮　周怀坤　周继贞　杨淑君

1945

陈俊逸　章臣允　黄性贤　李德敷　张金梅　刘玉堂　彭玉良　张本舒
刘大星　傅显君　余寿松　李人琢　欧阳国俊

1946

钱云仙　陆文俊　钟永宁　罗耀轸　刘昌洪　杨瑞成　袁慎义　孙福民
毋中兴　左纪麟　杨锦华　廖连君　邹伟裳　樊季昭　郑廊如　郭成樑
徐为王

中正大学

1946

周槐庭　丁　冲　曹立瑛　邓　平　傅　义　刘希向

1947

王汉民　魏尚书　林增平

1948

李　章　李益贵　左行培　夏湘藜

1949

许曾年　严治书　申业新　彭培南　郝孚官　旷执中

珠海大学

1947（入学名录）

丁稚芬	王三隆	方君璋	石慧冰	伍培基	江祖文	吕漪娜	何植棠
余立天	李文宗	李以智	李　贵	李燿和	周汝琭	周焕文	林大霈
林洁冰	林举永	邵陶新	范立成	徐济世	马民辅	马毓初	马杰雄
张晓基	梁淑娟	郭阐福	陈安宇	曾能智	程明润	黄远崙	黄炎光
黄星灏	黄荣绅	赵伟德	刘丽容	刘树权	欧阳聪	潘培生	蔡义民
邓仁元	郑孟彤	郑洁明	卢芝欣	魏守华	谭煜权	李　骏	吕建浩
林锦春	周泽春	陈兆祥	陈雨初	黄佩球	陆荣鑫	曾繁青	黄励存
刘惠章	潘保芸	卢坤年					
欧阳启新							

参考文献

中国第二历史档案馆:《中华民国史档案资料汇编》(全92册),南京:凤凰出版社,2019.

李森主编:《民国时期高等教育史料汇编》(全50册),北京:国家图书馆出版社,2014.

李森主编:《民国时期高等教育史料续编》(全30册),北京:国家图书馆出版社,2016.

李森主编:《民国时期高等教育史料续编》(全30册),北京:国家图书馆出版社,2017.

李强辑:《民国时期大学校刊汇编》(全100册),北京:国家图书馆出版社。2021.

王学珍、张万仓:《北京高等教育文献资料选编:1861—1948》,北京:首都师范大学出版社,2004.

陈元晖、陈学恂等:《中国近代教育史资料汇编》(全10卷),上海:上海教育出版社,1993.

朱有瓛主编:《中国近代学制史料》(全4卷共7册),上海:华东师范大学出版社,1992.

南开大学社会史研究中心:《民国大学校史资料汇编》(全61册),南京:凤凰出版社,2014.

南开大学社会史研究中心：《近代教会大学历史文献丛刊》（全80册），南京：凤凰出版社，2015.

田正平主编：《中国近代教育文献丛刊·教育法规卷》（全14卷），杭州：浙江教育出版社，2020.

教育部教育年鉴编纂委员会：《第二次中国教育年鉴》，上海：商务印书馆，1948.

李景文：《民国教育史料丛刊总目提要》，郑州：大象出版社，2014.

北京大学校史研究室：《北京大学史料》（全4卷共6册），北京：北京大学出版社，1993.

汤世雄、王国华：《北京师范学校史料汇编(1906—1948)》，北京：北京教育出版社，1995.

丁小明：《大夏光华》，上海：华东师范大学出版社，2019.

东北大学史志编研室：《东北大学校志》（全2卷共4册），沈阳：东北大学出版社，1985.

王国平主编：《东吴大学史料选辑》，苏州：苏州大学出版社，2010.

编委会：《复旦大学百年志》（全2卷），上海：复旦大学出版社，2005.

许有成：《复旦大学早期校史校史资料汇编》，复旦校友会刊印.

翁迈东主编：《福建协和大学史料汇编》，福州：福建人民出版社，2016.

河南大学校史编纂室：《河南大学史料长编》（全16卷），开封：河南大学出版社，2014.

董信君：《流金岁月：暨南大学校史史料选编》，广州：暨南大学出版社，2020.

《南大百年实录》编辑组：《南大百年实录》（全3卷），南京：南京大学出版社，2002.

南开校史编委会：《南开校史研究丛书》（全12辑），天津：天津教育出版社，2011.

清华大学校史研究室：《清华大学史料选编》（全6卷共11册），北京：清华大学出版社，1991.

清华大学历史系：《文献与记忆中的清华历史系：1926—1952》，北京：清华大学出版社，2016.

王建领主编:《国立西北联合大学档案史料选编》(全2卷),西安:西北大学出版社,2018.

姚远:《西北联大史料汇编》,西安:西北大学出版社,2012.

刘基:《国立西北师范学院史料摘编》(全2卷),北京:中国文史出版社,2014.

王学珍等:《国立西南联合大学史料》(全6卷),昆明:云南教育出版社,1998.

厦大校史编委会:《厦大校史资料》(全9卷),厦门:厦门大学出版社,1990.

刘兴育等:《云南大学史料丛书》(全10卷),昆明:云南大学出版社,2013.

易汉文主编:《中山大学校史资料丛书》(全10卷),中山大学档案馆刊印.

编者:《中法大学史料》,北京:北京理工大学出版社,1995.

尹继佐、高瑞泉主编:《二十世纪中国社会科学·教育学卷》,上海:上海人民出版社,2005.

课程教材研究所:《20世纪中国中小学课程标准教学大纲汇编·历史卷》,北京:人民教育出版社,2001.

张静庐辑:《中国近现代出版史料》(全8卷),上海:上海书店,2003.

尚小明:《北大史学系早期发展史研究》,北京:北京大学出版社,2010.

厦门大学百年院系史编委会:《厦门大学人文学院院史》,厦门:厦门大学出版社,2021.

南开大学校史研究室:《联大岁月与边疆人文》,天津:南开大学出版社,2004.

王应宪编:《现代大学史学系概览》(全2卷),上海:上海古籍出版社,2016.

李孝迁、任虎编:《近代中国史家学记》(全2卷),上海:上海古籍出版社,2018.

尤学工编:《历史教育论》,上海:上海古籍出版社,2020.

张世林主编:《学林春秋》(全3编共6册),北京:朝华出版社,1999.

高德增、丁东:《世纪学人自述》(全6卷),北京:北京十月文艺出版社,2000.

邹兆辰:《变革时代的学问人生:对话当代历史学家》,北京:首都师范大学出版社,2011.

刘龙心:《学术与制度》,北京:新星出版社,2007.

尤学工:《20世纪中国历史教育研究》,北京:中国社会科学出版社,2015.

朱煜:《中国近现代历史教育研究》,南京:江苏人民出版社,2017.

余伟民主编:《历史教育展望》:上海:华东师范大学出版社,2002.

张詠:《大学历史教学》,银川:宁夏人民出版社,2018.

李良玉:《中国古代历史教育研究》,合肥:安徽工业大学出版社,2007.

何成刚:《民国时期中小学历史教育发展研究》,长沙:岳麓书社,2008.

郭蔚然:《晚清汉译历史教科书研究》,北京:光明日报出版社,2021.